Kohlhammer

Die Autoren

Prof. em. Dr. med. Dieter Bürgin, emeritierter Chefarzt der kinder- und jugendpsychiatrischen Universitätsklinik und -poliklinik Basel sowie emeritierter ordentlicher Professor für Kinder- und Jugendpsychiatrie an der Universität Basel. Ausbildungsanalytiker der Schweiz. Ges. f. Psychoanalyse.

PD Dr. med. Barbara Steck, Priv.-Doz. für Kinder- und Jugendpsychiatrie und -psychotherapie, Universität Basel. Psychoanalytische und familientherapeutische Ausbildung an den Kinder- und Jugendpsychiatrischen Universitätskliniken von Basel und Lausanne.

Dieter Bürgin und Barbara Steck

Psychosomatik bei Kindern und Jugendlichen

Psychoanalytisch verstehen und behandeln

Verlag W. Kohlhammer

Dieses Werk einschließlich aller seiner Teile ist urheberrechtlich geschützt. Jede Verwendung außerhalb der engen Grenzen des Urheberrechts ist ohne Zustimmung des Verlags unzulässig und strafbar. Das gilt insbesondere für Vervielfältigungen, Übersetzungen, Mikroverfilmungen und für die Einspeicherung und Verarbeitung in elektronischen Systemen.

Pharmakologische Daten, d. h. u. a. Angaben von Medikamenten, ihren Dosierungen und Applikationen, verändern sich fortlaufend durch klinische Erfahrung, pharmakologische Forschung und Änderung von Produktionsverfahren. Verlag und Autoren haben große Sorgfalt darauf gelegt, dass alle in diesem Buch gemachten Angaben dem derzeitigen Wissensstand entsprechen. Da jedoch die Medizin als Wissenschaft ständig im Fluss ist, da menschliche Irrtümer und Druckfehler nie völlig auszuschließen sind, können Verlag und Autoren hierfür jedoch keine Gewähr und Haftung übernehmen. Jeder Benutzer ist daher dringend angehalten, die gemachten Angaben, insbesondere in Hinsicht auf Arzneimittelnamen, enthaltene Wirkstoffe, spezifische Anwendungsbereiche und Dosierungen anhand des Medikamentenbeipackzettels und der entsprechenden Fachinformationen zu überprüfen und in eigener Verantwortung im Bereich der Patientenversorgung zu handeln. Aufgrund der Auswahl häufig angewendeter Arzneimittel besteht kein Anspruch auf Vollständigkeit.

Die Wiedergabe von Warenbezeichnungen, Handelsnamen und sonstigen Kennzeichen in diesem Buch berechtigt nicht zu der Annahme, dass diese von jedermann frei benutzt werden dürfen. Vielmehr kann es sich auch dann um eingetragene Warenzeichen oder sonstige geschützte Kennzeichen handeln, wenn sie nicht eigens als solche gekennzeichnet sind.

Es konnten nicht alle Rechtsinhaber von Abbildungen ermittelt werden. Sollte dem Verlag gegenüber der Nachweis der Rechtsinhaberschaft geführt werden, wird das branchenübliche Honorar nachträglich gezahlt.

Dieses Werk enthält Hinweise/Links zu externen Websites Dritter, auf deren Inhalt der Verlag keinen Einfluss hat und die der Haftung der jeweiligen Seitenanbieter oder -betreiber unterliegen. Zum Zeitpunkt der Verlinkung wurden die externen Websites auf mögliche Rechtsverstöße überprüft und dabei keine Rechtsverletzung festgestellt. Ohne konkrete Hinweise auf eine solche Rechtsverletzung ist eine permanente inhaltliche Kontrolle der verlinkten Seiten nicht zumutbar. Sollten jedoch Rechtsverletzungen bekannt werden, werden die betroffenen externen Links soweit möglich unverzüglich entfernt.

1. Auflage 2019

Alle Rechte vorbehalten
© W. Kohlhammer GmbH, Stuttgart
Gesamtherstellung: W. Kohlhammer GmbH, Stuttgart

Print:
ISBN 978-3-17-032345-2

E-Book-Formate:
pdf: ISBN 978-3-17-032346-9
epub: ISBN 978-3-17-032347-6
mobi: ISBN 978-3-17-032348-3

Inhaltsverzeichnis

Vorwort 11

Einleitung 14

I Allgemeiner Teil

**1 Entwicklung und deren Störungen bezüglich Alter und
Beziehungspersonen** 17
   1.1   Entwicklungslinien des ersten Lebensjahres 17
        1.1.1   Entwicklung der Körperdrehung und des Kriechens 17
        1.1.2   Entwicklung des Sitzens 17
        1.1.3   Entwicklung des Stehens und Gehens 17
        1.1.4   Entwicklung des Greifens und der Handbeherrschung 18
        1.1.5   Entwicklung der Sinnesorgane des Spielverhaltens 18
        1.1.6   Entwicklung des Hörens 18
        1.1.7   Entwicklung von Sprachäußerungen 19
        1.1.8   Entwicklung des Sprachverständnisses 19
        1.1.9   Sozialentwicklung 20
   1.2   Psychophysisches Gleichgewicht 20
   1.3   Säuglinge und primäre Beziehungspersonen 22
   1.4   Frühe Entwicklungsstörungen und psychosomatische
        Auffälligkeiten 24

2 Gen-Umfeld-Interaktionen und Resilienz 25
   2.1   Wechselwirkungen von Genen und Umwelt 25
   2.2   Genetik und Resilienzentwicklung 26
   2.3   Genetik – Epigenetik: Beispiel Kindsmisshandlung 26
   2.4   Genetik und Identifizierungen 27

3 Stressvolle Belastungen und ihre Auswirkungen 29
   3.1   Allgemeine Bemerkungen 29
   3.2   Neurobiologische Reaktionen auf Stress 30
   3.3   Psychobiologische Auswirkungen von Stresserfahrungen 32
   3.4   Drei verschiedene Arten von Stressreaktionen bei Kleinkindern ... 33
   3.5   Stress in verschiedenen Lebensaltern 35
        3.5.1   *Pränataler* Stress 35
        3.5.2   Stress im *Säuglingsalter* 35

	3.6	Stress in Trennungssituationen	36
	3.7	Posttraumatische Stressreaktion und -störung	37
	3.8	Schmerz und Stress	37

4   Körper (Soma) – Psyche und Gehirn ... 39

5   Psychische Traumatisierung und ihre Folgen (unter dem Gesichtspunkt der »Subjektivierung und der Psychisierung«) ... 42

6   Der Wiederholungszwang ... 44

7   Körperliche Krankheiten und ihre psychischen Auswirkungen ... 45

8   Psychosomatische Störungen und Familiendynamik ... 47
- 8.1   Einführung ... 47
- 8.2   Elternschaft ... 47
- 8.3   Die Familie ... 47
- 8.4   Familienmodelle ... 48
- 8.5   Kommunikation ... 48
- 8.6   Entwicklungsprozesse und deren Störungen innerhalb der Familie ... 50
- 8.7   Charakteristika psychosomatischer Familien ... 53
- 8.8   Psychodynamische Familiendiagnostik ... 54
- 8.9   Familientherapeutische Prozesse ... 56
- 8.10 Therapeutische Haltung ... 59

II   Spezieller Teil

9   Psychsomatische Erscheinungen in den ersten Lebensjahren ... 63
- 9.1   Einleitung ... 63
- 9.2   Physiologische Umstellungen bei der Geburt ... 63
- 9.3   Kommunikations- und Beziehungsangebot der primären Betreuungspersonen ... 65
- 9.4   Repräsentanzen-Entwicklung ... 66
- 9.5   Kommunikationsformen zwischen Kindern/Jugendlichen und Erwachsenen ... 67
- 9.6   Psychosomatische Symptome der ersten beiden Lebensjahre ... 69
  - 9.6.1   Die sog. »Koliken« der ersten drei Monate ... 69
  - 9.6.2   Schlafstörungen des ersten Trimesters ... 70
  - 9.6.3   Die Rumination ... 71
  - 9.6.4   Die Anorexien der ersten sechs Monate und diese der zweiten Hälfte des ersten Lebensjahres bzw. des zweiten Lebensjahres ... 72
  - 9.6.5   Adipositas ... 74
  - 9.6.6   Erbrechen ... 74
  - 9.6.7   Affekt- (Schluchz-)Krämpfe ... 75
  - 9.6.8   Säuglings- und Kleinkind-Asthma ... 78

		9.6.9	Funktionales, bzw. idiopathisches oder psychogenes Megakolon	79
	9.7		Weitere Überlegungen zur Psychosomatik nach dem ersten Lebensjahr	81
10	**Konversionsstörungen**			**84**
	10.1		Grundsätzliches zum Konversionsbegriff	84
	10.2		Diagnostische Kriterien DSM-5: F44.4 (Störung mit funktionellen neurologischen Symptomen)	85
	10.3		Grundsätzliches zur Einteilung	87
	10.4		Funktionelle oder psychogene Bewegungsstörungen	87
	10.5		Inzidenz und Prävalenz	89
	10.6		Ätiologie	90
	10.7		Typische Persönlichkeitszüge	91
	10.8		Psychodynamik	92
	10.9		Diagnose	95
	10.10		Verlauf	96
	10.11		Therapie	96
11	**Essstörungen**			**106**
	11.1		Einführung (zu Pica, Rumination und ARFID=Avoidant-Restrictive Food Intake Disorder).	106
	11.2		Essstörungen mit Vermeidung oder Einschränkung der Nahrungsaufnahme (Avoidant/Restrictive Food Intake Disorder = ARFID)	107
		11.2.1	Einführung	107
		11.2.2	Allgemeine Anmerkungen	108
		11.2.3	Epidemiologische Untersuchungen	109
		11.2.4	Diagnose	109
		11.2.5	Differentialdiagnose	110
		11.2.6	Behandlung	110
	11.3		Pica	111
		11.3.1	Historische Anmerkungen	111
		11.3.2	Diagnostische Kriterien DSM 5: F 98.3	111
		11.3.3	Definition	112
		11.3.4	Ätiologie	112
		11.3.5	Komplikationen	112
		11.3.6	Differentialdiagnose:	112
		11.3.7	Therapie und Prävention	112
	11.4		Rumination	113
		11.4.1	Einführung	113
		11.4.2	Diagnostische Kriterien DSM-5: F 98.21	113
		11.4.3	Definition und klinische Symptome	114
		11.4.4	Epidemiologie und Prävalenz	114
		11.4.5	Ätiologie	114
		11.4.6	Pathophysiologie	114

		11.4.7 Differentialdiagnose	115
		11.4.8 Therapeutische Maßnahmen	115
12	**Psychosoziale Gedeihstörung (GS) und Minderwuchs**		**117**
	12.1	Einführung und Definition	117
	12.2	Prävalenz	117
	12.3	Ätiologie	118
	12.4	Differentialdiagnose	118
	12.5	Auswirkungen und Prognose	118
13	**Affektives Deprivationssyndrom (AD)**		**119**
	13.1	Therapeutische Maßnahmen	119
14	**Adipositas**		**124**
	14.1	Prävalenz, Inzidenz, Alters- und Geschlechtsunterschiede	124
	14.2	Ätiologie und Risikofaktoren	125
	14.3	Interaktionen Säugling/Kleinkind – Betreuungspersonen	126
	14.4	Medizinische und psychosoziale Folgen der Adipositas	127
	14.5	Präventive und therapeutische Maßnahmen und Interventionen	128
15	**Anorexia und Bulimia nervosa**		**130**
	15.1	Anorexia nervosa	131
		15.1.1 Historische Anmerkungen	131
		15.1.2 Diagnostische Kriterien DSM-5: F 50.01/50.02	131
		15.1.3 Definition und Klassifikation	133
		15.1.4 Epidemiologie	133
		15.1.5 Symptomatik, Diagnose und Differentialdiagnose	133
		15.1.6 Ätiologie und Pathogenese:	135
		15.1.7 Therapie	137
		15.1.8 Verlauf und Prognose	138
	15.2	Bulimia nervosa	140
		15.2.1 Diagnostische Kriterien DSM-5: F50	140
		15.2.2 Epidemiologie	141
		15.2.3 Symptomatik	141
	15.3	Binge-Eating- und -Drinking-Störung	143
		15.3.1 Diagnostische Kriterien DSM-5: F50.8	143
		15.3.2 Binge Drinking	144
		15.3.3 Therapie	145
	15.4	Andere, näher bezeichnete Fütter- oder Essstörung: DSM-5: F50.8	146
	15.5	Nicht näher bezeichnete Fütter- oder Essstörung: DSM-5: F50.9	147
16	**Chronisch-entzündliche Darmerkrankungen**		**148**
	16.1	Einführung	148
	16.2	Symptomatik	149
	16.3	Epidemiologie und Diagnose	149
	16.4	Pathogenese	150
	16.5	Psychosoziale Auswirkungen	151

	16.6	Therapeutische Maßnahmen	152
		16.6.1 Therapie mit Biologika	152
		16.6.2 Medikamentöse Behandlung	152
		16.6.3 Psychotherapeutische Behandlung	153
		16.6.4 Andere Behandlungsarten	153
17	**Asthma bronchiale**		**154**
	17.1	Allgemeine Anmerkungen	154
	17.2	Definition, Häufigkeit und Symptomatik	155
	17.3	Stressfaktoren	156
	17.4	Komorbiditäten	156
	17.5	Entwicklungspsychologische Aspekte	157
	17.6	Psychodynamische Aspekte	158
	17.7	Psychotherapeutische Aspekte	161
18	**Hauterkrankungen**		**163**
	18.1	Psychodynamische Aspekte	163
	18.2	Dermatitis artefacta	166
	18.3	Trichotillomanie	167
	18.4	Onychophagie	167
	18.5	Die atopische Dermatitis (AD)	168
		18.5.1 Klinik	169
		18.5.2 Ätiologie und Pathogenese	169
		18.5.3 Psychodynamik	169
		18.5.4 Therapie	169
	18.6	Akne vulgaris	170
	18.7	Psoriasis	171
	18.8	Allgemeine psychotherapeutische Anmerkungen	171
19	**Migräne**		**173**
	19.1	Psychodynamik	174
20	**Ausscheidungsstörungen**		**176**
	20.1	Enuresis	177
		20.1.1 Historische Anmerkungen:	177
		20.1.2 Definition und Einteilung	177
		20.1.3 Diagnostische Kriterien DSM-5: F 98	177
		20.1.4 Organische Ursachen	178
		20.1.5 Prävalenz und Alters- und Geschlechtsverteilung	179
		20.1.6 Pathophysiologische Anmerkungen	180
		20.1.7 Komorbiditäten sowie assoziierte psychische und Verhaltensstörungen	180
		20.1.8 Ätiologie	181
		20.1.9 Psychodynamik	183
		20.1.10 Zusammenfassung der Hypothesen bei der funktionellen Enuresis	185
		20.1.11 Therapie	187

20.2	Enkopresis	191
	20.2.1 Einführung	191
	20.2.2 Definition und Diagnostische Kriterien DSM-5: F98	191
	20.2.3 Klinik und Komorbiditäten	192
	20.2.4 Organische Ursachen und Differentialdiagnose	193
	20.2.5 Prävalenz und Alters- und Geschlechtsverteilung	193
	20.2.6 Entwicklungsphysiologie und -pathologie:	194
	20.2.7 Psychodynamik der Enkopresis:	194
	20.2.8 Symptomatik und Begleiterscheinungen	196
	20.2.9 Ätiologie und Diagnostik	197
	20.2.10 Auslösende und aufrechterhaltende Bedingungen	198
	20.2.11 Therapie	199
	20.2.12 Prognose	202
21	**Tic-Störungen und Tourette-Syndrom**	**204**
	21.1 Tic-Störungen	204
	21.1.1 Einführung	204
	21.1.2 Diagnostische Kriterien DSM-5: F95.1	204
	21.1.3 Epidemiologie und Prävalenz	206
	21.1.4 Pathophysiologische Aspekte	206
	21.1.5 Komorbidität und psychopathologische Probleme	206
	21.2 Tourette-Syndrom	207
	21.2.1 Diagnostische Kriterien DSM-5: F95.2	208
	21.3 Umweltfaktoren	209
	21.4 Stress und Tic-Störungen	210
	21.5 Psychodynamik	211
	21.6 Therapeutische Möglichkeiten und Interventionen	218
	21.7 Zusammenfassung	222
22	**Psychosomatische Phänomene im Rahmen verschiedener Ursachen**	**224**
	Literaturverzeichnis	226
	Stichwortverzeichnis	241

Vorwort

Das Werk »Psychosomatik im Kindes- und Jugendalter«, das im Jahre 1993 erschienen ist, war auf dem Hintergrund des Denkens und Konzeptualisierens im Rahmen der Kinder- und Jugendpsychiatrischen Universitätsklinik und -poliklinik (KJUP) in Basel entstanden. Verschiedene Mitarbeiterinnen und Mitarbeiter hatten sich daran beteiligt.[1] Die klinische Erfahrung, Produktivität und Kreativität all dieser im Bereich der Kinder- und Jugendpsychiatrie und -psychologie sehr erfahrenen Kolleginnen und Kollegen war in den Text eingeflossen und hatte ihn, gerade durch die manchmal leicht unterschiedlichen Optiken, bereichert und ergänzt.

Nachdem das Buch bald ausverkauft gewesen und über lange Zeit keine neue Auflage vorgesehen war, trat Herr Dr. Poensgen vom Kohlhammer-Verlag auf Anraten von Herrn Dr. Hans Hopf 2015 mit der Idee hervor, es zu überarbeiten und neu herauszugeben. Als Frau Privatdozentin Dr. med. Barbara Steck, ehemals auch eine langjährige, tragende Mitarbeiterin der KJUP, eine erfahrene Wissenschaftlerin und zudem gute Freundin, sich bereit erklärt hatte, bei dieser Aufgabe mitzumachen, stand dem Ansinnen nichts mehr im Wege.

So freuen wir beide uns über dieses neue, gemeinsam verfasste Werk, welches der Entwicklung heutiger psychosomatischen Sichtweisen Rechnung trägt und einerseits gegenwärtige somatische Erkenntnisse, andererseits aktuelle psychoanalytische und psychodynamische Konzeptualisierungen[2] zu vereinen sucht. Psychoanalytisches Denken liegt allen Überlegungen zugrunde, wenngleich manchmal auch andere Therapieverfahren angeführt sind.

Jeder Mensch somatisiert zu gewissen Zeiten seines Lebens. Stress erhöht die psychosomatische Vulnerabilität. Der Körper übernimmt es, sich dem Patienten, dem Gegenüber und der gesamten Umgebung mitzuteilen. Psychosomatische Patienten sind es gewohnt, psychophysisch zu leiden. Es ist, als hätten sie aber nie gelernt, auf ihren Seelenschmerz wirklich zu hören. Unsere angeborene Kommunikationsbereitschaft umfasst nicht nur Emotionen und kognitive Inhalte, sondern auch physiologische, mittels des Körpers zum Ausdruck gebrachte Bedürfnisse und psychische Begehren. Wie vermag ein Individuum die Sprache seines Körpers zu hören? Wahrscheinlich vor allem durch nonverbale Informationen wie Gesten, Haltungen und Bewegungen, Gefühlsempfindungen

---

1 Frau Dorothee Biebricher (†), Dipl.Psychol., an den Kapiteln »Essstörungen«, »Adipositas« und »Asthma bronchiale«; Prof. Dr.med. Kai von Klitzing an den Kapiteln »Entzündliche Darmkrankheiten« und »Tic – Störungen«; Prof. Dr. med. Peter Riedesser (†) am Kapitel über »Konversion«; Frau Dr. med. Barbara Rost an den Abschnitten über »Essstörungen in der Adoleszenz« und »Hautkrankheiten« und an einem Fallbeispiel beim Kapitel »Konversion«; Herr Dr. phil. Joachim Schreiner, Dipl. Psychol., an den Kapiteln »Enuresis« und »Enkopresis«.
2 Ergänzende theoretische Teile sind – etwas breiter angelegt – in unserem letzten Buch dargestellt: Bürgin D. & Steck B. (2013). *Indikation psychoanalytischer Psychotherapie im Kindes- und Jugendalter*. Klett-Cotta.

und -ausdrucksformen (der eigenen Stimmfärbung und Tonalität, des eigenen Blickkontakts und Geruchs), durch vegetative (z. B. Schwitzen oder Erröten) und taktile (z. B. Wahrnehmen von Temperatur oder Spannungen/Druck) Symptome, sowie durch verbale Äußerungen. Da Affekte die Brücken zwischen Psyche und Soma darstellen, sind interaktive Botschaften der primären Betreuungspersonen für das Kind höchst bedeutungsvoll, vor allem in der Art und Weise der kommunikativen Übermittlung, damit sie vom Kind »gelesen«, »verstanden« und »interpretiert« werden können.

Die Wurzeln des psychosomatischen Geschehens liegen in der frühesten Kindheit, oft in Spannungszuständen zwischen Säugling und den primären Bezugspersonen. Die frühesten psychischen Strukturbildungen, zum Beispiel die Bildung des Kern-Selbst, sowie Introjektions -und Projektionsprozesse und nicht etwa die Verdrängung oder höher entwickelte komplexe Abwehrkonfigurationen spielen dabei eine besonders wichtige Rolle. Der menschliche Säugling ist im Verhalten biologisch zwar darauf ausgerichtet, sich an der Stimme, am Blick und dem Lächeln der Hauptbeziehungspersonen zu orientieren; psychologisch aber baut er eine sehr intime Beziehung zum Unbewussten der primären Betreuungsperson auf.

Alle *Symptome* stellen Selbstheilungsversuche dar, sind Konfliktlösungsversuche, um mit interpsychischen konfliktgeladenen Spannungsfeldern und Seelenschmerz umzugehen. Bei vielen Patienten mit ausgeprägten psychischen Schmerzen besteht das Gefühl, ein schweres Vergehen begangen, nämlich weiter gelebt zu haben, da sie sich unerwünscht und abgelehnt gefühlt haben. So kann sich zum Beispiel ein Kleinkind als absolut monströs und keinesfalls liebenswert empfinden. Dies geschieht besonders leicht, wenn der Projektionsdruck der hauptsächlichsten Beziehungspersonen keinen Raum dafür ließ, dass ein Kind seine eigenen Empfindungsweisen zu entwickeln imstande war. Botschaften wie:»Du hast so zu sein, wie ich mir dich erträume oder vorstelle«, oder: »Du sollst empfinden und denken, so wie ich es von dir erwarte und verlange« , und ebenso Botschaften, deren verbaler Inhalt nicht mit der nonverbalen Kommunikation übereinstimmt, wie z. B.: »…geh nur, …amüsiere dich mit deinen Freunden« (verbale Botschaft), während die Melodie/Tonalität der Stimme lautet: »…wie kannst du es nur wagen, mich allein zu lassen!«, hinterlassen vor allem im Kleinkindesalter, aber auch bei Latenzkindern, schwere Konfusionen und den Eindruck, eigenes Empfinden und Denken sei mit Gefahren verbunden und nicht erlaubt, wie auch mit der Gewissheit, bezüglich der Berechtigung, eigenständig zu funktionieren, grundsätzlich eingeschränkt zu sein.

Die psychosomatische *Symptomwahl* wird wahrscheinlich immer geheimnisvoll bleiben. Das Kind erfindet sich gleichsam selbst und zieht die äußere Realität nur noch ungenügend in Betracht. Es scheint aus unerträglichen Erfahrungen des Nicht-Seins oder der Bedeutungslosigkeit in ein sich selbst Haltendes und damit in etwas Fassbareres zu fliehen.

Früheste traumatische Erfahrungen entsprechen möglicherweise Traumszenarien, die nicht geträumt werden können (McDougall, 1992). Oft haben sie etwas mit Übererregung, Überstimulation oder übermäßigen Schmerzerfahrungen zu tun. Diese letzten bewirken gegebenenfalls, dass die Psyche nicht mehr mit den üblichen Formen symbolischer Wortbildungen zu denken vermag. Dies gilt besonders, wenn ein Säugling oder ein Kleinkind Zuviel an rätselhaften Botschaften der Hauptbetreuungspersonen (Laplanche, 2005, 2011) in sich aufgenommen hat. In diesen Fällen versucht die Psyche einerseits mittels eigenartigen, oft paradoxen Bildern oder Szenerien und andererseits auch der gesamte Körper angesichts des noch Undenkbaren und des damit Nicht-Aussprechbaren neue Lösungswege zu finden, um dem Seelenschmerz zum Ausdruck zu verhelfen. Das Abgespaltene bleibt dynamisch sehr aktiv. Der gesamte Körper versucht gleichsam, die undenkbaren, nicht verbalisierbaren Affekte, Empfindungen, Ideen, Bilder und Szenerien in das biologische Substrat einzuschreiben.

Frühkindliche Traumata stellen eine tödliche Bedrohung des gesamten Selbst dar, denn nicht-symbolisierte oder -symbolisierbare Erlebnisinhalte können nicht in der üblichen Art verdrängt werden. Sie lassen sich nur projektiv entfernen oder durch Verwerfung vom bewussten Erleben fernhalten. Für das, was durch Projektion aus der Psyche entfernt wird, existiert keine Kompensation. Es hinterlässt Leerstellen, existentielle »Lücken«, unaushaltbare Vernichtungsangst und sprachlose Verzweiflung. Höchstens in Form halluzinatorischer Verfolgungsängste, von Drogenabhängigkeit oder mittels Somatisierung vermag es wiederzukehren. Auch ein Festungswall ausgeprägtester Blockierungen kann zum Überleben beitragen.

Bei psychosomatischen Patienten ist es unabdingbar, auf früheste, präverbale Bedeutungsträger zu hören, die ersten Bilder eines Gegenübers entziffern zu können und zu verstehen, was für Annahmen der Säugling sich darüber gemacht hat, wer und wie das Gegenüber wohl sei. Dies ist besonders schwierig, da sich in ein und der gleichen Person oft verschiedene Organisationseinheiten finden, die auf sehr unterschiedlichem Entwicklungsniveau angesiedelt sein können, aber gleichzeitig am Werke sind.

Natürlich sind alle Störungen und/oder Erkrankungen im Bereich der Psyche-Soma-Existenz von Kindern und Jugendlichen nicht ohne einen intensiven Einbezug des Umfelds, z. B. die familialen Konstellationen, im Sinne eines übergeordneten Systems, zu betrachten. Das Buch ist bewusst nicht als klassisches Lehrbuch konzipiert, sondern als ein Text, der – gewachsen aus den Erfahrungen im klinischen und ambulanten Behandlungsbereich und den theoretischen Entwicklungen psychoanalytischen Denkens – gewisse Basisannahmen deutlich zu machen versucht und zu eigenem Weiterdenken anregen soll.

Die psychotherapeutische Arbeit an der Entwicklung interpersonaler Beziehungen bewirkt Veränderungen der Ich-Funktionen, der Selbst- und Objektrepräsentanzen, der Affektwahrnehmung und der Besetzung des eigenen Körpers. Sie steht im Zentrum aller Überlegungen.

Wer sich vertieft mit dem Gebiet der Psychosomatik, d. h. der engsten Verbindungen von Körper und Seele, auseinandersetzen möchte, tut gut daran, das Kapitel der frühesten Störungen ganz zu lesen. Wer sich vor allem rasch ein Bild über ein bestimmtes Symptombild machen möchte, kann sich auch nur gerade das entsprechende Kapitel vornehmen, da die verschiedenen Teilbereiche auch eine eigene Geschlossenheit aufweisen.

Dieter Bürgin und Barbara Steck
Frühjahr 2019

Einleitung

In den Praxen der Kinder- und Jugendmedizin, Psychiatrie, Psychologie, Psychotherapie und den entsprechenden Polikliniken und Kliniken sind Kinder und Jugendliche mit sog. psychosomatischen Krankheiten eine häufige Patientengruppe.

Alle, die psychosomatisch leidende Personen behandeln, stehen im Kontakt mit Menschen, welche zu einem Teil ihrer inneren Erfahrungen kaum mehr Zugang haben. Möglicherweise haben zu viele Affekte die Fähigkeit zu denken und zu empfinden eingeschränkt oder blockiert und damit die Körper-Psyche-Schnittstelle unterbrochen. Damit kann auch die eigene Körpersprache nicht mehr »gehört« und verstanden werden.

Zu einer ganzheitlichen Erfassung einer in der Sprechstunde präsentierten Problematik solcher Patientinnen und Patienten gehört nicht nur die sorgfältige somatische Abklärungsuntersuchung, sondern auch das Verstehen der jeweiligen sozialen Einflüsse, der innerseelischen und innerfamiliären psychischen Strukturen und Dynamiken sowie der Wechselwirkungen zwischen diesen Perspektiven und Zugängen.

Den Faktoren der *Reifung* und *Entwicklung* kommt in den Lebensabschnitten der Säuglings-, Kinder- und Jugendzeit viel größere Bedeutung zu als beim Erwachsenen, vor allem der Einschätzung, ob der junge Patient in einem Normbereich situiert werden kann, in welchem die vorhandenen biologischen, intrapsychischen und interpersonalen Ressourcen ausreichen, um seine körperliche, seelische und soziale Entwicklung im gegebenen Umfeld zu ermöglichen. Oder aber, ob das Störungsgeschehen die Selbstregulationsfähigkeit überschreitet und äußere Hilfe unverzichtbar wird. Im vorliegenden Buch wird deshalb versucht, die genannten Krankheitsphänomene einerseits aus *entwicklungsbiologischer und -psychologischer* Sicht sowie andererseits vor dem Hintergrund entwicklungspsychopathologischer Kenntnisse und Erfahrungen darzustellen. Ziel des Buches ist es, die in den psychosomatischen Krankheiten oft enthaltenen – körperliche und interaktionelle Aspekte übergreifenden – verkörperten Botschaften der Patienten und ihrer Umgebung in ihrer Komplexität vertiefend darzustellen und eben jenen Patienten sowie deren Umfeld mit Hilfe der daraus hervorgegangenen, integrativen Sicht, die den gegebenen Umständen angemessenste Behandlung angedeihen zu lassen.

Wir versuchen in diesem Buch von den frühesten körperlichen und psychischen Entwicklungsschritten auszugehen und zu betrachten, wie sich diese beiden Aspekte, als Teil eines Ganzen, eigenständig und doch in steter Wechselwirkung zueinander entwickeln. Es zeigen sich bereits sehr früh Phänomene, die weder als rein psychisch noch als eindeutig somatisch bezeichnet werden können, sondern eine gegenseitige Verflochtenheit zum Ausdruck bringen, die sich in Reifungs- oder Entwicklungsstörungen und damit schließlich in auffälligem Verhalten manifestieren können. Wir benutzen den Begriff Reifung (im Sinne von Spitz, 1969) zur Bezeichnung einer nach genetischen Plänen erfolgenden Entfaltung und den Begriff der Entwicklung für die in der Interaktion mit der jeweils spezifischen Umgebung erfolgenden Ausgestaltungen.

I Allgemeiner Teil

1 Entwicklung und deren Störungen bezüglich Alter und Beziehungspersonen

1.1 Entwicklungslinien des ersten Lebensjahres

In einer kurzen schematischen Übersicht werden einige Entwicklungslinien des ersten Lebensjahres dargestellt, welche leicht überprüfbar sind. Natürlich besteht bezüglich der Zeitangaben eine sehr große Variabilität. Die Sequenz der entsprechenden Entwicklungsschritte aber wird auch bei großer zeitlicher Unterschiedlichkeit einzelner Schritte eingehalten. Wir folgen hier den von Hellbrügge, Lajosi, Menara, Schamberger, Rautenstrauch (1978) beschriebenen Abläufen.

1.1.1 Entwicklung der Körperdrehung und des Kriechens

Im ersten Monat kann der Kopf für einen Augenblick angehoben werden. Mit drei Monaten geht das schon für eine Minute. Im fünften Monat gelingt es, dass der Säugling sich aktiv von Seite zu Seite sowie aus der Bauch- in die Rückenlage zu drehen vermag. Im sechsten Monat braucht er zum Abstützen in Bauchlage nur noch *eine* Hand. Mit acht Monaten vermag er auf dem Bauch rückwärts zu kriechen und sich aus Bauchlage zum Sitzen zu bringen. Mit zehn Monaten beginnt er auf allen vieren zu kriechen, im elften Monat kriecht er bereits viel auf Händen und Knien. Die Beherrschung der Motorik erweitert das Blick- und Explorationsfeld massiv, auch durch die Lokomotion.

1.1.2 Entwicklung des Sitzens

Während bei Neugeborenen der Kopf bei einem gehaltenen Sitzen schlaff vorwärts fällt, kann er mit zwei Monaten bereits aufrecht gehalten werden. Mit sechs Monaten spielt das Kind in Rückenlage, mit angehobenem Kopf mit seinen Füßen. Es sitzt mit wenig Hilfe. Mit acht Monaten zieht es sich selbst auf und sitzt kurze Zeit frei ohne Halt. Ende des zehnten Monats sitzt der Säugling auf der Unterlage mit geradem Rücken und gestreckten Beinen, was sich in den Folgemonaten noch stabilisiert. (Der Weg geht vom Liegen zum Sitzen und Stehen. Die Hilflosigkeit verringert sich zusehends).

1.1.3 Entwicklung des Stehens und Gehens

Das Neugeborene vermag, angemessen gehalten, automatische Schreitbewegungen durchzuführen. Bereits mit fünf Monaten übernimmt es mit den Füßen für kurze Zeit fast sein ganzes Gewicht. Im sechsten Monat streckt es die Beine in Hüften und Knien und »tanzt« auf den Zehenspitzen. Bereits im siebten Monat vermag das Kind für einen Augenblick, zum Stehen heraufgezogen, zu stehen. Im neunten Monate stellt sich das Kleinkind selbst auf, wenn es an den Händen gehalten wird. Im zehnten Monat zieht es sich an Möbeln oder anderen Dingen zum Stehen hoch. Am Ende des elften Monats geht das Kleinkind seitwärts am Gitter des Laufstalls oder an Möbeln herum, schreitet auch vorwärts, wenn ihm beide Hände gereicht werden. Am Ende des ersten Lebensjahres vollzieht ein Kind, zum Stehen heraufgezogen, seine ersten selbstständigen Schritte. Das Vorhandene (das Schreitvermögen) wird zuerst blockiert und dann wieder gelernt.

1.1.4 Entwicklung des Greifens und der Handbeherrschung

Der Greifreflex ist bereits bei der Geburt vorhanden. Am Ende des ersten Monats führt der Säugling die Hand unwillkürlich zum Mund. Einen Monat später bildet sich der Hand-Greif-Reflex zurück, die Hände können häufiger offengehalten werden. Am Ende des dritten Monats werden die Hände sehr genau betrachtet und es ist ein Übergang zu aktivem Greifen zu beobachten. Am Ende des sechsten Monats werden Oberflächen mit den Handflächen betastet, einen Monat später wechselt ein Kind einen Würfel oder anderen Gegenstand zwischen den beiden Händen aus. Mit acht Monaten kann zwischen Daumen und Zeigefinger ein Gegenstand erfasst werden. Das Berühren mit dem Zeigefinger ist meist am Ende des neunten Monats festzustellen. Ein Gegenstand, der dem Kind auf den Kopf gelegt wird, wird von ihm selbst entfernt. Am Ende des zehnten Monats reicht der Säugling auf Anfrage dem Erwachsenen ein Spielzeug, kann es aber noch nicht loslassen. Dies gelingt erst zwei Monate später.

Damit man »begreifen« kann, muss der Greifreflex erst blockiert werden, so dass sich die Hand öffnen lässt. Erst danach kann man etwas willentlich »erfassen«. Der Wechsel von einer Hand zur anderen und die Kombination mit dem Sehen und In-Den-Mund-Nehmen ermöglicht eine komplexe, dreidimensionale Wahrnehmung. Das Sprachverständnis ist in einfacher Form bereits ab dem zehnten Monat vorhanden.

1.1.5 Entwicklung der Sinnesorgane des Spielverhaltens

Das Neugeborene reagiert unwillig auf extreme sensorische Einwirkungen, insbesondere auf Licht und Geräusche, nämlich mit Stirnerunzeln, Schreien oder Zappeln. Am Ende des dritten Monats sucht es mit den Augen nach dem Ort der Entstehung eines Tones. Spielzeuge in der Hand werden am Ende des vierten Monats genau angeschaut, am Ende des fünften Monats auch in den Mund gesteckt und von einer Hand in die andere gegeben (Hand-Mund-Augen-Koordination). Am Ende des achten Monats lauscht das Kleinkind bereits einer Unterhaltung, lässt Dinge fallen, nimmt sie wieder hoch und erprobt, insbesondere am Ende des zehnten Lebensmonats, das Hinunterwerfen von Gegenständen. Am Ende des elften Monats findet es ein Spielzeug unter einer Tasse oder in einem zugedeckten Plastikkubus und zieht Gegenstände an einer Schnur zu sich heran. Eine Reizüberflutung kann nun durch Verhaltenssignale mitgeteilt werden. Räumlichkeit und Zeitlichkeit werden experimentell ausgebaut (Wegstoßen und Herholen; Aktivität und Passivität).

1.1.6 Entwicklung des Hörens

Was ein Kind in jungen Jahren hört, scheint für den Rest seines Lebens in seiner Psyche eingeschrieben zu sein (Sacks, 2007). Musik ist mit den frühesten Erlebnissen verbunden; Erinnerungsspuren werden bereits vor der Geburt gebildet und musikalische Erinnerungen sind besonders langandauernd. Das Hörorgan und das Trommelfell entwickeln sich in der achten Schwangerschaftswoche. Ab der 20. Schwangerschaftswoche kann das

Ungeborene akustische Signale wahrnehmen. Taktile und auditive Wahrnehmungen sind die wichtigsten sensorischen Modi des Fötus in der Interaktion mit seiner Mutter. Der Fötus hat keine Möglichkeit, die Stimme seiner Mutter zu beeinflussen, aber er kann anhand ihrer Stimme wahrscheinlich emotionale Unterschiede im mütterlichen Gefühlszustand erkennen. Erst nach der Geburt ist das Kleinkind in der Lage, zu schreien und zu weinen, d. h. Laute zu evozieren und mit diesen seine Gefühle kundzutun (Maiello, 2001). Der hörende Fötus ist eingebettet in ein inneres Klangkontinuum, das durch die Herztöne und die Stimme der Mutter gekennzeichnet ist. Der stetige Rhythmus der Herztöne erhält einen existenziellen Charakter. Der Tonfall der mütterlichen Sprache prägt das fötale Ohr mit melodischem Dialekt. Im Moment der Geburt entdeckt das Kind, dass der vertraute Herzschlag und die »Melodie« der mütterlichen Stimme eine Veränderung erfährt.

Attraktiv für Kleinkinder sind nicht die Wortinhalte der Eltern, sondern ist die »Musikalität« der elterlichen Sprache. Diese wird in fast allen Kulturen im Dialog mit dem Säugling »überhöht«. Vor dem Erwerb sprachlicher Kompetenz ist das frühe Kommunikationssystem vor allem eines das sich der Affekte als »Boten« bedient (Rose, 2004; Rose zit. in Sabbadini, 2002). Die Stimme der Mutter, die den affektiven Zustand des Säuglings widerspiegelt, ist ebenso wichtig wie die »Spiegelung« im Gesicht (Klanghülle des Selbst [Anzieu, 1976]).

1.1.7 Entwicklung von Sprachäußerungen

Das Neugeborene reagiert mit Schreien auf unangenehme Wahrnehmungen. Am Ende des zweiten Monats sind häufige Lautäußerungen zu beobachten, eine Art »plaudern«. Einen Monat später kann das Kleinkind bereits drei Laute von sich geben, die sich deutlich unterscheiden lassen. Auch das Schreien differenziert sich (zum Beispiel Hunger- und Schmerzschreien). Am Ende des vierten Monats ist Freude an spontaner Lautbildung mit Lautwiederholung vorhanden, »gurren«, »jauchzen« und »lallen« verstärken sich am Ende des sechsten Monats. Einen Monat später lallt ein Kind Silben, am Ende des achten Monats werden diese verdoppelt. Am Ende des zehnten Monats treten »Lall«-Monologe auf, das Kind sagt Mama und Papa, aber noch ohne sichere Differenzierung, und bemüht sich, Laute nachzuahmen. Am Ende des elften Monats kann es den Kopf schütteln, um nein zu sagen, und am Ende des ersten Lebensjahres ist es fähig, mindestens zwei sinnvolle Worte in Kindersprache zu sprechen.

(Lallmonologe mit Verdoppelungen entsprechen eigenem Experimentieren. Daneben besteht viel Imitation. Beides ermöglicht es, das kulturelle Sprachangebot anzunehmen und auszubauen. Knapp vor Ende des ersten Lebensjahres beginnt sich die Verneinung auszubilden).

1.1.8 Entwicklung des Sprachverständnisses

Das Sprachverständnis ist in den ersten sechs Monaten schwer zu prüfen. Am Ende des siebten Monats sucht ein Kind, von der primären Betreuungsperson gehalten, mit den Augen nach Gegenständen oder Personen, wenn diese mehrfach benannt worden sind. Einen Monat später geschieht dies bereits mit einer Kopfdrehung. Am Ende des neunten Monats macht ein Kleinkind »Patsch-Patsch-Bewegungen«, wenn es dazu aufgefordert worden ist. Einen Monat später reagiert es auf seinen Namen und auf die Aufforderung, etwas dem Gegenüber zu geben. Am Ende des elften Monats macht ein Kind spontan »winke-winke« und versteht Verbote wie »Nein«. Am Schluss des ersten Lebensjahres reagiert es auf die Bitte, einen

Ball oder anderen bekannten Gegenstand zu suchen, zu finden und diesen zu holen. Suchbewegungen durchziehen alles, stets mit dem Ziel, sich eine Fertigkeit zu erwerben. Aufforderungen werden am Ende des ersten Lebensjahres, auch wenn meist nur zwei Worte gesprochen werden können, recht genau verstanden und folgsam ausgeführt.

1.1.9 Sozialentwicklung

Das Neugeborene lässt sich durch *Hautkontakt*, d. h. Streicheln, oder durch Stillen beruhigen. Am Ende des ersten Monats hat das Aufnehmen des Kindes auch eine beruhigende Wirkung, ebenso wie eine vertraute Stimme. Am Ende des dritten Lebensmonats finden wir das »*blickerwidernde Lächeln*«, d. h., auch ein fremdes, bewegtes Gesicht löst ein freudiges Lächeln aus. Einen Monat später verhält sich das Kind freundlich zu Fremden, leistet einen gewissen muskulären Widerstand im Spiel und freut sich, wenn man mit ihm spielt. Am Ende des fünften Monats ist es imstande, einen liebenswürdigen von einem strengen Sprachton zu differenzieren. Dasselbe gilt auch für die Mimik. Meistens hört es auf zu weinen, wenn man mit ihm spricht. Gegen Ende des sechsten Monats beginnt es, sich gegenüber Bekannten und Unbekannten unterschiedlich zu benehmen. Es streckt die Arme aus, um hochgenommen zu werden. Am Ende des siebten Monats zeigte es Genuß an zärtlichem sich Anschmiegen. Zum Ende des achten Monats taucht das »*Fremdeln*« unbekannten Erwachsenen gegenüber auf. Das Kleinkind beginnt, vertraute Erwachsene zu *imitieren* und beobachtet sehr genau. Einen Monat später versteht es das *Versteckspiel* und ärgert sich, wenn man ihm ein Spielzeug wegnimmt. Gegen Ende des zehnten Monats ist ein Verständnis für Lob zu beobachten. Am Ende des ersten Lebensjahres zeigt es sich *fasziniert vom eigenen Spiegelbild*, lächelt dieses an und spielt mit ihm. Es unternimmt erste Versuche, selbstständig mit einem Löffel zu essen.

Außenaktivitäten können also eine klare Beruhigungswirkung auf den Säugling ausüben (Wiegen, Streicheln). Der *erste und der zweite »Organisator«* (blickerwiderndes Lächeln, Achtmonatsangst/Fremdeln) (Spitz, 1969) manifestieren sich meist recht deutlich. Beide sagen etwas über die Beziehungsentwicklung aus (z. B. Entwicklung der Kontaktaufnahme zu einem besonderen Attraktor, dem menschlichen Gesicht; Bildung eines »ganzen« Objektes; Unterscheidung von fremd und vertraut). Im Versteckspiel zeigt sich der lustvolle Umgang mit der *Trennungsangst*. Das spiegelbildliche Konterfei eines Gegenübers evoziert Interesse.

1.2 Psychophysisches Gleichgewicht

Beim Säugling und Kleinkind können *Reifung und Entwicklung verschiedenster Funktionen* – in ihrer Wechselwirkung mit den Aktionen der zentralen Bezugspersonen – auch psychoanalytisch exploriert und verstanden werden. Dynamische Konflikte zwischen den beiden Protagonisten zeigen sich nicht nur in Funktionsstörungen physiologischer Abläufe sondern auch in psychischen Symptomen, die sich plötzlich manifestieren können. Beide Bereiche lassen sich – ganz anders als beim Jugendlichen und Erwachsenen – gut und zumeist direkt *beobachten*. Die Klinik ist oft bedeutend aussagekräftiger als eine nosographische Einteilung, die etwa bis zum dritten Lebensjahr außerordentlich schwierig vorzunehmen ist (DC: 0-3R, 2005). Denn die *Ausdrucksformen* sind höchst unterschiedlich und rasch wechselnd. Reifungsfaktoren, Entwicklungselemente, reaktive Erscheinungen, ungewöhnliche Verhaltensweisen, beginnende strukturelle Verzerrungen und komplexe Bedeutungen sind nur schwer auseinander zu halten. Zudem vermag jegliche, noch ungeordnete Funktionseinheit des Ich die Entwicklung gerade dieser Funktion zu beeinträchtigen. Die klinische Beobachtung hingegen zeigt uns die Entwicklung von *funktionellen Störungen* in Abhängigkeit von der Strukturierung des Ich, dem Zeitpunkt ihres Auftretens/Verschwindens und ob sich eine motorische Abfuhr oder eine eigentliche Transformation festhalten lässt.

Früh auftretende Probleme zeigen sich oft in einer Dysfunktion der *Dyade* »primäre Betreuungsperson« – Kind. Für jeden Menschen gibt es altersspezifische Schwellen, jenseits welcher die Integrationsfähigkeiten überschritten sind. Diese dyadischen Dysfunktionen transformieren sich – sofern die Schwellenwerte des Primärprozesses in traumatisierender Form überschritten worden sind und damit stressauslösende Belastungssituationen auftauchen – nicht selten in physiologische Funktionsstörungen des Kindes. Diese weisen auf einen damit verknüpften Besetzungsabzug des Säuglings von der äußeren Welt hin.

Meist lassen sich Funktionsstörungen als Vorformen eigentlicher psychophysischer Probleme beschreiben, die ein gestörtes psychophysisches Gleichgewicht zum Ausdruck bringen. Die Gleichgewichtsstörung baut sich auf einer Dysbalance der narzisstischen Ökonomie des Säuglings auf, d. h. der Säugling ist wegen der ungenügenden Art der Zuwendung, die er von den primären Betreuungspersonen erfahren hat, nicht mehr im Stande, das Andauern von massiven Unlustzuständen in seiner Innenwelt zu verhindern. Er versucht sie deshalb durch Externalisation loszuwerden oder durch autoerotische Aktivitäten ein Gegengewicht zu setzen.

Existieren Probleme bei der libidinösen Besetzung einer physiologischen Funktion, so besetzen der Säugling oder das Kleinkind automatisch die Motorik, als ob motorische Aktivitäten im Sinne einer Flucht bei diesem Entwicklungsstand bereits behilflich sein könnten. Bei der *halluzinatorischen Wunscherfüllung* werden die muskulären Innervationen in gleicher Art aktiviert wie beim Handeln, aber sie werden gleichzeitig auch blockiert, so dass keine Handlung entsteht.

Gewisse libidinöse oder aggressive Besetzungen werden unter bestimmten Bedingungen für Mechanismen aufgewendet, die den lebenserhaltenden geradezu zuwiderlaufen. Sie überschreiten physiologische Gesetzlichkeiten und können – lässt man sie anstehen – einen Säugling oder ein Kleinkind in Todesgefahr bringen (z. B. Dehydrierung bei Erbrechen). Man könnte diese Besetzungsform als eine pervertierende beschreiben, da ein primär angestrebtes Ziel um 180 Grad verschoben, d. h. ins Gegenteil verkehrt worden ist.

Intrapsychische, interpersonale und soziokulturelle *Gleichgewichte*, die auf Grund der Reifung und der Entwicklung stets von neuem abgeglichen werden müssen, scheinen somit untrennbar miteinander verknüpft zu sein. Die Störung von einem Balancesystem bewirkt mehr oder weniger massive und unterschiedlich lange anhaltende Störungen der anderen, auch ganz besonders deshalb, weil die Funktion der *primären Symbolisierung* sich in einem Zustand des »status nascendi« befindet und nur in geringem Ausmaß eingesetzt werden kann.

1.3 Säuglinge und primäre Beziehungspersonen

Wenn man vom »Säugling« spricht, so entspricht dies einer unstatthaften Gleichsetzung von verschiedensten Personen, nicht nur, was ihre ganze Körperlichkeit, sondern auch, was die Art ihrer Innenwelt angeht. Denn Säuglinge sind bereits bei der Geburt sehr unterschiedliche Wesen, einerseits wegen ihrer *genetischen Ausstattung* (z. B. bezüglich des »Temperaments«), dann wegen der *intrauterinen Erfahrungen* während der Schwangerschaft und schließlich dadurch, wie sich der »Fit« zwischen ihnen und den primären Betreuungspersonen auf ihre psychischen Reifungs- und Entwicklungsvorgänge auswirkt. Sie unterscheiden sich in ihrer Aktivität/Passivität (z. B. was den Gebrauch der Motorik angeht), ihrem nach-außen oder nach-innen Gewendetsein, ihrer Empfindsamkeit und Reagibilität (Schwellenhöhe für Außen- oder Innenreize), ihrer Art, mit Unlust umzugehen (z. B. Erregung oder Hemmung oder zyklischer Wechsel von beidem), ihrer Fähigkeit, Erlebnisse sich anzueignen (Mentalisierung im Sinne der französischen Schule), ihrer Neigung, sich für eine kürzere Entbehrungszeit autoerotisch zu beruhigen, ihrem Hunger nach Zuwendung (d. h. der narzisstischen Besetzung durch das Gegenüber) und ihrer Neigung, eine sich entwickelnde Rage gegen sich selbst oder nach außen zu wenden.

Die vom Körper und der Psyche des Säuglings wie auch der primären Betreuungspersonen und dem dyadischen Paar als solchem generierten und wechselseitig einwirkenden Variablen sind so unüberschaubar zahlreich, dass nur gröbere Störfaktoren (z. B. längere Dyskontinuitäten in der Betreuung, Unvermögen, die vom Säugling oder von den primären Betreuungspersonen ausgehenden Signale wahrzunehmen) eindeutige Voraussagen erlauben.

Säuglinge lassen bereits bei der Geburt enorme Unterschiede erkennen, zum Beispiel was Aktivität/Passivität, Empfindsamkeit, Bedürfnisintensität, Integrationsfähigkeit und zeitliche Regulierungskapazität angeht. All diese Faktoren dürften sich im Verlaufe der Schwangerschaft, d. h. der *intrauterinen Entwicklung*, bereits ausgebildet haben. Aber sie wurden für die Betreuenden noch nicht manifest erfahrbar.

Gelingt es den »primären Beziehungspersonen« (in der Mehrzahl sind dies die Eltern) den Körper ihres Säuglings bzw. Kleinkindes libidinös intensiv zu besetzen, so umfasst dies nicht nur die erogenen Zonen, sondern auch diverse Funktions- und Regulationsmechanismen. Diese Besetzungen geben den libidinösen Besetzungen der kleinen Kinder ein entsprechendes »Gerüst« für Entwicklungsabläufe. Identifizieren sich die Säuglinge mit den primären Betreuungspersonen, so übernehmen sie diese Gerüstanteile, die für ihre eigenen Regulationsfunktionen wie eine Aufbauhilfe wirken. Denn diese liefern so etwas wie ein Gegengewicht zu eventuell verkehrt laufenden Besetzungen.

Stehen aber heftige projektiv-aggressive Aktivitäten, widersprüchliche Signale oder ein Besetzungsabzug der primären Beziehungspersonen im Vordergrund, so sind die Kräfte des Todestriebes, bzw. der Destruktion, oft so stark, dass diese Kinder sich in Richtung Selbstvernichtung bewegen; denn ein Säugling stirbt, wenn sich nicht eine erwachsene Person um ihn kümmert.

Alle ungenügenden oder unausgeglichenen Triebbesetzungen, alle größeren oder häufigeren Kontinuitätsunterbrechungen und zu massive Unterschiede zwischen der Ausstattung des realen und der des phantasmatischen Kindes in den Vorstellungen der Eltern stellen oft so massive Entwicklungsbeeinträchtigungen dar, dass aus diesen Gründen ein Übermaß an narzisstischer Rage freigesetzt wird. Dieses überfordert meistens das Kind und vielfach auch die Eltern, hat somit einen traumatisierenden Charakter, wirkt als Disstress auf den kindlichen Organismus ein und übersteigt die Integrationsfähigkeit des jeweiligen Ichs. Die Symptombildung bzw. Ausbildung einer psychophysischen Funktionsstörung oder der im Verhältnis zum Auslöser zu heftige Einsatz motorischer Aktivitäten zur Spannungsabfuhr oder der Versuch einer autoerotischen Beruhigung werden somit leicht ausgelöst.

Den Zeitpunkt, wann aus einer funktionalen Störung eine eigentliche somatische Läsion wird, kann höchstens im Einzelfall und unter Einbezug vieler Variablen zu erfassen versucht werden.

Geht man von einem Differenzierungsmodell der Psyche aus, so heißt das, dass sich intrapsychische Strukturen im Ich (und später im Über-Ich) in ungefähr normierten Zeitbereichen ausbilden. Es lässt sich dann von zeitgerechten, vorzeitigen oder verspäteten Entwicklungen sprechen. Damit sich diese Strukturen ausbilden können, sind der Säugling und das Kleinkind auf (Kontinuität vermittelnde) spezifische Betreuungspersonen und deren dazugehöriges, persönlich-emotionales wie auch deren sozio-kulturelles Milieu angewiesen.

Die Aufgabe der zentralen Betreuungspersonen besteht einerseits im Reizschutz, andererseits aber auch in der – dem jeweiligen Säugling und seiner Entwicklung angemessenen – variationsreichen Stimulation. Mütter oder andere signifikante Personen werden fortlaufend aufgefordert, sich gegenüber dem sich entwickelnden Säugling anzupassen und gleichzeitig behilflich zu sein, dessen Impulse zu regulieren und zu steuern. Beim Versuch, immer wieder neue Gleichgewichte zwischen polaren Positionen, bzw. Einstellungen zu finden, sind sie dauernd mit der Wahrnehmung ihrer ambivalenten, d. h. den liebenden und den ablehnenden Gefühlen, die sie gegenüber dem Säugling oder Kleinkind empfinden, konfrontiert. Dies ist besonders schwierig, wenn es bei der primären Betreuungsperson um unbewusste Aspekte wie die Nötigung zu projektiven Identifizierungen oder um die Auswirkungen widersprüchlicher oder paradoxer Signale geht, die – im Hinblick auf den Säugling – mit einer hohen Desorganisationspotenz verbunden sind. Die überfürsorgliche Liebe lässt dem Kind keinen Raum für Eigenexploration, die zu stark phobisch-fernhaltende Haltung gibt ihm keine Möglichkeit, im Kontakt mit einem wirklichen Gegenüber sich selbst zu finden. Beide polaren Positionen hinterlassen einen Säugling oder ein Kleinkind in einer unerträglichen Deprivationsposition (welche die »psychische Aneignung« der gemachten Erfahrungen in hohem Maße erschwert und höchstens einen Ausweg über eine Verhaltens- oder Somatisierungsstörung möglich macht).

Befindet sich die Mutter in einem postpartal-psychotischen oder schwer depressiven Zustand, so kann sie nicht mehr zwischen sich und dem Säugling unterscheiden. Dieser wird zu einem Teil ihrer Innenwelt, sie spricht ihm alle ihre Gefühle und halluzinatorischen Wunscherfüllungen zu und kann seine Bedürfnisse und sein Begehren nicht mehr wahrnehmen.

Leidet eine Mutter unter starken neurotischen Ängsten, so wird der Säugling davon richtig eingehüllt, kann kaum mehr Eigenerfahrungen machen und vermag seine eigene Affektivität nicht im freien Kontakt mit dem Gegenüber zu explorieren und zu entwickeln.

Je älter ein Kind wird, desto differenzierter hat sich sowohl der somatische als auch der psychische Teil seiner Persönlichkeit entwickelt. Je homogener und altersentsprechender sich das Niveau der Funktionen ausgeformt hat, desto komplexer sind nicht nur die Aufgaben, die das Kind meistern muss, sondern auch die Möglichkeiten, mit denen es den auftretenden Schwierigkeiten zu begegnen vermag. Je unausgeglichener, retardierter oder regressiver sich die psychophysischen Funktionen erweisen, desto leichter werden sich dysfunktionale Problemlösungen einstellen, die dann als sog. »Symptome«

oder Auffälligkeiten in Erscheinung treten und im günstigen Fall bewirken, dass von den betroffenen Eltern Hilfe gesucht und in Anspruch genommen wird.

1.4 Frühe Entwicklungsstörungen und psychosomatische Auffälligkeiten

Die frühen psychosomatischen Auffälligkeiten können als störende Abweichungen basaler vitaler Funktionen (wie z. B. der Nahrungsaufnahme und dem Appetit, der Verdauung und der Evakuation des Unverdaulichen, der Einatmung von sauerstoffgesättigter Luft und dem Ausatmen von CO_2-haltiger Abluft etc.) verstanden werden. Werden diese Funktionen durch kleinere affektive Konflikte beeinträchtigt, so zeigt sich dies in den entsprechenden Funktionsstörungen.

Reifung und Entwicklung sind über längere Zeit mit dem Alter eines Kindes verknüpft. Die biologischen, die psychoaffektiven und die geistigen Funktionen machen eine Entwicklung durch, die sich an der zunehmenden Strukturierung des Ich erkennen lässt. Alle Ausdrucksformen zeigen eine größere Variation und höhere Komplexität. So kann ein Symptom in Abhängigkeit vom Alter des Kindes eine völlig verschiedene Bedeutung haben. Selbst eine dysfunktionale Störung kann in ihrem Erscheinungsbild oft nicht von einer primär organischen Krankheit unterschieden werden. Dysfunktionale Störungen haben zudem nicht selten auch eine Auswirkung auf diverse organische Abläufe (z. B. eine Hyperphagie, die zu einer Adipositas mit allen sekundären organischen Begleiterscheinungen führen kann). Fehlen die von Spitz (1969) beschriebenen drei psychischen »Organisatoren« (d. h. beobachtbare Phänomene, nämlich das blickerwidernde Lächeln um den dritten, die Fremden-Angst um den achten und die Fähigkeit, Nein zu sagen, um den 18. Monat herum), so manifestieren sich oft mit solchen Ausfällen verknüpfte, dysfunktionale somatische Desorganisationserscheinungen.

Die übermäßige Besetzung von Konflikten, die anhaltend sexualisierte Beziehung zu Überich-Substituten und die Vermeidung einer Trauerarbeit in Beziehungen, was von den klinischen Bildern der Hysterie bekannt ist, sowie die klassische Konversion, wie wir sie bei Jugendlichen und Erwachsenen kennen, sind beim Kleinkind – auf Grund der noch nicht ausgereiften Ich- und Abwehr-Strukturen – außerordentlich selten. Hysteriforme Erscheinungen, d. h. solche, bei denen eine Erregung automatisiert in somatischer Form abgeführt wird, sind hingegen recht häufig.

Eine verfrühte Entwicklung kann sich auf das ganze Ich oder nur auf Teile dieser Struktur erstrecken. Es kann sich um ganz frühe oder spätere Funktionseinheiten wie Regulations-, Steuerungs- und Abwehrmechanismen handeln oder um Fähigkeiten wie Affektentwicklung, Toleranz für Unlustzustände oder Leidensfähigkeit. Die verfrüht entwickelten Teile der Psyche (die z. B. eine Neigung zu Autodestruktivität, zu Somatisierung, zu narzisstischem Rückzug, zu leichter Kränkbarkeit oder zu Frustrationsintoleranz etc. zeigen) können einerseits zwar zu stark, zu schwach oder zu verzerrt erscheinen, aber noch im Rahmen einer kompensierbaren Varianz erscheinen, d. h. sie können im Verlauf der weiteren Entwicklung ausgeglichen und integriert werden. Wenn sie aber ungewöhnlich intensiv, zu schwach oder massiv verzerrt sind, so können sich – infolge intrasystemischer Schwierigkeiten – pathogene Störungen entwickeln.

2 Gen-Umfeld-Interaktionen und Resilienz

2.1 Wechselwirkungen von Genen und Umwelt

Gehirn und Umwelt haben einen wechselseitigen Einfluss aufeinander. Umweltfaktoren können die Genexpression durch epigenetische Mechanismen beeinflussen. Bei diesen Mechanismen handelt es sich um Modifikationen der genetischen Trägersubstanz DNA (DNA-Methylierung und Histonmodifikation), die jedoch die Nucleotidsequenz des Gens nicht direkt verändern (Price, Adams, Coyle, 2000; Bird, 2007). Die epigenetischen Veränderungen sind weniger stabil als die genetischen Veränderungen, die z. B. durch Mutationen verursacht werden; sie werden in der Regel auch nicht mehr als auf eine oder zwei Generationen übertragen. Die Epigenetik bezieht sich auf Veränderungen in der Genaktivität und -expression, die nicht durch Veränderungen in der DNA-Sequenz verursacht wurden. Genetische und epigenetische Faktoren stehen in einer anhaltenden und komplexen Wechselwirkung.

Der Erwerb und der Gebrauch von Fertigkeiten und Kompetenzen erhöhen die Myelinisierung (McKenzie, Ohayon, Li, de Faria, Emery, Tohyama, et al., 2014), während soziale Isolation oder schwerer Stress zu einer Beeinträchtigung der Myelinisierung führen (Sexton, Mackay, Ebmeier, 2009; Liu, Dietz, DeLoyht, Pedre, Kelkar, Kaur et al., 2012). Lernprozesse fördern z. B. die Synapsenbildung. Eine Störung der zerebralen Plastizität in kritischen Perioden der kindlichen und adoleszentären Entwicklung kann zu langanhaltenden Störungen führen.

In der Adoleszenz ist die Plastizität des Gehirns am größten; in dieser Entwicklungsphase treten schwere psychische Erkrankungen gehäuft auf.

Widrige Lebensumstände in einer von Armut und Vernachlässigung gekennzeichneten Umwelt werden in molekulare Ereignisse überführt, welche die Expression von neuroregulatorischen Genen steuern, die ihrerseits die Gehirnentwicklung beeinflussen und zu lebenslangen psychopathologischen Risiken führen können. Die Exposition gegenüber einer Vielzahl von Stressoren im frühkindlichen Leben ist nicht nur mit Veränderungen in der Hypothalamus-Hypophysen-Niebennieren (HHN)-Aktivität, sondern auch mit zahlreichen Neurotransmittersystemen verbunden.

Entwicklungsförderliche, frühe Umfeldbedingungen – gekennzeichnet durch eine fürsorgliche und kontinuierliche Betreuung – sorgen für eine antizipatorische Programmierung von regulatorischen Genen, die in der Folge die entwicklungsneurologische Vorbereitung für das Lernen optimieren und eine normative, sozio-emotionale Entwicklung gewährleisten (Boyce & Kobor, 2015).

Die »Architektur« der Genetik psychischer und psychosomatischer Erkrankungen ist komplex. Dies ist zum Teil auf die bei psychischen Störungen involvierten multiplen Gene und die Schwierigkeit, diese Gene miteinander zu verbinden, zurückzuführen (Sullivan, Daly, O'Donovan, 2012).

2.2 Genetik und Resilienzentwicklung

Resilienz bezeichnet ein interaktives Konzept, das sich auf eine relative Widerstandsfähigkeit gegenüber Umweltrisiko-Erfahrungen, Traumata oder auf die Bewältigung von Stress oder ungünstigen Belastungen bezieht. Multiple genetische und Umweltfaktoren sind an den entsprechenden Entwicklungsprozessen beteiligt und tragen zu den Resilienz- oder Vulnerabilitätsunterschieden eines Individuums bei (Bürgin & Steck, 2008). Resilienz ist verantwortlich für die individuelle Variation in der Reaktion von Kindern und Jugendlichen auf ähnliche Erfahrungen. Die angemessene Exposition gegenüber Stress – und nicht deren Vermeidung – kann unter bestimmten Umständen die Widerstandsfähigkeit gegenüber späteren Stresssituationen stärken.

Elterliche Bindungs- und Beziehungsmodelle wirken sich auf die Bindungssicherheit ihres Kindes aus. Ein Kind kann die beiden Beziehungsmodelle seiner primären Betreuungspersonen internalisieren und dann integrieren. Man nimmt an, dass *ein* sicheres internes Beziehungsmodell einen ausreichenden Schutzfaktor darstellt und zur Resilienz des Kindes in einer Deprivationssituation beiträgt.

Der Beitrag einzelner Gene bei der Entwicklung von Resilienz wurde intensiv untersucht (vor allem das Serotonin-Transporter-Gen, das Oxytocin-Rezeptor-Gen, das Dopamin-Rezeptor D4-Gen und das Kortikotropin-Releasing-Hormon-Rezeptor-Gen). Alle diese Gene sind bei resilientem Funktionieren teilweise beteiligt (Cicchetti & Rogosch, 2012). Sie sind aber auch bei einer Vielfalt von entwicklungsneurologischen Störungen involviert (z. B. bei Erkrankungen an Schizophrenie, Autismus und bei gewissen Formen geistiger Behinderung) und können somit auch eine potenzielle Gefährdung übertragen (Owen, 2012). Diese Tatsache weist auf die Komplexität hin, die bei der Kombination von Genen und deren Interaktion mit Umweltfaktoren zu beobachten ist und betont die vielfältigen Möglichkeiten der Beeinflussung bzw. Beeinträchtigung individueller Entwicklung und psychologischer Prozesse. Zudem dürften – während kritischer Perioden der Entwicklung – verschiedene epigenetische Veränderungen in mehreren Regionen des Gehirns für die Entstehung von Vulnerabilität oder Resilienz gegenüber stressbedingten psychischen Störungen verantwortlich sein (Dudley, Li, Kobor, Kippin, Bredy, 2011).

Die Erkenntnisse der Resilienzforschung können nicht in ein klares Präventions- und Behandlungsprogramm übersetzt werden; sie bieten jedoch zahlreiche Ansätze, die auf dynamischen Prozessen aufbauen und bei der Überwindung ernsthafter negativer Erfahrungen involviert sind.

2.3 Genetik – Epigenetik: Beispiel Kindsmisshandlung

Kindsmisshandlung ist mit einer Reihe von negativen gesundheitlichen Folgen verbunden. Neuere Studien zeigen, dass frühe Stresserlebnisse epigenetische Veränderungen bewirken (und zwar bei Genen, die in Stoffwechselprozessen, Immunfunktionen, Diabetes, Herzkreislauferkrankungen, Krebs und psychischen Erkrankungen involviert sind

(Weder, Zhang, Jense, Simen, Jackowski, Lipschitz et al., 2014). Solche epigenetischen Veränderungen erhöhen das Risiko einer späteren Depressionserkrankung. Eine positive psychosoziale Unterstützung hingegen reduziert das mit Misshandlung und einem entsprechenden Genotyp assoziierte Risiko, so dass misshandelte Kinder mit einem solchen Profil nur eine minimale Erhöhung ihrer Depressivitätswerte aufwiesen. Das Risiko negativer Auswirkungen von Stresserlebnissen kann also, dank emotional verfügbarer Betreuungspersonen, modifiziert werden. Die letzten sind im Stande, die Resilienz misshandelter Kinder zu erhöhen, selbst beim Vorliegen eines Genotyps, der für eine erhöhte Vulnerabilität bezüglich psychischer Störungen verantwortlich ist (Kaufman, Yang, Douglas-Palumberi, Houshyar, Lipschitz, Krystal et al., 2004; Kaufman, Gelernter, Hudziak, Tyrka, Coplan, 2015).

2.4 Genetik und Identifizierungen

Die Genetik zeigt im Verlaufe der Reifung eines Individuums eine *Neigung zur Selbstentfaltung*. Trotzdem ist die Entwicklung sämtlicher epigenetischer Faktoren auf die *Spezifität der Umwelt* angewiesen, die somit mitgestaltet, welche Gene oder Genkombinationen zum Ausdruck kommen. Zudem ist das Individuum selbst ein *Mitgestalter seiner Entwicklung*, indem es seine psychischen Strukturen und Kompetenzen für die Entwicklung seiner altersabhängigen, individuellen Bedürfnisse und Begehren in mehr oder weniger dienlicher Form einzusetzen vermag. Die *materielle und beziehungsmäßige Umwelt* gestaltet mit ihrem vorhandenen oder fehlenden Angebot und mit ihrem direkten oder indirekten Einwirken auf den sich entwickelnden Organismus einen *dritten Wirkbereich*, der nicht zu unterschätzen ist, besonders wenn man zum Beispiel an eine schwere Mangelernährung denkt, die sich schädlich auf die gesamte *Gehirnentwicklung* und damit auf die psychophysischen Möglichkeiten eines Individuums auswirkt. Die Psychosomatik sitzt als Betrachtungsweise somit inmitten eines *triadischen, bio-psycho-sozialen Feldes*, in welchem *eine Komponente nie für sich allein betrachtet werden kann und die Komplexität der Einwirkungen und Rückmeldungen*, d.h. der schlaufenförmig verlaufenden Rückkopplungs- und Informationswege so hoch ist, dass *jeder Versuch, der Situation mit einem monolinear-einheitlichen und einfachen Modell zu begegnen, einer nicht adäquaten Simplifizierung gleichkommt.*

Wahrscheinlich werden Verarbeitungsformen für psychische Abläufe mittels *primärer Identifizierung* von den primären Bezugspersonen, d.h. meistens den Eltern, übernommen. So lässt sich oft nicht klären, ob ein bestimmtes Verhalten eines Kleinkindes einer *spezifischen Genetik zuzuschreiben* ist, einer *Identifizierung mit unbewussten Teilen der primären Bezugspersonen* gleichkommt oder – was das Wahrscheinlichste ist – durch beides zusammen verursacht wird.

Während im Verlaufe der Entwicklung vom Säugling – nach einer *Phase der Illusionsbildung – die frustrierende Erfahrung einer sanften Desillusionierung* durchgemacht werden muss und ein gewisses, vom Ich gerade noch verkraftbares Manko, eine Karenz an Zuwendung, zumutbar und entwicklungsstimulativ ist, bildet ein wirkliches *Zuviel*, ein deutliches *Zuwenig* oder eine klar *verzerrte Form von libidinöser Besetzung durch die Mutter* – wie auch eine *längerdauernde Trennung* von ihr – eine *Belastung*, die vom Säugling nicht mehr ausgeglichen werden kann und einen *traumatisierenden Charakter* erhält. Er befindet sich dann über kürzere oder längere Zeit im *Zustand eines Disstresses*.

3 Stressvolle Belastungen und ihre Auswirkungen

3.1 Allgemeine Bemerkungen

Das »Stressmodell« scheint ein zentrales Bindeglied zu sein, welches als »Belastungsreaktion« auf beiden Ebenen, Soma und Gehirn/Psyche, klare Auswirkungen hat. Während auf der somatischen Ebene postnatal bereits grundsätzliche Funktionen gut etabliert sind, wird die psychische Struktur nach der Geburt weitgehend erst aufgebaut. Schädlicher Stress beeinträchtigt somit die psychische Strukturbildung und nicht nur Funktionen im psychischen Geschehen. Der gleiche äußere Stress hat zu verschiedenen Zeiten der Einwirkung während der Entwicklung sehr unterschiedliche Auswirkungen. Insbesondere hinterlässt ein pathogen wirkender Stress in den ersten zwei Lebensjahren massive Struktur- und Funktionsdefizite, welche später nur noch teilweise ausgeglichen werden können. Es wird noch zu klären sein, wie die eingeschränkte Entwicklung gewisser Funktionen und Abwehrmodalitäten im Ich sich so belastend auf den Gesamtorganismus auswirkt, dass daraus eine »übermäßge Belastung« im Sinne einer »Stressreaktion« ausgelöst wird.

Da die Stressreaktion als eine angeborene, das Gehirn und den Körper umfassende Funktionsweise betrachtet werden kann, welche in ihrer Erscheinungsform in hohem Ausmaß durch Anlagefaktoren des Säuglings, Umwelteinwirkungen und die damit verknüpften Austauschvorgänge gekennzeichnet ist und somit Reifungs- und Entwicklungsgesetzen untersteht, gehen wir an dieser Stelle etwas vertiefter darauf ein.

Aus biologischer Sicht ist das Gehirn das zentrale Organ für Anpassungsprozesse. Es verarbeitet nicht nur unsere Erfahrungen in der physischen Umgebung als Teil einer homöostatischen Regulation, sondern auch unsere Erlebnisse im sozialen Umfeld. Unsere Lebenserfahrungen verändern Gehirnstrukturen und -funktionen, d.h. sie bewirken Änderungen, die als »adaptive Plastizität« bezeichnet werden. Auf kritische Lebensereignisse, so genannte Stressoren, erfolgt eine koordinierte und energetisierende Reaktion, die unsere körperliche Integrität und unser psychisches Wohlbefinden aufrechterhält. Die Psyche und damit auch das Gehirn stellen Bedrohungen und potenziell stressvolle Situationen fest und initiieren physiologische, emotionale und Verhaltensreaktionen. Diese Reaktionen können entweder der Anpassung dienen oder gesundheitsschädlich sein. Stress basiert – mittels des autonomen Nervensystems und endokriner Mechanismen – stets auf einer bidirektionalen Kommunikation zwischen verschiedenen Systemen (z. B. Gehirn, Psyche, Herz, Kreislauf, Immun- und Stoffwechselorganisation). Die komplexen Interaktionen dieser unterschiedlichen Systeme führen zu positiven oder negativen Veränderungen im Gehirn, der Psyche und dem Körper (Steck & Steck, 2015).

Die mit chronischer Stressbelastung verbundenen Hormone schützen den Körper kurzfristig und fördern eine Anpassung. Auf lange Sicht hinaus jedoch bewirken die Belastungen von der Art eines chronischen Stresses

Veränderungen in Gehirn und Körper, allenfalls mit nachfolgenden Erkrankungen.

Die Prävalenz von psychosomatischen und emotionalen Symptomen (PES; bei Kindern im Alter von vier bis elf Jahren in acht europäischen Ländern erfasst) ist signifikant (quantitativ und qualitativ) mit negativen Lebensereignissen oder widrigen familiären oder sozialen Lebensumständen assoziiert (Vanaelst, De Vriendt, Ahrens, Bammann, Hadjigeorgiou, Konstabel et al., 2012). Psychosomatische Erscheinungen (wie z. B. Erbrechen oder Bauchschmerzen vor der Schule) sind bei Kindern häufig und im psychoanalytisch-psychotherapeutischen Dialog meistens recht gut veränderbar.

Bei der psychosomatischen Trias von Kopfschmerzen, rezidivierenden Abdominalschmerzen und Einschlafstörungen erwies sich bei schwedischen Schulkindern der ökonomische Stress als bedeutungsvoller als die soziale Schicht. Mädchen klagten häufiger über Kopfschmerzen und rezidivierende Abdominalschmerzen als Jungen. Diese Unterschiede verstärkten sich mit dem Alter (Östberg, Alfven, Hjern, 2006). Es bestehen somit nicht geringe Unterschiede in Bezug auf Art, Zeitpunkt und eventuelle Kumulation einer Belastung bei Kindern und Jugendlichen (Wang, Raffeld, Slopen, Hale, Dunn, 2016).

Dies lässt sich besonders gut bei Schlafstörungen eruieren: Jugendliche, die widrigen Stresserfahrungen ausgesetzt waren, litten vermehrt unter Schlafstörungen im Vergleich zu jugendlichen Kontrollgruppen. Das höchste Risiko für Schlafstörungen zeigten Jugendliche, die zwischenmenschlicher Gewalt (z. B. elterlicher Gewalt oder Vergewaltigung) in früher Kindheit oder in der Adoleszenz ausgesetzt gewesen waren.

3.2 Neurobiologische Reaktionen auf Stress

Die zentralen Komponenten des Stresssystems sind im Hypothalamus und im Hirnstamm lokalisiert. Sie bilden Teile eines neuroendokrinen Steuerungssystems – der Hypothalamus-Hypophysen-Nebennieren Achse (HHN) – und eines Teiles des unwillkürlichen Nervensystems – nämlich des sympathischen-adreno-medullären Systems. Die Aktivierung dieser Systeme hat eine *erhöhte Ausscheidung von Stresshormonen* (Corticotropin-Releasing-Hormon [CRH], Cortisol, Noradrenalin und Adrenalin) zur Folge. Gleichzeitig manifestieren sich erhöhte, entzündungsbedingte Zytokine[3], welche für die Koordination des Immunsystems verantwortlich sind; danach folgt der andere Teil des unwillkürlichen Nervensystems, nämlich das *parasympathische*, das jetzt aktiviert wird und sowohl die *sympathische* Aktivierung als auch die Entzündungsreaktionen auszubalancieren beginnt (Shonkoff & Garner, 2012).

Das Stresssystem verfügt über *zwei hauptsächliche operative Funktionsmodi*. Beim *unmittelbaren Modus* handelt es sich um die Kampf- oder Flucht-Reaktion[4], die durch eine schnelle Aktivierung des sympathischen

---

3 Zytokine sind Proteine, die das Wachstum und die Differenzierung von Zellen regulieren. Sie gehören zu den Peptiden (verknüpfte Aminosäuren), wie z. B. Interferone und Interleukine.

4 Die Kampf-/Flucht (fight or flight) -Reaktion wurde zuerst von Walter Cannon (1871–1945) als Reaktion bei Tieren gegenüber einem bedrohlichen Ereignis beschrieben. Sie kann auch zu einem Einfrieren (freezing) der psychischen Funktionen Anlass geben.

Nervensystems infolge Freisetzung von Adrenalin erfolgt. Parallel dazu wird die HHN-Achse stimuliert. Zwei wichtige Hormone aus dem Hypothalamus und der Hypophyse werden freigesetzt, nämlich das *Corticotropin-Releasing-Hormon (CRH)* und das *adrenokortikotrope Hormon (ACTH)*. Sie dienen der Koordination von raschen metabolischen und Verhaltensantworten. Durch die ACTH Wirkung auf die Nebennierenrinde werden *Glukokortikoide* ausgeschüttet. Sie sind verantwortlich für die multiplen, während der akuten Stressreaktion auftretenden physischen Reaktionen und Verhaltensweisen.

Der *andere Modus* besteht aus einer lang andauernden Einwirkung auf das soziale Verhalten. Er spielt wohl eine Schlüsselrolle im Umgang mit alltäglichem, sozialem Stress. Dieser Modus umfasst eine Vielzahl von Schaltkreisen im limbischen System. Das CRH hat eine wichtige Funktion bei der Regulierung von Verhaltensweisen, die chronischen Stress begleiten (Hostetler & Ryabinin, 2013).

Die Stressreaktion ist darauf ausgerichtet, dem Individuum schnell zu ermöglichen, auf unerwartete Situationen zu antworten, um zu einer adäquaten Kontrolle der externen Ereignisse beizutragen. Wenn sich die Stressreaktion als übermäßig intensiv oder – wie beim chronischen Stress – als zu lange anhaltend erweist, so wird eine *ungewöhnliche Reaktion* ausgelöst, die stressbedingte Störungen zu induzieren vermag.

Es ist bekannt, dass stressvolle Erlebnisse im frühen Kindealter die Fähigkeit eines Individuums negativ beeinflussen, stressvolle Ereignisse im späteren Leben zu bewältigen (de Kloet, Joëls, Holsboer, 2005). Das Versagen von Bewältigungsmechanismen wird von einer Reihe von Veränderungen begleitet, nämlich von einer *abnormen Aktivität der HHN-Achse* und von *veränderten limbischen Funktionen*. Die neurobiologischen Folgen von molekularen und zellulären Veränderungen finden nicht nur im limbischen System (insbesondere in der Amygdala und im Hippocampus) statt, sondern auch im präfrontalen Kortex. Während die genauen molekularen Mechanismen – verantwortlich für die stressinduzierte kognitive Beeinträchtigung – noch nicht bekannt sind, gibt es Hinweise, dass Änderungen in den Verankerungseigenschaften von Synapsen durch Zelladhäsionsmoleküle beteiligt sind. Eine Fehlregulation der synaptischen Adhäsionsmoleküle durch Stress führt zu synaptischen Veränderungen und zu Gedächtnisdefiziten (Wang, Su, Wagner, Avrabos, Scharf, Hartmann et al., 2013).

Es ist zu vermuten, dass *stressbedingte Lerndefizite* durch eine unterdrückte Neurogenese im Hippocampus entstehen. Diese Veränderungen sind reversibel. Individuelle Vulnerabilitätsunterschiede gegenüber Stress können, nach stressinduzierten Veränderungen, durch mehr oder weniger große Regenerationsfähigkeit in Gehirnschaltungen und -funktionen erklärt werden.

Stressereignisse im frühkindlichen Alter, wie z. B. der Tod eines Elternteils, *beeinträchtigen die hippocampale Integrität* in Folge einer nachfolgenden verminderten kognitiven Leistung. Frühkindliche Stresserfahrungen sind mit einer *Erhöhung der Amygdala-Funktionen* verbunden (Coplan, Fathy, Jackowski, Tang, Perera, Mathew et al., 2014). Bei Kindern mit schweren Deprivationen wurde ein erhöhtes Amygdala- und ein geringeres Gesamthirnvolumen festgestellt (Mehta, Golembo, Nosarti, Colvert, Mota, Williams et al., 2009).

3.3 Psychobiologische Auswirkungen von Stresserfahrungen

Unerwünschte Erfahrungen in kritischen oder sensiblen Entwicklungsphasen während der frühen Kindheit beeinflussen in hohem Maße die Entwicklung des Gehirns und können langanhaltende Auswirkungen haben. Die Entwicklung des Gehirns behält jedoch seine Plastizität bis zum Erwachsenenalter bei (Weder & Kaufman, 2011; Weder et al., 2014). Stressvolle Ereignisse in der frühen Kindheit, die zu epigenetischen Modifikationen Anlass geben und die Genexpression verändern, spielen eine wichtige Rolle bei der Entwicklung von stressbedingten, psychischen Erkrankungen und anderen Gesundheitsproblemen im späteren Leben. Diese Veränderungen sind oft andauernd, müssen aber nicht permanent sein (Nemeroff & Binder, 2014; Weder et al., 2014).

Die Entwicklung des Gehirns, insbesondere des Kortex, findet beim Menschen größtenteils postnatal statt. Epigenetische Veränderungen sind sowohl mit Veränderungen in der Genexpression als auch mit solchen der synaptischen Entwicklung verbunden (Gabel & Greenberg, 2013). Psychische Erkrankungen können aber nicht auf eine einfache, genetische oder molekulare Ebene reduziert werden, sondern sind auf der somatischen Ebene als Dysfunktion groß angelegter neuronaler Schaltkreise zu verstehen. Deshalb müssen nicht nur die genetischen und biologischen Faktoren des Gehirns in Betracht gezogen werden, sondern es sind auch die komplexen Umweltfaktoren sowie persönliche Lebenserfahrungen, die gegebenenfalls mit akutem oder chronischem emotionalem Stress verbunden sind, zu berücksichtigen (Solms, 2004).

Beide, die psychischen wie auch die biologischen Auseinandersetzungs-, Konflikt- und Bewältigungsprozesse, die als Reaktionen auf Stress zu beobachten sind, sowie die Art der Erholung von Stress, sind für das Verständnis des Ausmaßes der psychophysischen Folgen von chronischem Stress fundamental. Eine direkte Auswirkung von chronischem Stress zeigt sich überdies in einer Beeinträchtigung der Fähigkeit, Stress wirksam bewältigen zu können.

Eine *übertriebene oder verminderte Stressreaktion* kann auf eine Fehlregulation derjenigen Systeme hinweisen, die für die Aufrechterhaltung von Homöostase und gutem Gesundheitszustand verantwortlich sind. Widrige frühkindliche Erlebnisse sind mit *reduzierter Stressreaktivität* und *erhöhtem impulsiven Verhalten* verbunden. Junge gesunde Erwachsene, die einen hohen Grad an widrigen Erfahrungen vor dem 16. Altersjahr erlebt hatten, zeigten eine reduzierte Cortisol- und Herzfrequenzreaktivität, verminderte kognitive Leistungsfähigkeit und eine instabile Affektsteuerung, die oft mit impulsivem Verhalten und asozialen Tendenzen verbunden war (Lovallo, 2013).

Die *reduzierte Stressreaktivität* (verminderte Cortisolausschüttung) infolge frühkindlicher Stresserlebnisse bewirkt eine reduzierte Dopamin-Aktivität und stellt eine Basis für die Entwicklung riskanter Verhaltensweisen dar, denn sie verändert die Cortisol-Feedback-Reaktionen in kritischen Hirnsystemen.

Bestimmte Bereiche des Gehirns müssen in entscheidenden Phasen der Entwicklung ausreichend stimuliert werden, damit sie später optimal funktionieren. Kritische Stresserfahrungen in der frühen Kindheit wirken sich nicht nur auf die Entwicklung des zerebralen Kortex und des limbischen Systems aus, sondern führen auch zu multiplen langfristigen Veränderungen in mehreren Neurotransmittersystemen. Die spezifische Vernetzung der dendritischen Verzweigungen und neuronaler Synapsen wird entsprechend der Häufigkeit ihrer Verwendung geformt. Nach van der Kolk, Alexander, McFarlane, Weisaeth, (2007), sind Thalamus, Amygdala, Hippocampus und präfrontaler Kortex alle an der schrittweisen Integration und Interpretation eingehender Sinnesinformationen beteiligt. Diese Integration kann durch eine hohe Erregung gestört werden.

Obwohl die genetische Variabilität in der Stressreaktivität unzweifelhaft bedeutsam ist, weisen auch frühe psycho-emotionale Erfahrungen und Umwelteinflüsse auf erhebliche Einwirkungen hin. Schon nur, wenn ein Fötus mütterlichem Stress ausgesetzt wird, vermag dies später die Reaktionsbereitschaft, d. h. das Ansprechverhalten gegenüber Stress, zu beeinflussen.

Während vorübergehende Erhöhungen der Stresshormone schützend und sogar überlebensnotwendig sind, können übermäßig hohe Niveaus oder *ausgedehnte Expositionen* schädlich oder geradezu »giftig« wirken. Eine Dysregulation dieses Netzwerks physiologischer Mediatoren (d. h. beispielsweise zu viel oder zu wenig Cortisol) kann zu einem chronischen »wear and tear«, d. h. einem »Verschleiß und Abnutzungs«-Effekt multipler Organsysteme, einschließlich des Gehirns, Anlass geben (Shonkoff & Garner, 2012). *Kumulative, stressinduzierende Belastungen* verunmöglichen schließlich die Bewältigung von Stress und die Rückkehr zu einem homöostatischen Gleichgewicht.

Bestimmte neurobiologische Veränderungen können durch Behandlungsmaßnahmen eine gewisse *Reversibilität* erfahren. Verschiedene Studien zeigen, dass die negativen Folgen eines frühen Umweltstresses, d. h. die entsprechenden psychopathologischen Störungen, durch präventive Interventionen gemildert werden können.

3.4 Drei verschiedene Arten von Stressreaktionen bei Kleinkindern

Bei kleinen Kindern werden, unabhängig von den tatsächlichen Stressoren, auf Grund ihres Potenzials, dauerhafte physiologische Störungen zu verursachen, *drei verschiedene Arten von Stressreaktionen* unterschieden: eine positive, eine tolerierbare und eine toxische (Shonkoff & Garner, 2012).

- *Der positive Stress:* Er bezieht sich auf einen physiologischen Zustand, der nur kurz andauert und dessen Ausmaß ohne große Mühe zu mildern ist. Wichtig dabei ist die Verfügbarkeit einer fürsorglichen und ansprechbaren erwachsenen Person, die dem Kind hilft, die Belastungen zu reduzieren. Hierdurch entsteht eine schützende Wirkung, welche eine rasche Rückkehr des Stressantwortsystems zum Ausgangsstatus ermöglicht. Positive Stressreaktionen können ein wachstumsförderndes Element in der normalen Entwicklung eines Kindes darstellen. Die Beziehungsqualität setzt sich somit direkt in die physiologischen und funktionellen Abläufe des Gehirns, des autonomen Nervensystems und des endokrinen Systems um.
- *Der tolerierbare Stress:* Er ist – im Gegensatz zum positiven Stress – mit einer Exposition an nicht-normative Erfahrungen verknüpft, die ein höheres Ausmaß von Widrigkeit/Belastung oder Bedrohung enthalten. Es kann sich bei den auslösenden Faktoren z. B. um eine schwere Krankheit, eine Verletzung oder eine konfliktreiche Scheidung handeln. Wenn allerdings

genügend Schutz durch unterstützende Erwachsene vorhanden ist, so ist auch in diesen Fällen das Risiko, dass diese Umstände eine übermäßige Aktivierung der Stressreaktionssysteme produzieren, die zu psychophysiologischem Schaden und langfristigen Folgen für Gesundheit und Lernprozesse führen, stark reduziert.

- *Der toxische Stress:* Er kommt durch eine zu starke, zu häufige oder zu lange andauernde Aktivierung der körperlichen Stressreaktionssysteme zustande. Zumeist ist keine schützende und unterstützende Beziehung von Erwachsenen vorhanden gewesen. Alle Formen von emotionaler Nicht-Verfügbarkeit der primären Beziehungspersonen in der frühen Kindheit (z. B. Vernachlässigung, Drogenmissbrauch oder Depression) sind geeignet, eine toxische Reaktion auf Stress zu induzieren. Zusätzlich zu den eher kurzfristigen Veränderungen im beobachtbaren Verhalten, kann toxischer Stress bei Kleinkindern wenig nach außen sichtbare, jedoch permanente Änderungen der Hirnstrukturen und -funktionen nach sich ziehen. Die Plastizität des fötalen, des Säuglings- und des frühkindlichen Gehirns macht dieses besonders empfindlich gegenüber hormonellen Einflüssen. Anhaltend erhöhte Werte von Stresshormonen unterbrechen und verändern die Grösse der Glucocorticoid-Rezeptoren in der Amygdala und modifizieren im Cortex die Entwicklung der Hirnarchitektur. Gleichzeitig kann chronischer Stress zum Verlust von Neuronen und von neuronalen Verbindungen im Hippocampus und medialen präfrontalen Kortex (PFC) führen.

Obwohl der Hippocampus erhöhtes Cortisol ausschalten kann, verringert chronischer Stress seine diesbezügliche Fähigkeit und kann so zur Beeinträchtigung des Gedächtnisses und der Stimmung führen. Die Exposition gegenüber chronischem Stress und hohen Cortisolwerten *hemmt die Neurogenese im Hippocampus*, der eine wichtige Rolle bei der Kodierung von Erinnerungen und anderen Funktionen spielt (Shonkoff & Garner, 2012). Toxischer Stress beschränkt die Fähigkeit des Hippocampus, kontextbezogenes Lernen zu fördern, was mit Schwierigkeiten verbunden ist, potenziell gefährliche von sicheren Umständen zu unterscheiden, wie dies bei posttraumatischen Stressstörungen der Fall ist.

Frühkindliche stressvolle Erfahrungen können die Entwicklung von Anpassungs- und Bewältigungsfähigkeiten, die notwendig sind, um mit späteren Herausforderungen umzugehen, beeinträchtigen. Ungesunde Lebensweise, mangelnde Bewältigungsstrategien und zerrüttete Umweltverhältnisse sind oft verantwortlich für die physiologischen, psychischen und Verhaltensantworten von Kindern auf erhebliche Widrigkeiten in der frühen Kindheit. Die langfristigen, nachteiligen Folgen können am besten durch zur Verfügung stehende, stabile und ansprechbare Beziehungspersonen erreicht werden, die Kindern helfen, ein verlässliches Sicherheitsgefühl zu entwickeln, das die Rückführung und Wiederherstellung ihrer Stressantwortsysteme zum Basiswert fördert. Es sind nicht stressvolle Ereignisse allein, die zu ungünstigen Folgen führen; es sind das Fehlen oder die Unzulänglichkeit von schützenden Beziehungen, die eine gesunde Anpassung an Stress verunmöglichen, welcher – bei signifikanten Widrigkeiten – mit störenden physiologischen Reaktionen, d. h. einer toxischen Belastung verbunden ist, »biologische Erinnerungen« erzeugt und das Risiko von Gesundheitsschäden erhöht. Toxische Belastung in der Kindheit ist mit der Entwicklung ungesunder Lebensstile (z. B. Drogenmissbrauch, schlechte Ess- und Bewegungsgewohnheiten), sowie persistierenden sozioökonomischen Ungleichheiten (z. B. Schulversagen und finanzielle Notlage), und schlechter Gesundheit (z. B. Diabetes und Herz-Kreislauf-Erkrankungen) verbunden (Garner & Shonkoff, 2012).

Die toxischen Stressreaktionen beeinflussen das *neuroendokrine Immunnetzwerk* und bewirken eine anhaltende und abnorme Cortisol-Antwort. Die daraus resultierende *Immundysregulation*, einschließlich eines persistierenden entzündlichen Zustands, erhöht das Risiko und die Häufigkeit von Infektionen bei Kindern. Es wird angenommen, dass die toxische Reaktion auf Stress eine Rolle in der Pathophysiologie von depressiven und von psychotischen Erkrankungen sowie von Verhaltensstörungen und posttraumatischen Stressstörungen spielt. Erwachsene, die widrige frühkindliche Lebensumstände erdulden mussten, erleben vermehrt körperliche Krankheiten und zeigen ein ungünstiges Gesundheitsverhalten (Alkoholismus, chronische obstruktive Lungenerkrankungen, Depressionen, maligne Tumoren, Adipositas, häufigere Selbstmordversuche, ischämische Herzkrankheiten u. a. (Franke, 2014). Übermäßig stressvolle, frühkindliche Lebenserfahrungen scheinen zu einer lebenslangen Immundysregulation Anlass geben zu können (Fagundes & Kiecolt-Glaser, 2013).

Die Wechselwirkung von Umwelteinflüssen, psychischer, zerebraler und ganzkörperlicher Verarbeitung mit psychischen und/oder somatischen Störungen ist bei toxischem Stress unübersehbar.

3.5 Stress in verschiedenen Lebensaltern

3.5.1 *Pränataler* Stress

Steht eine Mutter in der Schwangerschaft unter größerem Stress, so hat dies *tiefgreifende Einflüsse auf die endokrinen Funktionen des Fötus*, die sich auf sein ganzes Leben erstrecken können. Diese Auswirkungen erscheinen in hohem Maße vom *Zeitpunkt* der mütterlichen Belastung abhängig zu sein. Denn spezifische Phasen der Gehirnentwicklung sind wahrscheinlich anfälliger für prägende Einwirkungen einer intrauterinen Exposition an Glukokortikoide. Diese Auswirkungen scheinen überdies stark *geschlechtsabhängig* zu sein (Kapoor Dunn, Kostaki, Andrews, Matthews, 2006). Auch *Krankheiten*, die bei einer Mutter während der Schwangerschaft auftreten, vermögen sich auf den Fötus zu übertragen und so an künftige Generationen weitergegeben zu werden (Cheong, Wlodek, Moritz, Cuffe, 2016).

Mütterlicher Stress infolge kritischer Lebensereignisse im Verlaufe der Schwangerschaft ist bei den Nachkommen mit einer *Beeinträchtigung der Aufmerksamkeit* und des *räumlichen Arbeitsgedächtnisses* in der frühen Kindheit verbunden (Plamondon, Akbari, Atkinson, Steiner, Meaney, Fleming, 2015). Diese Zusammenhänge variieren in Abhängigkeit vom Geschlecht des Kindes und der Intensität der mütterlichen Ängste während der Schwangerschaft sowie von der mütterlichen Fürsorge nach der Schwangerschaft.

3.5.2 Stress im *Säuglingsalter*

Aus der kinderpsychiatrischen Klinik ist bestens bekannt, dass eine Depression einer Mutter eine generell verminderte Sensitivität für Säuglinge und/oder Kleinkinder zur Folge hat und mit einem Verhalten von *Nicht-Engagement und Rückzug* verbunden ist (Lupiena, Parent, Evanse, Tremblayc, Zelazoi, Corboj et al., 2011).

Die Entwicklung der Amygdala des Kindes findet vom ersten Jahr an bis zur späten Kindheit statt. Die *Amygdala* scheint eine besonders hohe Sensitivität bezüglich der

Qualität der mütterlichen Betreuung zu besitzen (Lupiena et al., 2011). Denn die *Volumina des Hippocampus* blieben bei Kindern von Müttern, die seit der Geburt unter einer Depression litten, gleich wie bei einer Kontrollgruppe. Jedoch zeigten sich bei der Gruppe mit depressiven Müttern größere *Volumenveränderungen der Amygdala* und höhere Glukokorticoid-Werte. Ungenügende mütterliche Fürsorge bewirkt das Gleiche. Ebenso weisen Kinder, die in *Waisenheimen* aufgewachsen sind, ein vergrößertes Amygdala-Volumen auf, was darauf hindeutet, dass die *Amygdala besonders sensitiv* auf schwer gestörte (d. h. diskontinuierliche oder vernachlässigende) Betreuung in der frühen Kindheit reagiert.

Bei einminütigen, experimentellen Besetzungsabbrüchen (*still-face-experiment* nach Tronick, 2016) erwiesen sich drei Monate alte Kinder von Müttern mit Borderline-Persönlichkeitsstörungen deutlich gestresster als diese von gesunden Müttern (Kontrollgruppe) (Apter, Devouche, Garez, Valente, Genet, Gratier, et al., 2016).

3.6 Stress in Trennungssituationen

Umfangreiche Studien in der Tierforschung zeigen, dass im Zentralnervensystem bei *Trennungsangst* sowohl *Opiate* als auch *Endorphine* und ebenso *Oxytocin und Prolaktin* als Regulative ausgeschüttet werden (Panksepp, 2003). Zudem ist die *Reaktivität des Sympathikus* gesteigert (Kossowsky, Wilhelm, Roth, Schneider, 2012).

Die länger dauernde *Trennung eines Säuglings von seiner Mutter* löst, sofern keine adäquaten Substitutspersonen zur Verfügung stehen, beim Säugling eine *anaklitische Depression* aus (Robertson & Robertson, 1971). Diese führt zu lang andauernden *neurobiologischen Veränderungen* (vor allem von Neurotransmittern wie Serotonin und Katecholaminen) mit Herzrhythmus-, Körpertemperatur- und Schlafstörungen sowie Veränderungen der Neurohormone wie z. B. Oxytocin, das die Empathie- und Bindungsentwicklung fördert.

Kinder, die stressvolle Trennungen erlebt haben, bleiben vulnerabel, da Störungen der Neurotransmitter- und der neuroendokrinen Systeme lang andauern und später in anderen Stresssituationen, wie z. B. beim Verlust von affektiven Beziehungen, reaktiviert werden können. Sie sind auch anfälliger für körperliche Störungen und vor allem für Infektionskrankheiten. Der kindliche Körper scheint auf diese Weise die Funktion zu übernehmen, unerträgliche Gefühle auszudrücken. Die somatischen Symptome entsprechen Hilferufen und haben oft symbolische Bedeutung, so z. B. das Auftreten von Asthmaanfällen oder das Aufflackern von Hautmanifestationen (z. B. Ekzeme) im Zusammenhang mit schmerzhaften Trennungserfahrungen.

3.7 Posttraumatische Stressreaktion und -störung

Das *Ich* ist der uns zugängliche Erlebnisbereich einer Person zwischen den angeborenen Gegebenheiten des Zentralnervensystems und den entsprechenden, bedeutungsvollen primären Bezugspersonen der Umwelt. Die Stressabläufe im Körper stellen somit »Verkörperungen« *von Erlebnisformen* eines Individuums in seiner Umwelt dar und beanspruchen deshalb eine besondere Stellung im Bereich der Psychosomatik.

Eine posttraumatische Stressstörung[5] tritt nach der *Exposition an traumatische Ereignisse* auf. Widrige, traumatisierend wirkende Erfahrungen (z. B. sexueller Missbrauch) sowie chronische Stresssituationen (z. B. Vernachlässigung) sind für das Kind nicht kontrollierbar und stellen stressauslösende Belastungen dar (Tiet, Bird, Davies, Hoven, Cohen, Jensen, et al., 1998). Die posttraumatischen Konsequenzen sind *abhängig von der Intensität und der Dauer* der belastenden Einwirkungen, d. h. der stressvollen Ereignisse, wie auch von den jeweiligen posttraumatischen *Verarbeitungsfähigkeiten des Kindes* selbst und seiner hauptsächlichsten Bezugspersonen. So müssen für jegliche Einschätzung des Schweregrades einer Belastung immer die *psychophysische Entwicklungsstufe* des Kindes und die *Qualität des familialen und sozialen Umfeldes* berücksichtigt werden.

Psychosomatische Manifestationen beim Erwachsenen sind nicht selten mit Stresserfahrungen in der Kindheit verknüpft (van der Kolk, Roth, Pelcovitz, Sunday, Spinazzola, 2005; Cloitre, Stolbach, Herman, van der Kolk, Pynoos, Wang, 2009; Finkelhor, Ormrod, Turner, 2009; D'Andrea, Ford, Stolbach, Spinazzola, van der Kolk, 2012; Turner, Finkelhor, Ormrod, Sewanee, Leeb, Mercy, 2012). Posttraumatische Stresssymptome sollten also im Rahmen eines sich kontinuierlich entwickelnden Prozesses betrachtet werden, d. h. von altersspezifischen Reaktionen auf widrige Lebensumstände und belastende Umfeld-Bedingungen (Young, 2001). Denn besonders kumulative Stresserfahrungen in der Kindheit können sich oft auch noch beim Erwachsenen mit entsprechenden Symptomen erkennbar machen.

3.8 Schmerz und Stress

Die angeborenen und im Zentralnervensystem, d. h. im Körper eingeschriebenen Stressreaktionen, entsprechen einem *somatischen* »*Schema*«, das Belastungen im Leben eines Individuums voraussetzt. Es handelt sich um eine *Repräsentanz*, auf welche eine *Realerfahrung* auftrifft, die danach eine entsprechende Stressreaktion auslöst. Je mehr das Individuum in der frühen Kindheit die Erfahrung gemacht hat, dass die primären Bezugspersonen imstande gewesen sind, den Belastungsteil von Erlebnissen beim Kind klein zu halten, desto mehr bilden diese Personen eine Hilfe, mit der das Individuum sein angeborenes »Set« zu modifizieren vermag.

Säuglinge und Kleinkinder haben noch nicht die Fähigkeit erworben, ihre Gefühle

---

5 Posttraumatische Belastungsstörung (PTBS); englisch posttraumatic stress disorder (PTSD)

und Belastungen reflektierend bei sich wahrzunehmen und sie verständlich zum Ausdruck zu bringen. In der zweiten Hälfte des zweiten Lebensjahres, nach dem *Erwerb des Sprechvermögens,* lassen sich mit Worten noch immer *keine detaillierten Angaben* machen. Ist eine Erfahrung so heftig, dass weder die schutzvermittelnde Umgebung noch das sich entwickelnde Ich des Individuums sie mit Stressreaktionen innerhalb nützlicher Zeit aufzufangen vermag, so *wird das emotionale Übermaß an Erregung – um den Schmerz zu vermindern – unkontrolliert und unbewusst an den Körper weitergeleitet* und zeigt sich dann in einem Verhalten, einer Fehlfunktion oder schließlich auch in Störungen psychosomatischer Abläufe.

Die *gleichen Neurotransmitter*, die körperlichen Schmerz regulieren, steuern auch die *seelischen Schmerzgefühle* (z. B. bei Trennungssituationen). Die komplexe Natur von Schmerzen führt zur *Aktivierung ausgedehnter neuronaler Netzwerke*, die den emotionalen Zustand eines Subjekts beeinflussen. Beim psychischen und beim physischen Schmerz sind also die gleichen neuronalen Mechanismen beteiligt, d. h. die affektiven und sensorischen Komponenten des Schmerzes sind eng miteinander verbunden. Psychische Schmerzen beim Menschen aktivieren somit (z. B. in Trauerprozessen) die gleichen neuronalen Bahnen wie körperliche Schmerzen (nämlich den anterioren cingulären Gyrus, den dorsomedialen Thalamus und das periaquäduktale Grau) (Eisenberger, Lieberman, Williams, 2003).

Psychischer Schmerz kann durch einen *realen oder vermeintlichen Verlust eines geliebten Menschen* oder durch *Kränkungen* oder ohnmächtig machende *Überforderungen des Ich* verursacht werden. Bei Verlust eines geliebten Menschen entsteht der Schmerz dadurch, dass die vom Verlust betroffene Person die Besetzung eines geliebten Menschen intrapsychisch weiterhin aufrechterhält, obwohl sie gleichzeitig anerkennen muss, dass sie die reale Person in der Außenwelt irreversibel verloren hat (Freud, 1916; Pontalis, 1977). Sie sucht zwar den verlorenen Anderen halluzinatorisch weiterhin in der Außenwelt, nimmt aber zugleich wahr, ihn dort nicht mehr finden zu können.

4 Körper (Soma) – Psyche und Gehirn

Die moderne Neurophysiologie und -psychologie hat bezüglich der *Hirnforschung* enorme Fortschritte gemacht und sich auf Fragestellungen hinausgewagt, die weit in den psychischen Bereich hineinreichen. Das *psychoanalytische Denken* auf der anderen Seite hat seinen Wissenskorpus in rund einem *Jahrhundert* zunehmend ausgeweitet und überprüft. Es entwickelte durchaus auch Interesse für die *Gesetzlichkeit der Strukturen, die – in Form der Hirnfunktionen – seinem Funktionieren zugrunde liegen*. Die Bereiche der *Neuropsychoanalyse* und der *Psychosomatik* sind in dem *Zwischenbereich* von *Neurobiologie* und *subjektivem Erleben* angesiedelt. Es liegt auf der Hand, dass dieser Zwischenbereich altersabhängig sehr *unterschiedlich strukturiert* ist und in Abhängigkeit von spezifischen materiellen und besonders auch persönlichen *Außenweltbedingungen* funktioniert, welche sowohl die biologische Entwicklung eines Organismus als auch die psychische Entwicklung eines Individuums in *zirkulärer Rückkoppelung* maßgeblich beeinflussen.

Wir können *nicht keine Theorie* haben, nach der wir klinische Phänomene verstehen und beurteilen. Dies betrifft bei psychosomatischen Phänomenen insbesondere die *Vorstellungen von Psyche-Soma*, die zu einem nicht geringen Ausmaß *auch kulturell vorgegeben* sind. *Je besser das psychische Funktionieren, desto weniger Somatisierungen*, – glaubte man erst. Die *Somatisierung* wurde als *Folge eines Fehlens, eines Ausfalls, eines Mankos oder einer seelischen Desorganisation* betrachtet (Press, 2016). Nur, der Beobachter ist nicht objektiv, er gestaltet das Beobachtete bereits durch seine Beobachtung und durch seine Grundannahmen mit. So sind die *bisherigen Theorien über psychosomatische Phänomene alle unfertig* geblieben, was wahrscheinlich sinnvoll, wenn auch schwer erträglich ist. Eine *gewisse Formlosigkeit zu ertragen* ist nicht einfach, aber besser, als sich zu früh auf etwas zu fixieren und rigide zu werden oder alles im Unbestimmten zu lassen und nichts zu konkretisieren. *Formlosigkeit* entspricht einer *Beziehung zum Unbekannten*. Von einem Standpunkt aus, der ein *somatopsychisches Ganzes* zu umfassen versucht, entfaltet sich im Kontakt mit den bedeutungsvollen Menschen ein *unübersehbares Potenzial* von jeweiligen Formen, die nach ihrer Ausgestaltung und Erprobung stets *wieder aufgelöst und desorganisiert* werden müssen, um *neue Schritte und Umwandlungen* zu ermöglichen (Bürgin & Biebricher, 1993). *Transformationen zu immer höherer Komplexität und Integration* kennzeichnen Reifung und Entwicklung. Hierzu werden vom Säugling *wechselnde Funktionen der verschiedenen bedeutungsvollen Interaktionspartner gebraucht. Veränderungen* können schwerste Folgen haben, sich zu eigentlichen *Katastrophen* entwickeln, oder *Weiterentwicklungen* ermöglichen.

Laut Franz Alexander kann *jede Krankheit als psychosomatisch* angesehen werden, da immer eine Interaktion zwischen Mentalem und Körperlichem, zwischen Psyche und Soma, besteht (Alexander, 1950). Soma und Psyche sind eng miteinander verbunden, beeinflussen sich gegenseitig und sind nicht wirklich dissoziierbar (Aisenstein, 2006).

Psychische Belastung kann eine sichtbare oder manchmal mehr bzw. weniger versteckte Auswirkung auf den Körper haben. Entsprechende Symptome können mit erheblicher Angst, Sorge, Schmerz oder Beeinträchtigung verbunden sein. Umgekehrt *lösen somatische Erkrankungen oder körperliche Dysfunktionen auch nicht geringe Effekte im Gefühlsbereich eines Kindes aus.*

»Somatisation« bezieht sich auf eine Vielzahl von Phänomenen und kann unterschiedlich definiert werden. Für einige Autoren haben Patienten mit Somatisierungen psychische Störungen, für andere bedeutet Somatisierung eine Abwehrbewegung gegenüber dem Bewusstwerden oder sind gleichbedeutend mit dem Ausdruck einer psychischen Belastung (Simon, Gater, Kisely, Piccinelli, 1992; Simon, Von Korff, Piccinelli, Fullerton, Ormel, 1999). Meistens wird der Begriff »Somatisierung« für ein *Vorhandensein von körperlichen Symptomen* verwendet, die in keinem Verhältnis zu irgendeiner nachweisbaren körperlichen Krankheit stehen (Livingston, 1992; Livingston, Wit, Smith, 1995).

Die Beziehung zwischen dem Geist und dem Leibseelischen umfasst für Winnicott (1988/1994) die *Gegensätzlichkeit von Körper und Psyche.*

> »Der Geist bildet eine eigene Kategorie und ist als eine spezielle Funktion des Psyche-Soma zu betrachten.« (Winnicott, 1988/1994, S. 41).
> »Grundlage der Psyche ist das Soma, das auch evolutionsgeschichtlich älter ist. Die Psyche nimmt ihren Anfang in Form der imaginativen Bearbeitung von Körperfunktionen, und ihre wichtigste Aufgabe besteht darin, frühere Erfahrungen und mögliche Entwicklungen mit einem Bewusstsein für die Gegenwart und den Erwartungen, die in die Zukunft zielen, zu verbinden. So entsteht das Selbst.« (a. o. O., S. 50).
> »Die Natur des Menschen besteht nicht aus Geist und Körper – sie besteht aus einer wechselseitigen Beziehung zwischen Psyche und Soma, während der Geist sich in den Übergangsbereichen des psycho-somatischen Geschehens entfaltet.« (a. o. O., S. 59).

> »Der psychische Bereich im Menschen übernimmt die Funktion, Beziehungen zu entwickeln und aufrecht zu erhalten – innere Beziehungen, Beziehungen zum Körper und Beziehungen zur Außenwelt. Die Psyche entwickelt sich aus einer inneren Aktivität, die man als imaginative Bearbeitung und Ausgestaltung von Körperfunktionen aller Art bezeichnen könnte, sowie aus der Akkumulation von Erinnerungen; in besonderem Maß abhängig von einem funktionsfähigen Gehirn, verbindet sie erlebte Vergangenheit, Gegenwart und erwartete Zukunft miteinander, verleiht dem Selbstgefühl des Menschen Bedeutung und rechtfertigt unsere Wahrnehmung, dass jener Körper, den wir vor uns sehen, ein Individuum beherbergt« (a. o. O., S. 62).

Wenn wir über die Beziehungen zwischen Körper und Psyche, d. h. auch über die entsprechenden Störungen, nachdenken, so spielen die *bewussten oder unbewussten Grundannahmen der Nachdenkenden* eine große Rolle. Denn diese Grundannahmen bilden so etwas wie *Axiome,* auf deren Fundament die entsprechenden Theorien aufgebaut werden. Geht man im cartesianischen Sinne von einer klassischen Zweiheit aus, dann findet sich dazwischen ein dunkles Niemandsland. Bildet die Einheit den Ausgangspunkt (der sich für unseren Erkenntnisvorgang rasch in zwei Erscheinungsformen aufteilt), so können wir die gegenseitigen Beeinflussungen der beiden Pole, d. h. von Körper und Psyche, genauer untersuchen.

Die Autoren dieses Buches vertreten die Ansicht, dass wir zwar einen *Körper haben, aber auch ein Körper sind* und dass wir *eine Psyche haben und eine Psyche sind.* Wenngleich der Körper nach primär *biologischen Gesetzen* mitsamt ihrer enormen Komplexität funktioniert und die *Psyche eine andere Strukturierung und Gesetzlichkeit* aufweist, so besteht eine unserer Grundannahmen darin, dass jeder psychische Vorgang auch auf der biologischen Ebene eingeschrieben wird, die *Psyche aber auch unendlich viele Informationen vom Körper erhält, von denen nur ein kleiner Teil ins Bewusstsein gelangt.* Wir haben die Erfahrung gemacht, dass die bio-physiologischen Vorgänge im Körper denen der Psyche vielfach vorausgehen und dieser andauernd enorm viel Arbeit aufbürden, besonders, wenn wir an die Entwicklung vom Kind bis zum Erwachsenen denken, aber auch, wenn wir die Alterungsvorgänge des menschlichen Organismus im Blick haben. Auf der anderen Seite auferlegt die Psyche dem Körper unendlich viele Bedingungen, die dieser zu erfüllen hat (z. B. sich aktiv in Stresssituationen zu begeben oder ungewöhnliche Leistungen zu verlangen, wie beispielsweise Hochleistungssport).

Der Körper bildet für das Gehirn – und damit die Psyche – ein von Anfang an vorhandenes Austauschfeld, das über die Perzeptionen wahrscheinlich schon *pränatal*, sicher aber sofort *postnatal*, in seiner Dreidimensionalität erfahren und damit zunehmend auch kartographiert und repräsentiert wird.

Der Begriff »*verkörperte Psyche*« (*embodied mind*) bezieht sich darauf, wie Psyche und Körper voneinander abhängig sind. Grundsätzlich sind alle mentalen/psychischen Aktivitäten (Wahrnehmung, Gefühl, Kognition, Erinnerung) von parallellaufenden Vorgängen im Körper und Gehirn, die mehr oder weniger gut erfassbar sind, begleitet. Dem konstanten Fluss mentaler Aktivitäten entspricht die Tatsache, dass unser Körper nie inaktiv ist, auch wenn die körperlichen Signale sich im Hintergrund befinden mögen.

In extremis können psychische Funktionen mit denen des Verdauungsapparates verglichen werden: *aufnehmen, zerlegen, zusammensetzen und metabolisieren.* Bei dieser Sichtweise entspräche die postpartale Nahrungsaufnahme der emotionalen Erfahrung, die Alpha-Funktion (Bion, 1963/1992) dem Verdauen und die externalisierende Projektion der Evakuation von Unverdaulichem.

Nach Anzieu (1996) ist der primäre Kontakt zwischen Mutter und Säugling taktiler Natur. Das »Haut-Ich« ist eine haltende Umhüllung, die zu Beginn durch Propriozeption und epidermale Empfindungen aufgebaut wird. Die Kommunikationen zwischen Mutter und Säugling sind zunächst in körperlichen sensomotorischen Erfahrungen verwurzelt. Des Säuglings Suche nach und Finden von Lust ist daher abhängig von der körperlichen und emotionalen Verfügbarkeit der Mutter.

Die Hautsensorik – und damit die *Abgrenzung eines Innen- von einem Außenraum* – ist das am frühesten in der pränatalen Entwicklung angelegte Sinnesorgan. Bereits im Alter von acht Wochen soll ein Embryo auf zarte Berührungen reagieren. Der Körper dürfte somit das Modell für die räumliche Ordnung der psychischen Abläufe und damit für das Raumempfinden darstellen. Dasselbe hat wahrscheinlich, auf Grund der endokorporalen, genetisch bedingten Rhythmik, auch für die Entwicklung der Temporalität Geltung. Die Erfahrung eines physikalischen Raums wie auch des Zeiterlebens vollzieht sich – wie bereits Piaget (1974) festgehalten hat – in Entwicklungsschritten. Parallel dazu entwickeln sich auch präsymbolische, virtuelle Übergangsräume, die den symbolischen Rahmen für die inneren Abläufe zur Verfügung stellen.

Das Gehirn ist ein Organ, das während 24 Stunden perzeptive Erfahrungen (z. B. Bilder) produziert und diese miteinander zu Erlebnis- (z. B. Bild-)sequenzen bzw. Szenerien oder Szenenabfolgen verbindet. Die Verbindung mit Sach- und Wortvorstellungen kann erst nach der Verbindung mit Triebelementen – und damit einer »Psychisierung« – erfolgen.

5 Psychische Traumatisierung und ihre Folgen (unter dem Gesichtspunkt der »Subjektivierung und der Psychisierung«)

Gibt es eine *Entwicklungsphase vorpsychischer Art mit archaischen Eintragungen*, die sich auf die gesamte spätere Entwicklungsorganisation auswirkt? Kann auf einer phantasmatischen Ebene ein psychischer Inhalt – im Sinne eines Regulations- und Anpassungsmechanismus' – als zur Psyche zugehörig oder nicht zugehörig definiert werden?

Wahrnehmungszeichen oder -spuren entsprechen zuerst reinen neurologischen Eintragungen auf der Ebene des ZNS. Bei Wiederholungen werden sie zu Erinnerungsspuren ausgearbeitet. Das Langzeitgedächtnis kann in ein *explizites*, das bewusste verbale Erinnerungen enthält, und in ein *implizites* Gedächtnis unterteilt werden, welches unbewusste, präverbale Erinnerungen speichert. Die unterschiedlichen Gedächtnisformen erklären, warum manche Patienten nicht in der Lage sind, sich an traumatische Ereignisse zu erinnern, da diese z. B. implizit gespeichert wurden und deshalb nicht willentlich evoziert werden können.

Ganz frühe und *gefährlichste traumatische Erfahrungen* werden als *Erinnerungsspuren* unter bestimmten Umständen gleichsam außerhalb der Erfahrungen des Subjektes platziert und können später weder ins Denken noch in die Sprache einbezogen werden. Eine Integration in die bestehende Psyche, d. h. eine *»Psychisierung«* mit der Möglichkeit einer Verknüpfung mit weiteren psychischen Inhalten, vermag so nicht statt zu finden. Es bildet sich etwas wie eine Leerstelle, die einen Schwachpunkt im Reizschutz darstellt und an ihren Grenzen überbesetzt wird. Es handelt sich um »Taschen« archaischen Funktionierens, die von höher entwickelten Funktionsformen überdeckt sind. Sie nehmen somit nicht teil an der Entwicklung der restlichen Psyche, verursachen keine infantile Neurose, kommen damit auch nicht personalisiert in die Übertragung, sondern entsprechen einer vorwiegend neuronal bleibenden Erregung auf der Ebene synaptischer Verknüpfungen. (Die psychische Dimension entsteht erst aus einer Weiterentwicklung der ersten neuronalen Eintragungen). Erst wenn sie »besetzt« werden, sprechen wir von Vorstellungen.

Partialtriebe werden durch die Pflegeleistungen der Umwelt aktiviert. Die Triebbesetzungen werden an die Objekt- und/oder Selbst-Repräsentanzen gebunden. Die *nicht subjektivierten*, d. h. vom Individuum als eigener Person assimilierten Wahrnehmungszeichen bleiben *im Somatischen verankert*, werden z. B. nicht mit Sachvorstellungen verknüpft, erhalten, als nicht symbolisierte Elemente, aber *keine Triebbesetzung* (Roussillon, 1991).

Im dynamischen Unterbewusstsein (UBW) existieren einerseits die durch Verdrängung entstandenen Elemente, andererseits aber auch Elemente, die – infolge der elterlichen Unfähigkeit, emotional sensitiv und rezeptiv auf Gefühle, Gedanken und Intentionen ihres Kindes zu reagieren – entstanden sind und die nur durch gedanken- und empfindungsloses, desorganisiertes, zwanghaftes Agieren beim Kleinkind gekennzeichnet sind. Diese Elemente verfügen nicht über einen Zugang zu einem strukturierten und organisierten Funktionssystem, sondern werden so einfach wie möglich abgeführt. Sie bleiben nicht symbolisiert und lösen Somatisierungen oder Halluzinationen aus oder verschaffen sich Ausdruck in Form einer Regression auf einen ursprünglichen psychosomatischen Zustand, bzw. auf somatische Krankheiten. Werden solche Vorgänge direkt angesprochen, so bewirken sie negative therapeutische Reaktionen und immense Widerstände und können desintegrativ wirken. Damit diesbezügliche Deutungen ihr Ziel erreichen können, muss der Analytiker eine aktivere Haltung einnehmen. Aber aktiviert, können sie gefährliche *Zusammenbrüche oder Selbstzerstörungen* auslösen. Diese »Leerstellen« gleichen im Wiederholungszwang der *Repetition einer nicht gemachten Erfahrung,* da sie die ursprüngliche Erfahrung einer vitalen Nichtbefriedigung wiederholen und damit desintegrativ wirken können, denn es werden archaische Schmerz- und Wutempfindungen mobilisiert. Die ursprüngliche Erinnerungsspur ist diese der *Hilflosigkeit* auf Grund eines von der Umwelt nicht erkannten oder missachteten Bedürfnisses, das einer Vernichtungsdrohung gleichkommt. Auslösend für die Entwicklung solcher Strukturen dürften als Übergriffe erlebte Aktivitäten der Betreuenden gewesen sein. Die oft nur schwer zu erkennenden *Bedürfnisse eines Kleinkindes* wurden in solchen Fällen *nicht wahrgenommen, übergangen oder missachtet* und stattdessen projektiv durch eigene Bedürfnisse der Betreuenden ersetzt. Das Kind überdeckt auf diese Art und Weise die *tiefe narzisstische Wunde* mit den Abwehrstrukturen eines *falschen Selbst*.

Emotionen, die sich ausschließlich durch den Körper in Form von Schmerzen ausdrücken, entsprechen den somatosensorischen Empfindungen der frühesten Kindheit, die zum größten Teil in der Amygdala gespeichert wurden.

Die entsprechenden Patienten konfrontieren ihre analytischen Therapeuten mit deren eigenen – vorhandenen oder eingeschränkten – transformativen Kapazitäten. Der rein medizinische Zugang zur Psychosomatik erzeugt durch die Adhärenz zu einer vor allem biologischen Sicht bereits eine Aufspaltung, da er den psychischen Teil weitgehend außer Acht lässt. Viele Therapeuten nutzen auch den Gebrauch von Theorien zur Abwehr einer Konfrontation mit eigenen intrapsychischen, psychosomatischen Funktionsstörungen oder -krankheiten.

Operatives, konkretistisches, bedeutungsloses Details aufzählendes Denken im analytischen Prozess ist wahrscheinlich nicht Ausdruck eines Mankos oder einer Defizienz, sondern entspricht einem Grundbedürfnis des Patienten, dass eine andere Person sämtliche unbewussten Spuren des Patienten aufzunehmen und daraus ein Ganzes zu bilden imstande ist. Denn ein Kind, das in eine Beziehung zu einem Erwachsenen eingetreten war, welcher nicht fähig gewesen ist, alle Teilaspekte des Kindes zu einem Ganzen zu formen, verfügt über ein gewisses Handikap, Selbst-Integrationsaufgaben zu lösen. So kann man vielleicht von einer beeinträchtigten Transformationsfunktion sprechen, die sich notwendigerweise in der Gegenübertragung beim Analytiker abzubilden beginnt. Es handelt sich dann um die Phänomene einer projektiven Re-Duplikation, bei der das Gegenüber sich für eine gewisse Zeit nicht vom Selbst des Patienten unterscheidet. Bei gewissen Patienten sind Veränderungsvorgänge mit Ängsten vor einem Zusammenbruch so stark verknüpft, dass die Transformationen zugunsten der Angstreduktion aufgegeben oder andere Lösungsformen (wie zum Beispiel Ausagieren, Sublimieren, Tagträumen, Hyperaktivität, Rückzug etc.) gesucht werden. Manchmal sieht man auch Somatisierungen, d. h. die Verschiebung einer Desorganisation in eine somatische Funktionsstörung, die anstelle von Zusammenbrüchen auftreten (Press, 2016).

6 Der Wiederholungszwang

Er kann als ein *unliebsamer Störfaktor* und *Ausdruck des »Todestriebes«* gesehen werden, wie dies über viele Jahrzehnte erfolgte. Er lässt sich aber auch als eine Hilfe zur Korrektur unbewältigter Erfahrungen verstehen, worauf Roussillon (2001) in der vergangenen Zeit immer wieder hingewiesen hat. Nach 1920 zeigt sich der Wiederholungszwang bei Freud als eine *automatisierte psychische Funktion, die nicht dem Lustprinzip unterliegt.* Denn sie erzeugt weder Lust noch Befriedigung. Der Wiederholungszwang ist somit eine psychische Funktion, welche sowohl das Beibehalten, d. h. die Konservierung psychischer Abläufe, als auch die Umwandlung, d. h. die Transformation, erlaubt. Ein Teil des Wiederholungszwangs dient damit der Entwicklung der Psyche. Er zeigt sich in der triebhaften Repetition von schmerzhaft erlebten Situationen, die nicht verarbeitet werden konnten. Klinisch manifestiert sich dies in einer *unendlichen Wiederkehr* einer *unerträglichen Vergangenheit*, der es nicht gelingt, die subjektive Aneignung und Symbolisierung und damit die Repräsentanzenbildung in die Wege zu leiten. Er reaktiviert periodisch und halluzinatorisch die Repräsentanzen und weist damit immer von neuem auf die Notwendigkeit hin, die *primäre Symbolisierungsarbeit zu leisten*.

Lebensereignisse, die die Kontinuität des Erlebens unterbrochen haben und die zu einem Wiedererleben traumatischer und unverarbeiteter Ereignisse führen, sind gegebenenfalls auch getragen von der Hoffnung, diese Erfahrungen endlich bewältigen sowie in die persönliche und in die Familiengeschichte integrieren zu können.

Je mehr Repräsentanzen sich bilden, desto größer ist die Kondensierungs- und Integrationsarbeit, die das Ich zu leisten hat. Erinnerungsspuren aus der somatischen Bedürfnisbefriedigung werden mit solchen der Autoerotik und der visuellen Wahrnehmung verbunden. Dies erlaubt die Realisierung einer halluzinatorischen Wunscherfüllung, welche das Subjekt nicht mehr von der physischen Präsenz eines Gegenübers abhängig macht, sondern eine Folge der Absenz des Gegenübers darstellt. Repräsentanzen sind somit *interdependent*, wirken in komplexer Weise aufeinander ein. Es liegt auf der Hand, dass der Wiederholungszwang eine *gewaltige Hilfe im analytischen Prozess* darstellt, wenn es gelingt, die Kräfte, die ihn immer wieder entstehen lassen, *in der Übertragung zu benennen* und damit *Transformationen* in die Wege zu leiten. Dies gilt nicht zuletzt auch für die Arbeit mit den primären Betreuungspersonen, sofern deren Verhalten und emotionaler Austausch einem weitgehend repetitiven und sich nicht auf den Säugling einstellenden Geschehen entsprechen, das wegen seiner Starrheit keinerlei Flexibilität zu vermitteln imstande ist.

7 Körperliche Krankheiten und ihre psychischen Auswirkungen

Auch die eindeutig organischen Krankheiten können zur Klinik der Psychosomatik gezählt werden, was ihre Entstehung, Entwicklung und ihren Verlauf angeht, sofern dieser durch psychische Konflikte beeinflusst werden kann. Die motorischen Störungen müssen ebenso dazu gezählt werden. Im psychischen Bereich kann man vom hysterischen und vom psychosomatischen Pol sprechen. *Bei der Hysterie spricht der Körper, bei den psychosomatischen Störungen leidet er.* Der Körper spricht, wenn ein Konflikt zwischen unterschiedlich ausgerichteten psychischen Tendenzen besteht. Beim leidenden Körper ist es *meist unmöglich, die eigentliche Bedeutung des Leidens in einfacher Form herauszufinden.* Denn die somatische Entwicklung birgt einen Fächer von verschiedenartigsten affektiven oder konflikthaften Störungen und deren Ausdruck weist eine hohe Plastizität auf. Damit gilt es, stets abzuklären, wie sehr und in welcher Art *Konversionsphänomene* bei psychosomatischen Störungen mitspielen. Bei allen Konversionssymptomen kommt den Mechanismen der *Verschiebung* und der *Kondensierung* eine wichtige Rolle zu. Oft kann ein *sekundärer Krankheitsgewinn* wahrgenommen werden.

Das körperliche »Entgegenkommen«, das wir bei den meisten psychosomatischen Phänomenen finden, bleibt ein recht geheimnisvoller Vorgang. Wahrscheinlich spielen sowohl *pränatale* als auch *postnatale Faktoren* sowie eine *biologische Disposition* eine bestimmte Rolle. Auf jeden Fall zeigen sich bestimmte Syndrome beim Kind erst nach der Ausbildung entsprechender biologischer Reifungsprozesse. Dies bedeutet, dass zuerst bestimmte Ich-Strukturen vorhanden sein müssen, bevor sich gewisse somatische Störungen zu zeigen vermögen. Der körperliche Ausdruck ist eine grundsätzlich andere Manifestationsart einer psychischen Schwierigkeit als die Entwicklung eines psychopathologischen Phänomens.

Fast jede *körperliche Krankheit* hinterlässt auch im Psychischen ihre Spuren, sei dies in Form von Antriebslosigkeit, Verstimmung, eingeschränkter Frustrationstoleranz oder den unterschiedlichen Bedeutungen, die unbewusst, vorbewusst oder bewusst dem somatischen Krankheitsgeschehen zugesprochen werden (Bürgin, 1978). Entwicklungs- und damit altersabhängig werden sehr unterschiedliche *Konzepte über das, was Krankheit oder Einschränkung für das Individuum bedeuten*, gebildet. Die Krankheitsabläufe im Körper werden psychisch zu integrieren versucht. Je nachdem, wie geeignet diese Versuche sind, haben sie eine positive oder negative Rückwirkung auf die somatischen Abläufe (z. B. beim Diabetes mellitus). Es ist offensichtlich, dass auch hier dem jeweiligen Verhalten und der spezifischen Einstellung der Umwelt (d. h. der relevanten Personen) zur Krankheit eine zentrale Bedeutung zukommt. Nicht wenige körperliche Krankheiten können sich durch eine *spezifische Verarbeitungsform* beim Kind oder Jugendlichen deutlich verschlechtern.

Krankheiten oder Behandlungen, welche das zentrale Nervensystem direkt in größerem oder kleinerem Ausmaß miteinbeziehen (z. B. solche traumatischer, entzündlicher, endokrinologischer, vaskulärer oder toxischer Art), beeinträchtigen die psychische

Entwicklung selbst und haben somit einen primär spezifischen Erlebnismodus zur Folge.

Selbstschädigungen, die ein Kind oder eine jugendliche Person aus psychischen Gründen am eigenen Körper vornehmen, können größere nachfolgende somatische Schädigungen nach sich ziehen. Dies gilt auch für diejenigen Syndrome (Münchhausen bei Proxy), bei welchen Kinder oder Jugendliche durch Erwachsene so geschädigt werden, dass sie deren psychischen Probleme mit ihrem eigenen Körper zum Ausdruck bringen (Eggers, Fegert, Resch, 2004).

Die Phänomene, wie sie bei den *Konversionsphänomenen* zu beobachten sind, zeigen die enge Verflochtenheit von Psyche und Körper. Bei den sogenannten *Somatisierungsstörungen* ist der Zusammenhang oft nicht so evident, wenngleich es hierzu inzwischen recht gute Konzeptualisierungsmodelle im analytischen Denken gibt. So sind die vorübergehenden oder anhaltenden Desorganisationen im Somatischen sehr häufig mit Störungen der frühesten psychobiologischen Gesamtorganisation verknüpft. Erlebnismäßig muss sich nämlich zuerst einmal eine psychische Struktur als Teil des somatischen Organismus abgrenzen, d. h. sich ein eigentliches Subjekt bilden, was erst gegen Ende des ersten Lebensjahres der Fall zu sein scheint.

Grundsätzlich aber kann man davon ausgehen, dass die *reziproken Interferenzen* zwischen den biologischen und psychologischen Abläufen ausgesprochen *altersabhängig und hochkomplex* sind. Die unüberschaubare Vielfalt von Einwirkungen durch eine *riesige Zahl von Variablen* bewirkt, dass eine Abschätzung ihrer Gewichtungen außerordentlich schwierig wird.

Die *Zusammenarbeit zwischen der Pädiatrie und der Kinder- und Jugendpsychiatrie*, die sich um ein *analytisch-dynamisches Verständnis* sowohl der intrapsychischen Abläufe im Kinde als auch um die interpersonelle Dynamik und *sozialpsychiatrischen Belange* bemüht, verläuft *konflikthaft und folgenschwer*, wenn es um einen Kampf um die Vorherrschaft der verschiedenen Sichtweisen geht. Sie verläuft wechselseitig äußerst *fruchtbar und stimulierend*, wenn aus dem »getrennt Marschieren« ein sich gegenseitig respektierendes und ergänzendes Verständnis zu wachsen vermag. Dies gilt ganz besonders im Bereich der Säuglings- und Kleinkinderbetreuung, da in jener Zeit, in welcher sich das Kind noch nicht verbal ausdrücken kann, die psychoanalytische Reflektion der direkten Beobachtung, basierend auf den Arbeiten von Spitz (1969) und Winnicott (1958/1974), oft Anhaltspunkte zum psychodynamischen Verständnis zu vermitteln im Stande ist.

8 Psychosomatische Störungen und Familiendynamik

8.1 Einführung

Kinder und Jugendliche leben in einem bestimmten sozialen Kontext, zu dessen Mitgliedern interpersonale Beziehungen bestehen. Im Regelfall besteht dieser Kontext bis weit in die Adoleszenz hinein aus einer in ein spezifisches, historisches und sozio-kulturelles Feld eingebetteten Familie, in mehr eingeschränkter Sicht, aus den Persönlichkeiten der Eltern.

8.2 Elternschaft

Zu den wesentlichsten Kennzeichen einer angemessenen Elternschaft kann man u.a. folgende Punkte zählen:

- Eine *gute emotionale Zusammenarbeit der Partner*, die keine (oder nur eine geringe) Abspaltung unliebsamer Affekte und/oder störender Persönlichkeits- oder Beziehungsanteile auf das Kind zulässt und auch keine Situationen, die es ermöglichen, dass vom Kind her die Beziehung zwischen Mutter und Vater aufgespalten werden kann.
- Eine *offene, direkte Kommunikation zwischen allen Beteiligten*, mit klarem, so ehrlich wie möglich gehaltenem Gefühlsausdruck.
- *Kontinuität und Kohärenz* in den Beziehungen.
- *Festigkeit und Flexibilität* zugleich bezüglich der in Geltung stehenden innerfamilialen Regelsysteme.

8.3 Die Familie

Die Familie liefert dem Kind und Jugendlichen (und das gilt in der Mitt- und Spätadoleszenz auch für die Gruppe der Gleichaltrigen) Grundbeziehungen mit emotionalen Bindungen und Verhaltensbegrenzungen, d.h. ein komplexes Netzwerk von interpersonalen Beziehungen dyadischer und triadischer Art. Sie ist auch der Ort, an dem die *Konfrontation und Differenzierung* zwischen einem selbst und den anderen, zwischen den Geschlechtern sowie auch zwischen den Generationen stattfindet. Die Familie stellt Modelle für ein soziales Verhalten, für Einstellungen, Meinungen und Überzeugungen zur Verfügung, ermuntert zu Erfahrungen verschiedenster Art und repräsentiert ein *kontextuelles Lernfeld* für Denkprozesse, Gefühlsabläufe und intentionale Ausrichtungen. Ein entwicklungsfähiges familiales System enthält meist klar überschaubare und dennoch *flexible Grenzen und Regeln*, die eine Konsistenz über die Zeit und auch zwischen den beiden Eltern aufweisen. Erwünschtermaßen besteht bei den Familienmitgliedern eine Fähigkeit, intrapsychische und interpersonale *Konflikte und Probleme im Dialog zu lösen*, wozu auf kognitiver und emotionaler Ebene eine klare und offene, möglichst verbale Kommunikation Voraussetzung ist.

In solchen *idealtypischen Systemen* kann jedes Mitglied seine Bedürfnisse und Wünsche unentstellt zum Ausdruck bringen, wird damit wahrgenommen und bekommt von den anderen eine angemessene Reaktion als Antwort. Es besteht ein Respekt für die Autonomie und Individualität jedes einzelnen Familienmitgliedes, unter Wahrung eines WIR-Gefühls, d. h. eines subjektiven Gefühls von Zugehörigkeit, und eine zwischen allen Beziehungspartnern jeweils stets sich wieder neu ausgleichende Balance von *Geben und Nehmen*.

8.4 Familienmodelle

Heute kommen – infolge der historischen und sich in einer globalisierten Welt abspielenden, soziokulturellen Veränderungen von Lebensformen – die Gesetze und Gebräuche von Kernfamilien, die durch Abstammung und Ehegemeinschaft charakterisiert sind, für viele Kinder und Jugendliche nicht mehr zum Tragen. Sie leben oft in unverbindlichen Lebensgemeinschaften von Erwachsenen, in bi- oder multikulturellen Strukturen, in vielfach isolierten Patchwork- und Migrationsfamilien. Die Reifungs- und Entwicklungsprozesse, der Identitätsaufbau und die Zugehörigkeitsgefühle sind für Kinder und Jugendliche aus unterschiedlichen Herkunftsfamilien, aus Pflegefamilien und Institutionen, aber auch für Adoptivkinder und Kinder und Jugendlichen aus Migrationsfamilien meist erheblich erschwert.

8.5 Kommunikation

Bei einer durchschnittlich geeigneten Kommunikation werden bestimmte *Regeln* bewusst eingehalten. Man kann sich nicht nicht verhalten und man kann auch nicht nicht kommunizieren (Watzlawick, 1969). *Metakonzepte* sind solche, die nicht mehr in der Sache selbst beheimatet sind, sondern die Regeln über die Dinge zu ergründen suchen. Dies gilt auch für die *Metakommunikation* (das Kommunizieren über die Kommunikation) und die Metainformation (die Information über die Information). Kommunikationsstrukturen haben, »sobald sie einmal zustande gekommen sind, ein Eigenleben, dem gegenüber die einzelnen Individuen weitgehend machtlos sind« (Watzlawick, 1969, S. 54–55).

In einer gestörten Kommunikation werden die Regeln durchbrochen. So wird z. B. beim turn-taking die Folge von einander abwechselnden Ereignissen nicht eingehalten. Jede Kommunikation hat einen Inhalts- und einen Beziehungsaspekt. Der Beziehungsaspekt ist meist eine Metakommunikation zum Inhaltsaspekt. »Auf jede Definition einer Beziehung reagiert der andere mit seiner eigenen und bestätigt, verwirft oder entwertet damit die des Partners« (Watzlawick, 1969, S. 151). Beziehungssysteme haben eine Tendenz zu fortschreitender Veränderung. Die entsprechenden Interaktionen können *komplementär* (gegenseitig sich ergänzende Unterschiedlichkeiten) oder *symmetrisch* (spiegelbildlich) ablaufen.

Die Kommunikationspathologie hat viele Gesichter: das vieldeutige Sprechen, das dem Gegenüber überlässt, welche Bedeutung dieses dem Gesprochenen geben möchte; die Verdrehung (der Antwort, der Frage, des Inhaltes); die Entwertung (von sich selbst oder des Gegenübers); die Vermeidung einer Stellungnahme, wo eine gefragt ist; die sich selbst erfüllende Prophezeiung (die ein Omnipotenzgefühl vermittelt); die infantile Digitalisierung von Analogem (Erklärung eines Beziehungsgeschehens mit magisch-animistischem Denken, d. h. mit infantilen Theorien). Auch Doppelbindungen gehören dazu: ein Kind/Jugendlicher erhält paradoxe Signale oder Botschaften seiner Betreuungspersonen, die auf der Inhalts- und der Beziehungsebene sich widersprechende Aufforderungen enthalten. Das Kind/der Jugendliche erlebt eine solche Doppelbindung als unaushaltbar und existenziell bedrohend, da es/er nur einer Aufforderung nachkommen kann, welche eine andere Person vernachlässigt und die es/er – wegen der entsprechenden Abhängigkeit in der Beziehung – nicht verlassen kann. Chronische Doppelbindungen erzeugen nur schwer zu beeinflussende Beziehungsverzerrungen.

Die *paradoxe Kommunikation* ist tief in unserer Sprache verankert, die in ihrer Struktur verschiedene verborgene Regelwidrigkeiten enthält. Paradoxe Handlungsaufforderungen (z. B. »sei spontan«) sind verhältnismäßig häufig. »Wo Paradoxien menschliche Beziehungen vergiften, entsteht Krankheit« (Watzlawick, 1969, S. 221). Eine widersprüchliche und eine paradoxale Anweisung unterscheiden sich darin, dass bei der widersprüchlichen noch eine der beiden Möglichkeiten gewählt werden kann, während bei der paradoxen keine Wahl mehr zur Verfügung steht.

Störungen im kommunikativen Geschehen enthalten meist eine Beziehungsart, die, temporär oder anhaltend, mittels zuviel oder zuwenig an Nähe oder Distanz, die Selbstgrenzen des Gegenübers nicht respektiert bzw. ungebührlich starken Einfluss nimmt oder sich nicht um das »innere Territorium« des Anderen kümmert. Sie manifestieren sich in Form von Hemmungen, durch übermäßigen Fluss der Kommunikationsabläufe oder durch eine Inkongruenz zwischen verbalen und nonverbalen Mitteilungssequenzen. Sie äußern sich oft auch mittels des Verhaltens oder im Bereich der Körperfunktionen oder dadurch, dass Form und Inhalt von relevanten Mitteilungen z. B. nebulös sind, bzw., dass jedes Familienmitglied glaubt, die Gefühle und Gedanken der anderen zu kennen. Dadurch kann und muss sich niemand selbst definieren, somit auch nicht hinterfragen. Kaum bewusste, fixe Ideen, Verleugnungen, Rationalisierungen oder Mythenbildungen bleiben auf diese Weise bestehen. Solche *latente oder manifeste Familienmythen* – im günstigen Falle gut integrierte gemeinsame Überzeugungen – dienen oft der Abwehr unerwünschter Ideen, Gefühle, Veränderungen oder diverser Ängste und enthalten im ungünstigen Falle auch Glaubenssysteme spezieller Art bezüglich Gesundheit und Krankheit, die der unbehinderten Entwicklung eines Kindes oder Jugendlichen abträglich sein können.

8.6 Entwicklungsprozesse und deren Störungen innerhalb der Familie

Kind, Eltern und Familie sind in unserer Gesellschaft nicht voneinander zu trennen. Die Familie ist ein *gesellschaftliches Subsystem*, das eine innere und erforschbare Gesetzmäßigkeit besitzt. Jedes Kind wird in ein spezifisches familiales System hineingeboren und befindet sich von Anbeginn an in einem höchst komplizierten Kräftefeld. Die Familie ist ein *System gegenseitiger zwischenmenschlicher Interaktionen*. Sie laufen in Form anhaltender intrapsychischer und interpersoneller Rückkoppelungsprozesse ab. Jedes Mitglied beeinflusst die anderen und wird zugleich von den anderen beeinflusst (Stierlin, 1975). Es findet eine dauernde Entwicklung in Form von Kreisprozessen statt, die allerdings meist nach bestimmten gleichbleibenden intrafamiliären Mustern ablaufen. Die letzten wiederum sind durch äußere Felder, wie z. B. die soziale Schicht, die kulturellen Werte, die historischen Gegebenheiten etc. mitgeprägt. Dies gilt sowohl für die intrapsychische Welt jedes Individuums als auch für die interpersonellen Interaktionen zwischen Individuen, welche für einander bedeutungsvoll sind. Innerhalb solcher Interaktionsfelder macht ein Kind viel mehr an seelischer Entwicklung (sowohl kognitiver wie emotionaler) durch als seine Eltern. Die Partner im familialen Gefüge sind *ungleich*. Eltern haben einen uneinholbaren zeitlichen, sowie Macht- und Erfahrungsvorsprung. In unzähligen Lernschritten erwirbt das Kind, in konstanter kognitiver und emotionaler Interaktion und damit *mitgeformt durch die Persönlichkeitsstrukturen seiner Umgebungspersonen*, diejenigen Kenntnisse und Erfahrungen, welche es für eine zunehmende Eigenständigkeit braucht. Das *Kind als der formbarste Teil eines familialen Systems* wird, infolge des unleugbaren Machtgefälles, durch pathogene Modalitäten der Beziehung oder wegen Rollenzuschreibungen am nachhaltigsten in seiner Entwicklung beeinträchtigt.

Alle Eltern haben bewusste und nicht bewusste Persönlichkeitsanteile. Als Erziehende stehen sie mit ihrer ganzen Person in Beziehung und Interaktion mit dem Kind. Gewollt oder ungewollt sind somit auch alle unbewussten Persönlichkeitsanteile der Eltern in diese kreisförmigen Beziehungsabläufe miteinbezogen. Für die Übertragung[6] ihrer unbewussten Persönlichkeitsanteile auf die Kinder sind die Eltern naturgemäß, da es sich um unbewusste Abläufe handelt, meist blind. In den unabsehbar vielen, z. T. prototypisch *verinnerlichten Interaktionen* wird das Kind mit seiner gesamten, enormen Anpassungsfähigkeit sowohl durch die bewussten als auch durch die unbewussten Persönlichkeitsanteile der Eltern beeinflusst. Es übernimmt z. B. Gefühle, Ängste, Abwehren, Wertvorstellungen, Charakterhaltungen, Lebensziele und Sinngebungen seiner Hauptbezugspersonen. Mittels *partieller oder totaler Identifikation*[7] werden solche Anteile vom Kind, direkt oder ins Gegenteil verkehrt, zu einem

---

6 Als *Übertragung* wird ein unwillkürlicher, unbewusster Vorgang bezeichnet, durch welchen infantile Verhaltens- und Beziehungsmuster, Phantasien oder Wünsche innerhalb einer bestimmten Beziehung aktualisiert werden. Frühere Beziehungsrepräsentanzen werden mittels der Triebe in gegenwärtige Beziehungen umgeschrieben und damit im jetzigen Erleben wiederholt.

7 Bei der *Identifikation* handelt es sich um Vorgänge, durch welche ein Mensch eine Eigenschaft, ein Attribut oder Emotionen des anderen assimiliert, d. h. in seine Selbstrepräsentanz aufnimmt, und sich diesen Vorbildern im positiven oder negativen Sinne unbewusst angleicht.

Teil seines Selbst gemacht, oder es versucht, sie zur Abgrenzung projektiv von sich zu stoßen. Die strukturbildenden oder als Abwehr eingesetzten Identifizierungsprozesse sind beim Kleinkind meist *global*, später sehr viel *selektiver* und verlaufen in den verschiedenen Abschnitten des kindlichen Lebens oft krisenhaft. Gleichzeitig *beeinflusst das Kind auch seine Eltern*, deren Beziehungen und Funktionen, und trägt so seinerseits zu der sich entwickelnden und sich während der ganzen Entwicklung im Kindes- und Jugendalter anpassenden Elternschaft bei.

Jede Familie unterteilt sich in *verschiedene Subsysteme* (z. B. Kinder/Eltern/Großeltern, Frauen/Männer, jung/alt). Die Grenzen einer Familie können sowohl nach außen als auch nach innen gegenüber den Subsystemen so geartet sein, dass sie eine entwicklungsungünstige Auswirkung haben, z. B. wenn sie durchlöchert oder fast aufgehoben sind (was gegen außen keine innere Kohärenz und gegen innen keine Individuation ermöglicht) oder wenn sie völlig rigide, undurchlässig, unveränderbar oder spezifisch verzerrt sind (was autistische Abkapselung, Isolierung oder mangelnde Anpassung an neue Situationen nach sich zieht). So geartete Systeme hindern das Kind, altersgemäße Entwicklungs- und Ablösungsschritte zu vollziehen. Auch kann das intrafamiliale, verbale oder nonverbale Kommunikationssystem so beschaffen sein, dass jeweilige Bedürfnisse des Einzelnen – infolge mangelnder Authentizität – gar keinen angemessenen Ausdruck finden können.

In jeder Familie gibt es ein konstantes *Kräftegleichgewicht*, das aus *zentrifugalen und zentripetalen Strebungen* zusammengesetzt ist. Dies gilt sowohl für die horizontale Ebene der jeweils *gleichen Generation* als auch für die vertikale, welche eine *Mehrgenerationenperspektive* umfasst. Überwiegen die zentripetalen Kräfte, so sind die Beziehungsmuster vor allem solche einer (über) starken gegenseitigen Bindung, was eine altersgemäße Ablösung erschweren bis verhindern kann. Infolge der *unsichtbaren Loyalitäten* (Boszormenyi-Nagy, 1981) entstehen so z. B. bei Adoleszenten übermäße Ausbruchsschuldgefühle. Dominieren die zentrifugalen Kräfte, so werden Ablösungen zu früh vollzogen, Loyalitäten bilden sich nur schwach aus, und es besteht eine Gefahr emotionaler Vernachlässigung. Oft können *projektive Zuschreibungen oder Unterstellungen* dazu führen, dass ein Kind von den Eltern zur Konfliktbewältigung missbraucht wird. Nicht selten wird eine solche Rollenzuschreibung sekundär als *Krankheitsgewinn* vom Kind ausgenützt, was bald zu einer schweren gegenseitigen Verstrickung Anlass gibt. Es kommt vor allem dort zu Störungen, wo die genannten Geschehnisse zu stark, zu schwach oder verzerrt vorhanden sind. Sie zeigen sich beim Kind in einer Einschränkung seiner autonomen intrapsychischen Entwicklung, da sich ein Konflikt zwischen den eigenständigen Wünschen des Kindes und den Zuschreibungsanforderungen der Eltern ausgebildet hat.

Transgenerationale Vermächtnisse sowie *Verschleierungen von Bedeutungen (Mystifikationen)* können latente intrafamiliale Konflikte weiterhin verschlimmern. Desgleichen *Familienmythen*, d. h. gemeinsame, oft nicht oder nur halb bewusste Phantasmen über familiale Funktionen oder Geschehnisse, die nicht hinterfragt werden dürfen.

Familiengeheimnisse entstehen meist infolge von nicht zu bewältigenden und nicht verarbeitbaren traumatischen Erlebnissen eines Elternteils. Die mit der kritischen Lebenserfahrung verbundenen Emotionen, die vom Elternteil nicht ausgesprochen werden, können von einem Kind/Jugendlichen vorbewusst gefühlt, aufgenommen und in Symptomen wie z. B. Phobien zum Ausdruck oder in Spielinszenierungen zur Darstellung kommen. Wird das Kind – während einer familientherapeutischen Sitzung – gebeten, sein Spiel zu kommentieren und die Spielfiguren ihre Gefühle ausdrücken zu lassen, so erleben Eltern nicht selten – zu ihrem allerhöchsten Erstaunen – dass ihr Kind das

Nichtaussprechbare kennt und manchmal sogar Problemlösungen vorschlägt.

Familien, in denen sich Stresserfahrungen und deren Folgen (Bodenmann, 2002; Asisi, 2015) anhäufen, haben bestimmte gemeinsame Merkmale familiärer Dynamik, Beziehungsstrukturen und generationsübergreifender Übertragungsmechanismen (Stierlin, Rücker-Embden, Wetzel, Wirsching, 1977; Boszormenyi-Nagy & Framo, 1985; Minuchin & Fishman, 2004;). Chronische Stresssituationen sind mit inkompetentem erzieherischem Verhalten verbunden. In Familien, in denen Kinder stressvollen, traumatischen Situationen ausgesetzt sind, haben die Eltern selbst oft traumatische Ereignisse als Kinder erlebt. Komponenten solcher Erfahrungen stellen in der nächsten Generation oft Teile der funktionellen Modalitäten des Familienlebens dar und führen zu *generationsübergreifenden potenziell pathogenen Triangulierungen*. In der familientherapeutischen Terminologie bedeutet Triangulation, – ganz anders als in der psychoanalytischen Sprachregelung – dass die Eltern das Kind in ihren Konflikt einbeziehen. Wenn Erwachsene ihre Paarkonflikte und Spannungen nicht überwinden können, werden diese oft – völlig unbewusst und unwillkürlich – auf ein Kind verlagert. Das klassische Beispiel ist das »Sündenbock-Kind«. Hierzu anerbietet sich meistens dasjenige Kind, das am engsten mit dem signifikanten Elternteil identifiziert ist. Es erinnert die Eltern oft an deren eigene, nicht annehmbare Impulse oder Charaktereigenschaften. Das Kind nimmt es auf sich, ausgesprochen oder unausgesprochen verantwortlich gemacht und beschuldigt zu werden und glaubt schließlich, schuldig zu sein und eine Strafe verdient zu haben. In stressvollen oder Misshandlungssituationen findet oft eine *Umkehr von Rollenfunktionen* statt. Hierarchisch wird das Kind auf die elterliche Ebene gestellt und wird dann – auf versteckte Weise – zum Verbündeten des einen Elternteils gegenüber dem anderen (Koalition). Kinder sind dann parentifizierte Delegierte, wenn sie versuchen, unbewusste Aufträge ihrer Eltern zu erfüllen. Das sogenannte »parentifizierte Kind« übernimmt beispielsweise elterliche Funktionen für einen Elternteil, der unter Depressionen oder Drogensucht leidet. Es kann auch Ersatzrollen für Geschwister übernehmen, für diese z. B. als Vater oder Mutter wirken.

Eltern projizieren spezifische psychische Repräsentanzen und nicht integrierte aggressive oder erotische Triebe auf das Kind, das versucht, seine eigenen Gefühle zu unterdrücken, um dem inkompetenten Erwachsenen zu helfen. Wenn zwischenmenschliche Grenzen immer wieder verletzt werden, lernt das Kind nicht, eigene Grenzen aufzubauen oder seine eigenen Emotionen und Bedürfnisse zu spüren und ist daher nicht in der Lage, seine Gefühle auszudrücken. Die Entwicklung eines *falschen Selbst* als adaptive Struktur wird es dem Kind ermöglichen, sich gegenüber seinen Eltern loyal zu verhalten, weil das falsche Selbst das wahre Selbst zwar wie ein Schild schützt, dabei allerdings dessen Entwicklung verhindert (Winnicott, 1974).

Traumatisierte und traumatisierende Familien verlassen sich stark auf Abwehrmechanismen wie Verleugnung, Trivialisierung und Vermeidung, um sich vor stressvollen und/oder traumatischen Erlebnissen zu schützen. Familienmitglieder verpflichten sich, zu schweigen und Geheimnisse aufrecht zu erhalten, oft unter dem Einfluss von Erpressung, Drohung, Vergeltung oder Nötigung. Die Furcht vor Enthüllung gegenüber dem Umfeld ist riesengroß und zwar meist aus Angst vor einem familialen oder individuellen Zusammenbruch. Schon nur die Befürchtung einer Aufdeckung demütigender Geheimnisse kann eine explosive Krise auslösen.

In Migrationssituationen können elterliche Verfügbarkeit, Kompetenzen und Funktionen ernsthaft beeinträchtigt sein, infolge der durch die Migration entstandenen Diskontinuität bei der Ausübung der Elternschaft. Die Migration stellt den Filiationsprozess in Frage, d. h. die durch Identifizierungsbewegungen zustandekommende Zugehörigkeit, was bei den Eltern eine Krisensituation auslösen kann. Der bei erfolgreicher Migration zu beobachtende soziale Gewinn wird, im Vergleich zu den mit der Trennung von den Herkunftsfamilien verbunden Verlusten (wie z. B. den kulturellen, ethnologischen und sprachlichen Werten oder den transgenerationellen Vermächtnissen), als unausgewogen erlebt.

8.7 Charakteristika psychosomatischer Familien

Bei allen Phänomenen von Gesundheit und Krankheit lassen sich (in unterschiedlicher Art und Gewichtung) *Wechselwirkungen höchster Komplexität* von biologischen und psychosozialen Faktoren erkennen. Interpersonale, familiale und sozio-kulturelle Interaktionen beeinflussen die Psychophysiologie eines Kindes. Es sind aber nicht spezifische auslösende Situationen, sondern bestimmte Interaktionsprozesse, die die Somatisierung oder den somatischen Ausdruck von Konflikten erleichtern.

Wenn sich beim Kind oder Jugendlichen ernsthafte psychosomatische Störungen entwickeln, treffen häufig folgende Faktoren zusammen:

- Eine spezifische physiologische *Vulnerabilität* und/oder *organische Dysfunktion* beim Individuum, sei diese primär oder sekundär.
- Spezifische interaktionelle Eigenheiten innerhalb der Familie, insbesondere eine *zu schwache oder zu starke Abgrenzung* jedes einzelnen oder von familialen Subsystemen, ein *übermäßiges gegenseitiges Ausmaß von Besorgnis über das körperliche Wohlbefinden des anderen*, eine ungenügende Fähigkeit zur Adaptation, d. h. die Tendenz, mittels starren intrafamilialen Strukturen einen Status quo zu erhalten, was in Zeiten wie z. B. der Adoleszenz, in welchen Veränderung und Wachstum unumgänglich sind, zu Schwierigkeiten führt, und die Tendenz, Konflikte in der Familie nicht auszuhandeln, sie nicht zu lösen, sondern sie zu vermeiden. Kinder und Jugendliche werden dann für die *Vermeidung von elterlichen Konflikten* oder für den Zusammenhalt der Familie ge- bzw. misshandelt (Minuchin, Baker, Rosman, Liebman, Milman, Todd, 1975; Minuchin, Rosman, Baker, 1978; Kog, Vertommen, Vandereycken, 1987).
- Die *Symptomwahl* erfolgt oft nach *familial vorgegebenen Mustern*. Bildet sich eine ernsthafte psychosomatische Symptomatik als Ausdruck einer systemimmanenten Störung der Familie aus, so ist die Autonomieentwicklung des Kindes gestört, da die Familie, kaum hat sich das psychosomatische Symptom entwickelt, eine verstärkte Kontrolle über das kranke Kind ausübt und umgekehrt. Krankheit wird dann wie eine Art substantielle Währung in der gegenseitigen Interaktion gebraucht.

Stierlin (1990) beschrieb bei Familien mit vielfältigen somatischen Störungen eine Welt, in der Denken, Fühlen und Bewerten sich in Trennungen zementierenden und sich gegenseitig ausschließenden Gegensätzen vollziehen.

»Man ist entweder in der Familie oder im System drinnen und darin eingebunden, aber auch gefangen, aufgehoben, geborgen, versorgt, behaust, oder man ist draußen und damit ausgestoßen, ungebunden, verloren, ungeborgen, unbehaust« (Stierlin, 1990, S. 359).

Die *erstarrten zwischenmenschlichen Beziehungen*, in denen *um Dominanz gekämpft* wird, die zu eskalieren tendieren und die zu immer belastenderen, gegenseitigen Verstrickungen führen, wurden von Stierlin als »maligne Verklammerung« beschrieben, welche sich oftmals in Form psychosomatischer Symptome ausdrückt.

»Auf verschiedensten Ebenen und in verschiedenster Weise wird nun das Symptom in das System eingebaut und damit zu einem integralen Bestandteil desselben gemacht. Was aber damit immer auf der Strecke bleibt, ist die Autonomie des oder der Betroffenen, ist ihre Fähigkeit, Bereitschaft und Möglichkeit, neue Optionen, Alternativen, dritte Wege zu erkennen und zu beschreiben, und damit ihrer psychosoziobiologischen Selbstregulation und Heilung eine neue Chance zu geben« (Stierlin, 1990, S. 360).

Bei einer *forcierten Harmonisierung* werden Veränderungen vermieden, Konflikte und belastende Gefühle unterdrückt sowie aggressive und erotische Spannungen verleugnet. Die betonte Komplementarität der Familienmitglieder ist meist mit einer Tendenz verbunden, die zu lösenden Aufgaben *aufzuschieben*, was kurzfristig dazu beiträgt, dass ein Gleichgewicht beibehalten werden kann, längerfristig sich aber als Hindernis auswirkt. Wenn sich durch äußere oder innere Umstände *Veränderungsaufgaben* aufzwingen, kommt es zu *akuten Krisen*. Der Spielraum der familialen Dynamik ist derart eingeschränkt, dass es, anstelle einer Weiterentwicklung, zu einem Rückgriff auf Körpersprache und somit rasch zu einer psychosomatischen Funktionsstörung oder Erkrankung kommt.

8.8 Psychodynamische Familiendiagnostik

Die *psychoanalytische Familiendiagnostik* richtet sich auf Zusammenhänge zwischen intrapsychischen und interpersonellen Konflikten, die in den interaktiven familiären Beziehungsgestaltungen und Kommunikationen zum Ausdruck kommen. Deren Bedeutung und Auswirkung auf die Entwicklung von Kindern oder Jugendlichen zu erkennen und mit den Familienmitgliedern zu verstehen, kann zu Veränderungen in den familiären Beziehungsstrukturen führen. *Übertragungen und Gegenübertragungen der Familienmitglieder aufeinander und zwischen Familienmitgliedern und Therapeuten* manifestieren sich in szenischen Darstellungen. Es gilt zu versuchen, das subjektive Erleben jedes einzelnen Familienmitgliedes in den sich wiederholenden Beziehungsszenen zu verstehen. Nur wenn *Beziehungsphantasien und Gefühlszustände* mittels der familiären Beziehungsdynamik erfasst und geklärt werden können, wird es für die Familienmitglieder möglich werden, auf (maligne) Beziehungsverklammerungen und Schuldzuschreibungen zu verzichten.

Ein Kind oder Jugendlicher kann *mit seiner psychosomatischen Symptomatik auf dysfunktionale Kommunikations- oder Interaktionsmuster in der Familie hinweisen* und wird somit zum »Index«-Patienten. Bei den familiären Interaktionsabläufen kann es sich um *generationsübergreifende Beziehungsmuster* handeln, die infolge von ungelösten unbewussten Konfliktsituationen in den vorangegangenen Generationen entstehen. Intrafamiliäre Wiederholungen können sich über mehrere Generationen erstrecken.

Neben den Fragen der Heredität und der Auswirkung belastender äußerer Ereignisse bleibt es bei der Untersuchung von Kindern/Jugendlichen mit psychosomatischen Störungen stets eine zentrale Frage, ob eine vorliegende Symptomatik hauptsächlich Ausdruck eines in der Person des Kindes zentrierten, nicht anders verarbeitbaren, *interpersonellen*, d. h. *familialen Konfliktes* ist, oder ob es sich mehr um eine *internalisierte*, d. h. in der psychischen Struktur des Kindes verankerte, *intrapsychische* Störung handelt. Es kann sich bei dieser Frage nicht um ein entweder/oder handeln, sondern immer nur um ein mehr oder weniger gewichtetes sowohl/als auch. Bei der vorwiegend familialen Symptomatik kann der Konflikt von irgendeinem der Familienmitglieder ausgehen, die Symptomatik des Kindes aber auf eine andere Person des Familienverbandes zurückverweisen. Bei der vorwiegend intrapsychischen Problematik handelt es sich zumeist um eine Folgeerscheinung einer frühkindlich beeinträchtigten, in der Innenwelt des Kindes strukturell fixierten, durch Affekte und Phantasmen mitausgeformten Interaktion, die sich in entsprechenden Beziehungsrepräsentanzen niedergeschlagen hat. Sie kann auf Grund der Anlage, einer organischen Störung des Kindes bzw. Jugendlichen bzw. der Erziehenden (z. B. Deprivation, Störung der Separation/Individuation oder Eltern mit ausgeprägten eigenen Konflikten) oder von beiden mitverursacht worden sein. Bei den meisten Störungsbildern handelt es sich um gemischte Formen.

Im *diagnostischen Gespräch* mit der Familie eines psychosomatisch kranken Kindes oder Jugendlichen richtet sich die Aufmerksamkeit auf folgende Aspekte:

- Wie ist die Familie über drei Generationen aufgebaut?
- Wie steht es mit ihrer Hierarchie, Organisation und Struktur?
- Wie kommuniziert sie auf der verbalen und nonverbalen Ebene?
- Wie fühlt sich die affektive Atmosphäre in der Familie an?
- Wie groß ist die Kapazität der Familie, dem Einzelnen zu erlauben, sich zu individuieren und zu differenzieren?
- Wie geht die Familie mit Entwicklungszyklen, Trennungen und Verlusten um?
- Wie haben sich die Grenzen zwischen den Generationen organisiert und wie geschieht der Austausch innerhalb und außerhalb der Familie?

Folgende *Kriterien* sind zu berücksichtigen:

- *Paarbeziehung und Elternschaft*: Welche Qualität kommt der Partner- und Elternschaft zu (elterliche Allianz, Paarkollusion)?
- *Hierarchie*: Ist ein Kind/Jugendlicher parentifiziert, d. h. zeigt sich die Hierarchie innerhalb der Familie als umgekehrt (das Kind wird nicht gehalten, sondern es trägt seine Eltern und übernimmt Rollen und Funktionen von Erwachsenen in Bezug auf seine Eltern, da diese mit ihrer eigenen Entwicklung zu kämpfen haben)?
- *Beziehung*: Stimmen das geschilderte und das beobachtete Beziehungsgeflecht überein? Welche Beziehungsmuster und Rollenzuschreibungen werden in den interaktionellen Prozessen sichtbar? Sind Koalitionen d. h. dyadische Beziehungen zwischen dem Indexpatienten und einem Elternteil vorhanden und besteht ein Geschwister-Subsystem mit von der Eltern-Kind-Beziehung unabhängigen Interaktionen? Sind Loyalitätskonflikte feststellbar?
- *Kommunikation*: Gibt es Auffälligkeiten bezüglich der Form, des Inhalts und der Art der Kommunikation? Besteht eine Diskrepanz zwischen dem verbalen Dialog und dem nonverbalen Ausdruck (Blickkontakt, Tonalität der Stimme, Mimik, Gestik, Motorik)?
- *Grenzen*: Wie starr, durchlässig oder flexibel sind die Grenzen der Familiengemeinschaft nach innen und nach außen sowie zwischen den Generationen? Wie erfolgt der Umgang mit Nähe und Distanz zwischen den Familienmitgliedern?
- *Inhalt*: Welche Bedürfnisse, Wünsche, Emotionen, Konflikte kommen durch wen zum Ausdruck, und was bewirken sie bei den anderen Familienmitgliedern?

- *Fähigkeiten:* Kann die Familie Entscheide treffen, Aufgaben erfüllen, Probleme bewältigen, Konflikte lösen und eine faire Balance zwischen Geben und Nehmen wahren?

- *Ressourcen:* Welche intrapsychischen und interpersonalen Ressourcen der Kernfamilie, der Herkunfts- und der erweiterten Familie sind erkennbar?

8.9 Familientherapeutische Prozesse

Die psychoanalytisch orientierte Familiendiagnostik und -therapie stützt sich auf die psychoanalytischen Konzepte von intrapsychischen und interpersonellen unbewussten Konflikten; sie registriert beobachtbare Abwehrmechanismen, Übertragungen und Gegenübertragungen, Objektbeziehungen und Repräsentanzen und stellt transgenerationelle Transmissionen fest, – alles Phänomene, die sich als Dynamik in den sich wiederholenden Inszenierungen der Familien aufzeigen lassen.

Häufig lesen Kinder und Jugendliche besser im Unbewussten und Vorbewussten ihrer Eltern als diese selbst. »So spüren Kinder z. B. herannahende familiäre Katastrophen oft lange, bevor sich Eltern deren Unausweichlichkeit eingestehen« (Richter, 1990, zit. in Egle, Hoffmann, Joraschky, 2004, S. 261). Richter (1963) wies darauf hin, auf welche Art Eltern – in der unbewussten psychischen Dynamik der Eltern-Kind-Beziehung – ihre narzisstischen Konflikte auf ihr Kind/ihren Jugendlichen projizieren und wie die entsprechende Umformung zu (psychosomatischen) Symptomen zustande kommt. »Die Rolle des Kindes bestimmt sich also aus der Bedeutung, die ihm im Rahmen des elterlichen Versuches zufällt, ihren eigenen Konflikt zu bewältigen.« (S. 73). Unbewusste Erwartungsphantasien der Eltern resultieren aus ihren (traumatisch) erlebten Beziehungen in ihren Herkunftsfamilien. Ist das Kind/der Jugendliche nicht in der Lage, die Erwartungen zu erfüllen, wird der Elternteil an seine bereits stattgefundenen Enttäuschungen erinnert.

In seinem Kollusionskonzept beschreibt Willi (1999), wie ungelöste psychische Konflikte aus früheren Entwicklungsphasen in Zweier- oder Paarbeziehungen aktualisiert und ausgetragen werden.

Boszormenyi-Nagy und Spark (2006) halten es für wichtig, im Therapieprozess mit der Kernfamilie oder einem familiären Subsystem (z. B. des Elternpaares), die vorangehenden Generationen miteinzubeziehen, wobei deren physische Anwesenheit nicht dringend notwendig erscheint. »*Unsichtbare Loyalitäten*«, d. h. verdeckte Bindungen sowie gegenseitige Verpflichtungen und Erwartungen verknüpfen die Familienmitglieder untereinander. Solche *intragenerationelle, zentripetale (bindende) oder zentrifugale (ausstoßende) Kräfte* bedürften einer Benennung, wenn entsprechende Bemühungen um Beziehungsablösung resp. Beziehungsaufbau vorgenommen werden sollen. Unsichtbare Loyalitätsbindungen beruhen auf der *transgenerationalen Übertragung von Vermächtnissen und Delegationen*. In der Familie besteht eine Hierarchie von Verpflichtungen, Verdiensten und Schulden, die einen gegenseitigen Austausch und Ausgleich verlangen und transgenrationell wirksam sind. Die Symptomatik des Kindes/Jugendlichen drückt meist zugleich seinen Wunsch nach Veränderung aus und enthält auch ein die Eltern schützendes Verhalten.

Der psychotherapeutische Prozess zielt bei Boszormenyi-Nagy darauf hin, ein Gleichgewicht zwischen verborgenen Loyalitätsbindungen und Ausbeutungen zu erreichen – oft in einem drei Generationen umfassenden

Kontext. Die therapeutischen Konzepte von »Geben und Nehmen« wurden von den Autoren »kontextuelle Therapie« benannt.

> »Wir sind der Ansicht, dass Gesundheit wie Krankheit im Familienverband bestimmt werden, erstens durch die Gesetze, welche die Beziehungen in einem Mehrpersonensystem beherrschen, zweitens durch die psychischen Merkmale der einzelnen Mitglieder des Systems (also auch durch deren ›psychische Struktur‹) und drittens durch das Ineinanderwirken dieser beiden systemgestaltenden Bereiche« (Boszormenyi-Nagy 1981, S. 20).

Nach Stierlin *(1982)* können drei Beziehungsformen in den *Ablösungsprozessen von Jugendlichen* diagnostiziert werden, nämlich »Bindung«, »Delegation« und »Ausstoßung«. Der Beziehungsmodus der Delegation – ein zentrales Konzept der Familiendynamik – kommt durch Bindung, durch Ausstoßung oder durch das paradoxe Zusammenspiel beider Formen zustande. Stierlin unterscheidet eine Es-, eine Ich- und eine Über-Ich-Bindung. Bei den Rollenzuschreibungen handelt es sich um unbewusste elterliche Erwartungsphantasien, die das Kind beauftragen, bestimmte Funktion zu erfüllen. Die Entwicklung einer individuellen Identität des Kindes/Jugendlichen hängt von der Besetzung und Abgrenzung der Beziehung zu den Eltern/signifikanten Bezugspersonen/Familie ab. Sie wird von Stierlin als »bezogene Individuation« beschrieben.

In der von Minuchin (1974, 1997) entwickelten strukturellen Familientherapie inszeniert die Familie ihre Probleme in Anwesenheit des Therapeuten, der die Interaktionen, Kommunikationen, Nähe und Distanz zwischen den Familienmitgliedern beobachtet und versucht, die Familienstruktur und deren Grenzen, Hierarchien, Machtpositionen und Koalitionen wahrzunehmen. Es werden drei Subsysteme – eheliches, elterliches und geschwisterliches – unterschieden, deren Grenzen, Funktion und Austausch sowohl innerhalb der Familie als auch mit der Umwelt klar und flexibel gestaltet sein sollen.

Die Familientherapie von Satir (1994) hat zum Ziel, der Familie einen Raum zu bieten, in dem sie neue Erfahrungen machen kann. Eine Diskrepanz zwischen verbaler und nonverbaler Kommunikation führt zu Doppelbotschaften, die in dysfunktionalen interaktiven Beziehungsmustern zum Ausdruck kommen. Die therapeutischen Interventionen haben zum Ziel, diese Missverständnisse aufzuzeigen und zwischen den unterschiedlichen Wahrnehmungen der Familienmitglieder zu vermitteln.

Die Mehrgenerationen-Familientherapie nach Sperling und Sperling (1976) betrachtet die Symptomatik des Kindes/Jugendlichen als die Inszenierung unbewusster Konflikte der Eltern mit ihren Eltern, die sich intragenerationell immer wiederholen. In jeder Zwei- oder Mehr-Personen-Beziehung finden sich Sinnzuschreibungen und Bedeutungszuweisungen, mehr oder weniger gemeinsam geteilte Wirklichkeitskonstrukte und interpersonale Regulationsprozesse mit Rückkoppelungsschleifen. Hier wird mit drei oder mehr Generationen gearbeitet und versucht, die unbewussten Anteile der Familiendynamik im Dialog zu erfassen, zu klären und zu verstehen (Sperling, Massing, Reich, Georgi, Wöbbe-Mönks, 1982).

Für Bauriedl (1980) richtet sich der Fokus der Beziehungsanalyse, resp. der psychoanalytischen Beziehungstheorie, auf die Beobachtung der Beziehungsstörungen in der Familie. Unbewusste Beziehungsstrukturen der Eltern führen zu Grenzen überschreitendem Verhalten ihrem Kind/Jugendlichen gegenüber und den damit verbundenen pathologischen Folgen. Unklare oder vermischte Generationengrenzen, die durch Parentifikation von Kindern/Jugendlichen zustande kommen, verunmöglichen eine klare Unterscheidung zwischen der Elternbeziehung und der Beziehung der Eltern zu ihrem Kind/Jugendlichen. Beim therapeutischen Ziel handelt es sich darum, die szenischen Wiederholungen der Beziehungskonflikte zu verstehen und den Prozess der emanzipatorischen Individuation aller Familienmitglieder zu fördern.

Für Bauriedl, Cierpka, Neraal und Reich (2002) richtet sich der therapeutische Prozess auf

> »das Erkennen und Durcharbeiten der unbewussten Konflikte in den Paar- oder Familienbeziehungen, die sich in Übertragungen und Gegenübertragungen der Familienmitglieder aufeinander und ebenso zwischen Familienmitgliedern und Therapeuten manifestieren, wobei Abwehr und Widerstand als Ausdruck der Angst aller Beteiligten vor Veränderungen akzeptierend verstanden und analysiert werden« (Bauriedl, Cierpka, Neraal, Reich, 2002, S. 81).

Das Erzählen einer Geschichte verknüpft bei der narrativen Familientherapie – mittels der kulturell vorgegebenen symbolischen Äquivalente – Erinnerungen, Bilder, Szenerien mit den damit verbundenen Emotionen und mit der Sprache (Bucci, 1994). Das Erzählen dient dazu, Lebensereignissen, welche die Kontinuität des Erlebens unterbrochen haben, Sinn und Bedeutung zuzuschreiben und neue Kontinuität zu vermitteln. Persönliche Erzählungen helfen einem Individuum, mit der Vergangenheit verbunden zu sein, in der Gegenwart zu leben und die Zukunft zu antizipieren. Während Entwicklungsphasen und Übergangsperioden können Erzählungen einen Wendepunkt darstellen, frühere Erfahrungen verändern und die persönliche Identität beeinflussen (Riessman 1990, 2013). Narrative können auch die Verarbeitung von Verlusten und psychischen Traumata unterstützen und einen Trauerprozess fördern. Dank den Erzählungen werden Phantasmen und erlebte Emotionen von (traumatischen) Erfahrungen wiederempfunden und können dadurch verändert und integriert werden. Bleibt das traumatische Ereignis unausgesprochen, d. h. dem verbalen Diskurs entzogen, so entstehen aus den nicht vorstellbaren oder nicht aussprechbaren Ereignissen *Geheimnisse*. Das Vorhandensein eines Geheimnisses stört jede bedeutungsvolle Beziehung (so auch die Eltern-Kind-Beziehung). Das Erzählen von mit Affekten verbundenen Geschichten hat zum Ziel, erlebte Ereignisse wieder zulassen und verstehen zu können. Die Enthüllung von phantasierter oder realer Vergangenheit ermöglicht ein gemeinsam geteiltes Erleben an Hand der erzählten Geschichten und festigt die intrafamilialen affektiven Bindungen und Beziehungen. Narrative ermöglichen eine (Re)Konstruktion und Integration abgespaltener seelischer Inhalte, die vor allem darin besteht, un- und vorbewusstes Erleben und Vorgefallenes in eine metaphorische Sprache zu »übersetzen«.

Die Aufstellung eines Genogramms, d. h. die graphische Darstellung der Familie über drei evtl. mehr Generationen hinweg, kann als Interventionstechnik mit Familien benutzt werden. Aufgezeichnet dient es als Stütze, signifikante Familienbeziehungen und die mit ihnen verbundenen Biographien sichtbar präsent zu machen. Eine Graphik über mehrere Generationen hinweg hilft allen Familienmitgliedern, sich in der mütterlichen und väterlichen Linie zu situieren. Fragen von Kindern führen oft dazu, dass Eltern über ihre Lebenserfahrungen in ihrer Familie zu erzählen beginnen. Das Genogramm ermöglicht, intrafamiliäre Interaktionen, transgenerationelle Wiederholungen und generationenübergreifende Muster zu erkennen.

Die therapeutische Arbeit mit Familien muss aus dem Blickwinkel des familiären Kontextes verstanden werden. Die intrapsychisch-interpersonellen Prozesse im zeitlichen Verlauf stellen ein komplexes, interaktives Feld dar, das auch durch den sich wandelnden, aber nicht immer bekannten Kontext beeinflusst wird. Es ist wichtig, die Auswirkung einer psychosomatischen Symptomatik des Kindes/Jugendlichen auf jedes einzelne Familienmitglied zu verstehen. Die Begegnung in einem geschützten Kontext erlaubt, emotionale Blockierungen in Bewegung zu bringen, Gefühle auszusprechen, Konflikte wahrzunehmen und zu benennen, Beziehungsprobleme gemeinsam zu reflektieren und deren Sinn und Bedeutung zu verstehen versuchen. Dabei bedarf stets das intrapsychische, das interpersonale und das intrafamiliale Geschehen gemeinsamer Berücksichtigung.

Auf der Elternebene werden konfliktvolle, psychisch belastende Erfahrungen in der persönlichen Biographie der Eltern eruiert. *Unbewusste, ungelöste Konflikte der Eltern*, die sie nicht mit ihren eigenen Eltern austragen und die – wegen fehlender psychischer Verarbeitungsmöglichkeit – nicht integriert werden konnten, werden auf ihr Kind/ihren Jugendlichen übertragen und schlagen sich als Störfaktoren in der Eltern-Kind-Beziehung nieder. Wenn es Eltern gelingt, ihre Konflikte auszudrücken und die Bedeutung und die Auswirkung ihrer persönlichen Geschichte als Kinder ihrer Eltern zu verstehen, können sie ihre Elternschaft gegenüber ihrem Kind neugestalten. Gelingt es, das Kind im erwachsenen Elternteil wahrzunehmen, so erleichtert dies die Kapazität der Elternschaft zu unterstützen und die transgenerationelle Familiendynamik besser zu verstehen. Oft ermöglicht dies auch, den Eltern zu helfen, die emotionale, phantasmatische und nicht selten auch wirre Vorstellungswelt ihres Kindes besser zu verstehen.

8.10 Therapeutische Haltung

»Was richtig oder falsch, angemessen oder unangemessen, nützlich oder schädlich ist, lässt sich nicht losgelöst von einem Beobachter, von Lebenssituation und Kontext beschreiben.« (Stierlin, 1990, S. 362). Jede konfliktaufdeckende, auf eine Veränderung der Familienstruktur abzielende, Individuation und ablösungsfördernde Intervention kann bei den betroffenen Familien eine erhebliche Abwehr auslösen, weswegen zu Beginn eine unterstützende, entlastende und die bisherigen Anstrengungen anerkennende Vorgehensweise indiziert ist. Sie mobilisiert bei den Familienmitgliedern Hoffnung sowie Selbstheilungs- und Entwicklungskräfte. Das Aushalten und Benennen dessen, was auf tragische Weise wie unveränderbar scheint, kann bereits Anregung zu Wandel und Veränderung geben, sofern Konsequenzen und mögliche Gefahren davon vorweggenommen und ausgesprochen werden. So besteht für den einzelnen Patienten oder seine Familie die Möglichkeit eines eigenständigen Entscheids darüber, ob die gewohnte Dynamik und die herkömmlichen Strukturen beibehalten werden oder durch geeignetere, d. h. der jetzigen Situation angemessenere und für die weitere Entwicklung günstigere Formen ersetzt werden sollen.

In schwierigen und zum Teil chronifizierten Fällen wird die Überweisung an einen Spezialisten oder an ein entsprechendes Team kaum zu vermeiden sein. Für eine Überweisung spricht im Allgemeinen das Vorliegen einer ausgeprägten psychischen Störung, bei der die Gesundheit des Individuums gefährdet ist. Dies ist z. B. der Fall bei einer schweren, chronischen oder lebensbedrohlichen Krankheit, psychischen, körperlichen oder sexuellen Misshandlungssituationen, schweren und langanhaltenden Lernstörungen oder Entwicklungsverzögerungen sowie ausgeprägten Erziehungsproblemen (Lask & Fosson, 1989).

Ermann (1990) unterscheidet eine somatische Psychosomatik, die in menschlichen Grenzsituationen wie z. B. der Intensivmedizin, der Onkologie und bei Sterbenden (Bürgin, 1978), als Teil eines interdisziplinären Konzeptes, eine spezifische Kompetenz einbringt. Ihre Schwerpunkte liegen vor allem in der Bearbeitung psychologischer Prozesse innerhalb der klinischen Medizin.

Die somatische Psychosomatik ist abzugrenzen von einer psychotherapeutischen Psychosomatik, die in erster Linie auf die Behandlung von maßgeblich psychisch mitbedingten Krankheiten ausgerichtet ist.

In jedem Fall ist bei der Formulierung von therapeutischen Zielen im interpersonalen Bereich Zurückhaltung angebracht. Ein Minimum gemeinsam geteilter Wirklichkeit mit gegenseitigem Respekt, Verständnis und gemeinsamen Aussprachen und somit eine gewisse mutuelle Angleichung beim Ausarbeiten und Realisieren gemeinsamer Konzepte ist, zwecks Verhinderung einer unfruchtbaren Polarisierung, beim Aufbau und dem Erarbeiten eines kurz oder längerfristigen therapeutischen Bündnisses unverzichtbar (Bürgin, 1990). Dies gilt auch sowohl zwischen den Vertretern der Pädiatrie, der Kinder- und Jugendpsychiatrie, der Sozialarbeit und allen anderen beteiligten Personen aus der Jugendhilfe, als auch zwischen einem Einzeltherapeuten und Kindern/Jugendlichen oder zwischen Familientherapeuten und Familien (oder Gruppen).

II Spezieller Teil

9 Psychsomatische Erscheinungen in den ersten Lebensjahren

9.1 Einleitung

Jegliche psychosomatische Erscheinung kann nicht vertieft verstanden werden, wenn sie nicht in eine Theorie über die zwischenmenschliche Kommunikationsentwicklung eingeschrieben wird. Das für Erwachsene von Marty, de M'Uzan, Fain und David beschriebene psychische Funktionieren von psychosomatischen Patienten *(»pensée opératoire«)*, bei welchem eine ausgeprägte Gefühlsabspaltung vom konzeptionellen Denken zu beobachten ist, kann beim Kind und Jugendlichen nicht in gleicher Form gefunden werden (Marty, 1958; Kreisler Fain, Soulé, 1974). Hingegen spielen für Kreisler (1995) in diesem Alter potenziell traumatisierende Umweltsverhältnisse, psychoaffektiv bedingte psychosomatische Desorganisationen und abwehrbedingte Somatisierungen eine größere Rolle, Überlegungen, die im Sammelband von Nayrou & Szwec (2017) weiter elaboriert wurden.

9.2 Physiologische Umstellungen bei der Geburt

Jedes Kind erlebt bei der Geburt eine massive Umstellung seiner physiologischen Abläufe. Der Atmungs-, Verdauungs-, Ausscheidungswie auch der Bewegungsapparat, sie alle werden neu erfahren. Viele Funktionen werden zum ersten Mal erlebt und treten aus dem automatisierten Modus über in einen, in welchem sie zunehmend dem intentionalen (nicht bewussten!) Gebrauch zugänglich werden. Als Grundfunktionen dienen sie dem Überleben und erhalten die für die vitale Funktion nötige Triebbesetzung. Das infantile Ich vergewissert sich gleichsam im Verlaufe seiner Entwicklung, über welche Funktionen es verfügt (Atmen, Schreien, Schlucken, sich Bewegen).

Die Motorik, anfänglich global und völlig unkoordiniert, beginnt sich ganz peripher an den Händen zu differenzieren und entwickelt sich zu koordinierteren Bewegungsabläufen bis hin zum Zweifingergriff, einem Synonym des »Begreifens« und »Erfassens«. Hand, Augen und Mundhöhle werden zu einem Wahrnehmungsorgan, das mehrere Wahrnehmungsmodalitäten und -Kanäle zu einem neuen Ganzen zusammenfasst. In der Motorik der primären Betreuungspersonen stößt der Säugling auf eine motorische Koordination, die weit über seinen eigenen Möglichkeiten liegt und von ihm als wohltuend oder intrusiv erlebt werden kann.

Das Schreien, eine archaische Mitteilungsform, wird vom schreienden Säugling selbst deutlich wahrgenommen. Es modifiziert sich rasch und lässt – von empathischen Betreuungspersonen gehört – bald unterschiedliche Formen und Varianten erkennen.

Die Motorik des Blickens ist bei der Geburt bereits gut organisiert und gerät schnell unter die Kontrolle der Aufmerksamkeit. Der Blick sucht den Blick und das dazugehörige Gesicht des Gegenübers zwecks emotionaler Orientierung.

Die Atmung stellt sich in den Dienst der CO_2-Spannung im Blut und reguliert damit die Sauerstoffaufnahme in den Körper. Wird sie unterbrochen, so besteht Todesgefahr. Ein Experimentieren und Spielen ist, wie bei der Motorik, nur in bestimmten Bereichen möglich, was bereits einer kränkenden Einschränkung der Omnipotenz gleichkommt. Aber bald erhält die Atmung auch Mitteilungscharakter, indem sie dem Gegenüber Kenntnis von der physiologischen Befindlichkeit des Säuglings vermittelt.

Die Aufnahme von Flüssigkeit in den Körper, ausgelöst durch das Saugen und dann gefolgt von repetitivem Schlucken, erlaubt erste Dosierungsversuche. Die Quantifizierung ist aber auch abhängig von einer umgekehrten Bewegung von Luft (Aufstoßen) und von aufgenommener Flüssigkeit (Erbrechen kleiner Mengen von Flüssigkeit). Die Ausscheidung von Urin und Kot unterliegt erst spät der Sphinkterkontrolle, d. h. einer Steuerung durch das Ich.

Den Geräuschen ist der Säugling weitgehend und lange ausgeliefert. Sie können, in Analogie zu den olfaktorischen Reizen, nicht wie die visuellen Stimuli abgeschaltet werden. Umso wichtiger werden das Hören von vertrauten Stimmen und das Riechen von angenehmen Gerüchen.

Bezüglich taktil-kinästhetischer Empfindungen ist der Säugling – in Abhängigkeit von der Entwicklung seiner Motorik – noch sehr von den Personen in der Außenwelt abhängig. Jaktationen sind in den ersten Monaten noch nicht möglich.

Freud's epochale Entdeckung hing damit zusammen, dass er, an Hand des »Ludelns«, des Spielens mit der Brust nach erfülltem Saugen, das *Konzept der sexuellen Triebe* entwarf, das nicht primär mit der Befriedigung von Grundbedürfnissen zusammenhängt, sondern nach dem Lust-/Unlust-Prinzip ausgerichtet ist und für spezifische Störungen der Entwicklung verantwortlich zu sein scheint. Wenn – in Übernahme Freud'scher Konzepte – die Lust- (bzw. Unlust-) Empfindungen sich an die Befriedigung der vitalen Bedürfnisse, die dem Überleben dienen, anlehnen, so kann jedes dieser Grundbedürfnisse libidinös besetzt und damit »erotisiert« werden. Da sich die Triebe aus dem biologischen Substrat rekrutieren, d. h. eine biologische Quelle besitzen, ist der Zusammenhang mit den übrigen biologischen, d. h. somatischen Funktionen, schon vorgegeben.

Die aus dem gesamten Organischen stammenden Triebimpulse richten sich – wenn wir den Erkenntnissen der psychoanalytischen Theorie folgen – nach außen und suchen ein Objekt, welches das zur Verfügung stellen kann, was dem völlig abhängigen und hilflosen Säugling und Kleinkind fehlt. Die Befriedigung der »körperlichen Bedürfnisse« garantiert das Überleben, diese des triebhaften Begehrens ist für die Ausformung der psychischen Strukturen des Kindes unabdingbar.

9.3 Kommunikations- und Beziehungsangebot der primären Betreuungspersonen

So lässt sich die Psychosomatik der ersten Lebensjahre als ein Störungskonglomerat diversester physiologischer Funktionen beschreiben, bei welchem – in weitgehend vorsprachlicher Art – die libidinösen Komponenten von physiologischen Grundfunktionen, die dem Überleben dienen, als Beziehungs- und Kommunikationselemente zu stark, zu schwach oder verzerrt in Erscheinung treten.

Bisher können wir über die genetisch angelegten Vorstellungsformen der menschlichen Psyche keine gesicherten Aussagen machen. Aber es spricht sehr viel dafür, dass z. B. das *menschliche Gesicht* mit den beiden Augen ein ganz besonderer Attraktor für den Säugling ist und – aufgrund der Innervation des Körpers – möglicherweise auch ein Grundgerüst für das Körperschema genetisch angelegt ist, das im Laufe der Reifung und Entwicklung und vor allem in der Interaktion mit den zentralen Betreuungspersonen ausgestaltet wird. Ähnliches dürfte auch für die Geschlechtsorgane gelten, bei denen etwas Aufnehmendes und etwas Aufgenommenes (im Sinne von Bion's »container/contained« (1970/2006) zu unterscheiden ist. Solche rudimentären Vorstellungsinhalte dürften angeboren vorhanden sein und sich erst beim allmählichen in Besitznehmen des eigenen Körpers (was in nicht geringem Ausmaß auch durch die abgrenzende Haut geschieht (vgl. das »Haut-Ich« [Anzieu 1996]) auszudifferenzieren beginnen. Mit rund 18 Monaten (+/– etwa vier Monate) wird schließlich der reale Geschlechtsunterschied – und damit die die Omnipotenz kränkende Zugehörigkeit zu nur einem Geschlecht – wahrgenommen.

Beide, Säugling und Kleinkind, haben also noch sehr unreife psychische Strukturen, die sie durch Einbezug und »Gebrauch« der Psyche der Hauptbetreuungspersonen auszugleichen versuchen. Die hohe Bedeutung des Umfeldes, als einer »behelfsmäßig angeschlossenen Zusatzpsyche«, ist aufgrund dieser Tatsache offensichtlich. Fehlt eine solche Psyche über längere Zeit oder zeigt sie selbst, aufgrund ihrer eigenen (unbewussten) Struktur, pathogene Qualitäten – sei dies, dass sie auf die Signale des Kindes nicht einzugehen vermag, sei dies, dass sie für das Kind nicht verarbeitbare Signale aussendet (zu stark, zu schwach, verzerrt, das Eigene überbetonend) – so erlebt das Kind einen primären Entzug von etwas Lebensnotwendigem. Es erfährt eine ganz frühzeitige Frustration, die seine integrativen Fähigkeiten einschränkt oder schwerst beeinträchtigt. Denn es befindet sich in einer unerträglichen Situation, wird von archaischen Ängsten überflutet und hat nur wenig Möglichkeiten, eine solche existenzielle Bedrohung zum Ausdruck zu bringen (Schreien, Zappeln oder die Entwicklung von somatischen Dysfunktionen). Kann ein solcher Zustand nicht durch die Außenwelt bzw. die entsprechenden Betreuungspersonen, beendet werden, so folgt meist ein Erschöpfungsschlaf, der nachfolgend von Übererregbarkeit oder zu starker Hemmung begleitet werden kann. Basale Konflikte zwischen Säugling/Kleinkind und primären Betreuungspersonen zeigen eine Neigung, zu frühkindlichen Traumatisierungen zu werden, welchen das kleine Individuum nur durch Abspaltung, Abkapselung, Externalisierung etc. zu begegnen weiß.

9.4 Repräsentanzen-Entwicklung

Wie entwickeln sich Repräsentanzen in Abhängigkeit von der physischen Präsenz oder Absenz der primären Pflegepersonen bzw. von der Präsenz oder Absenz der libidinösen Besetzung des Säuglings? Primäre Pflegepersonen, die das Kind übermäßg an die Brust, d.h. an ihr erotisches Begehren binden, blockieren dessen autoerotische Mechanismen. Beides, die reale Präsenz oder Absenz oder eine starke bzw. fehlende libidinöse Besetzung des Kindes, können bei primären Pflegepersonen in unterschiedlicher Mischung vorhanden sein. Entsprechender Weise wird das Kind unterschiedlich zusammengesetzte Repräsentanzen dieser Personen bilden.

Die primäre Pflegeperson kann z. B. physisch präsent sein, das Kind aber nicht besetzen. Oder sie kann wenig physisch präsent sein, aber wenn, dann mit ganz intensiver Besetzung. Aus solchen Konstellationen entstehen oft Repräsentanzen, die mit sehr gemischten Gefühlen verbunden sind. Das Ich wird zu einer vorzeitigen Triangulierung genötigt, die basalen Organisationsstrukturen werden beeinträchtigt. Die Fremdenangst kann sich nur schlecht entwickeln, da die primäre Organisation des Ich nur unpräzise Unterscheidungen zulässt.

Wenn eine primäre Bezugsperson den Säugling zu stark an sich bindet, so schließt sie Beziehungen zu anderen Personen aus. Die gesamte Erlebniswelt des Säuglings wird dann aufgespalten in einen fusionären und einen fremden Teil, in den alles Negative hineinprojiziert wird. Eine solche Aufspaltung eigenständig zu integrieren, übersteigt die integrativen Fähigkeiten des fragilen Säuglings-Ich.

Die primäre Verdrängung erfolgt in Präsenz des Objektes und soll einen narzisstischen Gewinn ermöglichen. Manche frühkindlichen physiologischen Funktionsstörungen entsprechen dem Ergebnis einer nicht erfolgreichen Verdrängung. Bei einem fusionären Beziehungsmodus wird versucht, stets das Gleiche zu wiederholen (zerstörerischer Wiederholungszwang). Eine übermäßge libidinöse Besetzung des Säuglings durch die primäre Beziehungsperson blockiert seine Entwicklungsmöglichkeiten und zwingt ihn zu konstanter Verdrängungsarbeit, da alles weggetan werden muss, was zu einer Entfremdung im dyadischen Systems Anlass geben könnte. Solche fusionären Organisationen finden sich oft bei allergischen Phänomenen. Damit wird eine Fixierung auf der Ebene des ersten Organisators zu Ungunsten einer Weiterentwicklung auf das Niveau des zweiten Organisators (Spitz, 1969) bewirkt. Primäre Spaltungen der Selbst- und Objektrepräsentanzen erfolgen bei Absenz des Gegenübers und haben eine organisatorische Auswirkung. Sie sind notwendig, damit eine Spaltung im Selbst auftreten und das Subjekt zu seinem eigenen Objekt werden kann. Manchmal vollziehen sich solche Spaltungen auch zwischen Psyche und Soma. Anstelle einer autoerotischen Aktivität tritt eine Funktionsstörung in den Vordergrund.

Auch der eigene Körper kann zum Ort traumatischer Erlebnisse werden, die in der weiteren Entwicklung – d.h. unter der Einwirkung des Wiederholungszwanges – infantile Belastungs- und schließlich Stressfaktoren darstellen.

9.5 Kommunikationsformen zwischen Kindern/ Jugendlichen und Erwachsenen

Diese bleiben über fast zwei Jahrzehnte hinweg, d. h. von der Geburt bis zum Ende der Adoleszenz, asymmetrisch, aber für beide Seiten von höchster Relevanz. Psychosomatische Phänomene beim Kind und Jugendlichen können nicht vom »rekonstruierten« Kind, wie es sich in Analysen von Erwachsenen zeigt, abgeleitet werden. Entsprechende Erkenntnisse müssen aus direkten Beobachtungen des Kindes und Jugendlichen sowie deren Interaktionen mit den bedeutungsvollen Erwachsenen gewonnen werden. Bei pathologischen Störungen im Bereich der Psychosomatik können wir fast ausnahmslos Dysfunktionen auf der dyadischen und vielfach auch auf der triadischen Beziehungsebene erkennen. Psychische Schwierigkeiten des ganz kleinen Kindes drücken sich vor allem in organischen Funktionsstörungen, nicht selten aber auch mittels der Motorik, aus. Die motorische Ausstattung, über welche ein Säugling bei Geburt verfügt, wird oft zur Triebabfuhr und als Mitteilungssignal für ein Gegenüber verwendet. Dies lässt sich am Verhalten, d. h. weitgehend auf der präverbalen Ebene, beobachten. Dort wird auch völlig offensichtlich, wie stark sich die strukturierende Wirkung eines ungleichen Gegenübers auf ein werdendes Subjekt bemerkbar macht. In jedem Fall tritt ein erwachsenes Individuum mit einem adulten, sexualisierten und aggressivierten Körper und einer entsprechenden Psyche mit einem Individuum in Kontakt, das über einen völlig anderen Körper und eine ganz andere Psyche verfügt. Laplanche hat deshalb von einer Vielzahl »rätselhafter Botschaften« gesprochen, die vom Säugling aufgenommen und nicht verarbeitet werden können. Sie werden aus dem Bewusstsein entfernt und bilden danach einen Teil des Unbewussten. Dieser, wie andere Teile des Unbewussten, sickert, infolge der Aktivitäten der angeborenen Wiederholungsneigung, während des ganzen Lebens ins Bewusstsein des Individuums ein, sofern die entsprechenden Abwehren dies zulassen. In jedem Falle muss sich das Signalisationssystem, das sich zwischen dem Säugling/ Kleinkind und den Hauptbetreuungspersonen zu etablieren beginnt und mit der Zeit über Hinweise, Zeichen, Signale und Symbole verfügt, andauernd transformieren und differenzieren. Bringen der Säugling oder das Kleinkind vor allem Hinweise und Zeichen in den kommunikativen Prozess ein, so besteht der Input der Erwachsenen im Allgemeinen aus Signalen und Symbolen. Ein kommunikativer Austausch, der mit semantischen Signalen und Zeichen arbeitet, wird, je länger er andauert und sich differenziert, umso mehr auch Symbole gebrauchen. Bereits die mutuelle Anpassung ist sehr störanfällig. Werden einem Säugling oder Kleinkind längere Trennungen zugemutet, so steht dieses Individuum vor der enormen Aufgabe, mit neuen Betreuenden neue Signalisationssysteme aufzubauen, was oft eine Überforderung darstellt.

Werdende Mütter entwickeln im Verlaufe der Schwangerschaft eine deutlich gesteigerte Empfindsamkeit bezüglich coenästhetischen Signalen, d. h. solchen, die aus dem Körperinneren stammen. Störungen, die sich im Kommunikationssystem entwickeln, zeigen sich beim Säugling in coenästhetischen Funktionsstörungen oder Blockierungen (z. B. Störungen von homöostatischen Gleichgewichten, muskulären Verspannungen, Dysrhythmien, Haltungsstörungen, ungewöhnlichen Körpertemperaturregulationen etc.).

Die sich entwickelnde Elternschaft kann bei Müttern (als den in unseren Breitengraden häufigsten primären Bezugspersonen; aber natürlich auch bei Vätern) dazu Anlass geben, dass sich bei den Erwachsenen vorbestehende Störungen akzentuieren oder durch den Säugling erst manifest oder deutlich werden. Dies gilt besonders beim Vorliegen präpsychotischer Funktionsweisen, schweren Ängsten, Zwängen, hysteriformen Symptomen oder narzisstischen Empathiestörungen. Die spontanen Affekte werden dann übermäßg kontrolliert oder abgewehrt, der Dialog kommt nicht genügend zustande oder es tritt eine Überfürsorglichkeit auf. All diese von den Hauptbetreuungspersonen ausgehenden Signale vermitteln dem Säugling oder Kleinkind, insbesondere wenn sie sich durch Widersprüchlichkeit auszeichnen, den Eindruck von emotionaler Unordnung und Desorganisation. Solche oft paradox verlaufenden Informationen vermögen der Säugling oder das Kleinkind nicht zu integrieren. Sie überschreiten die Verarbeitungsmöglichkeiten der bisher ausgebildeten Psyche. Als Folge entwickeln diese Kinder andere Lösungen, die sich in Form von Symptomen zeigen, dann aber weitere Kreise (z. B. das medizinische System) einbeziehen. Bereiche mit gestörtem homöostatischem Gleichgewicht können so bestehen bleiben und im Laufe der Entwicklung zu immer weiteren und anderen Problemlösungen Anlass geben.

Die Kommunikationsabläufe verlaufen keineswegs linear und einfach, sondern in vielfach verschränkten, zirkulären Schlaufen. Natürlich haben sie beim Säugling und Kleinkind nicht die Qualität von durch das Ich gesteuerten, bewussten Abläufen, aber sie zeigen sich im Wachbewusstsein als spezifische, zu diesem Individuum gehörige Interaktionsteile. Bei der Säuglings-/Kleinkindbetreuung treffen zwei Menschen mit sehr unterschiedlichen Erfahrungsbereichen aufeinander. Die erwachsenen Betreuungspersonen treten mit ihren bewussten Persönlichkeitsanteilen, aber auch mit den vor- und unbewussten Schichten ihrer Person, mit dem Säugling in Beziehung. Sie können gar nicht anders als eine riesige Zahl nicht kontrollierbarer Charakteristika ihres Wesens in den kommunikativen Prozess einfließen zu lassen. Bei solchen Interaktionsabläufen wird der Säugling/das Kleinkind nicht selten zum Ausdrucksorgan der intrapsychischen Konflikte der Hauptbetreuungspersonen. Er verhält sich oft wie ein unkontrollierbares Alarmsystem seines Gegenübers, was die erwachsenen Betreuungspersonen vielfach in enormer Hilflosigkeit zurücklässt. Schon nur der Aufbau eines gemeinsam geteilten Musters für zeitliche Abläufe, eine Intertemporalität, kann bei kleineren Störungen – im Sinne der Entwicklung eines Teufelskreises – große Folgen nach sich ziehen.

Jegliche Interaktion bedroht das funktionale oder emotionale Gleichgewicht des einen oder anderen Interaktionspartners, sei dies in der Form, dem Inhalt, der Intensität, der Bezogenheit, der Paradoxie, der Wiederherstellbarkeit etc. Die Beachtung von Haltsignalen ist für beide Seiten einer Dyade außerordentlich wichtig, wenn das Ziel verfolgt wird, zu Interaktionen zu gelangen, die auf einer Basis von gemeinsam geteilten Gleichgewichtsempfindungen aufbauen.

9.6 Psychosomatische Symptome der ersten beiden Lebensjahre

Leon Kreisler, Michel Fain und Michel Soulé haben zusammen 1974 mit ihrem Werk »L'enfant et son corps. Etudes sur la clinique psychosomatique du premier âge[8]« eine mustergültige Auseinandersetzung über die Psychosomatik der ersten beiden Lebensjahre vorgelegt, die aus unterschiedlichen Gesichtspunkten dargestellt ist und, locker integriert, dennoch ein neues Ganzes ergibt. Wir folgen ihren klinischen Beschreibungen und Überlegungen in Einigem gerne, da sie u. E. weitgehend auch heute noch Gültigkeit beanspruchen dürfen.

9.6.1 Die sog. »Koliken« der ersten drei Monate

Eine mehr verhaltensbeschreibende Bezeichnung für solche Säuglinge ist die von »Schreikindern«. Es sind Säuglinge, die schreien, ohne dass ein klarer Grund ersichtlich wäre, vor allem tagsüber, teilweise aber auch in der Nacht. Dies beginnt schon bald nach der Geburt. Manche zeigen einen leichten Meteorismus. Die Gabe eines Schnullers oder das wiegende Herumtragen können diese Säuglinge meist beruhigen. Es scheint, als sei das Gleichgewicht zwischen lust- und unlustvollen Erfahrungen zu Gunsten der letzten zu stark beeinträchtigt und als könnte mit einer autoerotischen Aktivität, wie Saugen oder taktilkinästhetischer Stimulierung der Gleichgewichtsorgane, diese Balance wiederhergestellt werden. Diesen Störungen beim Säugling lässt sich kein bestimmter Typ intrapsychischen Funktionierens bei den primären Betreuungspersonen zuordnen. Oft wirkt aber der Wechsel der Betreuungspersonen. Die betroffenen Säuglinge zeigen – genetisch oder reaktiv – zumeist einen deutlich erhöhten Muskeltonus (d. h. muskuläre Verspannungen als Äquivalente der noch wenig differenzierten Affekte) und archaische Reflexe. Sie bringen durch ihr Schreien und ihre Agitiertheit, d. h. auf der physiologischen Ebene, aber eindeutig einen Leidenszustand zum Ausdruck, der aufzeigt, dass die Differenzierung zwischen körperlicher und seelischer Wahrnehmung noch nicht sehr weit gediehen ist und ihre Selbstrepräsentanzen psychologisch noch nicht mit ganzen, vom Subjekt getrennten Objektrepräsentanzen verknüpft sind. Man könnte fast von einem Vorläuferzustand gestörter Objektbeziehungen sprechen. (Wenn das Ich sich weiterentwickelt hat, so treten viel mehr eigentliche Verhaltensstörungen in den Vordergrund). Alles, was taktil-kinästhetisch voraussagbare Qualitäten hat, wirkt beruhigend, neben dem Getragen- und Gewiegtwerden auch das Herumgefahrenwerden im Kinderwagen oder in einem Automobil.

Die Differenzierungen zwischen körperlicher und seelischer Wahrnehmung sind in diesem Alter noch nicht sehr weit gediehen. Selbstrepräsentanzen des Säuglings sind psychologisch noch nicht mit ganzen, vom Subjekt getrennten Objektrepräsentanzen verknüpft.

Spitz (1969) geht davon aus, dass die entsprechenden primären Bezugspersonen (in Westeuropa sind dies meist Mütter oder Krippenpersonal) eine gewisse unbewusste Feindseligkeit gegenüber dem Kind empfinden, die zu Schuldgefühlen und Hilflosigkeit Anlass gibt. Sehr häufig sind diese primären Bezugspersonen auch ängstlich gespannt und ungeduldig, ein Zustand, der auch weiterhin beobachtet werden kann, wenn die Schrei-

---

[8] Das Kind und sein Körper. Studien zur Psychosomatik des Säuglingsalters (Übersetzung: D.B.).

phase abgeklungen ist. Es scheint diesen primären Beziehungspersonen nicht gut zu gelingen, sich dem Kind als externe Homöostase-Garantinnen anzubieten. Aufgrund eigener innerer Probleme noch nicht angemessen auf die Elternschaft eingestellt oder mit eigenen intrapsychischen Konflikten zu stark beschäftigt, vermitteln sie – bewusst oder unbewusst – oft widersprüchliche Signale, die zu integrieren die Fähigkeiten des Säuglings übersteigt. Sie wirken deshalb nicht nur in ungenügendem Maße als Reizschutz gegen innere oder äußere Stimuli, sondern überfrachten – völlig unwillentlich – die Säuglinge mit zu komplexen Botschaften. Diese fühlen sich nicht als eigene Personen wahrgenommen und in ihren Ordnungs- und Integrationsbemühungen nicht unterstützt, sondern mit ihren Strukturierungswünschen alleingelassen. Die bei den Kindern dadurch entstehenden Regulationsschwierigkeiten zeigen sich in Form eines archaisch-ängstlich erhöhten Muskeltonus. Erstaunlicherweise genügen oft einige empathische Gespräche mit den primären Bezugspersonen, die an der Oberfläche oder tieferliegende konflikthafte Problembereiche taktvoll berühren, um einen völlig veränderten emotionalen Fluss in den Interaktionsschlaufen mit den entsprechenden Säuglingen in Gang zu bringen.

9.6.2 Schlafstörungen des ersten Trimesters

Die Entwicklung des Schlafes in den ersten Lebensmonaten, d. h. eine ausgewogene Schlafarchitektur und vor allem ein geeigneter Schlafrhythmus, führt ins Zentrum der Psychosomatik. Der Schlaf, eine vitale, durch verschiedene Gehirnzentren regulierte, zerebrale Funktion, bedarf eines äußeren Zeitgebers durch die primären Betreuungspersonen, um sich in den ersten Lebensmonaten aus einer polyphasischen Form in einen zyklischen Tag-/Nacht-Rhythmus umzuwandeln. Diese Basis-Rhythmisierung ist von fundamentaler Bedeutung, da der Schlaf-Wach-Rhythmus in den ersten drei Lebensmonaten engstens mit der Befriedigung von Grundbedürfnissen verkoppelt ist. Die letzten kommen einerseits durch eine unverzichtbare, triebhafte Besetzung der Signalisierungsformen des Säuglings, die an ein äußeres Objekt (d. h. die bedürfnisbefriedigende, primäre Betreuungsperson) gerichtet sind, zustande. (Der Trieb lehnt sich gleichsam per Huckepack an die Grundbedürfnisse an). Andererseits muss dieses Gegenüber fähig sein, diese Signale so zu beantworten, dass sich eine Befriedigung einstellen kann. Es muss den Körper, die erogenen Zonen, die somatischen Grundfunktionen und die ganze Person des Säuglings als eines eigenen Wesens libidinös besetzen können, sodass sich sein primärer Narzissmus anhand dieser von den primären Betreuungspersonen ausgehenden Signale und Zeichen zu strukturieren vermag.

Die Störung einer so basalen Funktion wie der des Schlafes, d. h. der somatische Ausdruck einer inneren Schwierigkeit, kann als das Mittel verstanden werden, mit welchem der Säugling eine Problematik auf der psychophysischen Ebene zum Ausdruck zu bringen vermag (andere Formen wären Schreien, Appetitverlust, Erbrechen oder die Entwicklung von spastischen Zuständen etc.).

Gelingt es den primären Betreuungspersonen aufgrund ihrer eigenen psychischen Befindlichkeit oder von eingeschränkten Fähigkeiten nicht, sich empathisch auf den Säugling einzustellen, sich angemessen an die Entwicklungsbedürfnisse und Rhythmen eines Säuglings anzupassen, so bringt die Schlafstörung die Schwierigkeit des Säuglings, die primäre Bezugsperson für seine Reifung und Entwicklung zu »gebrauchen«, zum Ausdruck.

Das Spektrum der potenziellen Störungen erstreckt sich von leicht bis schwer, von einem isolierten Symptom zu einem, welches mit anderen Verhaltensproblemen verknüpft ist. Das Spektrum von Säuglingen, welche leicht einen Schlaf-Wach-Rhythmus finden, reicht bis zu denen mit schwierigen somatischen Ausgangsbedingungen. Auch die Konflikt- und Beziehungsstörungen, welche sich in einer Schlafstörung widerspiegeln, sind von großer Unterschiedlichkeit. Die Schlafstörungen variieren in ihrer Dauer und Intensität, aber auch in den Begleiterscheinungen motorischer Art oder des erhöhten bzw. verringerten Antriebes. In seltenen Fällen können die Schlafstörungen des ersten Semesters auch erste Symptome einer psychotischen Entwicklung darstellen.

Das Herumtragen und Wiegen wirkt bei den Schlafstörungen des ersten Trimesters sehr beruhigend. Es vermittelt offensichtlich Befriedigung und unterstützt das selbstregulierende System des frühen Narzissmus. Gelingt es nicht, einen Säugling zum Schlaf zu verhelfen, so bleiben aufgrund der Frustration ein nicht kleines Unlustquantum sowie eine Enttäuschungsaggression übrig, die vom Säugling schließlich mit in den somatisch erzwungenen Schlaf hineingenommen werden. In diesen Fällen wird die Stressachse aktiviert. In schlimmen Fällen, wenn es den primären Betreuungspersonen überhaupt nicht gelingt, sich auf die Bedürfnisse des Säuglings empathisch einzustellen, dieser nicht aus einem Spannungszustand herauskommt, und es dem Säugling selbst auch nicht mehr möglich ist, sich mittels eines Beziehungsrückzuges aus der schmerzlichen Interaktion herauszunehmen oder die Unlustsituation mit einer halluzinatorischen Wunscherfüllung über längere Zeit zu übertönen, dann erhält die Situation den Charakter eines frühen Traumas, das eine verzerrte Ichentwicklung nach sich ziehen kann.

9.6.3 Die Rumination

Dieses Phänomen ist am häufigsten zwischen dem sechsten und zwölften Lebensmonat zu beobachten. Zu Beginn ist es häufig mit Erbrechen verbunden. Es zeigt sich, wenn die Säuglinge allein sind und kann zu schweren Ernährungsstörungen – bis zur Dystrophie – Anlass geben. Zu einer Zeit, in welcher die Koordination der Gliedmaßenmotorik noch wenig ausgebildet ist, wird der Nahrungsbrei – wie ein Selbstobjekt – kontrolliert und konzentriert in die Mundhöhle regurgitiert und dann wieder geschluckt. Etwas von außen Stammendes wird verschluckt, dann omnipotent wieder hergeholt und danach erneut zum Verschwinden gebracht. Dies kann über längere Zeit hindurch wieder und wieder, fast zwanghaft-impulsiv, wiederholt werden. Eine natürliche Funktion (Erbrechen) wird offensichtlich erotisiert. Die Mundhöhle, ein wichtiger Erkundungsort (Augen-Hand-Mund) zwischen innen und außen, dient offenbar dazu, den Externalisierungsversuch bezüglich eines Nahrungsquantums rückgängig machen zu können.

Häufig sind diese Säuglinge in ihrem übrigen Verhalten apathisch und wirken traurig. Sie erinnern an Säuglinge mit einer anaklitischen Depression, weinen nicht und sind motorisch inaktiv. Die libidinöse Besetzung der auf die Außenwelt gerichteten Wahrnehmungsvorgänge und der realen Objekte ist offensichtlich während eines narzisstischen Rückzugs abgezogen worden. Tauchen Erwachsene auf, die als potenzielle Interaktionspartner wirken könnten, das Interesse an der Außenwelt auf sich ziehen und es als lohnenswert erscheinen lassen, die Beziehung wiederaufzunehmen, so hört das Regurgitieren sofort auf. Dieses erscheint wie eine regressive, autoerotische Befriedigungsart, welche sich einstellt, wenn relevante Befriedigungen im Kontakt mit den zentralen Bezugspersonen fehlen, d. h. eine gewisse emotionale Deprivation stattgefunden hat. Im regelmäßigen Kontakt mit empathischen primären Bezugspersonen leben die entsprechenden Säuglinge allmählich wieder auf, beginnen wieder zu lächeln, restituieren ihr Gewicht und nehmen die alltäglichen Lebensaktivitäten wieder (lustvoll) auf. Die äußeren Objekte sind wieder wichtig geworden, auch wenn noch keine Objektpermanenz ausgebildet worden ist, d.h. ihre Repräsentanz noch nicht lange libidinös besetzt gehalten werden kann.

Die jeweiligen primären Bezugspersonen manifestieren vielfach zwanghafte Züge und eine gewisse Rigidität im Verhalten, können meistens den Hautkontakt mit dem Säugling nicht genießen. Sie vermitteln wenig oder widersprüchliche Stimulationen. Hält die Rumination längere Zeit an, so können sich daraus Ich-Verzerrungen entwickeln. Auch hier gelingt es oft mittels einiger Gespräche mit den betroffenen primären Bezugspersonen, infolge deren Bereitschaft zu kurzen Übertragungsbewegungen, Blockierungen so zu modifizieren, dass eine beeinträchtigte Beziehungsfähigkeit wiederhergestellt und der Kontakt zum Säugling wiederaufgenommen werden kann.

9.6.4 Die Anorexien der ersten sechs Monate und diese der zweiten Hälfte des ersten Lebensjahres bzw. des zweiten Lebensjahres

Klinisch steht bei allen Formen von Nahrungsstörungen stets die Abklärung einer potenziellen organischen Ursache an vorderster Front. Die Nahrungsaufnahme stillt nicht nur ein physiologisches Bedürfnis, sondern sie vermittelt auch eine oral-erotische Befriedigung (A. Freud 1946). Es besteht eine enge Beziehung zwischen der Ernährung und den Entwicklungsschritten eines Säuglings in den Objektbeziehungen. Erwarten die primären Beziehungspersonen mit einer gewissen Ängstlichkeit – auf Grund ihrer das Kind betreffenden un-, vor- und bewussten Phantasmen – entweder trinkfaule oder aber gierig saugende Säuglinge, und manifestiert der jeweilige Säugling das Gegenteil der Erwartung, so sind Beziehungsprobleme vorprogrammiert. Ähnliches kann passieren, wenn das Stillen ein zu erotisierter oder schmerzlicher Vorgang darstellt, das Geschlecht des Kindes nicht den Erwartungen der Eltern oder bedeutungsvollen Anderen entspricht, die Schwangerschaft komplikationsreich, bzw. die Geburt sehr schwierig verlaufen ist oder vorbestehende Konflikte in der kleineren oder größeren Familie schwelen.

Die frühkindliche Anorexie der ersten vier bis sechs Monate ist nicht selten, betrifft mehr Mädchen als Knaben, entwickelt sich langsam, aber progressiv, und tritt in leichten oder schlimmen Formen mit einer kurzen oder längeren Dauer in Erscheinung. Die Gewichtszunahme erfolgt nur langsam. Neben der Nahrungsverweigerung dieser intellektuell auffällig aufgeweckten Kinder zeigen sich, außer Schlafstörungen, kaum andere psychophysische Auffälligkeiten. Entweder sind die Säuglinge passiv, lehnen sich gegen die Milch nicht auf, verhalten sich aber, als seien sie bereits gesättigt. Oder aber jede »Fütterung« wird zum Kampf. Erste Zeichen von Opposition treten nicht selten nach dem Abstillen zu Tage. Sehr rasch führt die Anorexie der entsprechenden Kinder in einen Teufelskreis hinein, d.h. sie wirkt auf die primären Betreuungspersonen wie eine Herausforderung oder gar Bedrohung und stellt die Beziehung in Frage. Mit diesem »Tun des Nichttuns« wirkt der Säugling massiv auf die primären Betreuungspersonen ein, macht sie hilflos, bringt sie in Not, aktiviert sie und lässt sie dennoch wie machtlos stehen. Sind die leichten Formen prognostisch relativ harmlos, so finden sich bei den Patienten mit schweren oder relativ lange anhaltenden Anorexien später nicht selten schulische Leistungsprobleme, Verhaltensstörungen oder komplexere neurotische Störungen.

Bei gewissen Formen der frühkindlichen Anorexie (sie sind etwa zwischen dem 6. – 24. Lebensmonat zu situieren) kann es zu Dehydrierung und Dystrophie kommen, z.B., wenn sich die Anorexie mit Schlafstörungen und phobischen Erscheinungen kombiniert oder besonders, wenn sie mit Formen der anaklitischen Depression verknüpft oder Ausdruck einer dysharmonischen Gesamtentwicklung, bzw. einer präpsychotischen oder psychotischen Entwicklung des betreffenden Säuglings ist. Entsteht im Entwicklungsprozess eine völlige Desorganisation der Psyche, so stellt dies ein Risiko für die spätere Entwicklung dar (z. B., wenn sich der Zustand rasch verschlechtert, viel Gewicht verloren wird oder sich die üblichen Hilfen als wirkungslos erweisen). Oft handelt es sich um ein plurifaktorielles Geschehen, das nicht selten zu einer pathologischen Ich-Organisation des Säuglings Anlass gibt. Es handelt sich zumeist um Säuglinge, die gegenüber negativen Gefühlen, die aus ihrem Körperinneren (z. B. Reaktionen auf einen somatisch bedingten Schmerzzustand) stammen, eine sehr hohe Empfindlichkeit aufweisen. Sie befinden sich über lange Zeit in einem ausgeprägten Frustrationszustand. Gelingt es den durchschnittlich geeigneten primären Beziehungspersonen nicht, angemessen und beruhigend auf diesen Zustand zu reagieren oder schaukelt sich das interaktive System auf, so entsteht, neben dem inneren noch ein zusätzlicher äußerer Konfliktherd, was schließlich in einer Beziehungsstörung enden kann.

Grundsätzlich erscheint es sinnvoll, eine Unterscheidung von *Hunger* und *Appetit* vorzunehmen. Der Hunger, ein für das Überleben notwendiges Basisgefühl, ist eher dem somatischen Bereich zu zuordnen, der Appetit – als Lust auf etwas – eher dem Begehren und damit dem psychischen Pol. Wenn kein Hunger mehr besteht, so ist sekundär meist auch der Appetit betroffen und es ist klinisch zuerst an eine organische Krankheit zu denken. Bei einer spezifischen Abneigung gegen einzelne Nahrungsmittel ist der Hunger noch vorhanden, der Appetit hingegen selektiv eingeschränkt. Es können allerdings auch negative Gefühle aus dem Körperinneren auf Nahrungsmittel verschoben und projiziert werden und das Bild eines fehlenden Hungers kreieren. Bei den eher harmlosen Formen einer anorektischen Störung im Säuglingsalter bleiben sowohl Hunger wie Appetit bestehen, denn es steht die Verweigerung im Vordergrund.

In die Entwicklungszeit der ersten drei Lebensmonate fällt das Blick erwidernde Lächeln, der erste Organisator nach Spitz (1969), ein Zeichen eines ersten, zentralen, emotionalen Kontaktes. In die zweite Hälfte des ersten Lebensjahres ist die sog. Acht-Monats-Angst bzw. das »Fremdeln«, – der sogenannte zweite Organisator zu lokalisieren. Diese Angst wird durch ein fremdes Gesicht ausgelöst und entspricht einer Art primären Phobie. Die Nahrung kann bei anorektischen Prozessen (mittels Isolation, Kondensation und Verschiebung) an die Stelle des negativ besetzten Fremden gesetzt werden. Eine aggressiv getönte Verweigerung gegenüber einem phobisch zu vermeidendem Objekt (das auf die Nahrung verschobene Fremde) steht im Vordergrund des Erscheinungsbildes. In diesen zweiten sechs Lebensmonaten zeigen sich massive Entwicklungsveränderungen. Die Koordination der Motorik nimmt zu, das Kind lernt zu »begreifen«, zu »erfassen« und es vermag ohne äußere Hilfe aufzusitzen oder sich sogar aufzuziehen. Damit wird es zum aktiven Partner in der Regulation von räumlicher Nähe oder Distanz. Aber auch die gesamten inneren Autoregulationsmechanismen haben sich verfeinert, wodurch die Abhängigkeit des erlebenden Subjektes von endo-sensorischen Abläufen geringer wird. Innen- und Außenwelt können klarer voneinander getrennt werden, die Selbstwahrnehmung als eines erlebenden Subjektes beginnt sich von der Gebundenheit an den spezifischen Körper abzuheben. Es bildet sich ein erster, einfacher Übergangsraum zwischen den Selbst- und den Objektrepräsentanzen und auch einer zwischen einem Selbst als Subjekt und dem Gesamt der realen Objekte. In beiden beginnen sich erste spielerische Aktivitäten abzuzeichnen. Primäre Phantasmen fangen an, sich von realen Erfahrungen abzugrenzen.

9.6.5 Adipositas

Bei etwa der Hälfte aller Kinder, die später übergewichtig sind, hat schon eine Säuglingsübergewichtigkeit bestanden, d. h. die Neigung, zu viel Kalorien zuzuführen, hat sich bereits schon zu Beginn des Lebens ausgebildet. Viele Ursachen und sehr komplexe Zusammenhänge bewirken zusammen eine Überernährung eines Kindes. Faktoren, die mit der Persönlichkeit der primären Pflegepersonen zusammenhängen, gesellen sich zu familialen, sozialen oder sozio-kulturellen Wirkeinheiten. Das Bedürfnis nach Nahrung wird sofort, oder sogar bevor es geäußert worden ist, befriedigt. Eine halluzinatorische Wunscherfüllung als erster autoregulativer Schritt kommt nicht zu Stande. Das Spannungsfeld zwischen einem auftauchenden Begehren, der Realisierung und der Befriedigung vermag sich schon gar nicht zu bilden oder zu öffnen, eine Frustrationstoleranz und der Kreativbereich der Vorstellung werden sich nicht oder nur schwach entwickeln können. Das Nahrungsangebot gilt gleichsam als Panazee für alles, stellt die Währung für jegliche Emotionalität und Affektivität dar.

9.6.6 Erbrechen

Sowohl bei der frühkindlichen Anorexie als auch beim Ruminieren finden wir die Phänomene des Erbrechens, die aber auch isoliert, d. h. für sich allein, auftreten können. Gewisse Säuglinge nehmen Nahrung auf, stimulieren sich dann aber auch zu deren Erbrechen. Ist das Erbrechen intensiv und hält es länger an, so kommt es zur Unterernährung und Dehydrierung, – einem lebensgefährlichen Zustand. Oft ist es sehr schwierig, eindeutige kausale Zusammenhänge mit den Interaktionen in der Außenwelt zu finden. Aber letztlich handelt es sich um autodestruktive Akte, die auf irgendwelche früheste Konflikte hinweisen, welche eine desorganisierende Wirkung in sich tragen. Bereits Spitz hat auf den Zusammenhang von Erbrechen und Projizieren hingewiesen. Was verschluckt und inkorporiert/introjiziert, d. h. in den eigenen Innenraum aufgenommen, internalisiert worden ist, kann, falls negativ evaluiert, auch wieder aus diesem entfernt werden, somatisch mittels Erbrechen, psychisch mittels dem Mechanismus der Projektion. Werden die Repräsentanzen der primären Pflegepersonen in lust- und unlustvolle aufgespalten, so wird versucht, das Lustvolle zu wiederholen und das Unlustvolle zu vermeiden oder loszuwerden. Bereits banale Kleinigkeiten, wie z. B. eine neue Frisur oder eine andere Brille im Gesicht der primären Pflegepersonen, aber natürlich auch grobe Rückkoppelungsstörungen wie widersprüchliche Signale der primären Pflegepersonen, können die Acht-Monats-Angst auslösen und das Befremdliche, Angstauslösende, mit dem Label »zur dringenden Elimination« versehen. Denn bereits nach den ersten sechs Lebensmonaten haben sich komplexe Abwehrmechanismen ausgebildet. Ob stets entsprechende Phantasien ausgebildet werden, kann durch Beobachtung nicht entschieden werden. Aber auf jeden Fall findet stets eine direkte Realisierung der Elimination statt (Dies scheint uns das zu sein, was Freud mit dem Terminus des »Polymorph-Perversen«, den er der infantilen Sexualität zuordnete, meinte. Das physiologisch Umgekehrte wird nicht verdrängt, sondern direkt in der Außenwelt in Handlung umgesetzt). Die psychischen Abläufe sind in dieser Lebensspanne noch sehr mit denen der Motorik verknüpft. Das Erbrechen als Symptom bringt eine gewisse Akkumulierung von Mikrotraumen zum Ausdruck, welche die Entwicklungsvorgänge beeinträchtigen, sie deflexibilisieren und die Subjektivierungsvorgänge erschweren. Schnell gelangt das funktionelle Erbrechen, wenn es länger anhält, in den Bereich der Automatisierung. Diese tritt in Form von gleichbleibenden Repetitionen in Erscheinung, d. h. in den Manifestationen des Wiederholungszwanges, der repetiert, um später einmal eine geeignetere Lösung zu finden.

9.6.7 Affekt-(Schluchz-)Krämpfe

Sie treten – als eine weitere Form der »Somatisierung« – am häufigsten zwischen dem sechsten und dem 18. Monat (d. h., vor allem im zweiten, selten auch im dritten Lebensjahr) selten oder bis mehrfach täglich auf, können sich aber auch bereits früher oder etwas später (bis ins fünfte oder sechste Lebensjahr) manifestieren und sind bei Knaben und Mädchen gleich häufig. Das Ich hat bereits einiges an Reifung und Entwicklung durchgemacht. Es hat klare dyadische Beziehungsstrukturen entwickelt und ist daran, die frühkindlich-triadischen auszubauen. Abhängigkeit, aber auch deutliche *Autonomiebestrebungen* machen sich stärker bemerkbar. Die Sprachfähigkeit (Sprachverständnis und allmähliches Sprechvermögen), die Lokomotion (selbstständiges Gehen und damit Explorieren), die Fähigkeit, nein zu sagen (Negation), sekundär symbolisches Denken und auch eine beginnende Sphinkterkontrolle haben sich entwickelt. Diese mit narzisstischer Rage verknüpften Krampfanfälle, die durch Frustrationen ausgelöst werden und zu kurzen Bewusstseinsverlusten Anlass geben, weisen einen wesentlichen Zusammenhang mit familialen Interaktionen auf. Die meisten sind nach dem dritten Lebensjahr verschwunden. Zwei Formen sind zu unterscheiden, die cyanotische und die blasse. Die cyanotische ist eindeutig häufiger. Gehirnorganisch finden sich keine pathologischen Erscheinungen.

Nicht selten werden die cyanotischen Formen der Affektkrämpfe – es handelt sich um eher energische, affektintensive Kleinkinder – von anorektischen Verhaltensweisen oder Schlafstörungen begleitet. Sie zeigen sich nach einer Kränkung, Frustration oder einem Verbot. Dann wird die Atmung blockiert, oft ist ein Opistotonus zu sehen, es kann zum Verlust des Bewusstseins und einem Umfallen mit Konvulsionen des Kleinkindes kommen. Selten geht auch Urin ab. Die Motorik und ein muskulärer Hypertonus sind bei diesen Kindern höchst aktiv miteinbezogen.

Die blassen Formen sind eher Folge eines Schmerzes, einer überwältigenden Angst oder eines Schocks, auf welche das Kleinkind mit plötzlichem Erbleichen und einer Synkope reagiert, bei welcher es Krämpfe zeigt und das Bewusstsein verliert. Möglicherweise enthält diese Reaktionsform Elemente einer angeborenen Verhaltensweise, dem sogenannten »Totstellreflex«, der im Tierreich dem möglichen Überleben dient, da sich das Tier vor dem Aggressor totstellt (Soulé, zit. in Kreisler et al., 1974, S. 214). Diese Kinder verhalten sich eher passiv, gehemmt und sind ziemlich beeindruckbar.

Die krisenhaft verlaufenden Geschehnisse dauern nur kurz an, die Kinder sind danach erschöpft, schlafen manchmal ein. Beide Formen können beim gleichen Individuum alternierend auftreten. Sie sind vielfach mit anderen funktionalen Störungen verbunden.

Dieses Verhalten wird von den Eltern als Katastrophe empfunden. Sie fürchten um das Leben des Kindes oder vermuten das Vorliegen einer Epilepsie. Die erzieherische Verunsicherung ist meist sehr groß. Aber die primären Beziehungspersonen sind sowohl mit ihrer eigenen psychischen Struktur als auch ihren unbewussten Phantasmen und den Persönlichkeitsanteilen, die sie auf das Kleinkind projizieren oder mit denen sie auf seine Signale reagieren, in die Entwicklung und den Verlauf der Symptomatik meist stark miteinbezogen. Die Väter treten insgesamt nur wenig in Erscheinung. Affektkrämpfe können als Indikatoren von vor- oder unbewussten Konfliktsituationen angesehen werden.

Wahrscheinlich über die Respiration (Valsalva-Phänomen: Erhöhung des intrathorakalen Druckes, kein venöser Zufluss mehr zum rechten Vorhof) entsteht eine Bradykardie oder ein kurzer Herzstillstand mit vorübergehender Asphyxie im Gehirn (von vier bis zehn Sekunden, im EEG nachweisbar, keine epileptischen Potenziale), welche Grund für den Bewusstseinsverlust ist. Kaum beginnt das Herz wieder zu schlagen, stellt sich das Bewusstsein wieder ein. Die sog. *vagotonen Synkopen in der Adoleszenz* oder beim Erwachsenen beruhen auf einem ähnlichen Mechanismus.

Im Allgemeinen steht bei der *cyanotischen Form* ein plötzlicher, heftiger, unangenehmer, meist aggressiver Affekt am Beginn eines Affektkrampfes. Die omnipotente Realisierung eines Wunsches beim Kleinkind ist gescheitert, es ist eine frustrierende narzisstische Kränkung entstanden. Das zu große Affektquantum kann von dem noch unreifen Ich nicht genügend bearbeitet, anders abgewehrt oder gar integriert werden. Der ganze Organismus wird durch die aggressive Erregung erfasst. Die Erregungsabfuhr von Wut und Hass ist bei großen Heftigkeiten das erste Ziel. Es steht offensichtlich *keine äußere Hilfe zur Verfügung, um die Erregung abzumildern* und den akut dysbalancierten primären Narzissmus wieder ins Gleichgewicht zu bringen. Der *Bewusstseinsverlust* schafft eine massive Lücke im *Kontinuitätsgefühl*, bricht heftigste Affekte brüsk ab. Die unterbrochene Rage verhallt gleichsam im Unbewussten. Damit lässt sich ein intrasystemischer Konflikt festhalten, denn das Ich erscheint wie kompartimentiert und wird zum Behältnis verschiedener Funktionsanteile. Einerseits schreit die heftige *Rage* nach Ausdruck, andererseits sind sämtliche Regulations- und Abwehrfunktionen massiv überfordert und schließlich folgt noch die Kränkung, dass die *Omnipotenz* in der Außenwelt nicht wirksam ist. Da bleibt, nach der unwirksamen Aktivierung aller Möglichkeiten, gleichsam nur noch der Ausweg über eine regressive Krise mit Absturz des gesamten Programmes, d. h. dem Bewusstseinsverlust als Notfallvariante, der akut alle Besetzungen entzieht.

Bei den Affektkrämpfen erfolgt der *Übergang zur Handlung*, um mittels dieser Handlung (die wie eine »Urszene« oder die Vernichtung/der Tod aussehen könnte) Phantasmen oder Erinnerungen an Befriedigungen oder ihr Gegenteil zum Ausdruck und damit die Erregungsspannung zum Abklingen bringen zu können. Die Affektkrise kann darauf abzielen, kurz aktiv aus dem bewussten Erleben ausgeschaltet zu sein. Auf jeden Fall erhält die *Dyspnoe* eine symbolische Bedeutung (Kreisler et al., 1974). Bei der blassen Form bewirkt der höchst unlustvolle Affekt eher Angst, phobische Vermeidung und Rückzug.

Die *dramatische Heftigkeit* mit ihrer *demonstrativen Note* und der rhythmische Gebrauch der Muskulatur sind in eine Beziehung eingeschrieben. Sie *provozieren beim Gegenüber* nicht geringe Reaktionen und erinnern von ferne an die psychomotorischen Erscheinungen bei der Hysterie. Der Einsatz der verschiedenen, bei einem Individuum aktivierten Abwehrmöglichkeiten wird einerseits durch seine Besetzungsmodalitäten und die dazu entwickelten vorbewussten Phantasien und andererseits durch die jeweiligen Einwirkungen der zentralen Bezugspersonen der Umgebung wesentlich mitgestaltet. Bei der Reaktionsform der Affektkrämpfe wird stets das *physiologische* Gleichgewicht gestört. Dabei zeigt sich, dass sich die physiologischen Abläufe als mächtiger erweisen als die omnipotenten Wünsche.

Beide Phänomene der Affektkrämpfe, d. h. *das Demonstrative* und der Gebrauch der Muskulatur im Rahmen einer Beziehung, lassen vermuten, dass bei einem solchen Zustand der psychischen Unreife ein *Leidenszustand erotisiert* wird und zu einer eigenartigen autoerotischen Handlung Anlass gibt. (So oder so kombinieren sich Affektkrämpfe häufig mit autoerotischen Handlungen wie z. B. Daumenlutschen, Jaktationen, Zupfen am Ohr etc). Ein solches hysteriformes Geschehen kann wegen der Unreife der Psyche noch nicht zu einer eigentlichen hysterischen Krankheit ausgeformt werden.

Jede *übermäßge Erregung* kann – wenn sie die integrativen Kapazitäten überschreitet – potenziell über den Körper abgeführt werden. Eine primitive Erregung scheint in ein motorisches Schema umgeleitet zu werden. Klingt sie ab, so öffnet sich der Weg zum Bewusstseinsverlust und schließlich zum Erschöpfungsschlaf. Der Schlaf wird dabei nicht zu einem Hort der Sicherheit und des wohligen Rückzuges, sondern zu einer Art primitiver Notunterkunft, die es nicht mehr gelingt, durch Traumaktivitäten besser auszugestalten. Die auf diese Weise für die Affektabfuhr in Besitz genommene Motorik anerbietet sich kaum mehr für spielerische Aktivitäten. Das Verhalten wird mehr nach biologisch-physiologischen Gesetzlichkeiten und weniger nach sozialen Normen ausgerichtet.

Die *intensive libidinöse Neubesetzung einer Erinnerungsspur* bewirkt in der inneren Welt eine *Halluzination des Erlebten*. Nun kann man sich fragen, ob die regressive Belebung der geburtlichen Asphyxie mit dem dazugehörigen ersten Schrei, d. h. der *Übergang aus der intrauterinen in die extrauterine Situation*, nicht bei den Affektkrämpfen in irgendeiner Form mitspielt, oder gegebenenfalls auch eine Atemschwierigkeit beim Saugen an der Brust.

Der *pervertierende Teil der Befriedigung* (so würde man postadoleszentär formulieren. Bei der infantilen Sexualität handelt es sich höchstens um *Vorstufen pervertierender Mechanismen*) strebt die Entlastung der Triebspannung und der Urfantasien auf möglichst direktem Wege an, d. h. über das *Handeln*. Diese »Transgression« der üblichen physiologischen Abläufe verschafft eine gewisse Lust. Es findet praktisch keine primäre Verdrängung statt, oder sie wird durch die Intensität der Ereignisse, d. h. das Ausmaß der Wut, überflutet. Die Frustrationsrage des Säuglings hängt damit zusammen, dass die Realisierung des omnipotenten Wunsches, voll befriedigend und erfolgreich auf die Umgebung einwirken zu können, scheitert und Hilflosigkeit hinterlässt, da die Gestaltung der Außenwelt nach den Bedürfnissen der Innenwelt in enttäuschender Weise ausblieb.

Der Affektkrampf entspricht einem Versuch, die Gefügigkeit des subjektiven Objektes durch ein Verhalten zu erzwingen, eine Art *erpresserischen Druck* auszuüben, die Getrenntheit nicht zu akzeptieren. Die Akzeptation von Abhängigkeit und von den Regeln der »condition humaine« wird so heftig verleugnet und ins Gegenteil verkehrt, dass dies nur um den Preis geschehen kann, ein dysfunktionales Verhalten ganz hoch zu besetzen. Die Blockierung der Atmung, zusammen mit dem erhöhten intrathorakalen Druck beim Schreien (was die Blutzufuhr zum Herzen akut – evtl. bis auf null – reduziert), stellen eigentlich tödliche Aktivitäten dar. Die Richtung der vitalen Funktionen wird gleichsam *ins Gegenteil verkehrt, pervertiert*. Dieses Verhalten scheitert zum Glück aber an den archaischen physiologischen Automatismen, die sich als stärker erweisen, das Bewusstsein ausschalten und das System gleichsam »zurücksetzen«. Es bleibt in den meisten Fällen unklar, ob es sich um persönliche »Erfindungen« des Säuglings handelt oder ob er solche Muster von den primären Bezugspersonen internalisiert hat.

Der *Übergang zur Elternschaft* bringt die primären Betreuungspersonen unwillkürlich in eine ungewöhnliche Innenweltssituation. Sie müssen ihre psychischen Vorstellungen über ein ideales Kind, die sie vorbewusst über Jahre entwickelt haben, mit der Realität ihres zukünftigen Kindes abgleichen, d. h. dieses in seiner *Andersheit* erkennen und annehmen. Zudem stehen sie vor der Aufgabe, alle in ihnen evozierten Gefühle und Erinnerungen (insbesondere diese ihrer eigenen Kindheit) neu zu integrieren sowie Verantwortung gegenüber sich und der Gesellschaft für ihre erzieherische Tätigkeit zu übernehmen. So scheint es übermäßig leicht, ihnen Schuld zuzuschieben. Dabei sind sie das *Wagnis eingegangen, sich durch einen Säugling/ein Kleinkind averbal in neue Funktionsformen bringen zu lassen*, die sie nicht selten, gleichsam als eine Reaktion, zu Restabilisierungen nötigen. Entstehen in der Dyade Symptome, so heißt dies nur, dass es beiden Protagonisten zusammen nicht gelungen ist, Funktionen in kurzer Zeit wiederherzustellen, die sich in pathologischer, d. h. entwicklungsstörender Art zu organisieren begonnen haben.

Gelingt es dem Säugling, *das Gewünschte zu erzwingen*, so zieht er aus einem solchen Verhalten, d. h. dem Affektkrampf, einen nicht geringen *sekundären Gewinn*. Denn die Affektkrämpfe treten *nie ohne ein Gegenüber* auf. Es gibt somit stets einen *Akteur* und einen *Zuschauer*. Natürlich reagiert die Außenwelt auf ein so lautes und demonstratives Verhalten schnell sehr beunruhigt. Sie spürt das Antivitale und Gefährliche, aber auch die Gewalttätigkeit und die Hilflosigkeit. Möglicherweise wird auch eine Verknüpfung von Gewalt mit Erotik (»...und bist Du nicht willig, so brauch ich Gewalt.« [Goethe, Erlkönig, 1961]) wahrgenommen.

In der Beratung lässt sich die Angst der Eltern rasch reduzieren, ihr Kind könnte an den Affektkrämpfen sterben, oder sie würden zu Opfern eines kleinen Tyrannen. Werden die Eltern darüber informiert, was das Kind eigentlich zum Ausdruck bringt und wie sie sich nicht erpressbar machen können, so verschwinden die Affektkrämpfe meist rasch.

9.6.8 Säuglings- und Kleinkind-Asthma

Die allergische Natur der asthmoiden Bronchitis und des Asthma bronchiale führen mitten in den Bereich der Immunologie und der Infektiologie, manchmal auch zur Tatsache, dass aus einer Funktionsstörung eine Läsion entstehen kann. Es gehört zu den gesicherten Tatsachen, dass auch *diverse und sehr unterschiedliche psychische Faktoren, vor allem aber aggressive Impulse* und Ängste, an der Auslösung von asthmatischen Krisen mitbeteiligt sein können. Immer wieder werden auch abgewürgte, schmerzliche Gefühle beschrieben, die mit einer *Überforderung des Ich* verknüpft sind. Zudem bedarf es auch *immunologischer* Erklärungen, wie die biologischen Abläufe aussehen, wenn beim Asthma keine klaren Allergene vorhanden sind. Es ist denkbar, dass psychische Faktoren die Empfindlichkeitsschwelle für Allergene hinuntersetzen. Zudem ist der Konditionierung Rechnung zu tragen. Die oft krisenhaft verlaufende Krankheit hat nicht selten auch sekundäre psychische Folgen und wirkt auf diese Art und Weise, in einem zirkulären Geschehen auf die affektiven Abläufe des Individuums ein. Psychische Faktoren können somit als eine Ursache des Asthmas oder als eine Folge betrachtet werden. Eine *psychische Belastung* (wie z. B. feindselige Impulse, welche das Individuum nicht zu externalisieren wagt oder eine übermäßige, infantile Abhängigkeit) kann einerseits zu einer *asthmoiden Krise* Anlass geben, wenn eine *allergische Disposition* vorliegt. Die asthmoide Krise andererseits kann vom Kind auch als Abwehr oder Manipulationsmittel auf einer fast bewussten Ebene eingesetzt werden. Aus analytischer Sicht gilt es, auf der Hut zu sein, der Versuchung, die Abläufe rein äußeren Ursachen zuzuschreiben, zu widerstehen. Menschen mit ausgeprägten Allergien fühlen sich oft gedrängt, zwischen zwei Objekten, die ihretwegen in einem Konflikt stehen, wählen zu müssen (Fain, 1974). Dies kann sich auch auf die Dualität Mutter/Frau beziehen. Allergische Phänomene zeigen sich, wenn ein Individuum genötigt ist, einen *triangulären Konflikt zu lösen, den es nicht zu lösen vermag*. Die Allergie entspricht dann einer noch nicht organisierten frühkindlichen Angst. Bei erwachsenen Allergikern treten allergische

Phänomene oft nur dann auf, wenn die reale Person präsent ist. Das reale Gegenüber hat in diesen Fällen offenbar eine viel stärkere Einwirkung auf das Subjekt als die entsprechenden Repräsentanzen (Fain, a.o.O.).

Eigentliche asthmoide Zustände treten selten vor dem sechsten Lebensmonat auf, hingegen sind dyspnoische Phänomene in den ersten sechs Lebensmonaten verhältnismäßig häufig. Es handelt sich bei den asthmoiden Zuständen (ca. vom 6. bis 36. Monat) meistens um eine Dyspnoe bei asthmoider Bronchitis, oft begleitet von *Fieber, Husten und eventuell Cyanose*. Sie dauern gewöhnlich nur einige Tage, haben aber eine Neigung zu rezidivieren. Zumeist verschwinden sie im Alter von zwei bis drei Jahren. Sie persistieren bei höchstens zehn Prozent der Kinder. Postpubertär sind die meisten Formen des infantilen Asthmas völlig geheilt.

Die betroffenen Kinder sind meist kontaktfreudig, zeigen keine Acht-Monats-Angst, aber oft die von Marty (1958) beschriebenen Kennzeichen einer Beziehung zu einem allergischen Objekt (sehr familiäres Verhalten, große Nähe, Verleugnung von Distanz, Leichtigkeit, ein Realobjekt rasch durch ein anderes zu ersetzen). Oft wurde eine dyadische Beziehung durch die vorzeitige Einführung einer dritten Person belastet und es konnte eine gewisse Überfürsorglichkeit der primären Bezugspersonen festgehalten werden. Die Kinder bleiben gleichsam auf der Stufe des ersten Organisators von Spitz (1969) (Blick erwiderndes Lächeln) stehen und gelangen nicht bis zum *Fremdeln*, d. h. der Bildung eines »ganzen« Objektes. Sie haben eine primäre Phobie entwickelt, die es möglich macht, durch die Abspaltung und projektive Externalisation der negativen Teile auf die fremde Person, eine gewisse Fusion mit der Repräsentanz der primären Betreuungsperson weiterhin aufrecht zu halten. Schließlich kann »das Fremde« soweit ins Immunsystem verschoben werden, dass es dort als »Fremdes« wirksam wird. Auf diese Weise sind diese Patienten auch nicht genötigt, die Fähigkeit zur halluzinatorischen Wunscherfüllung auszubauen. Bei vielen psychosomatischen Erscheinungen sind die Aktivitäten der *Phantasie* überhaupt sehr eingeschränkt. Oft fehlt diesen Säuglingen eine Art Haut, welche es dem Ich ermöglicht, die Produkte der Phantasietätigkeit zu umhüllen. Die primären Bezugspersonen beeinträchtigen durch ihre übermäße Verfügbarkeit die Entwicklung der *Autoerotik, der Individuation*, des allmählichen Hinaustretens aus der *infantilen Abhängigkeit* und der *Autonomie des Selbst*. Gewisse Teile des Ichs und damit der Person, bzw. ihrer Reifung und Entwicklung, bleiben dadurch verkümmert, während sich andere rasant weiterentwickeln; es hat sich eine inhomogene Entwicklungssituation mit unterschiedlichen Subsystemen im Ich ausgebildet.

Mit autoerotischen, masturbatorischen Mechanismen kann das »Milieu intérieur« bei Mangelerfahrungen reguliert werden. Sie erlauben, eine Spannung zu reduzieren, eine gewisse Befriedigung zu vermitteln, einen Besetzungsabzug von den externen Objekten in die Wege zu leiten und im Körperinneren der Situation mit kompensatorischen Phantasmen zu begegnen.

9.6.9 Funktionales, bzw. idiopathisches oder psychogenes Megakolon

Es handelt sich um eine Funktionsstörung im Bereich der Defäkation. Ein Megakolon kann durch eine *genetische* Störung (Morbus Hirschsprung: Ganglienaplasie in den Plexus submucosus und myentericus; die Symptome zeigen sich nach kurzem freiem Intervall etwa acht bis zehn Tage nach der Geburt. Das Colon ist atonisch und erweitert) bedingt sein, sich sekundär als Reaktion auf ein kongenitales Hindernis entwickeln oder *funktionalen* Charakter haben.

Die ersten Symptome des funktionalen Megakolons zeigen sich zwischen dem dritten und sechsten Lebensmonat in Form von *allmählicher Verstopfung*, oft verknüpft mit *enkopretischen Episoden*. Die Ampulle des Rektums ist erweitert und voll Kot. Unbehandelt bessert sich die Situation in der Pubertät/Adoleszenz.

Die Defäkation kann in drei Abschnitte unterteilt werden: der erste ist völlig unwillentlich und rein reflexhaft. Der zweite umfasst eine Druckerhöhung intraabdominaler Art durch Muskelkontraktion, wodurch der Kot in die Ampulla recti befördert wird. Im dritten Abschnitt löst die Rektalschleimhaut eine Hemmung des analen Schließreflexes aus, wodurch sich der Anus öffnet und der Kot evakuiert werden kann.

Der Säugling defäkiert während des Tages mehrfach, sein Stuhl ist weich und vor Ende des dritten Lebensmonats scheint noch keinerlei persönliche Beherrschung beteiligt zu sein. Die Nahrungsumstellung modifiziert schließlich die Konsistenz des Stuhles. Der Säugling erlebt Darmbewegungen und registriert die damit verknüpften Empfindungen. Er lernt auf diese Art und Weise seine inneren physiologischen Abläufe, auf welche er noch keinerlei Einfluss hat, kennen. Wenn er aber beginnt, gegen die Öffnungsreflexe des Sphinkter ani zu kämpfen, dann kann es zur *Entwicklung eines autoerotischen Spieles* und schließlich einer Dysfunktion kommen. Der Stuhl wird dabei nicht nach außen entleert, sondern zurück ins Sigmoid und den linken Colon-descendens-Teil befördert. Dort erfolgt eine Akkumulation der Stuhlmassen. Neue Ausscheidungsbewegungen kündigen sich zwar an, werden aber blockiert und zurück kanalisiert. Dieser Ablauf schreibt sich natürlich auch in die Beziehung zu den primären Betreuungspersonen ein. Ist die Blockierung nicht vollständig, so können sich kleinere enkopretische Erscheinungen manifestieren. Der *Triumph über die Sphinkterkontrolle*, die Macht, den Stuhl nicht nach außen, sondern nach innen zu evakuieren, die damit verknüpften sich wiederholenden Schleimhautwahrnehmungen, und schließlich die damit möglich werdende *Manipulation des Gegenübers* weisen alle auf die *Erotisierung* hin. Manchmal kann – besonders bei übermäßig folgsamen und anpassungsfähigen Säuglingen – auch eine zu frühzeitige, zu strikte oder zu zwanghafte Sauberkeitserziehung durch die Umgebung mitauslösend sein.

Das *autoerotische Spiel* (nämlich, den Stuhl als gegenständliches Objekt aus der Innenwelt zu verlieren oder ihn im letzten Moment doch noch zu »retten«, sowie die Möglichkeit uneingeschränkter Wiederholung) ist zumeist mit einem gewissen *Besetzungsabzug von der Außenwelt* verbunden. Der Bemächtigungstrieb kann auf diese Art und Weise einen großen Sieg über das gegenständliche Objekt im Darminneren feiern. Der Sphinkter ani scheint der erste Bereich von Muskulatur zu sein, über welchen das Ich des Säuglings Kontrolle erlangt. Die beim autoerotischen Spiel erzeugte Erregung und die Automatisierung der Wiederholung dürften erste Erfahrungen darstellen, wie der Säugling seine Gefühle und seinen Körper aktiv zu beeinflussen vermag. Es handelt sich auch um einen Lernvorgang, wie etwas erfolgreich umgesetzt werden kann. Diese Art des Lernens vermittelt dem Ich eine spezifische Lust, die auch anderen Formen der Selbstbeherrschung von Körpervorgängen, insbesondere der quer gestreiften Muskulatur, zugrunde liegt. Die Frage, ob die *Umkehrung eines physiologischen Ablaufes* (d. h. die entlastende Entleerung des Stuhles nicht nach außen, sondern nach innen und rückwärts) besonders attraktiv ist, muss offenbleiben. Aber sie dürfte mit der Freud'schen Beschreibung des *polymorph-perversen* Teils der *infantilen Sexualität* zusammenhängen, wenn mit »pervers« die Umkehrung eines physiologischen Ablaufes gemeint ist.

Die Kotsäule kann die Bedeutung eines Phallus erhalten, mit welchem das Kind sich penetriert und gleichzeitig penetriert wird, eine *aktive und passive Funktion zugleich auszuüben imstande ist*, die sich im Geheimen, im Inneren seines Körpers abspielt und somit der Wahrnehmung eines beobachtenden anderen entzieht. In vielen Fällen sind solche autoerotischen Aktivitäten Reaktionen auf Frustrationen durch die Außenwelt, auf *ungenügendes Holding* und Containment oder auf eine schmerzliche Infragestellung der eigenen Omnipotenz. Wird der Kot nach außen entleert, fallen diese kompensatorischen autoerotischen Befriedigungen einer *»virtuosen« masturbatorischen Beherrschung intestinaler Vorgänge* weg.

Kinder mit einem funktionellen Megakolon sind in späteren Jahren *sprachlich meist nicht sehr kommunikativ*. Sie scheinen ihre Handlungen im innerkörperlichen Bereich weniger dem Denken und den Worten zuführen zu können, sondern vielmehr aus ihrem affektiv-masturbatorischen Handeln und dem Erleben der dazugehörigen Phantasmen einen Genuss zu ziehen.

Ein *therapeutisches Ziel* liegt darin, dem Kind aufzuzeigen, dass es nicht ein passives Opfer ist, sondern sich aktiv an dieser Symptomatik beteiligt. Es geht darum, gemeinsam zu verstehen, was das Kind möglicherweise veranlasst hat, diese Konfliktlösung zu entwickeln und immer wieder darauf zurückzugreifen. Dem Kind soll geholfen werden, auf die masturbatorische Befriedigung analer Art zu verzichten und jeden Morgen seinen Stuhl zu entleeren.

Die Väter zeigen sich bei diesen Kindern oft höchst engagiert, und interessieren sich für Details ihres Kindes und ihrer eigenen Defäkationsmechanismen. Es lohnt sich, die *Verstopfung zu entdramatisieren*, weitere somatische Untersuchungen zu stoppen, den willentlich-absichtlichen Handlungsteil des Kindes zu entmystifizieren und die Eltern bei ihren Bemühungen um eine *regelmäßige morgendliche Defäkation* zu unterstützen. Die Prognose ist im Allgemeinen als gut zu bezeichnen.

In der *Gegenübertragung* werden bei den Therapeuten bei diesen analen Problemen oft sehr *heftige Affekte* mobilisiert, z.B. Ekel oder Widerwillen bezüglich der regressiven autoerotischen Befriedigungen, dem Besetzungsabzug von der Außenwelt, sowie der mit dem Symptom verbundenen Omnipotenz. Nicht selten tauchen auch, wegen der pervertierenden Aktivitäten, *sadistische Impulse* auf. Schließlich bewirkt auch die intensive intim-anale Verbundenheit eines Elternteiles (oft der Väter) mit dem Kind eine Abwendungsbewegung.

9.7 Weitere Überlegungen zur Psychosomatik nach dem ersten Lebensjahr

Es besteht ein weitgehender Konsens, dass das Psychische auf dem Organischen basiert. Psychoanalytische (und allgemein psychotherapeutische) Arbeit vermag also nur soweit erfolgreich zu sein, als sie sich auf den psychischen »Aufbau« und nicht auf die organische Basis erstreckt. Ob es, wie der frühe Freud annahm, einen *konstitutionellen Hintergrund* für die »Fähigkeit zur *Konversion*« mit einem »somatischen Entgegenkommen« gibt oder ob psychosomatische Symptome organischen Angstäquivalenten entsprechen, die aus frühen, »unmentalisierten« und unbewussten Konflikten stammen, wurde lange kontrovers diskutiert (Mitrani, 1993). Nach der Entwicklung von Konzepten wie »Psyche-Soma-Einheit« (Winnicott), »unbewusste Phantasie« (Klein), »projektive und introjektive Identifikation« (Klein), »Mentalisierung« im Sinne einer Zugehörigkeit zum psychischen System eines Subjektes, »primäre Ängste und -Symbolisierungen« (Roussillon) sowie »Holding« und »Containment« (Winnicott und Bion), »Personalisierung und Integration« (Winnicott) und auch, je nach der Entwicklung der Fähigkeit von Analytikern, klinisches »Material« unter solchen Gesichtspunkten zu hören und zu verstehen, bildete sich ein *neues Verständnis psychosomatischer Phänomene*.

Geht man von einem *kompetenten Säugling* aus, so ist bereits das früheste (eventuell schon pränatale, sicher aber das direkt postnatale und in den ersten Lebensmonaten zur Verfügung stehende) Ich im Stande, mittels der Phantasieaktivität eine Art *Protorepräsentanzen* zu bilden, die in ein noch nicht getrenntes Psyche-Soma-System eingeschrieben werden. Diese lange vor dem Sprachlichen etablierte, omnipotente Phantasieaktivität im Bereich des Erlebten fördert den *Aufbau von Regulationsfunktionen* (dient also auch der Steuerung) und kann gleichzeitig als *Abwehr* eingesetzt werden. Angeborene »*Präkonzeptionen*« (Bion) kombinieren sich – beim Aufbau eines ersten Selbstgefühls – mittels primären Identifizierungen mit unbewussten, auf das Kind projizierten, mütterlichen Phantasieteilen. Die mütterlichen Anteile wirken gleichsam wie die Buchstaben, aus welchen das Kind seine ersten sprachlosen Versprachlichungen aufbaut. *Fehlendes oder ungenügendes mütterliches »Holding«* (Holding als ein in der präsenten Form für die psychische Entwicklung unumgänglicher »Umweltfaktor«) erweckt beim Säugling Ängste unendlichen Fallens, des Nichtseins oder der Auflösung/Verdunstung (in Flüssigkeit oder Luft), ohne dass eine Möglichkeit bestünde, solche letalen Vorgänge aufzuhalten. Derartige Vernichtungsängste treten im unintegrierten Zustand der ersten Lebensmonate auf, in welchem noch keine »psychische Haut« existiert, noch keine Personalisierung stattgefunden hat und die psychische Person noch nicht im somatischen Körper wohnt (embodiment), da sich noch kein getrenntes Erleben von Psyche und Soma entwickelt hat. Angemessenes Holding verhindert die Entwicklung solcher Ängste von Unintegriertheit (und auch späterer Angstformen wie z. B. Verfolgungsängste oder depressive Ängste). Es bildet eine Art begrenzende »Umwelthaut« für das noch hautlose Ich und damit die Voraussetzung zur Entwicklung einer Vorstellung von inneren »Räumen«. Zum »Holding« (Winnicott) gesellt sich das »Containment« (Bion), eine Fähigkeit, die vom Säugling projizierten Anteile und Gefühle aufzunehmen, deren Qualität und Auswirkung auf einen noch nicht integrierten Zustand wahrzunehmen, über sie nachzudenken, sie zu verstehen und sie schließlich in modifizierter, detoxifizierter Form und zu angemessener Zeit dem Säugling zurückzugeben. Es werden damit von der primären Bezugsperson »Beta-Elemente« des Säuglings zu »Alpha-Elementen« (Bion) umgewandelt, mit denen er sich zu identifizieren vermag. Gelingen Holding und Containment nicht oder sind ungenügend, so können die entsprechenden Objekte nicht im Winnicott'schen Sinne »verwendet« werden. Denn es wird die »continuity of being« des Säuglings unterbrochen, und die omnipotenten Protophantasien werden defensiv eingesetzt, d. h. sie beginnen, das Psyche-Soma-Gebilde nach ihrem Muster zu gestalten. Üblicherweise wird diese Funktion von der Umwelt übernommen. Die nicht transformierten Erfahrungen werden nun zu evakuieren versucht, fruchtbares Denken kommt nicht zustande.

Die *früheste Symbolbildung* bei den phantasmatischen Abläufen erfolgt nach dem Modell der *symbolischen Gleichsetzung*. Diese Elemente werden durch das mütterliche Containment »mentalisiert«, d. h. in psychische Repräsentanzen umgewandelt, so dass sie in psychifizierter Form wieder an den Säugling zurückgelangen. Gelingt dieser Vorgang aus irgendeinem Grunde nicht, so bleiben diese Einheiten unintegriert, provozieren archaische Ängste und geben Anlass zu einer Überaktivität psychischen Funktionierens bzw. zu einer überhasteten Ich-Entwicklung, die der Entwicklung des Denkens kaum mehr Platz lässt. Diese frühen phantasmatischen Teile symbolischer Gleichsetzung werden nicht mehr nach außen evakuiert, sondern ins Somatische, vor allem in die Muskulatur, abgeführt. Sie finden somit nur noch im somatischen Ausdruck, der Körper soll zum Äquivalent eines transformierenden, äußeren Containers werden und dessen Funktionen übernehmen. Archaische Abwehrformen bei frühesten Ich-Entwicklungsstörungen finden sich ansatzweise bei autistischen, perversen, psychotischen und phobischen Störungen. Sie stellen stets *reparative Versuche* dar mit dem Ziel, die frühen Selbstrepräsentanten und eine frühe Form der Selbstorganisation neu zu strukturieren. Beim Autismus entstehen daraus keine Symptome, sondern konkrete Dinge, bei den Perversionen steht der Schmerz oft an Stelle des Holdings der primären Bezugsperson, bei den Psychosen werden Halluzinationen und Fehlwahrnehmungen zu Alternativen einer schmerzlichen Realität und bei den Phobien werden Tiere und Dinge als Container für die schreckenerregenden Erfahrungen eingesetzt (Mitrani, 1993).

Im Bereich der Psychosomatik werden unverarbeitete Erfahrungen – mittels des Mechanismus einer symbolischen Gleichheit – ins Körperliche zu verschieben versucht. Wenn es bei ungenügendem Holding und Containment *nicht gelingt, diese archaischen Erfahrungen zu symbolisieren und sie zu üblichen Repräsentanzen werden zu lassen*, so bleiben sie auf einem konkreten und nicht transformierten Niveau bestehen. Aufgrund archaischer, improvisierter Notfallmaßnahmen und wenig realistischer Grundannahmen wird vom sich entwickelnden Organismus versucht, eine gewisse Stabilität in das auftauchende Selbst zu bringen. Die Fähigkeit, psychischen Schmerz zu ertragen, ist beim sich entwickelnden Ich gering und steigt nur allmählich etwas an. *Omnipotente Frühphantasmen* wirken so als *Abwehren gegen das Gewahrwerden von Unerträglichkeitserfahrungen* bei der Erfahrung von Nichtintegration. Die körperlichen Symptome erfüllen dann die Funktion von Containern für unerträgliche Schmerzen. Viele psychosomatische Krankheiten können auf diese Weise als *Überlebensstrategien* urtümlichster Art verstanden werden.

10 Konversionsstörungen[9]

10.1 Grundsätzliches zum Konversionsbegriff

Als *Konversionssymptome* werden funktionelle Störungen ohne anatomisch-pathologisches Substrat bezeichnet, die sich in motorischen, sensorischen, somatoviszeralen und/oder anderen Funktionsbereichen zeigen können und Ausdruck eines psychischen Konfliktes oder Bedürfnisses sind. Sie können Teil einer »Somatisierungsstörung« oder einer »Konversionsstörung« sein.

Mit dem Terminus »Konversion« wird sowohl ein bestimmter Symptomtyps als auch der Umwandlungsprozess vom Psychischen ins Somatische bezeichnet. Der Begriff »Konversion« wurde von Freud (1894) in die klinische Diskussion eingeführt, um zu klären, wie beim Krankheitsbild der Hysterie in einer Konfliktsituation, – wenn die »Triebenergie« nicht realisierbar war –, der »Sprung vom Psychischen in die somatische Innervation« erfolgte. Auch wenn dieses an einer »libidinösen Energie« und einem Leib-Seele-Dualismus orientierte Modell inzwischen von neueren Konzepten abgelöst worden ist (Olds, 1990; von Uexküll & Wesiack, 1990), so hat der Konversionsbegriff dennoch eine große klinische und heuristische Fruchtbarkeit gewonnen und weite Verbreitung gefunden; teilweise synonym verwendete Begriffe sind: Konversionsreaktion, Konversionsneurose, Konversionshysterie.

Für die Entstehung der oft akut und dramatisch auftretenden, hysteriformen Symptome sind in der Medizingeschichte je nach Zeitgeist verschiedene Modellvorstellungen vorherrschend gewesen; Hippokrates sah als Ursache ein Umherschweifen der Gebärmutter im Körper (mit sexuellem Unbefriedigtsein); im christlichen Kulturkreis galten solche Patienten zeitweilig als »besessen«, wurden zum Objekt von Teufelsaustreibern und Wunderheilern; im 19. Jahrhundert wurden als Ätiologie teilweise neurologisch-degenerative Prozesse angenommen, später organisch bedingte Mikrotraumatisierungen des Nervensystems durch Verkehrsunfälle in Betracht gezogen (z. B. bei den »Kriegszitterern« im 1. Weltkrieg). Kretschmer (1923) sprach von einem Rückfall des überforderten Organismus auf »instinktive, reflexmässig oder sonstwie biologisch vorgebildete Mechanismen« und wies auf deren Ausdruckscharakter hin.

Verschiedene neuere, neurobiologische Studien befassen sich mit der Art und Weise, wie das Gehirn ein Gleichgewicht zwischen kognitiv-integrativer und emotional-sensomotorischer Verarbeitung herstellt und wie dieses Gleichgewicht sich in verschiedenen Arten von Situationen verschieben kann. Im Kontext von chronischem Stress z. B. verringern sich die Ressourcen im präfrontalen Cortex (PFC) entweder infolge einer verbesserten Regulation innerhalb des Stresssystems und/oder erhöhter Stresshormone, oder es wird eine

---

[9] Wir danken Herrn Prof. Dr. med. Peter Riedesser (†) für seine Mitarbeit an Teilen einer früheren Fassung des Kapitels über »Konversionsstörungen«, erschienen in Bürgin (1993).

emotional-sensomotorische Verarbeitung bevorzugt (Kozlowska, Palmer, Brown, Scher, Chudleigh, Davies, et al., 2015a). Bei der letzten tritt ein Defizit in der kognitiven Komponente der PFC-Funktion in Erscheinung. Bedrohungsstimuli z. B. sind mit Emotionsverarbeitung verbunden und entziehen dadurch die Ressourcen der kognitiven Verarbeitung im PFC (Kozlowska et al., 2015a).

Zu den kindlichen Stressregulationssystemen gehören die *Hypothalamus-Hypophysen-Nebenniere Achse (HHN)*, das periphere und zentrale autonome Nervensystem, die immun-entzündlichen Systeme und das muskulo-skeletale System, sowie Gehirnnetzwerke, die an der Verarbeitung von Informationen über den Körperzustand und die zentralen Erregungssysteme beteiligt sind. Diese Erregungssysteme modulieren sowohl die somatischen als auch die kognitiven und emotionalen Komponenten der Stressreaktion und tragen zum subjektiven Erleben funktionaler somatischer Symptome bei (Kozlowska, 2013 a). Verschiedene Stresssituationen haben unterschiedliche neuroendokrine Auswirkungen. Wenn Stresssysteme übermäßig reagieren, steigen die Werte von Cortisol und Noradrenalin an, wodurch die PFC-Funktion beeinträchtigt wird.

Patienten mit akuten Konversionssymptomen haben eine verminderte Fähigkeit, Informationen zu steuern und zu speichern sowie störende Informationen zu blockieren und Antworten zu hemmen, Eigenschaften, die alle für eine effektive und wirksame Aufmerksamkeit (d. h. für die exekutiven- und Gedächtnisfunktionen) erforderlich sind.

Diese Erkenntnisse sind im Hinblick auf therapeutische Maßnahmen besonders wichtig. Denn das Ziel der primären Behandlung sollte nicht auf kognitive Interventionen gerichtet sein, sondern Bemühungen umfassen, körperlichen Stress zu reduzieren, die Balance zwischen kognitiv-integrativer und emotional-sensomotorischer Verarbeitung wiederherzustellen und Stressfaktoren, sowohl innerhalb als auch außerhalb der Familie, zu reduzieren (Kozlowska et al., 2015a).

10.2 Diagnostische Kriterien DSM-5: F44.4[10] (Störung mit funktionellen neurologischen Symptomen)

A. Eines oder mehrere Symptome veränderter willkürmotorischer oder sensorischer Funktionen.
B. Klinische Befunde belegen, dass die Symptomatik nicht mit bekannten neurologischen oder körperlichen Störungen in Einklang steht.
C. Das Symptom oder Defizit kann nicht besser durch eine andere körperliche oder psychische Erkrankung erklärt werden.
D. Das Symptom oder Defizit verursacht in klinisch bedeutsamer Weise Leiden oder Beeinträchtigungen in sozialen, beruflichen oder anderen wichtigen Funktionsbereichen oder erfordert eine medizinische Abklärung.

---

10 Auszug aus dem DSM-5, 2015, S. 435; Abdruck erfolgt mit Genehmigung vom Hogrefe Verlag Göttingen aus dem Diagnostic and Statistical Manual of Mental Disorders, Fifth Edition, © 2013 American Psychiatric Association, dt. Version © 2015 und 2018 Hogrefe Verlag.

Bestimme den Symptomtyp:
F44.4 Mit Schwäche/Lähmung
F44.4 Mit motorischen Symptomen (z. B. Tremor, Dystonie, Myoklonie, Gangstörung)
F44.4 Mit Schluckstörungen
F44.4 Mit Auffälligkeiten der Sprache (z. B. Dysphonie, verwaschene Sprache)
F44.5 Mit Krämpfen oder Anfällen
F44.6 Mit Taubheit oder sensorischen Ausfällen
F44.6 Mit speziellen sensorischen Symptomen (z. B. visuelle, olfaktorische oder Hörstörungen)
F44.7 Mit gemischtem Erscheinungsbild

Bestimme, ob:
Akute Episode: Die Symptome liegen seit weniger als 6 Monaten vor.
Andauernd: Die Symptome treten seit 6 Monaten oder länger auf.

Bestimme, ob:
Mit psychologischem Stressor (bestimme den Stressor)
Ohne psychologischen Stressor

Diagnostische Merkmale

Viele Kliniker verwenden die alternativen Bezeichnungen »funktionell« (in Bezug auf abweichende Funktionen des zentralen Nervensystems) oder »psychogen« (in Bezug auf die vermutete Ätiologie), um die Symptome der Konversionsstörung (Störung mit funktionellen neurologischen Symptomen) zu beschreiben.

Bei der Konversionsstörung können ein oder mehrere verschiedene Symptome vorliegen. Zu den motorischen Symptomen zählen Schwäche oder Lähmung, Bewegungsauffälligkeiten wie Tremor oder Dystonien sowie Auffälligkeiten beim Gang und bei der Haltung der Gliedmaßen.

Sensorische Symptome umfassen veränderte, verminderte oder fehlende Empfindungen der Haut oder Störungen des Sehens oder Hörens.

Episoden mit generalisiertem Schütteln oder Zittern der Gliedmaßen mit augenscheinlichen Bewusstseinseinschränkungen oder Bewusstlosigkeit können epileptischen Anfällen ähneln (auch *psychogene* oder *nichtepileptische Anfälle* genannt).

Es können Episoden von fehlender Ansprechbarkeit auftreten, die Synkopen oder Komazuständen ähneln. Weitere Symptome können eine reduzierte oder fehlende Sprechlautstärke (Dysphonie/Aphonie), Artikulationsstörungen (Dysarthrie), ein Kloßgefühl im Hals (Globus) und das Sehen von Doppelbildern sein.

Auch wenn die Diagnose erfordert, dass das Symptom nicht durch eine neurologische Erkrankung erklärt wird, sollte sie nicht lediglich aufgrund unauffälliger Untersuchungsergebnisse oder »bizarrer« Symptome gestellt werden. Es müssen klinische Befunde vorliegen, die eindeutig belegen, dass die Symptome nicht im Einklang mit bekannten neurologischen Krankheitsbildern stehen. Es ist wichtig zu beachten, dass die Diagnose einer Konversionsstörung auf einem klinischen Gesamtbild basieren sollte und nicht auf einem einzelnen klinischen Befund.

Die Diagnose einer Konversionsstörung kann durch eine Reihe weiterer Merkmale gestützt werden. So können in der Vorgeschichte diverse ähnliche somatische Symptome vorgelegen haben. Der Beginn kann mit Stress oder einem Trauma (sowohl psychologisch als auch physisch) in Verbindung stehen (enger zeitlicher Zusammenhang).

10.3 Grundsätzliches zur Einteilung

Obwohl man während einer gewissen Zeit versucht hatte, die Konversion hauptsächlich dem willkürlich innervierten Muskelsystem zuzuschreiben, erwies sich diese Definition als zu einengend. Es kann keine so klare Grenze gezogen werden zwischen der willkürlich und der autonom innervierten Muskulatur (und damit auch dem neurovegetativen und dem endokrinen System), welche als Kriterium für die Fähigkeit zu symbolischer Darstellung gebraucht werden könnte.

Eine schematische Einteilung der konversionsneurotischen Syndrome findet sich in Kasten 1 (▶ Kap. 10.4).

Neben einem leichten Trend zur Rückläufigkeit ist in den vergangenen Jahren – auf Kosten der eher lärmigen, demonstrativ auf die Umgebung wirkenden Symptombildungen – ein *Gestaltwandel* zu sogenannten »*vegetativen Intimformen*« festzustellen.

Die Ausgestaltung der Konversionssymptomatik ist also Zeit- und Modeströmungen unterworfen. Die Motivationen bleiben immer vor- oder unbewusst, das echte Erleben tritt zugunsten einer oft nicht authentischen, sondern eher gekünstelten Haltung zurück. Kulturelle, geschichtliche, sozial bedingte, intelligenz- und altersabhängige Faktoren sowie gegebenenfalls auch medizinische Vorkenntnisse sind an der Gestaltung der Symptome mitbeteiligt.

Simulation und Konversion können wie Extreme derselben Dimension betrachtet werden. Wenngleich es Übergänge gibt, so sind die beiden Phänomene doch klar voneinander zu trennen. Bei der Simulation handelt es sich um eine bewusste Vortäuschung, bei der Konversion um einen Verlust der bewussten Kontrolle und Automatisierung eines Ablaufes, d. h. um weitgehend unbewusst ablaufende Vorgänge. Wird eine objektivierbare Symptomatik subjektiv überhöht, so nennt man das Aggravation. Die Konversion als Prozess ist auch abzugrenzen von der einfachen symbolischen Körpersprache, die als Kommunikationsmodus und indirekter Ausdruck seelischer Phänomene sehr oft mit dem differenzierteren Ausdrucksmodus der verbalisierten Sprache konkurriert.

10.4 Funktionelle oder psychogene Bewegungsstörungen

Konversionsstörungen gehören zu den häufigsten Erkrankungen mit neurologischen Symptomen, die jedoch keine identifizierbare organische oder neurologische Ursache haben (▶ Kasten 1). Die meisten Konversionsstörungen bei Kindern sind monosymptomatisch. Bei kleinen Kindern treten die Symptome in der Regel nach einer leichten Verletzung auf, ältere Kinder haben seltener eine Anamnese einer fokalen Verletzung. Bei Kindern sind eher die dominanten Extremitäten betroffen. Ein auslösender Faktor der Symptomerscheinung ist sehr oft identifizierbar. Der Beginn der Symptome ist meistens abrupt, häufig während der Nacht auftretend. Konversionssymptome bei Kindern dauern – vom Zeitpunkt der Diagnosestellung bis zum Verschwinden der Symptome – in der Regel einige Monate. Bei der großen Mehrheit der Kinder ist das Verschwinden der Symptome vollständig und ein Wiederauftreten der Symptome selten. Im Allgemeinen besteht eine Vorgeschichte von physischen oder emotionalen Stressoren. Kinder mit Konversionsstörungen haben häufig koexistierende Stimmungsschwankungen, vor allem Zustände von Angst, Depression oder Reizbarkeit.

Die Mehrzahl der Kinder/Jugendlichen mit psychogenen Gangstörungen weisen mehrere Symptome auf (am häufigsten Tremor, gefolgt von Dystonie und Myoklonus). Die meisten psychogenen Bewegungsstörungen treten plötzlich und anfallsartig auf und werden durch ein erkennbares physisches oder psychisches Trauma ausgelöst. Im Adoleszentenalter sind Mädchen häufiger vertreten. Bei den mit psychogenen Bewegungsstörungen verbundenen Beeinträchtigungen handelt es sich um verlängerte Schulabsenzen und unnötige chirurgische Eingriffe (Ferrara & Jankovic, 2008).

Die gleichen Symptome wie bei einer Konversionsstörung können sich auch bei organisch-neurologischen Störungen zeigen, weswegen eine genaue Diagnose unumgänglich ist, damit Kinder nicht falsch diagnostiziert werden, überinvasiven Tests und/oder sogar chirurgischen Interventionen ausgesetzt werden (Mink, 2013).

> **Kasten 1: Einteilung konversionsneurotischer Symptome**
>
> a) Eher länger dauernde Erscheinungen
>   - (alle willkürlich und unwillkürlich innervierten muskulären Funktionseinheiten und Organe können betroffen werden):
>   - *Motorische Störungen:* z. B. Lähmungen, Kontrakturen, Haltungs-, Gang-, Gleichgewichts- und Bewegungsstörungen
>   - *Sensorische und Sensibilitätsstörungen:* z. B. An-, Hypo-, oder Hyperästhesien, Schmerzen, Hypo- oder Hyperakusis, Taubheit, Makropsie, Mikropsie, eingeengtes Blickfeld, Visusreduktion, Amaurose.
>   - *Vegetativviszerale Störungen:* z. B. Aphonie, Heiserkeit, Glottiskrampf, Schluck- und Schlingbeschwerden (Dysphagie), Erbrechen im Schwall, Schluckauf, vegetative Krampfanfälle, Obstipation, Diarrhöe, Koliken, Herzklopfen
>   - *Andere:* z. B. Polydipsie, Polyurie, Kopfweh, Schlafstörungen
>
> b) Episodische Ereignisse
>   - Schrei- und Wutanfälle, respiratorische Affektkrämpfe, vasodepressive Synkopen, hysterische Anfälle, nicht epileptische Anfallskrankheit (früher Hysteroepilepsie), Bewusstseinsveränderungen (z. B. Dämmerzustände), Pseudoabsenzen, Hyperventilationstetanie, Persönlichkeitsspaltungen, Ganser- Syndrom (Pseudodebilität/- Demenz mit regressiven Zügen)

10.5 Inzidenz und Prävalenz[11]

Ziel der Primärprävention ist die Reduktion der Inzidenz, Ziel der Behandlung die Verringerung der Prävalenz. Konversionsstörungen kommen bei Kindern bereits im Alter von vier Jahren vor und sind am häufigsten während der Pubertät. Die Prävalenz wird auf 2–4/100 000 geschätzt (Kozlowska, 2007). Die 12-Monats-Inzidenz beträgt 1,3/100 000. Die Inzidenz nimmt mit dem Alter zu. Eine motorische Schwäche und abnorme Bewegungen gelten als die häufigsten Symptome. Sie sind gefolgt von nicht-epileptischen Anfällen. In der Regel weisen die Patienten mehrere Symptome auf.

Bei etwa einem Viertel der Patienten sind die konversionsneurotischen Symptome mit Angst und depressiven Störungen verknüpft. Vorangehende Stressereignisse werden bei 4/5 genannt, am häufigsten Mobbingsituationen, Prüfungen in der Schule, Abbruch von Freundschaften, elterliche Trennung oder Krankheits- und Verlusterfahrungen. Nach 12 Monaten kann in den meisten Fällen eine Verbesserung festgestellt werden (Ani, Reading, Lynn, Forlee, Garralda, 2013).

Die Mehrzahl der Betroffenen zeigt mehrere Konversionssymptome: bei rund zwei Drittel finden sich Störungen der willkürlichen Motorik, bei rund einem Viertel sensorische Symptome oder Pseudoanfälle und bei rund 15 % Atemwegserkrankungen (Kozlowska, 2007).

Eine Häufung von Konversionsstörungen erfolgt in der Pubertät im Zusammenhang mit der Ich-Labilisierung durch die alterstypischen Trieb-, Ablösungs- und Identitätskonflikte, besonders bei Migrantenkindern (Friessem, 1974).

Das gehäufte Auftreten konversionsneurotischer Symptome bei Gastarbeiterfamilien mag damit zusammenhängen, dass die Symptomwahl mit bestimmten soziokulturellen Rahmenbedingungen verknüpft ist, und es für dramatische konversionsneurotische Erscheinungen (z. B. den arc de cercle) einer gewissen »kulturellen Naivität« (Hinman, 1958) bedarf.

Die Disposition zur Entwicklung von Konversionssymptomen und die »Wahl« des Symptoms sind abhängig von

- genetischen Gegebenheiten (mögliche neurobiologische Faktoren im Bereich der sensorischen Aufnahme und Verarbeitung),
- der frühkindlichen Bahnung (z. B. durch Erfahrungen, die das Kind mit seinem Körper und demjenigen seiner Bezugspersonen im Laufe seiner Entwicklung gemacht hat),
- der Beobachtung und vorbewussten Nachahmung einer Erkrankung (Anfälle, Lähmungen) in der unmittelbaren Umgebung,
- einer primär organischen Verletzung oder Erkrankung: z. B. dem Vorliegen einer motorischen Schwäche als Initialsymptom einer primär neurologischen Erkrankung, die hinsichtlich Organwahl konversionsneurotisch ausgestaltet wird, bis hin zu organisch bedingten, epileptischen Anfällen, aus denen eine »Hysteroepilepsie« (Rabe, 1970; Urech, 1988) entsteht.

---

11 Inzidenz bezeichnet die Anzahl neu auftretender Fälle in einer gegebenen Population während einer bestimmten Zeit (meist ein Jahr). Prävalenz bezeichnet die gesamte Anzahl Fälle in einer definierten Population zu einem Zeitpunkt oder während einer definierten Zeitdauer, z. B. einem Jahr.

10.6 Ätiologie

Konversionssymptome treten oft infolge extremer Erregung und als Reaktion auf eine *emotionale Stresssituation* (Schmerzen, Verletzungen, psychisches Trauma) auf. Hohe Erregungszustände führen parallel sowohl zu einer Aktivierung des autonomen Nervensystems als auch zu spezifischen psychischen Reaktionen.

Akute Konversionssymptome können zu einer erhöhten kardialen Erregung im Ruhezustand wie auch in Aufgabensituationen führen. Sie erschweren dadurch das Erreichen einer optimalen autonomen Antwort und haben eine ungenügend wirksame autonome Regulation zur Folge (Kozlowska, Palmer, Brown, McLean, Scher, Gevirtz, et al., 2015b).

Die individuellen Erfahrungen in utero und während der frühkindlichen Entwicklung sind entscheidend für die Reaktivität der Stressregulationssysteme. *Autonome Dysregulationsmomente* und damit Verletzlichkeiten, die sich im frühkindlichen Alter eingestellt haben, gehen somit Konversionssymptomen, funktionellen Schmerzen oder komorbiden Angst- oder Depressionszuständen voraus. Zustände von hoher und regulatorisch nicht von der Umgebung oder dem Individuum selbst aufgefangener Erregung entsprechen einerseits gestörten Mustern einer funktionalen cerebralen Konnektivität zwischen motorischen Bereichen und zentralen Erregungssystemen, andererseits der Speicherung jeweiliger psychischer Konfliktkonfigurationen und können die Entwicklung von motorischen Konversionssymptomen bewirken.

So zielen auch alle therapeutischen Interventionen bei Kindern und Jugendlichen mit Konversionsstörungen auf eine Reduktion der Erregung hin. Sie beeinflussen somit auch die parasympathischen und sympathischen Komponenten der Erregung und die biologischen-, psychologischen- und Beziehungsfaktoren, die alle miteinander interagieren und fördern damit die Entwicklung der Selbstregulierung der Patienten (Kozlowska et al., 2015b).

Eine gestörte Entwicklung der Regulationsfunktionen beim Säugling (z. B. Hunger-Sättigung; Schlafen-Wachen) und psychische Auffälligkeiten der primären Betreuungspersonen im ersten Lebensjahr des Kindes sind in der Latenz der Kinder nachweislich mit dysfunktionalen somatopsychischen Symptomen verbunden (Rask, Ornbol, Olsen, Fink, Skovgaard, 2013).

Das Erkennen von komorbiden psychischen Erkrankungen (z. B. Schmerzsyndromen) und Stresssituationen (z. B. Müdigkeit) bei Kindern und in der Familie ermöglicht eine frühzeitige Diagnose und hilft die auslösenden und/oder aufrechterhaltenden Faktoren der jeweiligen Konversionsstörung aufzudecken (Kozlowska, 2007).

Flucht- oder Kampf-Reaktionen bei Bedrohungen gebrauchen die Motorik, während »Einfrieren« *(freezing)*, durch Blockierung der Motilität, einen Schutz in Richtung Tot-Stell-Reflex gewährleisten soll. Jeder Mensch entwickelt ein unverwechselbares neuronales Muster von Schutz-, Anpassungs- und Abwehrmechanismen, dem die Aktivierung eines spezifischen, neuronalen Netzwerkes entspricht (Aktivierung und Hemmung bestimmter funktioneller Komponenten in der Amygdala, im Hypothalamus, in der periaquäduktalen grauen Substanz und in den sympathischen bzw. vagalen Kernen) und das sich in spezifischen psychischen Konflikten, Entwicklungsbeeinträchtigungen oder dysfunktionalen Strukturen niederschlägt (Kozlowska, Palmer, Brown, McLean, Scher, Gevirtz, 2015 c).

Als *auslösende Ereignisse* werden oft gefunden:

- Schwere narzisstische Verletzungen (real oder befürchtet),
- Trennungserlebnisse und/oder Verlustängste (z. B. Scheidung der Eltern, unvoll-

ständige oder pathologische Trauerreaktionen bei Tod eines Elternteils, Ablösungskonflikte in der Pubertät mit Ausbruchsschuld),
- schwere aggressive Konflikte (mit massiven Schuldängsten),
- traumatisierende Erfahrungen (z. B. Verkehrsunfälle, Kriegserlebnisse),
- sexuelle (reale oder phantasierte) Verführungssituationen und Traumatisierungen (z. B. Inzest).

Gelegentlich kann auch ein *scheinbares Bagatelltrauma* zum Auslöser einer dramatischen, konversionsneurotischen Symptomatik werden; manchmal kommt es auch, in entsprechend disponierten Gruppen, zu konversionsneurotischen »Epidemien«, z. B. in Schulklassen nach Beobachtung eines epileptischen Anfalls.

10.7 Typische Persönlichkeitszüge

Kinder merken rasch, dass eine »somatische« Krankheit ein mächtiges Mittel ist, um mit emotionalen Belastungen umzugehen, die außerhalb ihrer Kontrolle liegen. Oft wird die emotionale Belastung dieser Kinder innerhalb der Familie übersehen, nicht wahrgenommen oder wegen anderer emotionaler Prioritäten falsch verstanden. So entwickeln sie körperliche Symptome, gleichsam als letzte Möglichkeit, um auftretende emotionale Schwierigkeiten sowohl in ihnen selbst zu bewahren als sie auch gleichzeitig für die Familie sichtbar werden zu lassen (▶ Kasten 2).

Kasten 2: Häufig beobachtete Persönlichkeitszüge

- Leichte Erregbarkeit → lebhafte Phantasietätigkeit → Neigung zur Regression
- Egozentrizität: Bedürfnis, die Aufmerksamkeit der anderen durch theatralische Expansion oder dramatische Selbstdarstellung zu erregen (z. B. auch in Form des Bedürfnisses zu gefallen oder einer übermäßgen Neigung zum Klagen). Extremer Ausdruck von Emotionen. Dient oft der Abwehr von Gefühlen der Unwichtigkeit, Substanzlosigkeit oder der Nicht-Existenz.
- Großer Hunger nach emotionaler Zuwendung
- Geringe Kontrolle von Affekten → Labilität, Reizbarkeit, übermäßge Reaktion auf kleinere Frustrationen, plötzliche Stimmungswechsel ohne ersichtlichen Grund
- Hohe Sensibilität, Suggestibilität, Identifikationsneigung
- Neigung, Beziehungen zu erotisieren oder zu sexualisieren neben massiven Sexualängsten

---

Unbewusste Vorgänge werden bei der Konversion körperlich so ausgedrückt, dass sie, mittels der Symptombildung, für andere wahrnehmbar werden. Die somatischen Manifestationen – anfänglich oft mono-, später durch Einwirkungen von Beobachtern vielfach polysymptomatisch – entsprechen also unbewussten Bedürfnissen und ihrer Abwehr zugleich. Es ist, als ob versucht würde, unlösbare Widersprüche im Bereich des Körperlichen zu lösen. Der Appell ohne Schrei, der Wunsch ohne Bitte, – sie richten sich an einen potenziellen anderen, der eigentlich mit magischer Macht ausgestattet sein sollte. Oft ist ein freies Intervall zwischen dem bedeutungsvollen emotionalen Geschehnis und der Etablierung der Konversionssymptomatik zu beobachten. Imitations- und vor allem Identifikationsvorgänge spielen eine außerordentlich wichtige Rolle. Nicht nur kann es leicht zur intraindividuellen Symptomverschiebung kommen, sondern auch zur interindividuellen »Ansteckung«, welche epidemische Ausmaße annehmen kann (Mink, 2013).

10.8 Psychodynamik

Das *Konversionssyndrom* bei Kindern und Jugendlichen ist keineswegs eine seltene Erscheinung. Im kinderpsychiatrischen Krankengut sind Konversionssymptome bei ca. 2–3 % aller Patienten vertreten. Die meisten Fälle gelangen allerdings nicht zum Psychiater, sondern bleiben im Gebiet der Pädiatrie und entgehen oft auch der psychiatrischen Abklärung. Zum Kinderpsychiater kommen vor allem die besonders schweren Fälle, bei denen der massiv pathologische Hintergrund sofort die therapeutische Aufmerksamkeit auf sich zieht, so dass die Konversionssymptomatik oft wenig beachtet liegen bleibt.

Konversionssymptome sind vielfach vorübergehender Natur. Vor allem in der Latenz finden sich sogenannte »labile« Konversionssymptome recht zahlreich. Besonders häufig ist das Konversionssyndrom während der Pubertät zu beobachten. In der Vorpubertät ist die Geschlechtsverteilung ausgeglichen, während und nach der Pubertät überwiegen die Mädchen mit einem Verhältnis von etwa vier zu eins. Vor dem fünften Lebensjahr kann kaum von einer eigentlichen Konversion gesprochen werden.

Die *Psychoanalyse* baute eine systematisierte Theorie der Entstehungsbedingungen von Konversionssymptomen auf. Entsprechend dieser kommt es zu einer *akuten oder chronischen Überforderung der Verarbeitungsfähigkeit des Ich* des Patienten durch traumatische Erlebnisse oder unerträgliche Konflikte (z. B. durch solche zwischen Triebwunsch und Gewissen, die abhängig sind vom Alter des Kindes, seiner Ich-Stärke und von der puffernden Wirkung der Umwelt). Wenn die Anpassungs- und Abwehrleistungen des Subjektes nicht mehr ausreichen, erfolgt unbewusst eine *partielle Ich-Regression* mit massiven Verdrängungen (z. B. sexueller Wünsche oder aggressiver Impulse etc.).

Eine bewusste, sprachlich formulier- und reflektierbare Ebene geht verloren, und es finden – analog zur Traumbildung – unbewusste psychische Aktivitäten statt, in denen die Logik des sogenannten Primärprozesses gilt (z. B. Symbolisierung, Verschiebung, Verdichtung von Triebwunsch und Abwehr). Es resultiert eine Art Kompromiss von verschiedenen psychischen Spannungskonflikten, und es kommt zu einem für das jeweilige Individuum spezifischen und überdeterminierten Konversionssymptom. Dieses reduziert, im Sinne eines *primären Krankheitsgewinns*, zunächst den unmittelbaren psychischen Leidensdruck (klinisch als »belle indifférence« sichtbar, als eine Art Windstille im bewussten Konflikterleben). Manchmal hat die Symptombildung einen *sekundären Krankheitsgewinn* (z. B. Fürsorge, Verwöhnung, Arbeitsunfähigkeit, Militärdienstuntauglichkeit) zur Folge, dann allerdings mit dem hohen Preis einer gravierenden Einschränkung der Persönlichkeit (z. B. der Ich-Funktionen oder der Motilität).

Dem Konversionsvorgang kommt eine reparative Funktion in der inneren psychischen Ökonomie des Individuums zu. Er kann als ein, wenn auch missglückter, Selbstheilungsversuch und insofern als kreativer Akt mit einem zusätzlichen, zwischenmenschlichen Informations- und Bedeutungsgehalt angesehen werden, der im körperlichen Symptom enthalten[12] ist. Durch Umsetzung in Sprache kann dieser Ablauf auf die Ebene der im sekundärprozesshaften Denken vorherrschenden, verbalen Symbole zurückübersetzt werden.

Dies bildet die Voraussetzung für einen *therapeutischen Dialog* mit dem Ziel einer bewussten, reiferen und nicht-regressiven Konfliktlösung. Allerdings findet eine solche Bewusstmachung der pathogenen Ausgangskonflikte (z. B. aggressiver, sexueller, narzisstischer Art) im Verlaufe des therapeutischen Prozesses gleichsam gegen den Strom statt, weil dadurch der primäre und sekundäre Krankheitsgewinn wieder in Frage gestellt und die bewusste Konfrontation mit den vom Ich für unerträglich und unlösbar gehaltenen, schmerzhaften Gefühlen und Konflikten erfolgen muss (▶ Abb. 10.1). Die Dechiffrierung des in der *Körpersymbolik* des Symptoms enthaltenen Konflikts kann nur entgegen dem ökonomischen Gefälle der bisherigen intrapsychischen Verarbeitung geschehen. Sie hinterfragt die bisherige Form der Selbstheilung, auch wenn diese mit gravierenden Symptomen und Ich-Einschränkungen erkauft worden ist, und stösst daher auf den unbewussten Widerstand des Patienten.

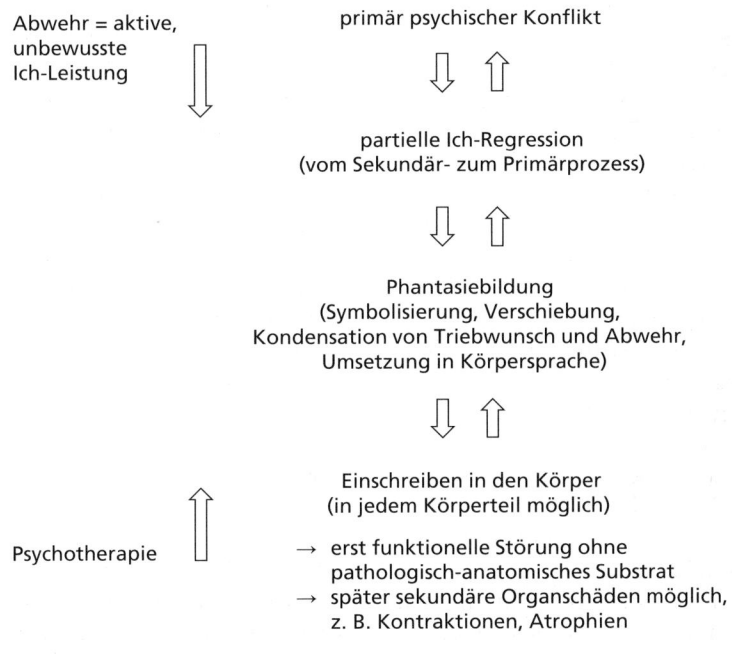

Abb. 10.1: Schema des Konversionsvorganges

Das Konversionssymptom hat einen kommunikativen Charakter. Die Verschiebung in den körperlichen Bereich dient der Erhaltung des psychischen Gleichgewichtes. Für die Organwahl besteht möglicherweise ein *somatisches Entgegenkommen* (genetische Dis-

---

12 Von Uexküll (1990) spricht von »abgespaltenen Handlungsbruchstücken mit Ausdruckscharakter«.

position, aktuelle Überbeanspruchung, frühkindliche Prägung, Stressreaktionstypus).

Damit dieser Ablauf zustande kommen kann, braucht es eine gewisse Ich-Reife. Zumindest muss eine Trennung in Selbst/Nicht-Selbst, Selbst/Objekt, Innen/Außen möglich geworden sein. Bevor die Ich-Entwicklung die oben erwähnte Reife erreicht hat, findet nur eine nichtsymbolische Somatisierung psychischer Spannung statt. Denn in der frühesten Kindheit besteht erst wenig Unterscheidung zwischen Es und Ich und kaum eine Trennung zwischen Ich und Körper sowie zwischen Selbst- und Objektrepräsentanzen. Erregungen werden holothym, d. h. ganz-körperlich, abgeführt. Die Verschiebungen in den Körper erhalten mit dem Alter sukzessiv verschiedene Bedeutungen. Nachdem sich die Möglichkeit zu einem Konversionsprozess im Ich entwickelt hat, kann dieser Mechanismus während der gesamten Entwicklung für jeglichen Konflikt benutzt werden. *Jeder Teil des Körpers kann zum Ort der Konversion ausgewählt* werden. Nicht selten werden durch familiäre Prädilektionen Symptomtraditionen geschaffen (z. B. »Kopfwehfamilien«).

Die Konversion kann mit sehr *unterschiedlichen psychopathologische Strukturen* verknüpft sein (das ganze Spektrum zwischen Neurose und Psychose). In der phallischen Phase findet ein Zuwachs an Erotisierung statt. Infolge des Anwachsens von hierdurch ausgelösten Konflikten wird der Konversionsvorgang in dieser Phase besonders häufig gebraucht, so dass man ihn früher völlig dieser Entwicklungsphase zugeschrieben hat. In neuerer Zeit aber sollte unterschieden werden zwischen prägenitalen (d. h. oralen oder analen) und phallisch-genitalen Konversionsmodalitäten (Rangell, 1969).

Von einem *systemtheoretischen Ansatz* her gesehen ist die Wahl eines Konversionsmechanismus zwecks Konfliktlösung beim Kind nicht zufällig. Es versucht auf diese Art und Weise, gleichsam mit dem Körper, eine familiale Konfliktlösung einzuleiten. Der gewählte Ort am Körper hat oft eine spezifische familiale Bedeutung oder wird in Anlehnung an körperliche Symptome anderer Familienmitglieder ausgewählt. Familien, in welchen sich gehäuft Konversionssymptome zeigen, haben eine Tendenz zu unklaren intrafamiliären Grenzsetzungen, zeigen eine Rigidität bezüglich jeglicher Entwicklung und lassen eine gegenseitige somatische Überbehütung sowie eine Neigung, Konflikte nicht zu lösen, sondern bestehen zu lassen, erkennen (Minuchin, Rosman, Baker, 1978) (▶ Kasten 3).

> **Kasten 3: Familiale Besonderheiten bei der Konversion**
>
> - Gesundheit und Körperfunktionen spielen in der familiären Kommunikation eine wesentliche Rolle
> - Neigung der Eltern zur Überbehütung
> - Erziehung oft überstreng bzw. verwöhnend, aufgeteilt zwischen den beiden Eltern
> - Kind bekommt wechselnde, auf die Umwelt gerichtete Rollen zugesprochen →
> - Parentifikation, Einschränkung der autonomen Entwicklung → starkes Geltungsstreben bei gehemmter Selbstentwicklung
> - Diskrepanz zwischen dem, was gepredigt und dem, was getan wird → echtes Selbst wird zu Gunsten eines pseudo angepassten Substitut-Selbsts in seiner Entwicklung vernachlässigt
> - Ungenügende intrasystemische Grenzen
> - Übermäßige gegenseitige Besorgnis bezüglich Wohlbefinden
> - Starke Widerstände gegen Entwicklung des Systems
> - Konflikte werden nicht gelöst, sondern aufgeschoben
> - Kind hat wichtige Rolle für die Konfliktvermeidung

Einige Unterscheidungsmerkmale zwischen der Konversionsstörung und den sogenannten psychosomatischen Krankheiten mit Organläsion sind in folgender Tabelle zusammengestellt (▶ Tab. 10.1).

Tab. 10.1: Unterscheidungsmerkmale zwischen Konversion und psychosomatischer Krankheit mit Organläsion

Konversion	psychosomatische Krankheit mit Organläsion
körperliche Störung drückt den Konflikt symbolisch aus	körperliche Störung ist eher eine Folge abgewehrter Affekte und Triebe
Körper = Instrument der Verarbeitung	Körper = Opfer der Verarbeitung
Patient spricht durch den Körper	Patient leidet am Körper
körperliche Symptome sind nahe beim psychischen Leben, bei seelischen Bedeutungen	körperliche Symptome sind fern vom psychischen Leben, von seelischen Bedeutungen
Symptombildung hat entlastende Funktion	Symptombildung hat keine entlastende Funktion
Symptomverschiebung ohne größere Mühe	Symptomverschiebung selten
seltener Gebrauch von Spaltungsmechanismen	häufiger Gebrauch von Spaltungsmechanismen

10.9 Diagnose

Die Diagnose eines Konversionssymptoms kann nicht, wie im klinischen Alltag häufig der Fall, lediglich durch Ausschluss somatischer Befunde gestellt werden; vielmehr muss ein positiver psychodiagnostischer Nachweis erfolgen, da sonst die Gefahr besteht, vorschnell eine Psychogenese zu postulieren und eine bereits bestehende, aber noch nicht diagnostisch erfasste, somatische Erkrankung zu übersehen. Friedman (1973) hat als positive diagnostische Kriterien aufgeführt:

1. Symbolische Bedeutung des Symptoms,
2. häufig hysterische Persönlichkeitsstruktur,
3. charakteristischer, dramatisierender Darstellungsstil der Symptomatik,
4. Mangel an bewusster Wahrnehmung der Symptomatik (belle indifférence),
5. angstreduzierender Charakter (»primärer Krankheitsgewinn«),
6. Entlastung von der Auseinandersetzung mit der Umwelt (»sekundärer Krankheitsgewinn),
7. Manifestation in Zeiten von Stress,
8. ein oder mehrere »Modelle« im sozialen Umfeld,
9. ungeklärte Krankheitserscheinungen in der Anamnese,
10. keine oder im Gegensatz zur Symptomstärke nur geringfügige anatomisch-physiologische Ursachen (zit. in. Eggers & Fernholz, 1991).

Daneben ist, wenn möglich, der Inhalt der Konflikte und Phantasmen zu eruieren, die Ich-Reife, die Art der Objektbeziehungen und der narzisstischen Besetzungen abzuschätzen und den Problemen der Identitätsbildung Beachtung zu schenken.

Die diagnostische Abklärung bei Verdacht auf eine Konversionsstörung sollte in *enger Kooperation zwischen Pädiater und Kinderpsychiater* erfolgen, um ein »biopsychosoziales Profil des Kindes und seiner Familie« (Maloney, 1980) zu erstellen und sowohl die Gefahr eines Übersehens einer somatischen Grunderkrankung als auch die Gefahr einer quälenden und symptomverstärkenden organmedizinischen Überdiagnostik zu vermeiden. Manchmal kann für die anfängliche Differentialdiagnostik (z. B. Anfallsleiden, multiple Sklerose, Lupus erythematodes generalisatus) eine stationäre Aufnahme auf einer pädiatrischen Abteilung unumgänglich sein. Von großer diagnostischer und therapeutischer Bedeutung ist der Kontakt zu den Eltern, die oft zunächst in einer unbewussten Kollusion mit der konversionsneurotischen Symptomatik des Kindes befangen sind, was abrupt umschlagen kann in den Vorwurf des *Simulierens* und der bewussten *Täuschung* durch das Kind. Hier ist behutsame Arbeit mit den Eltern zu leisten, um ihnen die innere Problematik ihres Kindes zu übersetzen, was auch zu der Erkenntnis führen kann, dass das *Kind als »Indexpatient« eine schwere Krise in der Beziehungsdynamik der gesamten Familie zum Ausdruck gebracht hat*, die eines entsprechenden, über den Patienten hinausgehenden, familientherapeutischen Angebotes bedarf.

10.10 Verlauf

Die Auswirkungen dieser Störungen auf das Leben der Betroffenen sind in ernsten Fällen gewöhnlich nicht unerheblich, beeinträchtigen oft normale Alltagsfunktionen und können, bei länger anhaltendem Funktionsverlust, zu realen und schweren Komplikationen (z. B. Kontrakturen oder Inaktivitätsatrophien bei Konversionslähmungen), zur Ausbildung eines chronifizierten Krankheitsverhaltens oder, infolge unnötiger diagnostischer oder therapeutischer Eingriffe, zu nicht unbeträchtlichen Verstümmelungen führen. Bei nicht diagnostiziertem, organischem Leiden kann die Fehldiagnose einer Konversionsstörung eine Exazerbation des zugrundeliegenden körperlichen Leidens zur Folge haben.

10.11 Therapie

Die gezielte Behandlung hat einen veränderten Umgang mit den hinter der Störung liegenden Konflikten individueller und familiärer Art zum Ziel. Neben suggestiven und übenden Verfahren (wie z. B. autogenem Training, Physiotherapie oder Heilgymnastik) steht hierbei die individuelle und/oder kontextuelle, d. h. familienbezogene Psychotherapie oder gegebenenfalls eine Elternberatung im Vordergrund, eventuell in Kombination mit Psychopharmaka. Meist ist das gewählte Vorgehen multidimensional und polypragmatisch.

Familien von Kindern mit medizinisch unerklärbaren Symptomen während eines ersten diagnostischen Gesprächs für eine psychotherapeutische Maßnahme zu gewinnen, stellt eine Herausforderung dar. Nur mit Sorgfalt und Vorsicht können sich Gespräche allmählich vom Physischen zum Psychischen, vom Körper zur Psyche bewegen, da viele Familien emotionale Probleme oder familiale Beziehungsschwierigkeiten als Ursache von Konversionssymptomen nicht wahrnehmen und zuerst mit Irritation auf diesbezügliche Fragen reagieren. Es ist auch nicht einfach zu verstehen, warum psychologische Fragen aufgeworfen werden, wenn ein Kind von einer körperlichen Erkrankung betroffen ist (Kozlowska, English, Savage, 2012).

Schmerzzustände können durch eine Vielzahl von biologischen-, emotionalen-, kognitiven- und Beziehungsfaktoren ausgelöst und aufrechterhalten werden. Negative Körperzustände, die unter dem Etikett des Schmerzes subsumiert werden und eine klinische Geschichte von kumulativen Stressoren können oft vom Kind und seiner Familie nicht mit einem Konversionsschmerz des Kindes in Verbindung gebracht werden. So sollen therapeutische Interventionen dem Kind auch helfen, seinen Körper kennen zu lernen (Kozlowska & Khan, 2011).

Bezüglich der Prognose finden sich in der Literatur sehr unterschiedliche Angaben. Die Symptombeseitigung gelingt in zwei Drittel der Fälle recht gut. Ohne Therapie kann die psychische Entwicklung zu gravierenden Verläufen führen. Die Prognose ist relativ günstig, wenn neben einer individuellen Psychotherapie auch eine genügende Umgestaltung des sozialen Feldes möglich wird.

Multiple und chronische Symptome, pseudoepileptische Anfälle, komorbide psychiatrische oder medizinische Störungen, wenig Krankheitseinsicht, schwere intrapsychische Konflikte und eine ernsthaft dysfunktionelle Familie werden als schlechte prognostische Faktoren betrachtet, während jüngeres Alter der Betroffenen, Früherkennung, enge Zusammenarbeit zwischen Kinderärzten und Kinderpsychiatern, gute prämorbide Anpassung, leicht identifizierbare Stressfaktoren und gute Kooperation des Kindes und seiner Familie in der Regel mit einem günstigen Ergebnis verbunden sind (Pehlivantürk & Unal, 2002).

Die bisherigen Ausführungen sollen an Beispielen[13] erläutert werden:

Fallbeispiel 1

Hans[14] ist neun Jahre und acht Monate alt. Er stammt aus einer entlegenen ländlichen Region und leidet seit rund einem Jahr an vorübergehenden, mehrfach wiederkehrenden Visusverminderungen beider Augen mit Lidflattern. Der ophthalmologische Befund entspricht dem einer Optikusneuritis, die zwar etwas atypisch ist. Nach kompliziertesten Abklärungsuntersuchungen wird die Verdachtsdiagnose einer multiplen Sklerose gestellt und Hans mit Kortikosteroiden erfolgreich behandelt. Er befindet sich zurzeit wegen eines Rückfalls in der Augenklinik und wird mit der Verdachtsdiagnose einer psychogenen Visusverminderung zur kinderpsychiatrischen Abklärung geschickt.

Der Junge ist altersentsprechend groß, sitzt erwartungsvoll im Wartezimmer, sucht einem sofort mit dem Blick, wobei ein auffälliges Blinzeln und Lidflattern von weitem sichtbar ist. Eine große Erwartungsspannung umgibt ihn. Kaum ist er im Sprechzimmer angelangt, beginnt er zu erzählen, als hätte er lange, lange auf diesen Augenblick gewartet.

---

13 Wir danken Frau Dr. med. Barbara Rost für ihre Mitarbeit an Teilen eines Fallbeispiels einer früheren Fassung des Kapitels über »Konversionsstörungen«, erschienen in Bürgin (1993).
14 Diese Falldarstellung wurde bereits in Bürgin (1982) publiziert.

Bereits in den ersten Minuten des Gesprächs erzählt er von Ängsten, die eine orale Färbung tragen und die er schnell in die Vergangenheit verschiebt. Nach einem Hinweis auf klaustrophobe Züge bringt er den Vater ins Gespräch. Dieser ist beruflich und politisch enorm angespannt, obwohl er sein 65. Lebensjahr bereits hinter sich hat. Hans spricht von seiner Wut auf den Vater, von dem er zu wenig habe, lässt zugleich aber auch eine ungestillte Sehnsucht nach ihm offenbar werden. Es kränkt ihn, dass der Vater sich seinen selbstauferlegten Pflichten mehr widmet als ihm, seinem Sohn. Er deutet eine Allianz der Kinder und der Mutter gegen den Vater an und beschreibt, dass er gegenüber seiner Schwester altersadäquat aggressiv werden kann. Als Hans an dieser Stelle des Gesprächs kurz stoppt, kommt der Therapeut auf einen Ausdruck zurück, den er kurz vorher gebraucht hat: »Du sprachst vorher von Kummer. Was meintest Du damit?« Sofort greift Hans diese Anregung auf und meint, das erinnere ihn an alte Leute in der Kirche, die Tränen in den Augen hätten. Oder an Angehörige von jemandem, der gestorben sei. Er selbst müsse manchmal auch weinen, wenn seine Schwester ihn im Streit zwischen die Beine trete. Oder auch, wenn er Schmerzen habe am Auge. Dann könne er nicht in die Schule, müsse zu Hause bleiben, obwohl er Lust habe, hinaus zu gehen und sich mit seinen Kameraden zu treffen. Er dürfe dann auch nicht reiten gehen, wie seine Schwester: »Dann bekomme ich nasse Augen.« Jetzt beginnt er spontan von seiner Krankheit zu sprechen. Vor etwa 18 Monaten habe seine Sehnervenentzündung begonnen, und zwar mit einem Lidflattern. Während eines Purzelbaumes im Training habe er sehr heftige Augenschmerzen bekommen. Man habe eine Diagnose gestellt, es seien lange Untersuchungen gefolgt. Die letzte Kortison-Behandlung habe neun Wochen gedauert. Jetzt habe er nur noch Schmerzen in den Augen, wenn er ganz fest nach links oder rechts schaue. Wenn er irgendwo genau hinschauen würde, so trete sofort ein Lidflattern auf und er »sehe gar nichts mehr«. »Ich habe Angst, das mit den Augen könnte vielleicht nie mehr gut werden.« Natürlich sei er viel traurig gewesen. Wie man seinen Kopf tomographiert habe, habe er natürlich Angst gehabt, einen Hirntumor zu bekommen. Jetzt habe er hauptsächlich Angst, blind zu werden. Die Erblindungsangst kurz nach einer Bemerkung über eine genitale Bedrohung (Tritt zwischen die Beine) lässt an eine ödipale Konfliktsituation denken. Da sich der Therapeut fragt, ob auch eine unbewusste Identifikation vorliegen könnte, fragt er Hans, ob dieser jemanden kenne, der blind sei. Ja, Herr X, der sei aber wahrscheinlich schon gestorben. Er habe ihn an Weihnachten und Ostern mit dem Vater zusammen immer besucht, da man Herrn X oft in das Krankenhaus habe geben müssen. Allerdings sei der nicht wegen einer Augenentzündung hospitalisiert worden, sondern es sei bei ihm etwas im Kopf nicht gut gewesen. Aus dem Gespräch mit der Mutter konnte ich später erfahren, dass Herr X ein Einzelgänger der Region war, der sich in suizidaler Absicht eine Kugel in den Kopf geschossen hatte und deshalb erblindet war. Er musste immer wieder monatelang psychiatrisch hospitalisiert werden. Der Vater besuchte diesen Außenseiter oft von Amtes wegen und nahm manchmal auch die Kinder dazu mit. Hans selbst drohte manchmal der Mutter gegenüber erpresserisch mit Suizid (er werde zum Fenster hinausspringen), wenn sie dies oder das nicht für ihn täte. Das weitere Gespräch mit der Mutter ergab auch, dass mit dem Suizid ein Familiengeheimnis verbunden war, welches stark tabuisiert, wenngleich sehr offen bekannt war.

An dieser Stelle des Gesprächs schlägt der Therapeut Hans ein Spiel mit Kritzelzeichnungen vor, wie es von Winnicott (1973) als technisches Hilfsmittel an zahlreichen Fallbeispielen dargestellt worden ist. Bereits beim ersten Kritzel (Therapeut ergänzt seinen Kritzel zu einem Kopf) erzählt Hans von einem jungen Burschen wie er, der etwas Interessantes sähe, eine lange Nase habe und sehr schadenfreudig sei. Beim zweiten Kritzel, den Hans auch zu einem Kopf ergänzt, wird er an eine Witzfigur erinnert: »Oder, vielleicht einen Menschen im Bad. Wenn er z. B. zum Schlüsselloch hineinschauen würde! Ja, der sieht eine Frau, die sich wäscht. Die Frau sieht ihn auch und erschrickt. Er lacht. Er kennt sie nicht. Er sitzt in einem Hallenbad. Sie hat soeben ihren Bikini unter der Dusche ausgezogen. Das ist noch ein Junger, einer mit einem Zwicker. So einfach hineinschauen, das soll man nicht tun! Jeder soll für sich bleiben. Es geht niemanden an, wie der andere aussieht. Ich könnte ja meine Schwester fragen, wenn ich das wissen wollte!« Voyeuristische Impulse beziehen sich auf die weibliche Nacktheit und führen schnell zur Schwester. Der Therapeut versucht, den inzestuösen Teil, welcher sich bisher nur in voyeuristischer Form zeigen konnte, mit der Frage anzusprechen: »Hast Du Deine Schwester auch schon nackt gesehen?« Hans meint, selbstverständlich. Das wäre aber nichts Interessantes. Es grause ihm sofort, wenn er sich vorstelle, wie sie auf der Toilette sitze. In der Augenklinik habe er heute auch etwas Ähnliches gesehen, nämlich ein Kind, das sich mit Kot vollgemacht habe. Die Abwehr springt sofort ein, nimmt das Interesse weg, wandelt Genitales in Anales um und ruft Ekelaffekte als Reaktionsbildung hervor. Im Verlaufe der weiteren Abklärungsuntersuchungen ergibt sich bei einem späteren Interview anlässlich einer Kritzelzeichnung, zu welcher Hans die Angst vor der Operation eines Hirntumors ausspricht, folgende Tatsache: Ein dreizehnjähriges Mädchen, Tochter von guten Bekannten der Familie, weilte in den letzten Jahren während aller Ferien bei der Familie von Hans. Wegen eines Hirntumors musste sie fünf Hirnoperartionen durchmachen, wodurch sie zumindest an einem Auge völlig erblindete. (Wie er das erzählt, hält er den Zeichnungsstift wie einen erigierten Penis zwischen die Beine.)

Im Familiengespräch ergibt sich folgende Konstellation: Die Mutter, eine im sozialen Bereich tätige und sehr tüchtige, die eigene Familie oft bewusst zurückstellende, warmherzige Frau steht in einer mehr oder weniger offenen Allianz mit Hans gegen den sensitiv-subdepressiven, äußerlich hart erscheinenden und innerlich sehr verletzlichen Selfmademan-Vater, der seinen Sohn sehr hoch besetzt hat und in seiner Haltung zwischen Strenge und Verwöhnung oszilliert. Erstmals kann Hans nun seine Wünsche bezüglich der Zuwendung des Vaters verbal äußern. Beide Eltern nehmen zum ersten Mal wahr, wie sehr der Sohn um Zuwendung wirbt, welche wichtige Rolle er bezüglich des Familiengeheimnisses als Bindeglied zwischen den Eltern zugesprochen bekommen hat, wie sehr er ihrer Unterstützung bedarf, um die tabuisierten Bereiche seiner sexuellen Entwicklung altersgemäß zu entwickeln und wieviel Arbeit für sie, bezüglich des Durcharbeitens des Familiengeheimnisses, noch zu leisten ist.

Diese Familie trug viele Ressourcen in sich. Hans war bereits nach dem ersten Interview symptomfrei und blieb es auch ohne weitere somatische Behandlung. In einer über zwei Jahre dauernden Psychotherapie erarbeitete er sich die Voraussetzungen für eine durchaus ungestört verlaufende Pubertät. Zusammenfassend lässt sich festhalten:

Hans ist ein intelligenter Junge aus einer kooperativen Familie. Infolge seiner starken Wünsche nach Zuwendung von Seiten der Eltern identifizierte er sich unbewusst mit den Symptomen von Herrn X und dem Mädchen mit dem Hirntumor. In seiner Phantasie (was in vielen Spielen zum Ausdruck kam) bestrafte er sich für seine voyeuristischen Impulse, die sich vor allem auf die Schwester, aber auch auf die Mutter bezogen, symbolisch mit dem Schicksal der schweren tödlichen Krankheit (multiple Sklerose) und dem Verlust des Augenlichtes. Konflikte auf der ödipalen und prägenitalen Ebene mit den sie begleitenden Kastrations- und Trennungsängsten wurden in dem Symptom des Visusverlustes kondensiert. Diese defensive Ich-Leistung, die mit einer nicht geringen Einschränkung verbunden war, konnte wieder rückgängig gemacht werden, als die entsprechenden Grundkonflikte aufgedeckt worden waren. Die mehr strukturelle Arbeit am Ich von Hans und an der Veränderung der Beziehungsmodalitäten in der Familie erforderte eine längerfristige psychotherapeutische Arbeit.

Fallbeispiel 2

Die 13-jährige Marianne wurde stationär in eine Kinderklinik aufgenommen, nachdem sie in den drei Monaten zuvor eine ausgeprägte Gangstörung (»schnappendes Einknicken des rechten Beines im Kniegelenk«) entwickelt hatte. Die bislang durchgeführten organmedizinischen, z. B. orthopädischen Untersuchungen, hatten keine hinreichenden Ergebnisse erbracht.

Nach Angaben des Mädchens hatte die Symptomatik im Zusammenhang mit einem Familienausflug begonnen. Die Mutter habe mit den drei Kindern eine Wanderung unternommen, der Vater wegen einer eigenen Gangstörung mit dem Auto hinterherfahren müssen. Nach Auftreten der Symptomatik habe der Vater Marianne mit dem Auto zurückgefahren.

Einige Tage später kam der Vater zu Besuch in die Klinik; er zeigte eine Gangstörung im Bereich des rechten Beines, nicht unähnlich der von Marianne. Als Ursache war eine multiple Sklerose zu erfahren, die vor knapp einem Jahr mit einem akuten Schub aufgetreten war. Der Vater, früher ein sehr aktiver Mann, der eine besonders enge Beziehung zu Marianne pflegte, hatte wegen seiner Krankheit berentet werden müssen und saß, sozial isoliert und depressiv, viel zu Hause. In den weiteren Gesprächen war zu erfahren, dass Marianne über die Einsamkeit des schwer behinderten Vaters sehr bekümmert war («Er ist der einzige Kranke unter uns Gesunden gewesen«). In der Familie konnte über seine Krankheit und ihre vielfältigen Auswirkungen auf den Patienten und die ganze Familie nicht gesprochen werden, weil – wie sich herausstellte – jeder den anderen durch Vermeiden dieses Themas schonen wollte.

In Einzel- und Familiengesprächen wurde diese Problematik thematisiert und der individuelle und familiäre Verarbeitungsprozess gefördert. Verbunden mit krankengymnastischer Behandlung kam es innerhalb von zwei Wochen zu einer vollständigen Besserung der Symptomatik.

Fallbeispiel 3

Elke hat einen 15 Monate älteren Bruder und ist das Kind nicht mehr sehr junger Eltern. Aus den ersten vier Lebensjahren sind fast keine Daten bekannt. Umso detaillierter ist der Lebensweg danach zugänglich. Sie war ein extrem braves Kleinkind, hatte aber schon in den ersten Lebensjahren sehr viele febrile Infekte. Mit fünf Jahren litt sie an Durchfall, Erbrechen, Müdigkeit, Hals- und Ohrenweh. Sechsjährig klagte sie zunehmend über psychosomatische Beschwerden, insbesondere nach einem tödlich verlaufenen Verkehrsunfall einer Familienangehörigen, den Elke miterlebt hatte, und nach einem eigenen kleineren nachfolgenden Verkehrsunfall. Im siebten Lebensjahr, nach der Einschulung, waren viel Kopf- und Bauchschmerzen zu verzeichnen, ebenso Erbrechen. Eine »Nervenentzündung« habe in jener Zeit die ganze linke Körperseite beeinträchtigt und zu einer Gangstörung geführt. Als Elke hörte, dass sie deswegen in ein Krankenhaus zur Abklärung müsse, verschwanden diese. Hingegen traten danach Schmerzen im rechten Bulbus oculi auf. Als Achtjährige klagte sie über funktionelle Herzstörungen und zeigte Hyperventilationskrisen. Neunjährig fiel sie durch große Müdigkeit, ausgesprochen stilles Verhalten und Wortkargheit auf. Alle bisher genannten vegetativen Störungen hielten an, und es trat eine Obstipation dazu. Erneut starkes Erbrechen, Übelkeit, Herzklopfen usw. wurden im zehnten Lebensjahr bemerkt, was zu einer kurzen Untersuchung in einer Kinderklinik führte. Diese ergab aber keine pathologischen Befunde auf der somatischen Seite. Von jenem Zeitpunkt an war die Großmutter wegen eines apoplektischen Insultes über zwei Jahre gelähmt und wurde im elterlichen Haushalt sowie in einem Pflegeheim bis zu ihrem Tod von der Familie intensiv betreut, was für alle eine starke Belastung darstellte. Im elften und zwölften Lebensjahr war Elke mindestens einmal im Monat mehrere Tage krank, klagte viel über Brechreiz, Schwindel und brach oft in anscheinend unmotiviertes Weinen aus. Zwölfjährig machte sie die Menarche durch, die sehr schmerzhaft verlaufen sei. Zu jener Zeit wollte sie sich auch die wachsenden Brüste abschneiden. Sie pflegte eine Freundschaft mit einem präanorektischen Mädchen. Auch im 13. Lebensjahr hielten alle diese Beschwerden an, und es trat zudem ein überstarkes Schlafbedürfnis auf. Mit 14 Jahren begann eine anorektische Symptomatik, Elke war jetzt fast anhaltend krank. 15-jährig erlitt sie einen Kreislaufkollaps und zeigte erneut Gangstörungen. Zudem manifestierte sich ein Torticollis, zu dessen Abklärung und wegen einer stetigen Gewichtsabnahme sie kurzfristig pädiatrisch hospitalisiert wurde. Die bis dahin weitgehend regelmäßigen Menstruationsblutungen sistierten. Im 16. Lebensjahr wurde Elke wegen einer bereits fünf Monate anhaltenden Essproblematik (Essens- und Trinkverweigerung) mit 54 kg und einer Größe von 176 cm sowie wegen Müdigkeit, Schwäche und Depression erstmals stationär kinderpsychiatrisch untersucht. Alle somatischen Untersuchungen zeigten negative Befunde.

Sie redete sehr leise, wirkte apathisch, extrem zurückhaltend, avital, fühlte sich elend, erzählte verhalten über Schuldgefühle, zaghafte Autonomie- und Unabhängigkeitswünsche und sprach eingehend über das Sterben. Ein im Kontakt von allen Betreuenden deutlich wahrnehmbare, bodenlose Lustlosigkeit und ein dramatisches Leiden standen im Gegensatz zur subtil farbigen Sprache. Auch fiel die außergewöhnliche Intelligenz von Elke auf. Die Eltern waren sehr besorgt, überfordert und hatten Mühe, eine psychische Verursachung der Krankheit zu akzeptieren. Sie waren bezüglich der Hospitalisation auch höchst ambivalent eingestellt und nahmen Elke nach zehn Tagen wieder nach Hause.

Elke schien in hohem Grade parentifiziert, neurotisch regressiv mit der Mutter in einer symbiotischen Verklammerung fixiert und wies keine altersgemäße Adoleszenzentwicklung auf. In der Familie bestand ein Ethos konstanter Aufopferung für pflegebedürftige Familienmitglieder.

In der Folge wurde Elke mehrfach kurzfristig in einer von den Eltern ausgewählten Klinik für Manualtherapie hospitalisiert. In dieser Zeit kam es zur allmählichen Ausprägung einer Anorexie mit depressiven und phobischen Zügen sowie Abasie, Astasie und Adynamie.

Im Alter von 16,5 Jahren wurde Elke vier Monate lang kinderpsychiatrisch hospitalisiert. Unter intensiver physiotherapeutischer und psychopharmakotherapeutischer (Antidepressiva) Behandlung sowie Sondenernährung und einem progressiven Rehabilitationsprogramm erreichte sie ein angemessenes Körpergewicht, die Menses traten wieder auf, sie konnte frei gehen, selbstständig öffentliche Verkehrsmittel benutzen und damit die Schule wieder besuchen. Während der Hospitalisation und auch nach dem Austritt zeigte sie keinerlei Bedürfnis nach psychotherapeutischer Hilfe und unterzog sich, auch auf Rat ihrer Eltern, lieber weiterhin der Manualtherapie.

18-jährig war sie zehn Tage lang in einer orthopädischen Klinik zur Abklärung. Es fanden sich aber keine die Symptome erklärenden somatischen Befunde. Die Schwäche nahm zu. Elke ging nun nur noch an Krücken, kurz darauf konnte sie sich nicht mehr aus dem Rollstuhl bewegen.

In der Folge war sie für drei Wochen in einer pädiatrischen Klinik hospitalisiert wegen völliger Imobilisierung und »Parese« der Beine. Sie konnte nur noch mit der Magensonde ernährt werden. Während dieser Hospitalisation verlor sie rund 2,5 kg an Gewicht! Danach weilte sie wieder in der Klinik für Manualtherapie. Als es dort zur weiteren Verschlechterung mit Schnappatmung und zunehmender Angst kam, wurde sie in desolatem Zustand erneut stationär kinderpsychiatrisch aufgenommen. Inzwischen war sie bei der Invalidenversicherung angemeldet worden und bezog eine Vollrente.

Dieser Aufenthalt dauerte nun elf Wochen. Erneut gelang es, mit Heilpädagogik, Physiotherapie, Antidepressiva und einem strikte durchgeführten Rehabilitationsprogramm, einen Gewichtsanstieg von sechs kg sowie eine beginnende motorische Rehabilitation (Gehen einiger Schritte) zu erreichen. Kaum soweit gebessert, erreichte es Elke, dass die Eltern sie gegen den Wunsch der behandelnden Ärzte aus der Klinik nahmen. Zu Hause kam es aber schnell wieder zu einer massiven Verschlechterung. Es stellten sich Schluck- und Blasenfunktionsstörungen ein, die Magensondierung war jetzt anhaltend und die Harnableitung erfolgte via Dauerkatheter. Die pflegerischen Anforderungen überstiegen nach einem halben Jahr die Kräfte der Eltern, so dass Elke, 19-jährig, für viereinhalb Monate in einer neurologischen Klinik hospitalisiert wurde. Dort konnten jedoch keinerlei Fortschritte mehr erzielt werden. Danach war sie für knapp zwei Jahre anhaltend in einer Rehabilitationsklinik für chronisch Kranke und Betagte untergebracht. Ein psychotherapeutischer Versuch im Alter von 19,5 Jahren scheiterte. Mit 20 Jahren konnte sie schließlich das Beziehungsangebot einer Psychotherapeutin annehmen und sich in einen tiefergehenden psychotherapeutischen Prozess einlassen. Die in dieser Zeit erfolgte Rehabilitation erbrachte als Ergebnis, dass Elke nun zweimal täglich eine Stunde sitzend im Rollstuhl verbringen konnte. Mit dem Vollbild einer konversionsneurotisch bedingten »Tetraplegie« (schlaffe Lähmung aller vier Extremitäten, Dauersondierung, Schluck- und Blasenfunktionsstörung) wurde Elke, 21-jährig, schließlich in einem Rehabilitationszentrum für Querschnittgelähmte aufgenommen, dort während 18 Monaten mit umfassenden Rehabilitationsmaßnahmen pflegerischer, ergotherapeutischer, physiotherapeutischer und weiterhin auch psychotherapeutischer Art behandelt.

Im Verlaufe des psychotherapeutischen Dialoges sprach sie über sexuelle Traumatisierungen durch ein naheverwandtes Familienmitglied, die in den Jahren zwischen dem Auftreten ihrer Geschlechtsreife und der Exazerbation der Symptomatik aufgetreten seien. Kleine Schritte eines identifikatorischen Lernens wurden jetzt möglich, nachdem das Lernen durch Identifikation im Verlauf der biologischen Adoleszenz aus intrapsychischen Gründen nicht hatte erfolgen können. Dies führte zu einer Abnahme der Kontaktstörung und zu einer Zunahme ihrer Kooperation bei Übungs- und bei Trainingsverfahren, damit auch zu einer Verbesserung der motorischen Funktionen. Aus der schwerst invalidisierten Patientin beim Eintritt wurde, auf Grund der umfassenden Rehabilitationsanstrengungen, allmählich eine intensiv kontaktsuchende, initiative, lebensbejahende junge Frau, die, jetzt selbstständig ihren Rollstuhl beherrschend und ohne Magensonde, einen Zugang zur Psychogenese ihrer Erkrankung fand und an eine Möglichkeit weiterer Verbesserung ihres Zustandes glaubte.

Welche Faktoren schließlich hauptsächlich an der Ausgestaltung der Symptomatik beteiligt gewesen waren (z. B. die Identifikation mit der Großmutter, eine primäre Kontaktstörung oder die sexuelle Traumatisierung) und welche weitere Verbesserung ihres Zustandes erreicht werden konnte, bleibt unbekannt, da keine Kontakte mehr stattfanden.

Fallbeispiel 4

Irene ist die zwölfjährige Tochter einer 49-jährigen Mutter, die selbst eine sehr harte, wenig angemessene Zuwendung umfassende Erziehung erfahren hat. Die Mutter war am Ende der Adoleszenz von zu Hause in eine erste, unglückliche Ehe von rund sieben Jahren Dauer geflüchtet, nachdem ihr als Mädchen verboten worden war, höhere Schulen zu besuchen. Irene stammt aus ihrer zweiten Ehe. In ihrer beruflichen Tätigkeit war Irene's Mutter recht erfolgreich. Sie fühlte sich beim Erstkontakt »49 Jahre jung«. Seit ihrer Kindheit litt sie unter verschiedensten Ängsten. Sie kümmerte sich übermäß um ihre Familie, weil sie nie im Leben eine so böse Mutter werden wollte wie ihre eigene. »Wenn ich keine Mutter mehr sein kann, bin ich nichts mehr«. Irene's Vater ist ein stiller, zurückgezogener, introvertierter Mensch, mit einer sehr guten Beziehung zu seiner Mutter, die auch von seiner Frau als eigentlicher Mutterersatz ausgewählt worden war.

Wegen multipler Blutungen musste die Mutter während der ersten Schwangerschaftshälfte im Bett bleiben. Sie stillte nicht, da sie Angst hatte, Irene würde ihre Brust verletzen. Schon kurz nach der Geburt bezogen sich viele Ängste der Mutter auf Irene, z. B., ihr Baby könnte im Krankenhaus verwechselt werden oder Irene könnte sonst irgendein Unheil zustoßen. In der frühen Kindheit von Irene wird, neben häufigen Infekten der Luftwege, nur Nachtwandeln als Besonderheit erwähnt. Als Irene sieben Jahre alt war, musste die allseits geliebte Vatersmutter wegen einer karzinomatösen Erkrankung akut hospitalisiert werden. Als die Familie einige Monate danach (die Vatersmutter war bereits wieder zu Hause) am gleichen Ort Ferien machte, erlitt Irene's Vater zweimal einen Kollaps, Irene selber entwickelte eine akute Bauchschmerzsymptomatik, die zur Hospitalisation des Mädchens im gleichen Krankenhaus führte, in welchem die Vatersmutter gelegen hatte. Die Ferien mussten abgebrochen werden. Von dort ab klagte Irene immer wieder über rezidivierende Bauchschmerzen und wurde einige Monate danach nochmals hospitalisiert und sogar operiert. Die vermutete Blinddarmentzündung stellte sich als Pseudoappendizitis heraus. Als Irene neunjährig war, starb die Vatersmutter, ein Einbruch für die gesamte Familie, der aber bei keinem der Familienmitglieder zu einer angemessenen Trauerarbeit führte. Der Vater zog sich zurück, Irene trat vermehrt als Gesprächspartnerin und Pflegeobjekt für die Mutter an die Stelle der Großmutter (die Mutter hatte die Vatersmutter über zwei Jahre lang gepflegt). In ihrem zehnten Lebensjahr beschäftigte die Ausheilung einer Sehnenverletzung durch einen fraglich selbstzugefügten Schnitt in den Finger Irene und ihre Mutter über viele Monate lang. Zwischen ihrem zehnten und elften Lebensjahr bezog die Familie eine andere Wohnung und der Vater nahm eine neue Stelle an.

Nun stellte sich diejenige Symptomatik ein, welche später zur kinderpsychiatrischen Abklärungsuntersuchung führte. Mit elf Jahren nämlich brach bei Irene ein urtikarielles Exanthem aus mit flüchtigen Lähmungserscheinungen an beiden Beinen, nachdem sie auf Entscheid der Mutter nicht hatte ins Gymnasium übertreten dürfen, da die Mutter Angst gehabt hatte, Irene würde dort überfordert. Nach dreimonatiger, hausärztlicher und wirkungsloser Therapie wurde Irene wegen flüchtiger Lähmungserscheinungen und rezidivierenden urtikarialen Exanthemen erstmals zur Abklärung auf eine medizinische Abteilung eines Universitätskinderkrankenhauses gebracht. Kurz nach Klinikeintritt verschwanden die Symptome, die neurologischen Befunde blieben im Grenzbereich. Nach Klinikaustritt zeigten sich vermehrt somnambule Zustände zu Hause, das Exanthem trat wieder auf, Irene erzählte von seltsam schaurigen Erlebnissen, die jedoch kaum überprüfbar waren, und bekam auch die Menarche. Rund ein halbes Jahr später wurde sie zum zweiten

Mal wegen akuter Beinparese hospitalisiert. Nun fiel eine »belle indifférence« auf. Differentialdiagnostisch schwankten die beteiligten Untersucher zwischen der Diagnose einer hysterischen Parese und einem allergischen Exanthem mit Oedemen im Spinalkanal. Wiederum verschwand die Parese im Krankenhaus, trat aber nach dem Austritt erneut auf und erzwang einige Wochen danach eine dritte Hospitalisation wegen einer nun fünf Tage anhaltenden Parese. Jetzt kam es zur kinderpsychiatrischen Abklärung. Die Mutter meinte am Telephon weinend: »Wir sind am Tiefstpunkt angelangt«.

Im ersten Familiengespräch wurde deutlich, dass in Irene's Familie übermäßg starke, zentripetale Kräfte wirksam waren. Probleme, Symptome oder Geschehnisse konnten dramatisch hochgespielt oder merkwürdig indifferent belassen werden. Irene stand klar im Zentrum der pflegerischen Interessen der Mutter und förderte diesen Teufelskreis auch ihrerseits. Die Mutter berichtete über extrem starke Stimmungsschwankungen, die mit der Menopause zu tun hätten. Der Vater trat kaum in Erscheinung.

Eine Woche danach meldete sich ein neues Symptom: Irene litt jetzt zunehmend unter Kollapsanfällen. Als diese schließlich in zehnminütigen Intervallen auftraten, wurde sie von der Schule direkt in die Kinderklinik gebracht. Erneut flaute die Symptomatik kurz nach Spitaleintritt rasch wieder ab. Irene war in der Klinik bestens gelaunt und berichtete in Einzelgesprächen von inzestuösen Erregungen bei Spielen mit dem Bruder, sprach diesen Aussagen, kaum waren sie gemacht, aber sogleich wieder jegliche Bedeutung ab. Ein pubertäres Schwärmen zeigte sich in der Liebe zu Postern von kräftigen Popmusikern und von Formel-I-Rennwagen. Daneben gab es aber auch eine infantile Zwergenwelt.

Kaum ausgetreten, stellte sich ein akuter Visusverlust an beiden Augen ein, ohne dass ophthalmologisch pathologische Befunde nachweisbar gewesen wären. Nun zeigten sich auch Konzentrationsstörungen, Weindurchbrüche, Klagen von depressiver Leere, Angst und Ambivalenz. Die testpsychologische Untersuchung zeigte eine gut durchschnittliche intellektuelle Begabung, starke Neigung zu Regressionen bei sexueller Neugierde, eine aggressive Rivalität mit der Mutter und heftige exhibitorische Wünsche. Darunterliegend gab es Anhaltspunkte für depressive Anteile und Trennungsängste. In mehreren Einzelgesprächen zeigte sich, wie sehr Irene sich stets in Zwischenbereichen zwischen Phantasie und Realität, zwischen Angst und Rache, zwischen Schadenfreude und Zusammenbruch und zwischen Abhängigkeit und Rivalität mit der Mutter bewegte und keinen Ausweg fand.

Sie wurde nun auf die kinderpsychiatrisch-psychotherapeutische Abteilung aufgenommen, zeigte dort anfänglich kaum je eigene Wünsche und stand fast in Gefahr, in Vergessenheit zu geraten. Zu einem gleichaltrigen Mädchen nahm sie eine adäquate Beziehung auf, gleichaltrige Buben mied sie, da sie angab, diese wollten mit ihr in einem Kasten schmusen. Sie blühte zunehmend auf, konnte die angebotenen psychotherapeutisch orientierten Gespräche nutzen, verhielt sich in der Gleichaltrigengruppe bald recht adäquat, verfiel bei Besuchen der Mutter aber in ein ängstlich-regressives Verhalten, bei welchem sie darauf bedacht war, die Erwartungen der Mutter von deren Gesicht abzulesen. Sie schilderte ihr dann Missgeschicke oder Anzeichen von Unwohlsein in allen Details, worauf die Mutter regelmäßig mit großer Besorgnis reagierte. Auch hier war der Vater kaum zu gemeinsamen Gesprächen zugegen.

Als Irene auf der Abteilung das erste Mal »erblindete«, gerieten die anderen Kinder außer sich. Ein Knabe ging zu ihr hin und löschte in ihrem Zimmer das Licht: »Wenn Du blind bist, brauchst Du auch kein Licht«. Einige Minuten später kam Irene aus ihrem Zimmer und setzte sich zu den anderen an den Fernseher. Beim zweiten Mal waren die Kinder wieder irritiert, doch dann erwachte ihre Neugier, und sie fragten Irene, wie das Blindsein denn so sei. Irene gab bereitwillig Auskunft, worauf die Kinder vorschlugen, »Blinde Kuh« zu spielen. Sie banden ihr die Augen zu, wodurch Irene ungeschickter wurde und beim Abnehmen der Augenbinde wieder zu den »Sehenden« zurückfand. Bald nach diesem Ereignis erklärte Irene, sie werde vielleicht bald nicht mehr erblinden. Als von den pädagogischen Mitarbeitern der Zeitpunkt für gekommen erachtet wurde, in welchem Irene alleine von der Abteilung aus zur Schule gehen konnte, löste dies bei der Mutter eine schreckliche Wutattacke mit nächtlichem Erbrechen aus. Sie beschimpfte sämtliche Mitarbeiter der Abteilung, drohte mit Kontaktabbruch, konnte aus diesem Zusammenbruch aber dennoch wieder den Weg in den Dialog finden und äußerte ihre große Wut mit der Aussage: Als Irene noch »eine multiple Sklerose hatte oder als man glaubte, sie habe einen Tumor, da ging es mir nicht so schlecht wie jetzt«.

Einen guten Monat nach Eintritt auf die Abteilung war Irene völlig symptomfrei. Sie erzählte eines Tags, sie habe beim Einschlafen eine Männerstimme gehört, welche gesagt habe, »das Gelähmte« und der Ausschlag, – das sei von den Nerven gekommen. Die Ohnmachten seien eine Folge eines Blutdruckabfalls infolge zu großer innerer Hitze gewesen. »Das Blinde« sei von etwas gewesen, was ihr ins Auge gegangen sei. All das sei jetzt vorbei und käme nie mehr, es habe sich ausgewachsen. Irene glaubte, sie würde verrückt, als sie diese Stimme hörte, fühlte sich wie gehindert, jemandem zu rufen. Es habe wie weit weg getönt. »Ich habe jetzt ja auch zwei Wochen gar nichts gehabt, und es wäre toll, wenn das stimmen würde«. Dieses Erlebnis wurde Irene als Wahrnehmung eines inneren Teiles von ihr selbst gedeutet, mit dem sie in einen Dialog getreten war. Einige Wochen danach konnte sie die Abteilung verlassen, führte über eine kürzere Zeit auch eine analytisch orientierte Psychotherapie durch und machte, wie sich katamnestisch zeigte, eine sehr heftige Pubertät durch, während welcher in der Familie große Umgestaltungen stattfanden, welche auch die Trauerarbeit um die verstorbene Vatersmutter umfassten. Irene ist seitdem symptomfrei geblieben.

11 Essstörungen[15]

11.1 Einführung (zu Pica, Rumination und ARFID = Avoidant-Restrictive Food Intake Disorder).

Ess- und Fütterungsstörungen sind relativ häufig. Sie sind die Folge einer Reihe von verschiedenen Faktoren (z. B. fehlender Appetit, verzögerte oder ungenügende Entwicklung von Essgewohnheiten, Vermeidung oder Ablehnung von Lebensmitteln aufgrund sensorischer Faktoren sowie Schluckbeschwerden[16]). Die Nahrungsaufnahme kann auch zur Stimulation, Selbstberuhigung oder zum Trost gebraucht werden. Die *Ursachen* der Fütterungs- oder Essprobleme sind verschieden, die *Behandlungsmaßnahmen* unterschiedlich und die *klinischen Manifestationen* einander recht ähnlich.

Auch der medizinische Hintergrund des Kindes, sein Temperament sowie seine Entwicklung und seine subjektiven Erfahrungen können – individuell und/oder kombiniert mit Faktoren der Betreuer und der Umwelt – zu Störungen des normalen Essverhaltens beitragen (Kreipe & Palomaki, 2012). Essstörungen reflektieren oft eine *Eltern-Kind-Beziehungs-Problematik*. Die primären Betreuungspersonen, aber auch Umfeldfaktoren, tragen oft zur Auslösung und Aufrechterhaltung von Essproblemen bei (Davies, Satter, Berlin, Sato, Silverman, Fischer, et al., 2006).

Mütter, deren Säuglinge oder Kleinkinder eine Essstörung aufweisen, können sich in ihrem Verhalten unberechenbar, kontrollierend, gereizt, intrusiv oder unempfänglich zeigen und versuchen, das Kind zum Essen zu zwingen. Eine solche Haltung ist oft begleitet von *feindseligen Gefühlen, mangelnder Flexibilität oder Responsivität und fehlender liebevoller Zuwendung*. Mütter von Kindern mit Essproblemen weisen vermehrt Depressions-, Angst- und/oder Persönlichkeitsstörungen auf und leiden selber oft unter Essproblemen. Manchmal empfinden Eltern die Ernährungsschwierigkeiten ihres Säuglings- oder Kleinkindes aber auch als Widerspiegelung ihrer erzieherischen Unfähigkeit, d. h. ihrer mangelhaften Kompetenz (Bryant-Waugh, Markham, Kreipe, Walsh, 2010).

Während die *Prävalenz* von Pica, Rumination und ARFID derzeit ungenau bekannt ist, scheinen diese *Diagnosen* bei Kindern mit schweren intellektuellen Behinderungen häufiger gestellt zu werden, ebenso bei Jugend-

---

15 Wir danken Frau Dorotheé Biebricher, Dipl.-Psych., (†) für ihre Mitarbeit an Teilen einer früheren Fassung des Kapitels über »Essstörungen«, erschienen in Bürgin (1993). Ebenfalls danken wir Frau Dr. med. Barbara Rost für ihre Mitarbeit an Teilen des Abschnitts über Essstörungen in der Adoleszenz einer früheren Fassung des Kapitels, erschienen in Bürgin (1993).

16 Der »Globus Hystericus« ist ein älterer Begriff für die funktionelle Dysphagie, eine Schluckangst, die mit Gefühlen von Ersticken, Erbrechen oder Würgen verbunden ist und zu einer Gewichtsabnahme oder Unterernährung führen kann.

lichen mit gewissen Krankheiten, (insbesondere Eisenmangel) und bei Patienten, die eine parenterale Ernährungssubstitution benötigen.

Zum *Ruminations-Syndrom (RS)* gehören abdominale Schmerzen, Blähungen und Gewichtsverlust. Jugendliche mit *Rumination* oder *ARFID* weisen Gewichtsverlust und Unterernährung auf, die zu erheblichen gesundheitlichen Bedenken und Entwicklungsverzögerungen führen können, wenn das Essverhalten besteht bleibt. In der Tat können die gesundheitlichen Folgen von ARFID und RS einer Anorexia Nervosa ähnlich sein und von Symptomen wie Hypothermie, Bradykardie, Anämie, Halitosis (Mundgeruch), Karies und Elektrolytstörungen begleitet sein. Kinder/Jugendliche mit Essstörungen leben häufig in *ungünstigen sozialen und familialen Verhältnissen*. Sie vermeiden soziale Situationen, in denen ihr Essverhalten in Erscheinung tritt und zeigen ein breites Spektrum psychischer Symptome.

Pica ist oft mit Angst- und Kontrollverlust verbunden oder stellt eine Selbstschädigung dar. Symptome von Depression, Angst und Perfektionismus werden bei Jugendlichen mit *Rumination*, Emotionsregulations-, Verhaltens- und Aufmerksamkeitsstörungen bei solchen mit *ARFID* beobachtet. Die Forschung über das psychosoziale Funktionieren von Jugendlichen mit *Pica, Rumination und ARFID* ist bisher ungenügend.

Das *klinische Erscheinungsbild* dieser Erkrankungen ist deshalb und aufgrund der niedrigen Prävalenzraten *recht heterogen*. Bezüglich der *Behandlung* von Kindern und Jugendlichen mit *Pica, Rumination und ARFID* finden sich hauptsächlich Fallbeispiele. Im Allgemeinen unterscheidet sich die Behandlung je nach der Schwere der Erkrankung und dem Vorhandensein von Begleiterkrankungen. Eine gründliche Anamnese und eine vertiefte körperliche Untersuchung erscheinen daher notwendig, um die Symptome auf Grund einer Krankheit (z. B. Eisenmangel), von Umweltfaktoren (z. B. begrenzte Verfügbarkeit von Nahrungsmitteln) und/oder kulturell sanktionierte Normen (z. B. Fasten für religiöse Zwecke) erklären zu können.

In der Regel wird ein *multidisziplinärer Behandlungsansatz* empfohlen. Evidenzbasierte pharmakologische Behandlungen für Pica, Rumination und ARFID fehlen. Bestehende Studien basieren auf der Hypothese, dass diese Störungen Merkmale mit anderen psychischen Diagnosen teilen (z. B. impulsives oder obsessiv-zwanghaftes Verhalten) (Kelly, Shank, Bakalar, Tanofsky-Kraff, 2014).

11.2 Essstörungen mit Vermeidung oder Einschränkung der Nahrungsaufnahme (Avoidant/Restrictive Food Intake Disorder = ARFID)

11.2.1 Einführung

Kinder und Jugendliche, die eine Nahrungsaufnahme vermeiden oder einschränken, präsentieren sich mit komplizierten und abwechslungsreichen Krankengeschichten und unterschiedlichen Risikofaktoren. Diese umfassen verschiedene medizinische und psychiatrische Symptome, die sich auf die Nahrungsaufnahme auswirken.

11.2.2 Allgemeine Anmerkungen

ARFID ist die zweithäufigste Essstörung bei Kindern unter zwölf Jahren. Die Prävalenzraten reichen von 8 % bis 14 % in einem Essstörungs-Behandlungssetting.[17] Patienten mit ARFID haben ein hohes Risiko von psychischen Störungen, insbesondere Angststörungen und Depressionen. Sie weisen eine höhere Rate von Angststörungen auf als Patienten mit Anorexia nervosa. Etwa 20 % der Patienten sind männlich. Folgende *Warnsignale* sind zu beachten:

Die eingeschränkte oder verminderte Nahrungsaufnahme ist begleitet von *häufigen somatischen Beschwerden ohne organische Ursache*; ein Mangel an Appetit oder mangelndes Interesse an Nahrung und *Befürchtungen, zu ersticken oder zu erbrechen* sind mit einer *reduzierten Nahrungseinnahme oder Verweigerung von Mahlzeiten* verbunden; ebenso besteht eine Unfähigkeit oder ein *Widerwille in Präsenz von anderen zu essen* (z. B. in der Schule, im Haus eines Freundes, in einem Restaurant) sowie ein seit der Kindheit andauerndes, sehr wählerisches Essverhalten.

Es besteht ein erhöhtes *Risiko einer Gedeihstörung* (Nichterfüllung der erwarteten Wachstumsstandards) aufgrund unzureichender Nahrungsaufnahme. Viele Patienten mit ARFID weisen einen *Kleinwuchs* auf oder sind auf ihren Wachstumskurven für Gewicht und Höhe abgesunken. Die *Ernährungsdefizite* (z. B. Anämie oder Eisenmangel) und Unterernährung führen zu Symptomen wie Müdigkeit, Schwäche, brüchige Nägel, trockenes Haar, Haarausfall, Konzentrationsschwierigkeiten, Abnahme der Knochendichte, Gewichtsverlust oder starkes Untergewicht (Menzel, 2016).

Diagnostische Kriterien DSM-5: F 50.8[18]

A. Eine Ess- oder Fütterstörung (z. B. offensichtliches Desinteresse an Essen oder Nahrung; Vermeidung von Nahrung aufgrund ihrer sensorischen Merkmale; Sorge um aversive Folgen von Essen), die sich durch das anhaltende Unvermögen manifestiert, den Bedarf an Nahrung und/oder Energie zu decken und mit einem oder mehreren der folgenden Merkmale in Zusammenhang steht:
  1. Bedeutsamer Gewichtsverlust (oder Unvermögen, die erwartete Gewichtszunahme zu erreichen oder vermindertes Wachstum bei Kindern).
  2. Bedeutsame ernährungsbedingte Mangelerscheinungen.
  3. Abhängigkeit von enteraler Ernährung oder oraler Nahrungsergänzung.
  4. Deutliche Beeinträchtigung des psychosozialen Funktionsniveaus.
B. Das Störungsbild kann nicht besser durch einen Mangel an verfügbaren Lebensmitteln oder ein kulturell akzeptiertes Verhalten erklärt werden.
C. Die Essstörung tritt nicht ausschließlich im Verlauf einer Anorexia Nervosa oder Bulimia Nervosa auf, und es gibt keine Hinweise auf eine Störung in der Wahrnehmung der eigenen Figur oder des Körpergewichts.

---

17 Andere Prävalenzdaten: 5–23 % (Mairs & Nicholls, 2017); 1,5–2,4 % (Eddy, Thomas, Hastings, Edkins, Lamont, Nevins, et al., 2015); 13,8 % (Fisher, Rosen, Ornstein, Mammel, Katzman, Rome, et al., 2014).
18 Auszug aus dem DSM-5, 2015, S. 456; Abdruck erfolgt mit Genehmigung vom Hogrefe Verlag Göttingen aus dem Diagnostic and Statistical Manual of Mental Disorders, Fifth Edition, © 2013 American Psychiatric Association, dt. Version © 2015 und 2018 Hogrefe Verlag.

D. Die Essstörung ist nicht Folge einer gleichzeitig bestehenden körperlichen Erkrankung und kann nicht besser durch eine andere psychische Störung erklärt werden. Wenn die Essstörung im Kontext einer anderen Erkrankung oder Störung auftritt, müssen die Symptome schwer genug sein, um für sich allein klinische Beachtung zu rechtfertigen.

Bestimme, ob:
Remittiert: Nachdem die Kriterien der Störung mit Vermeidung oder Einschränkung der Nahrungsaufnahme zuvor vollständig erfüllt waren, werden die Kriterien seit einem längeren Zeitraum nicht erfüllt.

Die drei wichtigsten Subtypen sind: Nahrungsvermeidung mit emotionaler Störung (Food avoidance emotional disorder; FAED), selektives Essen (selective eating; SE) und funktionelle Dysphagie (functional dysphagia; FD).

11.2.3 Epidemiologische Untersuchungen

In einer Schweizer Studie gaben 3,2 % der Probanden ARFID-Merkmale an. 39 % davon berichteten von einem Mangel an Interesse am Essen oder an der Nahrung, 61 % zeigten eine begrenzte Nahrungsaufnahme aufgrund der sensorischen Eigenschaften der Lebensmittel und 15 % vermieden die Nahrungsaufnahme wegen der negativen Esskonsequenzen wie Würgen oder Erbrechen.

Bezüglich der *Subtypen* wurde selektives Essen am häufigsten angegeben (26,1 %), gefolgt von Nahrungsvermeidung mit emotionaler Störung (19,3 %) und funktioneller Dysphagie (5,0 %). Selektives Essen wurde signifikant häufiger von Jungen als von Mädchen angegeben.

Da früh auftretende Essprobleme ein erhöhtes Risiko für die Entwicklung von Essstörungen im Jugend- und Erwachsenenalter darstellen und schlechtere Behandlungserfolge haben, ist eine frühzeitige Erkennung solcher Essprobleme von großer Bedeutung (Kurz, van Dyck, Dremmel, Munsch, Hilbert, 2015; Kurz, van Dyck, Dremmel, Munsch, Hilbert, 2016). Bei einieigen Zwillingen erwies sich das Risiko, dass beide Zwillinge betroffen waren, als viel größer als bei zweieiigen, was auf eine teilweise *vererbte Problematik* hindeutet (Täljemark, Råstam, Lichtenstein, Anckarsäter, Kereke, 2017).

Die Art und Weise, wie die *Betreuungspersonen* ihr Kind ernähren, d. h. ihr Ernährungsstil, ist zu beachten. Der Eltern-Kind-Beziehung muss bei Ernährungsproblemen stets Rechnung getragen werden (Kerzner, Milano, MacLean, Berall, Stuart, Chatoor, 2015).

11.2.4 Diagnose

Sie wird gestellt, wenn das Kind oder der Jugendliche seinen Ernährungsanforderungen nicht gerecht wird, was zu einem *signifikanten Gewichtsverlust* und/oder einem *Wachstumsmangel* führt, wenn bei Ernährungsinsuffizienz Nahrungsergänzungsmittel notwendig sind und auch, wenn die *psychosoziale Situation stark beeinträchtigt* ist. Die *Beobachtung* einer Mahlzeit, bei der einem Kind vertrautes und fremdes Essen von verschiedener Beschaffenheit (Textur) präsentiert wird, kann sehr aufschlussreich sein, denn dabei können Schluckfähigkeit, Angstzustände, Interesse an Nahrung, Präferenz für bestimmte Nahrungsmittel sowie die Interaktionen zwischen Eltern und Kind beobachtet werden.

Das *Erstgespräch* bietet die Gelegenheit, den Patienten und seine Familie für die Behandlung zu engagieren, ihre Motivation zu erforschen und Faktoren zu erfassen, die eine Genesung fördern. Die Bewertung soll die *physische, psychische und soziale* Situation umfassen und über die altersgemäße Entwicklung informieren. *Individuelle Gespräche mit dem Kind/Jugendlichen* sind wichtig, um Inhalte zu erfassen, die der Patient im familiären Kontext nicht mitteilen will. Eine direkte Essenszeitbeobachtung ist für die Beurteilung wichtig. Das medizinische und psychische Risiko sollte laufend bewertet werden, da die Risiken im Verlauf der Behandlung immer wieder schwanken (Mairs & Nicholls, 2017).

Die klinische Erfahrung legt nahe, dass Patienten mit Vermeidung oder Einschränkung der Nahrungsaufnahme (ARFID) tendenziell jünger sind als Patienten mit anderen Essstörungen (d. h. Anorexia- und Bulimia nervosa) und häufiger zum männlichen Geschlecht gehören. Die Dauer der Krankheit erweist sich in vielen Fällen als länger; ebenso sind häufig Manifestationen anderer Symptome wie z. B. Bauchschmerzen, Verdauungsprobleme, Laktoseintoleranz, Nahrungsmittelallergien, Verstopfung, eine Anamnese von Angst vor Erbrechen/Würgen oder ein gastro-oesophagaler Reflux vorhanden. Viele Patienten mit ARFID sind untergewichtig oder weisen einen signifikanten Gewichtsverlust auf. Eine Besorgnis über das Körperbild/die Figur oder das Gewicht kann meistens nicht festgestellt werden (Fisher, Rosen, Ornstein, Mammel, Katzman, Rome, et al., 2014; Kohn, 2016).

Kinder und Jugendliche schränken ihre Nahrungsaufnahme auch ein, um Schmerzen, Übelkeit oder das Risiko von Würgen oder Erbrechen zu vermeiden, verweigern Nahrung auf Grund von deren Aussehen, Geruch, Geschmack, Beschaffenheit oder Konsistenz und verzichten auf Mahlzeiten, die mit stressvollen Emotionen verbunden sind. Sie reagieren ängstlich und gestresst auf Informationen von »gefährlichen« Lebensmitteln oder Chemikalien (wie Fett, Zucker oder chemische Zusatzstoffe). Selektives, wählerisches Ernährungsverhalten besteht meist seit frühester Kindheit (Norris & Katzman, 2015).

11.2.5 Differentialdiagnose

Sie erweist sich bezüglich der Unterscheidung von ARFID und Anorexia Nervosa als schwierig. ARFID-Betroffene zeigen oft die gleichen Komplikationen wie Patienten mit Anorexie Nervosa; der Gewichtsverlust kommt jedoch nicht durch Bedenken, die das Gewicht oder die Figur/Form betreffen, zustande. Die ARFID-Krankheit beginnt früher und die Diagnose wird meist erst nach längerer Dauer der Krankheit gestellt. Anorexie und ARFID sind beide mit erheblicher Angst und Stress um Essenszeiten verbunden. Es ist wichtig zu wissen, dass sich ARFID in wenigen Fällen zu einer Anorexia Nervosa entwickeln kann. ARFID-betroffene Kinder und Jugendliche waren aber deutlich jünger als solche mit Anorexia- und Bulimina Nervosa. Es ist wesentlich, die Diagnose andauernd neu zu überarbeiten (Fisher et al., 2014).

11.2.6 Behandlung

Ein *multidisziplinärer Teamansatz* (von Psychiater, Familientherapeut, Psychologe, Pädiater, Ernährungsberater, Sozialarbeiter) ist zu befürworten. Im Allgemeinen richtet sich die Behandlung auf die hauptsächlichsten Essschwierigkeiten sowie auf die ätiologischen Faktoren, die zur Entwicklung der Krankheit beigetragen haben (Mairs & Nicholls, 2017). Aber auch Familien- und individuelle Psychotherapien sind sinnvoll; gegebenenfalls kommen auch pharmakotherapeutische Interventionen in Frage (Norris, Robinson, Obeid, Harrison, Spettigue, Henderson, 2014; Norris, Spettigue, Katzman, 2016).

11.3 Pica

11.3.1 Historische Anmerkungen

Pica war schon in der Antike bekannt. Das Essen von Erde, besonders Kreide oder Lehm, wird als Geophagie bezeichnet. Seit vielen Jahren wurden Papageien und Aras an den Flussufern der peruanischen Amazonaswälder beobachtet, wie sie Stücke von orangefarbenem Ton abschnitten und schluckten. Dreck und Schmutz werden in einigen Kulturen therapeutische Kräfte zugeschrieben. Seit jeher verwendet der Mensch Ton[19], äußerlich oder innerlich, um seinen Körper gesund zu erhalten oder bestimmte Krankheiten zu behandeln. Allerdings gibt es nur wenig wissenschaftliche Arbeiten, welche die positiven Auswirkungen von Ton auf Körperfunktionen untersuchen. Bentonit-Ton[20] ist einer der verfügbaren Tone in der Natur, die als traditionelle Gewohnheiten und Heilmittel in vielen Kulturen verwendet werden (Moosavi, 2017). In gewissen Fällen erfolgt das Einnehmen von Erde oder Wandverputz aus dem Bedürfnis, Mängel zu kompensieren oder toxische Stoffe zu entgiften. Typischerweise führt Pica nicht zu signifikantem Vitamin- oder Mineralmangel und wird oft erst bei ernsten medizinischen Komplikationen diagnostiziert. In extremen Fällen ist Pica mit Vergiftung, chronischen Bauchschmerzen, Anämie, Verstopfung, Darmverschluss, Perforation und häufigen Krankenhausaufenthalten verbunden.

11.3.2 Diagnostische Kriterien DSM 5: F 98.3[21]

A. Ständiges Essen nicht nahrhafter, nicht zum Verzehr bestimmter Stoffe, das mindestens einen Monat lang anhält.
B. Das Essen von nicht nahrhaften, nicht zum Verzehr bestimmten Stoffen ist dem Entwicklungsstand der betroffenen Person nicht angemessen.
C. Das Essverhalten ist nicht Teil eines kulturell akzeptierten oder sozial normativen Verhaltens.
D. Tritt die Störung des Essverhaltens im Kontext einer anderen psychischen Störung (z. B. Intellektuelle Beeinträchtigung [Intellektuelle Entwicklungsstörung], Autismus-Spektrum-Störung, Schizophrenie) oder eines medizinischen Krankheitsfaktors, (einschließlich Schwangerschaft) auf, muss sie schwer genug sein, um eine zusätzliche klinische Beachtung zu rechtfertigen.

Codierhinweis: Die ICD-10-CM-Codes für Pica sind **F98.3** für Kinder und **F50.8** für Erwachsene.

Bestimme ob:
Remittiert: Nachdem die Kriterien für Pica zuvor vollständig erfüllt waren, werden die Kriterien seit einem längeren Zeitraum nicht erfüllt.

---

19 Ein feinkörniges Sediment, das typischerweise gelb, rot oder blaugrau ist und oft eine undurchlässige Schicht im Boden bildet.
20 Bentonit, benannt nach den Fort-Benton-Schiefern von Wyoming (USA), ist eine Erde, die aus einer Mischung verschiedener Tonmineralien besteht.
21 Auszug aus dem DSM-5, 2015, S. 450; Abdruck erfolgt mit Genehmigung vom Hogrefe Verlag Göttingen aus dem Diagnostic and Statistical Manual of Mental Disorders, Fifth Edition, © 2013 American Psychiatric Association, dt. Version © 2015 und 2018 Hogrefe Verlag.

11.3.3 Definition

Pica[22] ist eine *qualitative Essstörung*, bei der wiederholt ungenießbare oder nicht nahrhafte Stoffe wie z. B. Asche, Erde, Papier, Farben, Gras, Haare, Eis, Holz, Kalk, Kaugummi, Lehm, Steine, Textilien, Zahnpasta, usw. eingenommen werden. Das Krankheitsbild der Pica-Störung ist uneinheitlich und wird oft erst infolge von Beschwerden oder Komplikationen diagnostiziert. Pica gilt als eine Form von potenziell selbstverletzendem Verhalten, das häufig bei Kindern mit Entwicklungsstörungen und geistigen Behinderungen vorkommt. Wenn Kinder Exkremente einnehmen (Koprophagie), machen sie oft auf eine schwere Deprivation und/oder eine extreme familiale Belastung aufmerksam. Dies kann ebenso der Fall bei einer Trichophagie (Essen von Haaren) sein.

Zuverlässige Daten über die Häufigkeit der Pica sind nicht verfügbar. Kinder im Alter von 18 bis 36 Monaten nehmen häufig nicht essbare Dinge auf, ein Verhalten, das ab dem zwölften Lebensjahr nur noch etwa bei 10 % der Kinder vorhanden ist.

11.3.4 Ätiologie

Schwerwiegende Familien- und Umweltsituationen sowie pathologisches Pflegeverhalten der Betreuungspersonen gehören zu den häufigsten Ursachen der Pica bei Kleinkindern. Zu den intrapsychischen Auswirkungen zählen Entwicklungsrückstände, eine Neigung zur Selbstschädigung und Störungen der Impulskontrolle. Pica kann auch bei einer psychosozialen Gedeihstörung von Kindern mit affektiver Deprivation auftreten.

---

22 Pica, lateinisch, bedeutet Elster, eine Allesfresserin. Die diebische Elster ist Thema der Oper »La gazza ladra« von Rossini und des Bilderbuchs von Alois Carigiet.

11.3.5 Komplikationen

- Intoxikationen (Blei-, Quecksilber- und Arsenvergiftungen)
- Mechanische Schädigungen der Speisewege durch Fremdkörper
- Metabolische Störungen: Resorptionsstörungen mit konsekutiven Mangelsyndromen, insbesondere Eisen- und Kaliummangel, sowie Anämie.
- Infektion mit aus den Substanzen aufgenommenen Parasiten
- Häufig sind gastrointestinale Störungen wie Diarrhöe, Obstipation, Pankreatitis, Enterokolitis, Ileus, Ulzera, Blutungen und Peritonitis, sowie die Bildung von Bezoaren (= Kugeln aus verschluckten, unverdaulichen Materialien).

11.3.6 Differentialdiagnose:

Differenzialdiagnostisch kommen bei unerklärlichen abdominellen Beschwerden auch andere Essstörungen oder funktionelle Störungen des oberen Gastrointestinaltraktes in Frage.

11.3.7 Therapie und Prävention

Die Therapie der Pica richtet sich nach den zugrundeliegenden Störungen und den aufgetretenen Komplikationen. Es soll versucht werden, das Essen nicht-nahrhafter Gegenstände durch das Anbieten von gesunder Nahrung zu verhüten. Kleinkinder oder Kinder mit Entwicklungsstörungen und Behinderungen sollten von den Eltern oder den Betreuern besser überwacht werden (Mishori & McHale, 2014; Heger, Teyssen, Lieberz, 2001). Pica-Patienten können positiv auf die Einnahme eines selektiven Serotonin-Wiederaufnahme-Hemmers reagieren, ähnlich wie Jugendliche mit Zwangsstörungen. Zu den präventiven Maßnahmen gehören das Unterbinden des potenziell lebensbedrohlichen Verhaltens und das Verhüten der nachteiligen Folgen (Williams & McAdam, 2012; Call, Simmons, Lomas Mevers, Alvarez, 2015).

11.4 Rumination[23]

11.4.1 Einführung

Das Ruminations-Syndrom ist relativ einfach zu diagnostizieren. Rumination hat einen erheblichen Einfluss auf die Lebensqualität der Patienten und deren Familien. Während einige Fälle von einer einfachen ambulanten Behandlung profitieren können, brauchen schwerer beeinträchtigte Patienten eine intensivere Psychotherapie. Familien, welche die Diagnose akzeptieren und die Mechanismen, welche die Rumination aufrechterhalten, verstehen, können den kindlichen/jugendlichen Patienten kontinuierlich unterstützen und zu seiner Besserung beitragen (Alioto & Di Lorenzo, 2017).

11.4.2 Diagnostische Kriterien DSM-5: F 98.21[24]

A. Wiederholtes Hochwürgen von Nahrung über einen Zeitraum von mindestens 1 Monat. Hochgewürgte Nahrung kann wieder gekaut, wieder geschluckt oder ausgespuckt werden.
B. Das wiederholte Hochwürgen ist nicht Folge einer Erkrankung des Magen-Darm-Trakts oder einer anderen körperlichen Erkrankung (z. B. ösophagealer Reflux, Pylorusstenose).
C. Die Störung des Essverhaltens tritt nicht ausschließlich im Verlauf einer Anorexia Nervosa, Bulimia Nervosa, Binge-Eating-Störung oder Störung mit Vermeidung oder Einschränkung der Nahrungsaufnahme auf.
D. Treten die Symptome im Kontext einer anderen psychischen Störung (Intellektuelle Beeinträchtigung [Intellektuelle Entwicklungsstörung] oder eine andere Störung der neuronalen und mentalen Entwicklung) auf, müssen sie schwer genug sein, um zusätzliche klinische Beachtung zu rechtfertigen.

Bestimme, ob:
Remittiert: Nachdem die Kriterien für die Ruminationsstörung zuvor vollständig erfüllt waren, werden die Kriterien seit einem längeren Zeitraum nicht erfüllt.

---

23 Frühkindliche Rumination (▶ Kap. 9.6.3)
24 Auszug aus dem DSM-5, 2015, S. 453; Abdruck erfolgt mit Genehmigung vom Hogrefe Verlag Göttingen aus dem Diagnostic and Statistical Manual of Mental Disorders, Fifth Edition, © 2013 American Psychiatric Association, dt. Version © 2015 und 2018 Hogrefe Verlag.

11.4.3 Definition und klinische Symptome

Rumination bezeichnet das nicht-zielgerichtete *Aufwürgen von kürzlich aufgenommener Nahrung vom Magen in den Mund*, wo sie entweder ausgestossen oder wieder verschluckt wird. Das Ruminationssyndrom zeichnet sich aus durch ein müheloses, repetitives und schmerzloses Aufwürgen von teilweise verdautem Essen in den Mund. Es wird anschliessend *wieder gekaut, geschluckt oder ausgespuckt*. In der Regel bestehen kaum Gefühle von Nausea und ebenso kein Erbrechen. Eine Standardbehandlung des gastroösophagealen Refluxes ist meist nicht wirksam. Zu den zusätzlichen Symptomen gehören: Aufstossen, Blähungen, Sodbrennen, Übelkeit, Bauchschmerzen, Durchfall, Verstopfung, aber auch Kopfschmerzen, Schwindel- und Schlafstörungen. In schweren Fällen können Komplikationen wie Gewichtsverlust und Unterernährung auftreten.

11.4.4 Epidemiologie und Prävalenz

Früher wurde angenommen, dass die Rumination nur bei Kindern und Jugendlichen mit Entwicklungsstörungen und Lernschwierigkeiten vorkomme. Heute wird anerkannt, dass gesunde, kognitiv unbeeinträchtigte Individuen von einer Rumination betroffen sein können. Über 2000 Schulkinder- und Jugendliche von normaler Intelligenz wurden im Alter von 10–16 Jahren auf die Prävalenz eines Ruminationssyndroms untersucht. Es wurde in 5,1 % diagnostiziert. Dabei konnte kein signifikanter Geschlechtsunterschied festgestellt werden. Bei 10 % der betroffenen Kinder und Jugendlichen kam es – wegen einer schweren Symptomatologie – zum Unterbruch des Schulbesuchs. Ungefähr ein Fünftel der Kinder und Jugendlichen litten zusätzlich unter einer funktionellen, gastrointestinalen Störung (Rajindrajith, Devanarayana, Perera, 2012).

Die Ruminationsstörung im Jugendalter ist relativ selten und unterscheidet sich von derjenigen bei Säuglingen, die im Alter von drei bis sechs Monaten auftritt und oft infolge einer emotionalen Deprivation zustandekommt. Das *adoleszentäre Ruminationssyndrom* ist eine komplexe Erkrankung mit einer nicht gut verstandenen Ätiologie. Es handelt sich um eine funktionelle gastrointestinale Störung mit physiologischen, sensorischen und psychischen Faktoren. Die Symptome werden oft fehldiagnostiziert. Die Verzögerung der Diagnose und Behandlung kann zu sekundären Komplikationen führen, einschliesslich Gewichtsverlust, Unterernährung, zu tiefen Elektrolyten sowie emotionalen Folgen von Distress und Angstzuständen. Obwohl das adoleszentäre Ruminationssyndrom nicht lebensbedrohlich ist, hat es medizinische und psychologische Auswirkungen für den Patienten und seine Familie (Mousa, Montgomery, Alioto, 2014).

11.4.5 Ätiologie

Die Ätiologie ist nicht eindeutig. Physische oder psychische Stressoren können kurz vor dem Beginn der Symptome auftreten; ein erheblicher Anteil der diagnostizierten Patienten weist körperliche Krankheiten oder begleitende psychische Störungen auf (Alioto, Yacob, Yardley, Di Lorenzo, 2015). Spezifische Stressoren wie virale Krankheiten (43 %) oder psychosoziale stressvolle Faktoren (7 %) können die Störung auslösen (Mousa et al., 2014).

11.4.6 Pathophysiologie

Rumination stellt ein Kontinuum des Erbrechens dar, das zunächst entweder durch eine muköse gastrointestinale Störung oder durch Stressfaktoren wie z. B. eine emotionale Erregung ausgelöst wird. Auch wenn die anfängliche Stresssituation aufgehoben ist, bleibt die veränderte viszerale Empfindung des Patienten und eine schlechte Magenakkomodation^{25} bestehen. Diese postprandiale Änderung der Magenphysiologie mit schlechter Akkomodation und Hyperalgesie führt zur Entspannung des unteren Speiseröhrenschließmuskels. Patienten reagieren auf postprandiale Beschwerden, indem sie die Bauchmuskeln gebrauchen, um Lebensmittel auszustoßen und zu erbrechen. Infolge der Linderung der Symptome durch das Ausstossen des Mageninhalts adoptiert der Patient unbewusst eine Sequenz von erlernten Verhaltensweisen, welche die Kontraktion der Bauchwand, die Öffnung des unteren und oberen Ösophagussphinkters und schließlich die Ausstoßung von Nahrung umfasst. Es handelt sich um ein »konditioniertes Erbrechen« (Hejazi & McCallum, 2014; Mousa et al., 2014).

Auf der psychischen Seite hat das Symptom oft eine *autoerotische Qualität* und wird bei Depressionen, Angstzuständen, Misshandlungs- und Stresssituationen gefunden. Die Beziehungen zwischen emotionalen Zuständen, einer Aktivierung des vegetativen Nervensystems und der Erfahrung von Schmerz werden allgemein anerkannt. Patienten mit emotionalen Schwierigkeiten können – als Folge ihrer Symptome – während der Behandlung zusätzliche Beschwerden, antizipatorische Angstzustände und eine erhebliche emotionale Belastung empfinden (Alioto & Di Lorenzo, 2017).

11.4.7 Differentialdiagnose

Rumination wird häufig als gastroösophagealer Reflux, wiederkehrendes Erbrechen, Motilitätsstörungen im oberen Magen-Darm-Trakt oder als Gastroparese fehldiagnosti-

---

25 Als Akkommodation bezeichnet man die Fähigkeit des Magens, sich an verschiedene Füllungszustände anzupassen.

ziert. Das wichtigste klinische Merkmal der Rumination ist der Zeitpunkt des Auftretens. Es gibt nur wenige andere medizinische gastrointestinale Regurgitationen, die kurz nach der Nahrungsaufnahme erfolgen. Obwohl der heraufgewürgte Mageninhalt wieder verschluckt werden kann, wird er bei Jugendlichen auch häufig ausgestoßen. Andere Symptome, insbesondere Bauchschmerzen, Sodbrennen und Übelkeit stellen oft ein »Signal« dar, das die Rumination ankündigt.

11.4.8 Therapeutische Maßnahmen

Eine erfolgreiche Therapie umfasst nicht nur die medizinische Behandlung der Symptomatik, sondern auch die mit der Krankheit verbundenen psychischen- und Verhaltensprobleme und schließlich auch die verminderte Lebensqualität. Da die Erkrankung vielfältig ist, sind individuelle Behandlungspläne für jeden Patienten zu entwickeln und ein interdisziplinäres Team zur Verfügung zu stellen, um den Bedürfnissen des Patienten und seiner Familie gerecht zu werden (Mousa et al., 2014).

Die Beschreibung der Krankheit von einer *biopsychosozialen Perspektive* her ermöglicht den Familien und den Patienten, das Zusammenspiel zwischen körperlichen, verhaltensbedingten, emotionalen und situativen Faktoren zu verstehen, reduziert ihre Angst und fördert ihre aktive Kooperation. Auslösende Faktoren sind zu eruieren und die Rolle des autonomen Nervensystems, das durch Sorgen, Stress, Angst erregt wird, zu erklären. Die *Beobachtung* des Patienten während des Essens oder Trinkens und seiner Rumination ist höchst bedeutsam, da sie die Gelegenheit bietet, die Wahrnehmung und das Bewusstwerden der Störung des Patienten und der Familie zu sensibilisieren. Zu den psychischen Faktoren gehört die ängstliche Erwartung des Patienten, dass alles, was er isst oder trinkt sowieso ruminiert und erbrochen wird, was die Stressreaktion während der Mahlzeiten zusätzlich erhöht. Eine spezifische Pharmakotherapie kann bei Schlafstörungen, psychischen Komorbiditäten oder anderen somatischen Symptomen (Kopfschmerzen, Übelkeit, frühes Sättigungsgefühl, Obstipation) eingesetzt werden (Alioto & Di Lorenzo, 2017).

Stress und psychologische Aspekte sind immer im Hintergrund des Ruminationssyndroms vorhanden und müssen angesprochen werden. Die entscheidenden Schritte in der Behandlungsstrategie beruhen auf Beruhigung, Aufklärung und einer physiologischen Erklärung für den Patienten und seine Familie, dass Rumination keine organische Krankheit ist, gefolgt von Verhaltens- und Entspannungsprogrammen und der Auseinandersetzung mit Stressfaktoren (Hejazi & McCallum, 2014).

Die *psychoanalytische Behandlung* zielt in erster Linie auf die Entwicklung einer tragfähigen Beziehung hin, welche die Besetzung der Realobjekte bedeutsamer werden lässt als diese des Inhaltes des oberen Gastrointestinaltraktes.

12 Psychosoziale Gedeihstörung (GS) und Minderwuchs

12.1 Einführung und Definition

Als eine Gedeihstörung wird der Zustand der *Unterernährung* eines Säuglings oder Kleinkindes bezeichnet, der durch eine quantitativ oder qualitativ ungenügende Nahrungszufuhr hervorgerufen wurde. Diese kann durch eine gestörte Kalorienaufnahme oder durch einen exzessiven Kalorienverbrauch und auch durch eine unausgewogene Zusammensetzung der Ernährung zustande kommen. Folgen sind Untergewicht und *Wachstumsretardierung*, eine mögliche Schwächung des Immunsystems und eine Beeinträchtigung der psychomotorischen, kognitiven und psychosozialen Entwicklung des wachsenden Kindes.

Die meisten Fälle von Gedeihstörungen entstehen durch unzureichende und nicht akzeptierte Kalorienzufuhr infolge von verhaltensbedingten oder psychosozialen Problemen. Der wichtigste Teil der ambulanten Evaluation ist die genaue Erfassung der Still- und Essgewohnheiten wie auch der Kalorienaufnahme eines Kindes. Routine-Labortests identifizieren selten eine Ursache und werden im Allgemeinen nicht empfohlen. Zu den Gründen, ein Kind zur weiteren Untersuchung zu hospitalisieren, gehören ein Versagen der ambulanten Behandlung, Verdacht auf Misshandlung oder Vernachlässigung oder schwere (zumeist unbewusste) psychosoziale Beeinträchtigungen der Betreuungspersonen.

Das Gewicht pro Länge ist ein guter Indikator für eine Beurteilung einer Mangel-/Unterernährung (Längensollgewicht = das Größenpercentile-gerechte Gewicht, d. h. 50. Percentile). Ein Gewicht das < 70 % der 50er Perzentile auf der »Gewicht für Längen Kurve« liegt, ist ein Indikator für eine schwere Unterernährung und erfordert meist eine Hospitalisation.

12.2 Prävalenz

Die GS ist kein sehr häufiges Krankheitsbild. Es tritt in vier Fünftel der Fälle vor dem 18. Lebensjahr auf. Ihre Prävalenz variiert je nach den angewandten diagnostischen Kriterien. Höhere Prävalenzen fanden sich bei ökonomisch schwächeren Bevölkerungsschichten, sowohl in Landregionen als auch in Städten.

12.3 Ätiologie

Die Ursachen umfassen biologische, psychosoziale, interaktive- und umweltsbedingte Faktoren. In 80 % der Fälle von GS wird keine klare Ursache gefunden. Eine inadäquate Einnahme von Kalorien ist die häufigste Ätiologie bei Patienten mit GS beim Primärversorger (Hausarzt, Kinderarzt). Bei Säuglingen unter acht Lebenswochen mit GS sind die Ursachen häufig beziehungsbedingte Ernährungsprobleme. Später treten andere Ursachen für eine GS in den Vordergrund (z. B. exzessive Einnahme von Fruchtsäften oder das Vermeiden kalorienreicher Nahrungsmittel durch die Eltern). Eine Eltern-Kind-Interaktionsproblematik kann zu einer GS in jedem Kindesalter führen. Armut ist der größte einzelne Risikofaktor für GS in Industrie- und Entwicklungsländern. Vernachlässigung und/oder Misshandlung müssen als eine ursächliche GS in Betracht gezogen werden.

12.4 Differentialdiagnose

Unzureichende Kalorienabsorption schließt auch Störungen ein, die ein häufiges Erbrechen (z. B. bei Stoffwechselstörungen, Nahrungsmittelunverträglichkeiten) oder eine Malabsorption (z. B. Zöliakie, chronische Diarrhoe, Proteinverlustenteropathie) verursachen. Ein übermäßiger Kalorienverbrauch tritt gewöhnlich bei chronischen Erkrankungen wie angeborenen Herzfehlern, chronischen Lungenerkrankungen oder Hyperthyreose auf. In diesen Fällen entwickelt sich die GS oft während der ersten acht Lebenswochen (Cole & Lanha, 2011).

12.5 Auswirkungen und Prognose

Übereinstimmend wird festgestellt, dass eine schwere und langandauernde Malnutrition das körperliche und auch das Gehirnwachstum des Kindes beeinträchtigen kann. Die Wachstumsverzögerung ist mit kognitiven Leistungsdefiziten verbunden und hat emotionale und Verhaltensauswirkungen zur Folge. Untergewichtige Frühgeborene mit einer GS zeigen langfristige, störende Auswirkungen auf die Entwicklung. Im Alter von acht Jahren waren die Kinder – im Vergleich zu Frühgeborenen ohne GS – deutlich kleiner, wiesen niedrige kognitive Werte und schlechtere Schulleistungen auf. Das Wachstum sollte über Jahre eng überwacht werden (Cole & Lanha, 2011; Furlano, Sidler, Köhler, 2013).

13 Affektives Deprivationssyndrom (AD)

Bei Kindern, die in psychosozialen Verhältnissen unter einer affektiven Deprivation leiden, sei es innerhalb einer ungünstigen Familiensituation oder in Institutionen, wurden spezifische neuroendokrine Marker[26] untersucht. Bestimmte prädisponierende Faktoren – soziale, familiale, affektive und institutionelle – wirken sich bei jedem Kind unterschiedlich aus. Die Gesamtheit der Umwelt- und individuellen Interaktionen sowie deren Dauer haben Auswirkungen auf Wachstum, Entwicklung, psychoaffektiven Zustand, Persönlichkeit und Soziabilität. Diese Prozesse führen zu einem mehr oder weniger ausgeprägten affektiven Deprivationssyndrom und zu einer signifikanten Verringerung der neuroendokrinen Marker (Melatonin, Serotonin, β-Endorphine und ACTH), welche biologische Auswirkungen zur Folge haben. Es entwickelt sich eine Vielzahl von nachteiligen Konsequenzen, die im neurologischen Bereich (z. B. verzögertes Lernen), im endokrinen System (verzögertes Wachstum) oder im Immunsystem (Infektionen) zum Ausdruck kommen. Unter extrem schweren Umständen führt dieser Prozess zu einem psychosozialen Zwergwuchs beim Kind (Gewicht und Größe unter dem dritten Perzentil) und zwar ohne nachweisbare organische Ursache (Muñoz-Hoyos, Molina-Carballo, Augustin-Morales, Contreras-Chova, Naranjo-Gómez, Justicia-Martínez et al., 2011).

13.1 Therapeutische Maßnahmen

Ein multidisziplinärer Behandlungsansatz, einschließlich Hausbesuche, Ernährungsberatung, sowie psychosoziale und pädagogische Unterstützung verbessert die Gewichtszunahme, die Eltern-Kind-Beziehung und die kognitive Entwicklung (Cole & Lanham, 2011). Fallspezifisch braucht es psychotherapeutische Interventionen in der Familie und/oder beim einzelnen Individuum, um bessere Entwicklungsbedingungen zu ermöglichen.

---

26 Serumspiegel von Melatonin, Serotonin, β-Endorphinen und adrenocorticotropem Hormon (ACTH) und den korrespondierenden Veränderungen in der Metabolisierung von Tryptophan wurden gemessen.

Fallbeispiel 5[27]

Eine erste kinderpsychiatrische Konsultation für Manuel, fünfjährig, wird von seinem Pädiater verlangt, der Manuel seit seiner Geburt kennt. Die Entwicklung von Manuel verlief im Bereich der Norm. Seit dem Alter von zwei Jahren jedoch erbrach Manuel immer wieder. Sämtliche somatischen Abklärungen blieben negativ.

Im Erstgespräch (mit den Eltern und Manuel) bringt die Mutter Plastiksäcke mit, damit Manuel, der daran gewöhnt sei, in solche Säcke zu erbrechen, nicht den Praxisraum verschmutze, was nicht ein einziges Mal geschieht. Die Eltern überlassen es ihrem Sohn zu erklären, warum sie mit ihm hierherkommen. Manuel beginnt sofort zu zeichnen: »Ich zeichne, was mir Angst macht« und erläutert seine Zeichnungen. Er schildert einen Alptraum nach dem anderen. Trotz seinem akuten Angstzustand zeichnet und erzählt Manuel mit einer für sein Alter erstaunlichen Geschicklichkeit und Schnelligkeit. Die erste Zeichnung kommentiert Manuel folgendermaßen: »Eine Blume, sie ist sehr alt. Sie muss von einem Lastwagen getötet werden; der Lastwagen hat einen Pneu, der keine Luft mehr hat; eine Rose hat durch ihre Dornen diesen Pneu zum Platzen gebracht. Der Lastwagen ist sehr verärgert über die Blume; er bläst seinen Pneu wieder auf. Eine neue Blume wird kommen, die immer jung bleiben wird.« Die Thematik von Alter, Gewalt, Tod, Rache und Wiedergutmachung mit der Hoffnung auf ein ewiges Leben wird eingeführt. Manuel erzählt weitere Geschichten über Überlebenskämpfe von Blumen mit Maschinen und sagt: »Die Geschichte wiederholt sich immer wieder«. Er berichtet auch von seiner Angst vor Lastwagen, Traktoren, Maschinen, deren Lärm immer weiter anhält.

In anderen Alpträumen beißen, fressen und töten Hexen und Monster – mit spitzen Zähnen, hässlichen Augen, gebrochenen Beinen – viele Fledermäuse, Frösche und Krokodile. Die oralen destruktiven Phantasmen sind ausgeprägt. Manuel verbalisiert seine Ängste, dass alte Personen sterben können, seine Großmutter (väterlicherseits) sei schon sehr alt. Er habe Angst, dass seine Mutter von einem Lastwagen überfahren werden könnte und dass sein Vater von der Polizei gefangen und ins Gefängnis gesteckt würde. »Ich hätte niemanden mehr, ich wäre ganz allein«.

Manuel will die Zeichnungen nicht an der Wandtafel stehen lassen, da er denkt, dass sie den anderen Kindern Angst machen würden. Er verbietet seinen Eltern seine Zeichnungen anzusehen, da sie ob ihrer Hässlichkeit schockiert wären. Die Eltern dürfen weder traurig sein noch sich Sorgen um ihn machen. Er hat Angst, dass die Kinderpsychiaterin von diesen Monstern getötet werden könnte und sagt zu ihr: »Ich werde dich retten«. Manuel lässt am Ende der ersten Stunde die Zeichnung einer Fee mit einem Stern auf der Wandtafel zurück. Die Fee besitzt einen magischen Zauberstab, mit dem sie Pinocchio zu einem wahren Knaben, d. h. seinen Körper lebendig machen werde.

Die Eltern berichten von Manuels Trennungsängsten und Erbrechen, die seit drei Jahren bestehen und sich bei jeder neuen Situation oder jedem neuen Ereignis verstärken. Gegenwärtig weigere sich Manuel, sich von der Mutter zu trennen. Er erbreche, verweigere oft die Nahrung und renne ständig auf die Toilette (Pollakisurie). Er wolle nicht in seinem eigenen Bett schlafen, leide unter Alpträumen, habe Angst bei jeglichem Lärm. Er sträube

---

27 Diese Falldarstellung wurde bereits publiziert in: Bürgin, D., von Klitzing, K., Steck, B. & Mohler, B. (1996): Ganzheitsmedizin aus kinder- und jugendpsychiatrischer Sicht. *Therapeutische Umschau 53*, 3, 170–178.

sich, das Haus zu verlassen, und reagiere mit panischer Angst, wenn er invaliden Personen begegne. Manuel, zwei jährig, wurde von den Eltern – während einer dreiwöchigen Abwesenheit im Ausland – bei den väterlichen Großeltern zurückgelassen, die gerade am Bauen waren. Manuel habe dort gesehen, wie der Garten mit den Blumen durch Konstruktionsmaschinen und Lastwagen zerstört worden sei. In den letzten drei Jahren habe er den Tod zweier Katzen und eines Hundes erlebt. Die Mutter erwähnt auch den Tod ihres eigenen Vaters, den Manuel nicht gekannt habe, und worüber sie nicht sprechen könne. Manuel sei ihr immer eine zu große Last gewesen, deshalb wünsche sie sich auch kein zweites Kind.

In den folgenden individuellen Begegnungen (Manuel lässt sich nun von seiner Mutter trennen) erzählt er seine Träume von großen Maschinen, in die er hineinfällt, die ihn auslöschen, so dass er nicht mehr da ist, – Alpträume, aus denen er mit Schrecken erwacht. In einem Schloss habe es ein Phantom, vor dem ein Knabe wie er Angst habe. Das Phantom esse fünfjährige Knaben auf. Dann komme der Knabe aus dem Mund des Phantoms heraus, doch das Phantom töte ihn.

Wie in der ersten Stunde, erzählt und zeichnet Manuel gleichzeitig die in seinen Träumen erscheinenden schrecklichen Skelette, grässlichen Gespenster, die böse Zähne oder Schwerter besitzen. Böse Schlangen und Löwen bedrohen Manuel, ein Spinnenmann frisst ihn, so dass ihm nur noch ein Bein übrigbleibt. Er zeichnet einen Löwen, der keinen Körper hat und sagt, man habe ihm den Körper weggenommen, da er nicht gehorcht habe. »Wenn man keinen Körper hat, dann stirbt man. Alles was man sieht, ist böse«. In der Folge wünscht sich Manuel ein ganz glücklicher und ganz lieber Löwe zu sein, der niemandem weh tue und der es liebe, gestreichelt zu werden; doch: »Das hat man noch nie gesehen«. Wenn er ein Löwe wäre, hätte er niemals mehr Angst. Später wünscht er sich, ein Dinosaurier zu sein, damit er beißen und kratzen könnte, doch der böse Dinosaurier, der hierherkomme, müsse verschwinden und sterben. »Alle die schlechten Träume, die ich habe, bleiben hier«.

Eindruck: Manuel ist auf der intellektuell-kognitiven Ebene in seiner Entwicklung weit voraus. Er verfügt über ein ausgezeichnetes sprachliches und zeichnerisches Ausdrucks- und Repräsentationsvermögen. Auf der emotionalen Ebene wird Manuel von existenziellen und archaischen Ängsten überflutet: Trennungs-, Todes- und Vernichtungsängste, Ängste vor Zerstückelung und Verstümmelung, vor körperlicher Desintegration und Verlust. Seine Aggressivität erlebt er als destruktiv und vorwiegend gegen sich selbst gewandt. Die Trennung von seinen primären Bezugspersonen, seinen Eltern, und die Platzierung zu den Großeltern in eine für Manuel offenbar bedrohende Umgebung wurden für ihn zu einem traumatischen Erlebnis. Manuel muss sich damals völlig hilflos und ohnmächtig ausgeliefert gefühlt haben. Eine psychische Integration der mit diesen Ereignissen verbundenen, überwältigenden Angst- und Bedrohungsgefühle konnte Manuel nicht vollziehen. Sie manifestieren sich seit drei Jahren in steten Wiederholungen von Angstzuständen, Alpträumen und phobischem Verhalten. Manuel ist wegen seines andauernden sehr intensiven Angstzustandes permanent auf die Anwesenheit eines Erwachsenen angewiesen. Es war jedoch der Mutter nicht möglich, ihren Sohn zu beruhigen. Der depressive Zustand der Mutter, wohl teilweise Folge des nicht verarbeiteten Verlustes ihres Vaters, hinderte die Mutter, emotional genügend für Manuel zur Verfügung zu stehen und ihm ausreichend Sicherheit, Schutz und Halt zu gewähren. Die in dieser Situation entstandene Wut musste Manuel gegenüber seiner leicht verletzbaren Mutter unterdrücken; seine aggressiven Impulse treten vor allem in der Symptomatologie des Erbrechens hervor, aber auch in der der Anorexie: Manuel verweigert, was die Mutter ihm zu essen gibt, oder er gibt es zurück.

Manuels Trennungsangst stammt einesteils aus seinen eigenen Gefühlen von Hilflosigkeit und Ohnmacht, andernteils auch aus der Angst, dass seine aggressiven Impulse der Mutter gegenüber sich verwirklichen und er sie so verlieren könnte; aber sie gründen auch in der Sorge um die depressive, leicht verletzbare Mutter. In der Verweigerung sich von seiner Mutter zu trennen, hat Manuel eine allmächtige Position, die ihm als Angstabwehr dient und ihm gleichzeitig erlaubt, seine Mutter zu kontrollieren. Die hochgradige *Parentifikation* (Manuel übernimmt erwachsene, d. h. elterliche Funktionen anstelle seiner Eltern) zeigt sich bereits zu Beginn des Erstgespräches, als es Manuel überlassen wird, den Grund seines Herkommens zu erzählen. Sie tritt auch in der Besorgnis von Manuel in Erscheinung, seine Eltern nicht zu belasten, sie weder traurig zu machen noch ihnen Kummer zu bereiten, d. h. in seiner fürsorglichen Haltung, sie zu schonen, – ein Verhalten, das Manuel auch gegenüber der Kinderpsychiaterin einnimmt. Die Parentifikation von Manuel führt zu einer zusätzlichen affektiven Überforderung des Knaben.

Die therapeutische Intervention in Rücksprache mit dem Pädiater, der als Schularzt gleichzeitig unterstützende Gespräche mit der Lehrerschaft führte, brachte die Symptomatik rasch zum Verschwinden. Manuel, der sich geweigert hatte, den Kindergarten zu besuchen und unter Weinen dorthin hatte gebracht werden müssen, der Nahrung entweder verweigerte oder erbrach und sich an Schwimm- und Turnstunden nicht beteiligen konnte, integrierte sich sehr rasch in den Kindergarten und besuchte ihn sogar mit großer Freude. Darauf brachen die Eltern die Behandlung ab.

Verlauf: Eineinhalb Jahre später telefoniert die Mutter mit der Bitte um therapeutische Hilfe für Manuel, der wiederum die gleiche Symptomatologie von Erbrechen, Anorexie und Schulphobie zeige, dazu würden sich Atmungsstörungen und Erstickungsängste gesellen. Im Gespräch mit der Mutter und Manuel berichtete die Mutter sowohl von einem eigenen Autounfall als auch vom plötzlich erfolgten Tod von Manuels Großmutter mütterlicherseits und seines Großvaters väterlicherseits, sowie von einer Adenoidektomie-Operation von Manuel, – Ereignisse, die alle in den letzten sechs Monaten stattgefunden hatten. Manuel erzählt den folgenden Traum: »Die beiden Toten, Großmutter und Großvater, steigen vom Himmel herab, jeden Abend, sie sind froh, mich zu sehen. Sie sagen, ich bin froh zu sehen, dass du nicht im Himmel bist. Ich antworte: ›Ich war nicht in deinem Himmel‹«.

Manuel wird in eine psychoanalytische Gruppentherapie gleichaltriger Kinder integriert; seine Symptomatologie verschwindet wiederum rasch. Dieses Mal ist es möglich, das Einverständnis der Eltern zu erhalten, den therapeutischen Prozess mit Manuel zu Ende zu führen.

In den begleitenden Gesprächen mit den Eltern kommt eine beginnende Trauerarbeit der Mutter zustande. Ihre Hilflosigkeit gegenüber dem Tod wird in einer ihrer ersten Fragen transparent, nämlich, wie sie mit Manuel über den Tod sprechen müsse. Dies sei ihr bis jetzt nie gelungen. Es sei ihr als zu schrecklich vorgekommen, wenn Manuel hätte erfahren müssen, dass der Körper eines Menschen absterbe und zerfalle. Die nie ausgesprochene Angstphantasie der Mutter drückte Manuel in Worten und Zeichnungen bereits in den ersten Konsultationen aus, sie war ihm also bekannt: »Wenn man keinen Körper hat, dann stirbt man«. Manuels Wunsch nach Wiederherstellung in Form einer körperlichen Auferstehung kommt in der Zeichnung der Fee, die Pinocchios Körper lebendig machen wird, am Ende der ersten Stunde zur Darstellung.

Die Symptomatologie von Manuel ist komplex, da sie nicht nur durch die eigenen traumatischen Erlebnisse gekennzeichnet ist, sondern auch belastet wird durch den pathologischen Trauerzustand seiner Mutter. Die Angstsymptomatik von Manuel, begleitet von schrecklichen Repräsentanzen wie z. B. Monstern, Phantomen oder Skeletten, weist auf eine frühe psychische intergenerationelle Übertragung durch die trauerkranke Mutter hin (Abraham & Torok, 1987). Es handelt sich dabei um eine unbewusste präverbale Kommunikationsform. Die Frage, warum Manuels unverarbeitete psychische Konflikte ihren Niederschlag in einer Symptomatologie von Ernährungsstörungen fanden, kann nicht mit Gewissheit beantwortet werden. Die Entwicklungsgeschichte der Ernährung ist eng verknüpft mit der Entwicklung intersubjektiver signifikanter Beziehungen. Ernährungsprobleme im Säuglings- und Kleinkindesalter bringen symbolisch die Bedeutung der interaktiven Kommunikation in der Mutter-Kind-Beziehung zum Ausdruck. Dieser Dialog rund um die Ernährung stellt eine mannigfache Palette von taktilen, visuellen, akustischen und emotionalen Wahrnehmungen, Erkundungen oder Übereinstimmungen dar. Die primäre Mutter-Kind-Beziehung darf als ungenügend tragfähig bezeichnet werden. Der interaktionellen Kommunikation zwischen Mutter und Manuel mangelte das von Manuel erwartete, Sicherheit gewährende und innere bzw. äußere Einflüsse ausbalancierende Gleichgewicht von Seiten der Mutter. Die Symptomatologie von Manuel kann gleichzeitig als Hinweis auf eine pathologische Mutter-Kind-Beziehung und als Mittel, die Aufmerksamkeit auf die psychische Problematik der Mutter zu lenken, verstanden werden.

14 Adipositas[28,29]

14.1 Prävalenz, Inzidenz, Alters- und Geschlechtsunterschiede

Die Verbreitung der Adipositas hat in der modernen Gesellschaft *enorme Ausmaße* erreicht. Adipositas von Kindern, Jugendlichen und Erwachsenen hat sich als eines der ernsten gesundheitlichen Probleme im 21. Jahrhundert erwiesen. Die weltweite Prävalenz der Adipositas bei Kindern hat in den drei letzten Jahrzehnten beachtlich zugenommen. In den Vereinigten Staaten (USA) z. B. hat sich in den letzten 30 Jahren die Inzidenz der kindlichen Adipositas von weniger als 5 % bis etwa 20 % erhöht. Mit zunehmendem Alter wird ein Anstieg der Prävalenzraten beobachtet. Der Anteil der *Übergewichtigen* steigt von 9 % Betroffener in der Altersgruppe der Drei- bis Sechsjährigen, über 15 % bei den Sieben- bis Zehnjährigen, bis hin zu 17 % bei den 14- bis 17-Jährigen. Die gleiche Verteilung lässt sich für die *Adipositas* feststellen mit 2,9 % Betroffenen in der Altersgruppe der Drei- bis Sechsjährigen, 6,4 % bei den Sieben- bis Zehnjährigen und 8,5 % bei den 14- bis 17-Jährigen.[30] Ebenso hat die wachsende Prävalenz in der Kindheit dazu geführt, dass mit der Adipositas verbundene, komorbide Krankheitsentitäten in einem früheren Alter auftreten (Güngör, 2014).

Jugendliche haben ein leicht erhöhtes Risiko für eine adipöse Entwicklung als jüngere Kinder. Übergewichts- und Adipositasraten bei Jugendlichen variieren je nach Geschlecht, sozioökonomischem Status und ethnischem Hintergrund. Es bestehen drei kritische Perioden für die Entwicklung einer Adipositas, die durch eine Erhöhung des Body-Mass-Index gekennzeichnet sind: die Kleinkindheit, die Periode des Adipositas-Rebounds[31] zwischen fünf und sieben Jahren und die Adoleszenz. Der durch Körpergröße- und Körpergewichtsmessungen bestimmbare *Body-Mass-Index*[32] *(BMI)* stellt ein Messinstrument für die Gesamtkörperfettmasse dar. Sowohl die Childhood Group der International Obesity Task Force (IOTF) als auch die European Childhood Obesity Group (ECOG) empfehlen als Beurteilungskriterium für Übergewicht und Adipositas bei Kindern und Jugendlichen den BMI, wobei bei der Beurteilung von Kindern und Jugendlichen die alters- und geschlechtsspezifischen

---

28 Frühkindliche Adipositas (▶ Kap. 9.6.5)
29 Wir danken Frau Dorothee Biebricher, Dipl.-Psych., (†) für ihre Mitarbeit an Teilen einer früheren Fassung des Kapitels über »Adipositas«, erschienen in Bürgin (1993).
30 Angaben der Arbeitsgemeinschaft Adipositas im Kindes- und Jugendalter (AGA).
31 Normalerweise sinkt der BMI nach der Geburt bis zum Alter von 5 1/2 Jahren. Der Umkehrpunkt vom BMI-Abfall zum BMI-Anstieg wird »adiposity rebound« genannt.
32 BMI= Körpergewicht/Körperhöhe^2 (kg/m^2)

Veränderungen des BMI berücksichtigt werden müssen. Kinder- und Jugend-Adipositas wird als »BMI größer als oder gleich der 95. Perzentile« und Übergewicht als »BMI größer als oder gleich der 85. Perzentile« definiert (Maloney, 2011).

14.2 Ätiologie und Risikofaktoren

Adipositas im Kindes- und Jugendalter ist eine komplexe, multifaktorielle Krankheit, bedingt durch genetische und Umfeldfaktoren und deren Wechselwirkungen. Bei Kindern und Jugendlichen wird ein Übergewicht in der Regel durch einen Mangel an körperlicher Aktivität (dazu gehören »Aktivitäten« wie Fernsehkonsum) und/oder ungesunde Ernährung (z. B. ein häufiger Genuß von gesüßten Getränken) verursacht, was zu einer übermäßigen Kalorienaufnahme führt. Kürzere Schlafdauer im Kleinkindesalter und in der Kindheit ist ebenso mit einem Risiko von Adipositas verbunden (Güngör, 2014). Zu den *genetischen Variationen* gehören seltene Einzelgendefekte, so z. B. Anomalien im Leptin[33]-Signalisierungsschaltkreis. Der häufigste Einzel-Gen-Defekt, der zu einer Adipositas im Kindesalter führt, ist ein Defekt des Melanocortin-4-Rezeptors (5 % – 6 % der frühzeitigen kindlichen Adipositas). Adipositas ist ein Symptom von mehreren genetischen Syndromen wie Prader-Willi-Syndrom, Bardet-Biedl-Syndrom, Alstrom Syndrom und WAGR-Syndrom. Zentrale Nervensystempathologien (wie z. B. angeborene hypothalamische Anomalien) sind mit schweren Formen von Adipositas bei Kindern und Jugendlichen verbunden (Güngör, 2014).

Die Zahl an enteroendokrinen Zellen in der Schleimhaut des oberen Magen-Darm-Trakts, die während des Essens Sättigungshormone ins Blut freisetzen, ist bei Übergewichtigen signifikant niedriger als bei Normalgewichtigen. Ebenso ist die Zusammensetzung der sogenannten Transkriptionsfaktoren verändert, die für die Bildung der enteroendokrinen Zellen aus Stammzellen verantwortlich sind (Wölnerhanssen, Moran, Burdyga, Meyer-Gerspach, Peterli, Manz et al., 2017).

Stressvolle Ereignisse in der frühen Kindheit können zu epigenetischen Modifikationen führen und die Genexpression verändern. Als Reaktion auf Stress werden – via das sympathische Nervensystem und über die Hypothalamus-Hypophysen-Nebennieren (HHN) Achse – neuroendokrine Veränderungen ausgelöst, die zu einer physiologischen Erregung führen und Auswirkungen auf Appetit und Stimmung haben. Individuen reagieren auf Stress unterschiedlich, teilweise mit erhöhten, teilweise mit reduziertem Appetitgefühl. Die Anpassung an eine chronische oder extreme Stresssituation kann zu einer Gewöhnung und einer Fehlanpassung der Energiesensoren des Gehirns führen, mit dem Resultat, dass eine erhöhte Nahrungsaufnahme erforderlich wird, um die Glukose-Homöostase aufrecht zu erhalten. Stressreaktivität kann mittels epigenetischer Veränderungen transgenerational übertragen werden.

Endokrine Erkrankungen wie die Hypothyreose (primär oder zentral), Wachstumshormonmangel und Cortisolüberschuss sind klassische Beispiele für endokrine Zustände, die Anlass für eine Adipositas geben können. Intrauterine Exposition bei einem Schwangerschaftsdiabetes oder einer schweren müt-

---

[33] Leptin wird von Adipozyten gebildet und ist als Hormon an der Steuerung von Hunger- und Sättigungsgefühl beteiligt.

terlichen Adipositas ist bei den Nachkommen mit einem erhöhten Risiko von Adipositas in der Kindheit und im frühen Erwachsenenalter verbunden. Auch eine übermäßige Gewichtszunahme von Müttern während der Schwangerschaft ist mit Adipositas in der Kindheit verknüpft. Der elterliche Body Mass Index (BMI) vor der Schwangerschaft korreliert mit einer Adipositas bei den Kindern.

Es wird vermutet, dass die potenzielle Rolle von Infektionen (z. B. Adenovirus Ad-36 Infektion) und die Zusammensetzung der Darmflora (z. B. das Verhältnis von Firmicutes- zu Bacteriodetesarten) mit der Entwicklung einer Adipositas assoziiert sein könnten.

Eine iatrogen verursachte Gewichtszunahme findet sich bei Kindern und Jugendlichen, welche infolge Bestrahlung oder chirurgischer Eingriffe hypothalamische Schäden erlitten haben, sowie infolge der Einwirkung von Chemotherapeutika oder von hormoneller Empfängnisverhütung (Güngör, 2014). Auch Neuroleptika (z. B. Olanzapin, Clozapin, Risperidon) bewirken eine rasche Gewichtszunahme und können eine Dyslipidämie zur Folge haben. Die Appetitstimulation ist wahrscheinlich eine wichtige Ursache für die Gewichtszunahme, genetische Polymorphismen können jedoch für die individuell unterschiedlichen Gewichtszunahmen verantwortlich gemacht werden.

Psychosoziale Faktoren wie Rasse/Ethnizität, sozioökonomischer Status, Medien, Marketing[34] und das psychosoziale Umfeld beeinflussen das Entstehen einer Adipositas im Kindes- und Jugendalter. Einige ethnische Gruppen, sowie Kinder in städtischen Gebieten und allgemein Kinder, die in westlichen Ländern aufwachsen, scheinen eine stärkere Tendenz zur Entwicklung von Übergewicht zu haben.

14.3 Interaktionen Säugling/Kleinkind – Betreuungspersonen

Die Fähigkeit eines Kindes zur Selbstregulierung seiner Impulse spielt eine nicht geringe Rolle bei der Entwicklung einer Adipositas. Die Selbstregulierung des Säuglings im Bereich der Emotionalität ist abhängig von den affektiven Interaktionen mit primären Betreuungspersonen, deren Feinfühligkeit und Verfügbarkeit in einer kontinuierlichen, sicheren Beziehung zur Entwicklung der Selbstregulation des Säuglings maßgebend beiträgt. Selbstregulierung ist ein mehrdimensionales Konzept, das sowohl bewusste als auch unbewusste Prozesse beinhaltet, mittels welcher Individuen ihre Aufmerksamkeit und Erregung steuern (Anderson & Keim, 2016). Um das Risiko der Entwicklung einer Adipositas im Kindergartenalter prognostisch einzuschätzen, wurden die Interaktionen von neun Monate alten Säuglingen mit ihren Müttern im Hinblick auf die Qualität der mütterlichen und der kindlichen Beiträge zu einer qualitativ positiven Beziehung beobachtet. Die mütterlichen, nicht aber die kindlichen Beiträge zur Mutter-Säuglings-Beziehung erlaubten, die Prognose einer Adipositasentwicklung zu stellen (Anderson, Lemeshow, Whitaker, 2014). Ebenso wurde gezeigt, dass Kinder mit einem niedrigeren Selbstregulierungsniveau im Vorschulalter 30 Jahre später als Erwachsene einen höheren Gewichtsstatus aufwiesen (Schlam, Wilson, Shoda, Mischel, Ayduk, 2013).

Auch Bindungs- und Beziehungsinteraktionen von Müttern und Kindern im Alter von

---

34 Nahrungsmittelmarketing für Kinder durch Fernsehwerbung wurde als ein bedeutender Förderer der Adipositasepidemie identifiziert.

15, 24 und 36 Monaten wurden untersucht: Mütter, die eine geringe Sensibilität in den Interaktionen mit ihren Kindern zeigten und Kinder mit unsicherem Bindungsmuster wiesen, im mittleren Alter von 15 Jahren, ein höheres Risiko bezüglich der Entwicklung einer Adipositas auf (Anderson, Gooze, Lemeshow, Whitaker, 2012). Eltern mit unsicherem Bindungsmuster sind in ihren Reaktionen gegenüber ihren gestressten Kindern gefährdet, ungünstige Mechanismen zur Emotionsregulation anzuwenden, was Auswirkungen auf die Entwicklung des frühkindlichen Essverhaltens haben kann (Bost, Wiley, Fiese, Hammons, McBride, 2014). Fast paradigmatisch zeigt sich hier die Auswirkung einer förderlichen Umwelt, die im interpersonalen Dialog überprüfbar wird, auf die Entwicklung intrapsychischer Strukturen, welche im Körperlichen ihren Niederschlag finden.

14.4 Medizinische und psychosoziale Folgen der Adipositas

Krankheiten, die bisher als Krankheiten von Erwachsenen betrachtet wurden, treten jetzt bereits im Jugendalter auf. Zu den kurzfristigen medizinischen Folgen einer deutlichen Übergewichtigkeit im Kindes- und Jugendalter gehören der gastroösophagale Reflux, die obstruktive Schlafapnoe (OSA), perioperative und postoperative Komplikationen, ein erhöhtes Risiko für Verletzungen, Asthma, Gallensteine, Schlafstörungen, Karies, Frakturen, orthopädische Komplikationen und Verstopfung. Zu den Langzeitkomplikationen zählen die koronare Herzkrankheit (KHK), die Hypertonie, das metabolische Syndrom, der Diabetes mellitus, die Dyslipidämie, die nichtalkoholische Fett-Lebererkrankung (NAFLD) und ein erhöhtes Risiko für bestimmte Krebsarten (Maloney, 2011). Eine Nachuntersuchung von mehr als 500 übergewichtigen Kindern nach 40 Jahren zeigte, dass 47 % der Untersuchten ein Übergewicht als Erwachsene aufwiesen. Die Schwere der Adipositas in der Pubertät war mit einer gewichtsbezogenen Morbidität und Mortalität im Erwachsenenalter verbunden (Mossberg, 1989).

Die Adipositas zeitigt auch diverse psychosoziale Folgen (z. B. Körperunzufriedenheit, Kontrollverlust beim Essen, ungesunde und extreme Verhaltensweisen bei der Gewichtskontrolle, erhöhtes Risiko für schwerwiegende Essstörungen, beeinträchtigte soziale Beziehungen und verminderte gesundheitsbezogene Lebensqualität). Ebenso sind ein geringes Selbstwertgefühl, Viktimisierung und Mobbing durch Peers, Angstzustände, depressive Symptome bis hin zu einer klinisch signifikanten Depression mit Suizidideen und Suizidversuchen mögliche psychische Folgeerscheinungen. Adipositas ist mit Müdigkeit verbunden, kann aber auch ein neurovegetatives Zeichen einer depressiven Störung darstellen.

Die Adipositas wird als eine *entzündliche Erkrankung* betrachtet, denn Adipozyten spielen eine signifikante Rolle bei der endokrinen Signalisierung. Sezernierte Adipokine wirken auf mehrere Organe ein. Biochemische Mediatoren[35] regeln Appetit und Nahrungsaufnahme. Vulnerable Kinder, die Misshandlung ausgesetzt waren, tendieren als Erwachsene dazu, eine Adipositas zu entwickeln (Maloney, 2011; Güngör, 2014).

Die psychische Befindlichkeit übergewichtiger Kinder wurde in einer klinischen Stich-

---

35 Ghrelin, Insulin, Orexin, PYY-3-36, Cholecystokinin und Adiponectin sind biochemische Mediatoren.

probe (anhand des CBCL[36]) gemessen. Bei übergewichtigen Kindern aus der Normalbevölkerung fanden sich Hinweise auf eine leicht erhöhte Prävalenz psychischer Auffälligkeiten. In der klinischen Stichprobe hingegen wiesen ein Drittel der Kinder psychische Störungen auf (Roth, Munsch, Meyer, Metzke, Isler, Steinhausen et al., 2008).

Die Exploration von über 150 adipösen Kindern und Jugendlichen im Alter von 5 – 17 Jahren und deren Eltern zeigte als häufigste psychopathologische Störungen Trennungsängste und soziale Phobien. Die Patienten erwiesen sich als übermäßig von ihrem Familienumfeld abhängig, mit extremer Bindung zu einem Elternteil. Sie manifestierten Ängste vor Trennung und Kritik und vermieden soziale Kontakte. Ihre psychischen Erkrankungen korrelierten in hohem Grade mit der Psychopathologie der Eltern.

Die psychischen Probleme adipöser Kinder sind somit oft nicht mit der elterlichen Adipositas assoziiert, sondern mit den psychischen und psychosozialen Problemen der Eltern. Es wird vermutet, dass die Not der Kinder, unabhängig von der Schwere der Adipositas, mit dem mütterlichen Stress verknüpft ist, während die Tendenz der Kinder, zu viel zu essen, einen Zusammenhang mit dem Essverhalten der Mütter erkennen lässt.

In Anbetracht der sehr häufigen psychischen Störungen bei adipösen Kindern und der Bedeutung der elterlichen Psychopathologie, stehen kinderpsychiatrische Interventionen, welche die ganze Familie miteinbeziehen, bei der Behandlung im Vordergrund (Vila, Zipper, Dabbas, Bertrand, Robert, Ricour et al., 2004).

14.5 Präventive und therapeutische Maßnahmen und Interventionen

Die Herausforderungen bei der Behandlung adipöser Menschen erfordern eine Vielzahl von Interventionsstrategien sowie eine interprofessionelle Zusammenarbeit; sie sind auf der individuellen Ebene, dem familialen Umfeld sowie im sozialen Lebensbereich anzusiedeln (Small & Aplasca, 2016).

Das Risiko von Übergewicht oder Adipositas muss früh erfasst (erhöhter BMI, medizinische Risiken, ungesunde Ernährung und körperliche Aktivitätsgewohnheiten) und eine Behandlung eingeleitet werden, um effektiv zu sein, d. h. um ein gesundes Gewicht zu erreichen und zu erhalten. Doch wichtiger erscheinen diverse Präventionsanstrengungen. Zu diesen zählen die Förderung von entwicklungsstimulierenden Interaktionen zwischen Eltern/Betreuern und Kleinkindern, Hilfe bei Stress, gute emotionale Reaktivität und Unterstützung von Selbstregulierungskapazitäten. Einfühlendes Verhalten der Betreuenden fördert den Aufbau einer vertrauensvollen Beziehung und beeinflusst die metabolische und emotionale Regulierung des Appetits (Anderson & Keim, 2016).

Bei der Behandlung der Adipositas sollten vom jeweiligen Umfeld alle Anstrengungen unternommen werden, um die Einnahme von gesüßten Getränken und Fast Food zu

---

36 Die Child Behavior Checklist (CBCL) dient der Erfassung von Verhaltensauffälligkeiten, emotionalen Auffälligkeiten, somatischen Beschwerden sowie sozialen Kompetenzen von Kindern und Jugendlichen.

begrenzen, passives Sitzen vor dem Bildschirm einzuschränken, körperliche Aktivität von mindestens 60 Minuten pro Tag zu unterstützen und ausgewogene Mahlzeiten anzubieten (Maloney, 2011). Auch das Suchen nach protektiven Resilienzfaktoren im familiären Kontext erscheint sinnvoll (Sigman-Grant, Hayes, VanBrackle, Fiese, 2015).

Viele Programme berichten über kurzfristige Erfolge. Die Aufrechterhaltung eines »gesunden« Gewichts über längere Zeit aber erwies sich als sehr schwierig. Der Einbezug der ganzen Familie ließ – in Langzeitstudien erfasst – besonders bei Kleinkindern erfreuliche Langzeitwirkungen erkennen (Epstein, Paluch, Roemmich, Beech, 2007).

220 Kinder (46 % Mädchen), im Alter von fünf bis dreizehn Jahren, wurden ambulant während fünf aufeinander folgenden Jahre mit einer ihren Lebensstil verändernden andauernden Unterstützung in einer Klinik behandelt (individuelle, Gruppen-, und Familieninterventionen sowie deren Kombinationen). 48 % der Kinder vermochten ihren Gewichtsstatus von Adipositas zu Übergewicht oder normalem Gewicht zu reduzieren. 72 % zeigten eine klinisch signifikante Abnahme, die als ≥ 0,5 BMI SDS-Einheiten[37] definiert ist (Danielsson, Bohlin, Bendito, Svensson, Klaesson, 2016).

Lebensstilinterventionen sind wirksam, sofern sich die Betreuenden aktiv mitbeteiligen. Jüngere Kinder profitieren mehr von psychotherapeutischen Interventionen. Das Ausmaß einer Gewichtsabnahme mit Lebensstilinterventionen bleibt aber moderat, die Erfolgsquote ist niedrig. Die Schwierigkeit eines übergewichtigen oder adipösen Kindes, sein Gewicht zu reduzieren, ist nicht nur durch einen Mangel an Motivation bedingt, sondern kann auch genetische, metabolische oder hormonelle Hintergründe haben (Reinehr, 2013). Schulische Interventionen bezüglich gesunder Ernährung und Lebensstiländerungen bewirken eine gewisse Optimierung der Schulleistungen. Zunehmende körperliche Aktivität hatte eine bessere Leistung von mathematischen und Gedächtnistesten und einen Fortschritt bei Problemlösungen zur Folge (Martin Saunders, Shenkin, Sproule, 2014).

Auf Grund gemeinsamer neuronaler Netzwerke bestehen viele Parallelen zwischen der Adipositas und einem *Suchtverhalten*, weshalb Behandlungsstrategien bei Suchterkrankungen auch bei Adipositas angewendet werden können (Maloney, 2011).

Pharmakotherapeutische Interventionen bei der Behandlung der kindlichen Adipositas sind nicht sehr aussichtsreich. Chirurgische Eingriffe (wie z. B. laparoskopisch einstellbare Magenbänder (Lap-Band) und Roux-en-Y-Magen-Bypasse) sind mit Risiken verbunden. Als ultima ratio, bei einer Adipositas permagna, stellen diese Interventionen eine Gewichtsverlustoption dar, da sie bei Extremsituationen die Lebensqualität verbessern können (Fielding & Duncombe, 2005).

---

37 BMI SDS = body mass index standard deviation score

15 Anorexia und Bulimia nervosa

Essstörungen können zu lebensbedrohlichen Zuständen führen. Neben intrapsychischen Konflikten, Umweltauslösern und gesellschaftlichen Erwartungen (z. B. an Körpergröße und -form oder -figur), tragen auch Gene, Neurotransmittersysteme und Hormone zur Entwicklung von Essstörungen bei. Die Anorexia nervosa (AN) beginnt – nach *ersten frühesten Manifestationen* (▶ Kap. 9.6.4.) – in einem zweiten Ansatz oft in der *frühen oder mittleren Adoleszenz*, während der Anfang der Bulimia nervosa (BN) in der späteren Adoleszenz oder im jungen Erwachsenenalter erfolgt.[38] AN und BN treten am häufigsten bei *jugendlichen Frauen* auf und sind oft von *Depressionen* und anderen komorbiden psychiatrischen Erkrankungen begleitet. Bei AN-Patienten mit niedrigem Gewicht sind praktisch *alle physiologischen Systeme betroffen*, von Hypotonie und Osteoporose bis hin zu lebensbedrohlichen Arrhythmien, die oft einen Krankenhausaufenthalt zur metabolischen Stabilisierung erfordern. Bei Patienten mit häufigem Abführen bewirken Störungen des Elektrolythaushaltes diffuse und/oder kardiale Dysfunktionen. In der Adoleszenz gesundet ungefähr die Hälfte der AN-Patienten vollständig, während etwa 30 % nur eine teilweise Remission erreichen und rund 20 % chronisch krank bleiben. Die Prognose für BN ist günstiger; Patienten mit Behandlung erreichen eine Remission bis zu 80 %. In einer großen Normstichprobe 11-17-Jähriger in Deutschland zeigte sich, dass fast ein Drittel der Mädchen und 15 % der Jungen ein gestörtes Essverhalten aufwiesen (Herpertz-Dahlmann, Wille, Holling, Vloet, Ravens-Sieberer, 2008). Verschiedene Studien unterstützen die Vermutung einer Zunahme von Essstörungen in den letzten Jahrzehnten in allen industrialisierten Ländern.

Liegt eine Essstörung vor, muss eine umfassende diagnostische sowohl körperliche als auch psychische Abklärungsuntersuchung erfolgen. Ambulante Interventionen für Kinder und Jugendliche mit Essstörungen sind die Behandlung der Wahl. Psychiatrische Hospitalisierungen, Tagesprogramme oder teilstationäre Krankenhausaufenthalte sollen nur in Betracht gezogen werden, wenn ambulante Interventionen nicht erfolgreich oder nicht verfügbar sind. Die Verwendung von Medikamenten ist nur bei komorbiden Bedingungen und refraktären Fällen indiziert (Lock & La Via, 2015).

---

38 *Bulimarexie* wird als Synonym für die Essstörung Bulimia nervosa benutzt, die durch Ess-Brech-Phasen gekennzeichnet ist, bzw. als Mischform von Bulimie und Anorexie.

15.1 Anorexia nervosa

Für den »Hungerkünstler« ist Hungern »die leichteste Sache von der Welt« (Kafka, 1924).

15.1.1 Historische Anmerkungen

Die erste umfassende Beschreibung eines Zustandes, welcher der der Anorexia nervosa (AN) ähnelt, stammt von Richard Morton im Jahre 1689, den er als »nervöse Konsumption« bezeichnete. Sir William Gull in England und Charles Lasègue in Frankreich prägten 1874 die Begriffe »Anorexia nervosa« respektive »Anorexie hysterique«. Erst zu diesem Zeitpunkt wurden Theorien über Ätiologie und Behandlung entwickelt. Sowohl Gull als auch Lasègue vermuteten, dass die Familie zur Störung beitrug. Jean-Martin Charcot beschuldigte die Familie und sprach sich für eine vollständige Trennung der betroffenen Personen von ihren Familien aus, deren Einfluss er als »schädlich« ansah. Die Therapie der AN vom Ende des 19. Jahrhunderts an bestand oft in einem Krankenhausaufenthalt und langandauernden Trennungen von Familienmitgliedern; die Patienten wurden exklusiv von Fachleuten behandelt.

Hilde Bruch konzipierte AN als eine Störung infolge von Unterdrückung und Vernachlässigung in der Kindheit, was zu Nahrungsmittelverweigerung und anorektischer Symptombildung im Dienste der Selbstbehauptung führe. Sie befürwortete für AN-Patienten eine individuell orientierte psychodynamische Therapie zur Förderung von Autonomie und Unabhängigkeit von Eltern und Familie. Salvador Minuchin schlug – in seiner Pionierarbeit »strukturelle Familientherapie« bei psychosomatischen Störungen – vor, Familien in die Behandlung von AN-Patienten einzubeziehen. In der Folge entwickelten Forscher des Instituts für Psychiatrie am Maudsley Hospital in London eine spezifische Form von Familientherapie, in der elterliche Kompetenzen eingesetzt wurden, um die Aufrechterhaltung von anorektischen Verhaltensweisen zu unterbinden. In den letzten zehn Jahren, auf Grund umfangreicher Forschungsresultate, werden Familien in die Behandlung von Jugendlichen mit AN eingeschlossen (Lock & La Via, 2015).

15.1.2 Diagnostische Kriterien DSM-5: F 50.01/50.02[39]

A. Eine in Relation zum Bedarf eingeschränkte Energieaufnahme, welche unter Berücksichtigung von Alter, Geschlecht, Entwicklungsverlauf und körperlicher Gesundheit zu einem signifikant niedrigen Körpergewicht führt. Signifikant niedriges Gewicht ist definiert als ein Gewicht, das unterhalb des Minimums des normalen Gewichts oder, bei Kindern und Jugendlichen, unterhalb des minimal zu erwartenden Gewichts liegt.
B. Ausgeprägte Angst vor einer Gewichtszunahme oder davor, dick zu werden, oder dauerhaftes Verhalten, das einer Gewichtszunahme entgegenwirkt, trotz des signifikant niedrigen Gewichts.

---

39 Auszug aus dem DSM-5, 2015, S. 463-464; Abdruck erfolgt mit Genehmigung vom Hogrefe Verlag Göttingen aus dem Diagnostic and Statistical Manual of Mental Disorders, Fifth Edition, © 2013 American Psychiatric Association, dt. Version © 2015 und 2018 Hogrefe Verlag.

C. Störung in der Wahrnehmung der eigenen Figur oder des Körpergewichts, übertriebener Einfluss des Körpergewichts oder der Figur auf die Selbstbewertung oder anhaltende fehlende Einsicht in Bezug auf den Schweregrad des gegenwärtig geringen Körpergewichts.

Codierhinweis: Der ICD-10-CM-Code ist abhängig vom Subtyp (siehe unten).

Bestimme, ob:
(F50.01) Restriktiver Typ: Während der letzten 3 Monate hat die Person keine wiederkehrenden Essanfälle gehabt oder kein »Purging«-Verhalten (d. h. selbstinduziertes Erbrechen oder Missbrauch von Laxanzien, Diuretika oder Klistieren) gezeigt. Dieser Subtyp beschreibt Erscheinungsformen, bei denen der Gewichtsverlust in erster Linie durch Diäten, Fasten und/oder übermäßige körperliche Bewegung erreicht wird.
(F50.02) Binge-Eating/Purging-Typ: Während der letzten 3 Monate hat die Person wiederkehrende »Essanfälle« gehabt oder »Purging«-Verhalten (d. h. selbstherbeigeführtes Erbrechen oder Missbrauch von Laxanzien, Diuretika oder Klistieren) gezeigt.

Bestimme, ob:
Teilremittiert: Nachdem zuvor alle Kriterien für Anorexia Nervosa erfüllt waren, wird Kriterium A (niedriges Körpergewicht) seit einem längeren Zeitraum nicht erfüllt, während entweder Kriterium B (starke Angst vor Gewichtszunahme oder davor, dick zu werden, oder dauerhaftes Verhalten, das einer Gewichtszunahme entgegenwirkt) oder Kriterium C (Störung in der Wahrnehmung der eigenen Figur und des Körpergewichts) weiterhin erfüllt ist.
Vollremittiert: Nachdem zuvor alle Kriterien für Anorexia Nervosa erfüllt waren, wird keines der Kriterien seit einem längeren Zeitraum erfüllt.

Bestimme den aktuellen Schweregrad:
Die minimale Ausprägung des Schweregrades wird bei Erwachsenen durch den gegenwärtigen Body-Mass-Index (BMI, siehe unten) oder, bei Kindern und Jugendlichen, durch die BMI-Perzentile bestimmt. Die BMI-Spannweiten (siehe unten) stammen aus der Klassifizierung der Weltgesundheitsorganisation (WHO) von Untergewicht für Erwachsene. Für Kinder und Jugendliche sollten die korrespondierenden BMI-Perzentile verwendet werden. Der Schweregrad kann höher angesetzt werden, um das Ausmaß klinischer Symptome den Grad der funktionellen Beeinträchtigung und die Notwendigkeit von Kontrollen zu verdeutlichen.
Leicht: BMI größer oder gleich 17 kg/m^2
Mittel: BMI 16-16,99 kg/m^2
Schwer: BMI 15-15,99 kg/m^2
Extrem: BMI kleiner als 15 kg/m^2

15.1.3 Definition und Klassifikation

Zu den Kardinalsymptomen des anorektischen Syndroms, das viel häufiger bei Mädchen als bei Jungen auftritt (10:1), eine maximale Häufigkeit bei Mädchen zwischen 14 und 18 Jahren aufweist, aber auch bereits ab dem zehnten Lebensjahr, vereinzelt noch früher, und bis in die fünfte Lebensdekade hinein, beobachtet werden kann, gehören die aktive Verweigerung einer genügenden Kalorienaufnahme (mit intensiver Angst vor dem Dickwerden), ein nachfolgender Gewichtsverlust ohne entsprechende somatische Erkrankung, primäre oder sekundäre Amenorrhoe, Obstipation und motorische Überaktivität. Eine große Zahl *sekundärer somatischer Erscheinungen* (Hypotonie, Bradykardie, Haarausfall, verstärkte Lanugobehaarung und diverse endokrine Störungen) sind Folgen des Hungerzustandes. Die Gewichtsabnahme wird entweder durch Einschränkung der Nahrungsaufnahme allein oder zusätzlich durch Erbrechen und/oder Abusus von Laxantien oder Diuretika erzielt. Liegen beim anorektischen Syndrom zusätzlich noch Heisshunger-Essanfälle und nachfolgende Brechattacken vor, so spricht man von *Bulimarexie*. Mit einer Mortalitätsrate, die, über längere Zeit gesehen, zwischen 5 und 15 % liegt, ist die Anorexie eine *schwere psychosomatische Erkrankung mit Tendenz zu Chronifizierung*, obwohl es ein breites Spektrum von kurzzeitigen, auch spontan heilenden *anorektischen Reaktionen* bis zu *schwer beeinflussbaren, progredient verlaufenden Krankheitsbildern* gibt. Dementsprechend kann hinter dem anorektischen Syndrom eine individuelle Psychopathologie stehen, die sich von psychotischen Strukturen über Borderline-Syndrome, narzisstische Neurosen, Symptomneurosen bis hin zur einfachen Adoleszenzkrise erstrecken kann.

15.1.4 Epidemiologie

Die Anorexie ist vorwiegend in industrialisierten Gesellschaften ohne Hunger und dort eher in der Mittel- und Oberschicht festzustellen, wobei sich in den letzten Jahren eine Ausdehnung auf alle Sozialschichten abzeichnet.

Angaben zu Inzidenz und Prävalenz der Anorexia nervosa – und auch diese zu der in der Laien- und Fachpresse immer wieder vermuteten Häufigkeitszunahme – bleiben letztlich unbefriedigend, weil genaue Zahlen aus methodischen Gründen schwer zu eruieren sind. Ca. ein Prozent der weiblichen Jugendlichen unseres Kulturkreises entwickelt eine Anorexia nervosa.

15.1.5 Symptomatik, Diagnose und Differentialdiagnose

Nahrung, ein stellvertretendes Agens, das im Verlauf der Erkrankung zunehmend als gefährlich und intrusiv erlebt wird, wird wegen des Phantasmas zurückgewiesen, der eigene Körper würde von ihr bemächtigt, er würde sich mit ihrer Hilfe aufblähen, unkontrollierbar ausdehnen und, in zu verabscheuender Art und Weise, durch diesen Prozess Macht über das Ich gewinnen. Eine Folge dieses Vorstellungsprozesses ist, dass die Jugendlichen entweder keine Nahrung in den Körper hineinlassen (restriktiver Typ), der Nahrung den Durchtritt durch die Barriere der Magenschleimhaut verweigern (Essanfälle mit Erbrechen, d. h. bulimischer Typ) oder die Nahrung, der sie die Passage in den Magen-Darm-Kanal gewährt haben, mit Vehemenz mittels Laxantien, im Sinne zwanghafter Reinigungsorgien, aus dem Körperinneren hinaustreiben. Stets geht es um das gleiche Grundanliegen: der Körper soll die Nahrung – und damit das Unbekannte, für das sie steht – nicht in sich aufnehmen. In der Vorstellung der betroffenen Jugendlichen würde das

Körperselbst sonst einen Machtzuwachs gegenüber dem Selbst als Ganzem erfahren, wodurch eine Niederlage der geistig-seelischen und ein Überhandnehmen der triebhaft-animalischen Persönlichkeitsanteile befürchtet werden müsste.

Die Abgrenzung des anorektischen Syndroms von anderen psychiatrischen Erkrankungen wie Depressionen, schizophrenen Psychosen und Zwangskrankheiten bietet in der Regel nicht sehr große Schwierigkeiten. Ein schwer kachektischer Zustand und eine ausgeprägte Chronifizierung sind allerdings im Stande, das psychopathologische Bild nicht unwesentlich zu beeinflussen, so dass die zugrundeliegende Psychopathologie gravierender erscheinen kann, als sie nach Abschluss einer angemessenen Behandlung tatsächlich ist.

Um einen *organischen Prozess*, z. B. eine chronisch konsumierende Erkrankung, eine Darmkrankheit wie Morbus Crohn oder ein Malabsorptionssyndrom und vor allem einen Tumor im Bereich Hypophyse/Hypothalamus mit Sicherheit auszuschließen, ist stets eine umfassende körperliche Untersuchung erforderlich, die ambulant oder stationär durchgeführt werden kann.

Fallbeispiel 6

Claudia, 15-jährig, wurde uns ein Jahr nach Beginn der Symptomentwicklung zur Behandlung überwiesen. Sie hatte ihre Nahrungsaufnahme zunehmend eingeschränkt, kontinuierlich an Gewicht abgenommen und immer wieder davon gesprochen, einen dicken Bauch und zu dicke Oberschenkel zu haben. Ca. sechs Monate vor der Anmeldung hatte sie wiederholt über Kopfschmerzen geklagt und, sowohl nüchtern als auch im Anschluss an verschiedene Mahlzeiten, erbrochen. Sie war bis zu diesem Zeitpunkt unter der Diagnose »Anorexia nervosa« behandelt worden. Als sich jetzt heftigste Kopfschmerzen, Sehstörungen und Nüchternerbrechen einstellten, Symptome, die einen gesteigerten Hirndruck anzeigten, wurde akut eine Notfalloperation zur Druckentlastung notwendig, kurze Zeit später eine zweite Operation, bei der ein Astrozytom im Bereich des Diencephalon teilreseziert wurde. Die zwanghaft-anorektische Symptomatik bestand postoperativ unverändert fort: Claudia aß nur zu immer gleichen Tageszeiten und immer nur die gleichen Nahrungsmittel, die abgewogen und auf eine bestimmte Art und Weise zubereitet werden mussten.

In Claudias Krankengeschichte gab es bezüglich ihrer prämorbiden Persönlichkeit Hinweise, wie wir sie immer wieder in der Vorgeschichte von später anorektischen Patientinnen finden: sie war begabt und angepasst an die Erwartungen von Familie und sozialem Umfeld, zeigte einen besonderen Leistungsehrgeiz, hatte in allem, was sie tat, einen perfektionistischen Anspruch und wies diskret zwanghafte Züge auf. Die Symptomatik vor dem Auftreten des Kopfschmerzes war von der üblichen Symptomatik einer Anorexia nervosa nicht zu unterscheiden. Verhalten und inneres Erleben postoperativ entsprechen ebenfalls dem der Anorexia nervosa Patientinnen.

Dieser Krankheitsverlauf zeigt auf, wie notwendig eine umfassende somatische Abklärung zur Diagnosestellung und vor Behandlungsbeginn ist. Denn, bei rund einer Patientin auf 100 mit klinischen Symptomen einer AN liegt ein Hirntumor vor.

15.1.6 Ätiologie und Pathogenese:

Essstörungen und insbesondere Anorexie Nervosa (AN) haben die höchsten Morbiditäts- und Mortalitätsraten aller psychischen Erkrankungen und sind mit erheblichen Funktionsstörungen verknüpft. Früher wurde vermutet, dass die Entwicklung einer AN vor allem infolge eines familialen Prozesses, charakterisiert durch eine überprotektive und Konflikt vermeidende Eltern-Kind-Interaktion, zustande käme. Diverse Studien aber zeigten, dass es sich bei der AN um eine komplexe Gen-Epigenetik-Interaktionsstörung handelt, die sich wahrscheinlich in erster Linie durch das Temperament und spezifische Merkmale während der Kindheit ausdrückt, einschließlich Gehemmtheit, Perfektionismus und Schadenvermeidung.

Das lebenslange Risiko für Verwandte ersten Grades von Patienten mit AN oder BN eine Essstörung zu entwickeln, ist 7- bis 12-fach größer als in Familien von gesunden Kontrollpersonen. Die physiologischen und psychologischen Veränderungen und die zunehmenden gesellschaftlichen Anforderungen während der Pubertät stellen auslösende Faktoren für den Krankheitsbeginn dar. Eine Untersuchung der Beziehung zwischen gastrointestinal-motorischen und -sensorischen Funktionen und dem Körpergewicht zeigte, dass bei anorektischen Patienten – im Vergleich zu adipösen Patienten und einer Kontrollgruppe – die Magenentleerung verringert, während die postprandiale Sättigungsempfindung erhöht ist (Bluemel, Menne, Milos, Goetze, Fried, Schwizer et al., 2017).

Der *Hungerprozess* selbst ist mit schweren Veränderungen des zentralen und peripheren Stoffwechsels verbunden, vor allem mit Störungen des neuroendokrinen Systems und verschiedener Neurotransmitter, von denen angenommen wird, dass sie das adoleszente Gehirn während der vulnerablen Periode der neuronalen Umstrukturierung beeinträchtigen. Langjährige Unterernährung während der Adoleszenz und des jungen Erwachsenalters, die mit hormonellen- und Neuropeptid-Dysfunktionen verbunden sind, können »biologische Narben« hinterlassen, welche die Störung aufrechterhalten oder beschleunigen und möglicherweise zu chronischen psychischen Störungen sowie sozialen Beeinträchtigungen im Erwachsenenalter führen (Herpertz-Dahlmann, Seitz, Konrad, 2011).

Obwohl bis heute keine eindeutige Klarheit über die zweifellos *hochkomplexe und multideterminierte Ätiologie und Pathogenese* der Anorexia nervosa besteht, kann man berechtigterweise von der klinisch breit abgestützten Annahme ausgehen, dass es sich doch in erster Linie um eine *primär psychogene Erkrankung* mit sekundär hypophysär-hypothalamischen Funktionsabweichungen handelt. Die endokrinologischen Veränderungen tragen vermutlich wesentlich zur Unterhaltung und Chronifizierung des Krankheitsgeschehens bei und verlangen deswegen zwingend *integrative, bio-psycho-soziale Behandlungsansätze*. Es werden verschiedene, genetische und andere ätiologisch wirksame Einflussfaktoren bei der Entstehung der Erkrankung diskutiert, ohne dass deren jeweilige Relevanz und komplexes Zusammenspiel im Einzelnen bekannt ist. Denn es gehören zweifelsfrei auch intrapsychische Konflikte und Strukturspezifitäten, somatische Vulnerabilitäten (Holland, Hall, Murray, Russell, Crisp, 1984) und familiale sowie soziokulturelle Faktoren dazu.

Viele junge Frauen unseres Kulturkreises sind mit ihrem Körper unzufrieden, zum Teil im Zusammenhang mit einem in ihr Selbstkonzept übernommenem, weiblichen Schönheitsideal, bei dem Schlankheit für Stärke, Schönheit, Attraktivität, Dynamik und Erfolg steht (Gerlinghoff, Backmund, Mai, 1988). Die betroffenen Jugendlichen können sich nicht abfinden mit einer betont materialistischen Lebensauffassung und Orientierung an Modeströmungen und Konsumverhalten. Sie sind auf der Suche nach bleibenden geistigen Wertvorstellungen. Die Essstörung wird unter solchem Blickwinkel zum Ausdruck einer gesellschaftskritischen Einstellung junger Menschen, die von Umwelterwartungen stark beeindruckbar sind und eigenständige, oft originelle Ideen und Impulse, im Zusammenhang mit einer tiefen Lebensangst, nicht zu realisieren wagen. Eine solche gesellschaftskritische Einstellung, die sich in einer breiten Verweigerungshaltung junger Frauen manifestieren kann, findet sich auch in Arbeiten zur Anorexia nervosa beschrieben, die eine historische Perspektive beleuchten (Bell, 1985).

Die *Familien* anorektischer Patientinnen[40] zeigen bevorzugt Kommunikations- und Interaktionsstrukturen, die durch auffällig fehlende Eigen-, jedoch intensive Fremddefinition, Aggressionshemmung und heimliche Koalitionen der Familienmitglieder gekennzeichnet sind und in denen traditionelle Rollenverteilungen vorherrschen. Mit ihrer Essstörung versuchen die magersüchtigen Töchter u. a. Anstoß zu Wandel und Veränderung zu geben. Bis zum Krankheitsausbruch waren sie besonders bemüht und meistens auch fähig gewesen, sich den Erwartungen ihrer Eltern entsprechend zu entwickeln. Sie hatten im Verlaufe ihres Heranwachsens eine besondere Begabung gezeigt, die narzisstischen Bedürfnisse ihrer Eltern wahrzunehmen und ihnen das Gefühl zu geben, gute Eltern zu sein – unter Verzicht auf oder Vermeidung von altersadäquatem, eigenständigem Experimentieren. So entwickelten sie eine überragende Fähigkeit, sich in gewisse Empfindungsbereiche der anderen einzufühlen, blieben aber in Bezug auf die Wahrnehmung ihrer eigenen Bedürfnisse extrem unsicher und wenig fähig, diese in altersadäquater Art zu realisieren. In der Adoleszenz, wenn es darum geht, eigene Zielvorstellungen in Abgrenzung von den Eltern zu entwickeln und, in Solidarisierung mit Gleichaltrigen, neue Lebensformen zu erproben, sind diese Mädchen somit nicht auf die anstehende Entwicklungsarbeit vorbereitet, voller Lebensangst und schwerer Zweifel, ob sie je imstande sein werden, eigenständig denkende und handelnde Erwachsene zu werden. Essen, Figur, Gewicht sind häufig Familienthemen, wie auch ein für alle Familienmitglieder gültiger, hoher Stellenwert des *Leistungsstrebens*, der nicht selten bereits über mehrere Generationen besteht.

Schon die prämorbide Persönlichkeit der später anorektischen Patientinnen ist durch eine hohe Anpassungsbereitschaft und eine Neigung zum Perfektionismus mit zwanghaften Tendenzen charakterisiert. So gelingt es den Mädchen in hohem Maße, die Umwelterwartungen zu erspüren und ihr Verhalten ganz auf sie abzustimmen, was allerdings nur auf Kosten ihrer Identitäts- und Autonomieentwicklung möglich ist. Ihr Selbstgefühl bleibt auf diese Weise in altersinadäquatem Ausmaß abhängig von den Eltern und anderen bedeutungsvollen Menschen ihres sozialen Umfeldes. Daraus resultieren in Momenten fehlender Anerkennung fast regelmäßig auftretende *Selbstunwertgefühle und depressive Krisen*. Es brechen dann auch ausgeprägte, bisher aber zumeist abgewehrte und deshalb in die Gesamtpersönlichkeit kaum integrierte Neid-, Rivalitäts- und Konkurrenzgefühle durch, die v.a. mit Beginn und im Verlauf der Adoleszenzentwicklung sowohl die Umwandlungsprozesse im Selbst wie auch die Kontakte in der Gleichaltrigengruppe erschweren. Trotz dieser lange vor Krankheitsausbruch sich abzeichnenden, intrapsychischen Problematik bleiben die später magersüchtigen Patientinnen, abgesehen von depressiven Verstimmungen und zwanghaften Tendenzen, bezüglich Symptombildung psychisch meist über die ganze Zeit der Latenz und oft bis in die Adoleszenz hinein unauffällig. Dies ist als Folge von adaptativen Schutzmechanis-

---

40 In diesem Kapitel wird häufig nur die weibliche Form verwendet, da die Anorexie beim männlichen Geschlecht sehr viel seltener ist.

men zu verstehen, wie sie im Laufe der Entwicklung eines »*falschen Selbst*« aufgebaut werden (Winnicott, 1958/1976). Erst mit Eintritt in die Pubertät und Beginn der hormonellen Umstellung genügt diese Art Schutzhülle nicht mehr, und die Patientinnen erfahren einen tiefgehenden Entwicklungszusammenbruch (Bürgin, 1988) mit höchstgradiger Ambivalenz und Ambitendenz im Denken, Fühlen und Handeln, die sich in gleichzeitiger Manifestation widersprüchlicher Tendenzen, z. B. von Progression und Regression, von Loslösungs- und Bindungsstreben und von Anpassung an Umwelterwartungen und Eigenständigkeitsbemühungen, zeigen. Regressiv aktivierte, anale Kontroll- und Manipulationsmechanismen und die Verleugnung der eigenen, elementaren Bedürfnisse und Befindlichkeiten (z. B. Hunger, Sorge um ein körperliches Wohlbefinden oder Sexualität) sollen nun notfallmässig, unter Zuhilfenahme *projektiver Identifikationen*, ein weiteres Absinken in depressive Hilf- und Orientierungslosigkeit verhindern. Hierbei besteht die große Gefahr, dass die Jugendlichen ihre seelischen Entwicklungsenergien in solchen regressiven, ambivalenten Absicherungskämpfen verzehren, aber auch die Chance, dass sie bei frühzeitiger und angemessener Hilfe, entscheidende Entwicklungsschritte hinsichtlich ihrer Selbst- und Identitätsentwicklung vollziehen können.

15.1.7 Therapie

Ein multidisziplinärer und multimodaler Behandlungsansatz wird oft als die geeignetste Vorgehensweise für die Wiederherstellung eines angemessenen Körpergewichts und einer grundlegenden Veränderung der Überbewertung von Körpergewicht und Körperform/figur betrachtet (Herpetz-Dahlmann, van Elburg, Castro-Fornieles, Schmidt, 2015).

Die therapeutischen Bemühungen zielen auf die Vermeidung eines tödlichen Ausgangs, einer invalidisierenden Chronifizierung oder der Entwicklung weiterer körperlicher und seelischer Schäden hin; außerdem aber auch auf die Unterstützung vorhandener Entwicklungsimpulse in Richtung einer sicherer etablierten Identität im Bereich des Selbst und der sozialen Rolle. Therapeutische Hilfe können die Mädchen und jungen Frauen nur dann in Anspruch nehmen, wenn sie sich, trotz ihres desolaten körperlichen Zustandes, in ihrer Würde als Person und ihrer Kompetenz als kritische Beobachterinnen familiärer Interaktionen in einem bestimmten gesellschaftlichen Kontext, wirklich wahrgenommen und ernsthaft gehört fühlen. Sie sind zu Behandlungsbeginn darauf angewiesen, dass ihnen und der ganzen Familie mit ärztlicher Autorität die Ernsthaftigkeit und Gefährlichkeit der Erkrankung, mit all ihren möglichen somatischen Komplikationen, aufgezeigt wird. Bis zu diesem Zeitpunkt haben sie in sich selbst und in ihren Familien zumeist eine verwirrende Mischung von höchster Sorge bzw. Alarmstimmung und gleichzeitiger Verleugnung und Bagatellisierung erfahren. Es gilt somit, sie als in vieler Hinsicht begabte, ernst zu nehmende, kritisch denkende und fühlende junge Menschen anzusprechen und zu versuchen, sie mit ihrer grundsätzlich vorhandenen Bereitschaft zur Übernahme von Verantwortung so weit wie möglich in die Planung und Durchführung der Behandlung einzubeziehen. In einem so gestalteten Kontext ist es in vielen Fällen möglich, nicht nur mit den Eltern, sondern auch mit den Jugendlichen als mitverantwortlichen Partnern, einen therapeutischen Vertrag in einem ambulanten Behandlungssetting abzuschließen. Dieses sollte, unserer Erfahrung nach, neben der psychotherapeutischen Arbeit mit der Patientin, unter Einbezug der Familie, immer auch die Akzeptanz eines zu erreichenden Gewichtes, die Verpflichtung zu einer regelmäßigen, festgelegten Gewichtszunahme sowie zum Klinikeintritt enthalten, falls die vertraglich festgelegte Gewichtszunahme pro Zeiteinheit unter ambulanten Bedingungen nicht eingehalten werden kann.

Eine Familientherapie als ambulante Behandlung für medizinisch stabile, nicht-chronisch kranke Jugendliche basiert auf der Annahme, dass die Familie eine wichtige Ressource für die Wiederherstellung des Körpergewichts und die Rückkehr zu gesunden Ernährungsmustern darstellt. Die Eltern spielen dabei eine aktive Rolle in der Behandlung ihrer Kinder (Le Grange, Hughes, Court, Yeo, Crosby, Sawyer, 2016).

Für eine stationäre Behandlung bei jugendlicher AN spricht das Vorliegen einer unzureichenden Wirkung bei ambulanter Behandlung, ein erhöhtes Suizidrisiko oder eine schwere Selbstschädigungsneigung, eine akute medizinische Stabilisierungsnotwendigkeit, schwere soziale Probleme oder eine breite psychiatrische Komorbidität. Die Behandlung in einer Tagesklinik mag eine Alternative gegenüber einer Hospitalisation oder nach einer Hospitalisation darstellen (Herpetz-Dahlmann et al., 2015). Die stationäre Behandlung erfordert ein *erfahrenes Behandlungsteam*, in dem sich jedes Mitglied mit einem gemeinsam vereinbarten Konzept und Vorgehen (Bürgin, 1992) identifizieren können muss. Auch wenn sich Behandlungsgrundsätze über längere Zeit hin ändern mögen, ist die anorektische Patientin und ihre Familie für die Zeit ihrer Behandlung auf eine klare Überschaubarkeit der Situation und eine zuverlässige Einheitlichkeit und Übereinstimmung im Behandlungsteam bezüglich des angewandten Konzeptes dringend angewiesen. Ziel eines stationären Aufenthaltes ist die Restitution des Körpergewichts und die Einleitung eines oder die Fortsetzung eines bereits eingeleiteten psychotherapeutischen Prozesses. Das geschützt-geregelte Leben im Klinikalltag, der intensive Austausch mit anderen kranken Jugendlichen und eventuelle Kontakte mit Gleichbetroffenen, die trotz immer wieder auftauchenden Konkurrenzkämpfen oft als hilfreich erlebt werden, können in einer Reihe von Fällen eingeschliffene, individuelle und/oder familiäre Interaktionsmuster durchbrechen und den therapeutischen Prozess unterstützen. In Einzelfällen (z. B. bei starker Depressivität) ist eine ergänzende psychopharmakologische Behandlung indiziert. Eine alleinige Pharmakotherapie sollte jedoch nicht als primäre oder alleinige Behandlungsstrategie verwendet werden. Atypische Antipsychotika und selektive Serotonininhibitoren (SSRI) sind die am besten evaluierten Medikamente (Herpetz-Dahlmann et al., 2015). Besteht ein sehr schlechter Allgemeinzustand, so ist die Magensondierung über kürzere oder längere Zeit manchmal unvermeidbar.

Es besteht ein dringender Bedarf an weiteren Forschungsanstrengungen, um evidenzbasierte klinische Richtlinien und Empfehlungen für die Behandlung von jugendlicher AN auszuarbeiten. Es besteht kein Konsens bezüglich der Indikation für eine jeweils stationäre, tagesklinische oder ambulante Behandlung. Ebenso bestehen weder Konsens noch evidenzbasierte Empfehlungen, wie die Ernährungsrehabilitation am wirksamsten zu erreichen ist.

Da keine empirische Evidenz für eine optimale Gewichtszunahme bei jugendlicher AN zur Verfügung steht, stützen sich die meisten Empfehlungen auf Angaben klinischer Experten.

15.1.8 Verlauf und Prognose

In seltenen Einzelfällen kann es, spontan oder unter Behandlung, zu einer rasch eintretenden und dauerhaften Normalisierung von Körpergewicht und Essverhalten kommen. Parallel dazu sind dann eine Abnahme der Störung der Körperwahrnehmung und ein *Wiedereinsetzen der Menstruation* zu beobachten. Es dürfte sich bei solchen Konstellationen in erster Linie um Patientinnen mit einer sogenannten *anorektischen Reaktion* handeln, die oft mit einer Spontanbesserung und damit verbundener günstiger Prognose verkoppelt ist.

In der Regel ist der Krankheitsverlauf hingegen ein chronisch-rezidivierender mit wechselnder Intensität der Symptomatik über einige Jahre, mit lang andauernden psychischen Auffälligkeiten wie auch Störungen im Essverhalten und, zum Teil, einem Übergang in Bulimie oder Adipositas. D. h. eine Therapiebedürftigkeit erstreckt sich oft über einige Jahre, wenn nicht sogar über die ganze Zeit der Adoleszenzentwicklung. Bei den jungen Patientinnen mit frühem Erkrankungsbeginn empfiehlt sich in der Anfangsphase eher ein familientherapeutisches Angebot, aus dem, nicht selten auf Wunsch der Patientin selbst, eine Einzelpsychotherapie erwächst – manchmal allerdings erst einige Jahre nach Abschluss der Familientherapie. In schweren Fällen kann das gleichzeitige Angebot einer Familien- und Einzelpsychotherapie indiziert sein. Bezüglich Langzeitverlauf zeigen vergleichbare, d. h. nach einheitlichen Kriterien durchgeführte, katamnestische Untersuchungen, dass man bei ca. 48 % der Patientinnen und Patienten, entsprechend den von Morgan & Russell (1975) eingeführten Prognosekriterien, mit einer guten, bei rund 28 % mit einer mittleren und bei rund 24 % mit einer ungünstigen Prognose rechnen kann (Remschmidt, Wienand, Wewtzer, 1988).

Wie defizitär und schwierig *Verlaufsbeurteilungen* nach nur objektiv messbaren Kriterien wie *Körpergewicht und Regelmäßigkeit der Menstruationszyklen* sind, wird dann deutlich, wenn man Patientinnen und Patienten in einem intensiven psychotherapeutischen Prozess begleitet, das innere Erleben in seiner ganzen Komplexität kennenlernt und die innerseelischen Veränderungen bei der immer hohen psychischen Vulnerabilität beobachtet.

Fallbeispiel 7

Martina, nun achtzehnjährig, hat in einem ambulanten Behandlungssetting ihr Körpergewicht normalisieren können, und ihre Menstruation hat sich wieder – wenn auch noch unregelmäßig – eingestellt. Nach einer rund eineinhalb Jahre andauernden, jetzt abgeschlossenen Familientherapie befindet sich Martina in einzelpsychotherapeutischer Behandlung. Nachdem eine gewisse Entflechtung der familiären Interaktionsstrukturen stattgefunden hat, klarere Grenzen zwischen den Generationen und zwischen den einzelnen Familienmitgliedern etabliert wurden, das Anrecht auf Individualität, eigenen Raum und eigene Gefühle von allen Familienmitgliedern bewusster akzeptiert werden konnte, setzt sich Martina – im Schutze der Übertragungsbeziehung – intensiv mit ihrer eigenen, tiefen Selbstunsicherheit, ihrer diffusen Identität und ihrer wenig gesicherten Individualität auseinander. Auf dem Höhepunkt ihrer Anorexie hatte sie mit einer ausschließlich schwarzen Kleidung, mit ihrem leichenhaften Aspekt, mit ihrem »Knochenklappergestell«-Körper an den Menschen ihres Umfeldes »gerüttelt«, sie getestet, ob sie sie annähmen wegen ihres Kerns oder nur wegen der Hülle. Jetzt spricht sie in der Therapie von ihrem tiefen Konflikt zwischen Kern und Hülle, zwischen Sein und Schein und wie sie über Jahre ihren innersten eigenen Kern beschützt und in sich bewahrt hat. In Winnicott'scher Terminologie würde man von »echtem« und »falschem« Selbst sprechen. Um den Kern zu retten, hat sie angefangen, die Hülle zu hassen, zu zerstören, ja töten zu wollen. Sie merkt jetzt aber, dass es eine Aussöhnung gibt zwischen Innen und Außen, dass sie eine ganze Person werden kann – aber nur auf einem langen Weg, auf dem sie mit schmerzlichsten Affekten in Berührung kommt. »Es gab eine Zeit, in der ich alles an mir gehasst habe, meine Kleidung, mein Aussehen, ich habe mich einfach wie eine Missgeburt gefühlt, hässlich, unförmig und ekelerregend. Ich habe alles gehasst, was nach außen sichtbar war, Körperform, körperlicher Ausdruck, Bewegung ... außer meinem innersten Kern, meiner Einstellung, meiner Persönlichkeit.« Die Nahrung versorgte die Hülle und bedrohte – im Erleben von Martina – ihre Individualität, weswegen sie – aus Angst vor Fremdbestimmung – eliminiert und kontrolliert werden musste. Essen wie Gleichaltrige und sich zu einer jungen Frau zu entwickeln, bedeutete in den Phantasmen von Martina damals, nur aus einer Hülle zu bestehen, leer im Kopf und bedroht durch die Auflösung ihrer Individualität.

15.2 Bulimia nervosa

15.2.1 Diagnostische Kriterien DSM-5: F50[41]

A. Wiederholte Episoden von Essanfällen. Ein Essanfall ist durch die folgenden beiden Merkmale gekennzeichnet:
 1. Verzehr einer Nahrungsmenge in einem bestimmten Zeitraum (z. B. innerhalb eines Zeitraums von 2 Stunden), wobei diese Nahrungsmenge erheblich größer ist als die Menge, die die meisten Menschen in einem vergleichbaren Zeitraum unter vergleichbaren Bedingungen essen würden.
 2. Das Gefühl, während der Episode die Kontrolle über das Essverhalten zu verlieren (z. B. das Gefühl, nicht mit dem Essen aufhören zu können oder keine Kontrolle über Art und Menge der Nahrung zu haben).
B. Wiederholte Anwendung von unangemessenen kompensatorischen Maßnahmen, um einer Gewichtszunahme entgegenzusteuern, wie z. B. selbstinduziertes Erbrechen, Missbrauch von Laxanzien, Diuretika oder anderen Medikamenten, Fasten oder übermäßige körperliche Bewegung.
C. Die Essanfälle und die unangemessenen kompensatorischen Maßnahmen treten im Durchschnitt mindestens einmal pro Woche über einen Zeitraum von 3 Monaten auf.
D. Figur und Körpergewicht haben einen übermäßigen Einfluss auf die Selbstbewertung.
E. Die Störung tritt nicht ausschließlich im Verlauf von Episoden einer Anorexia Nervosa auf.

Bestimme, ob:
Teilremittiert: Nachdem zuvor alle Kriterien einer Bulimia Nervosa erfüllt waren, werden noch manche, aber nicht alle Kriterien seit einem längeren Zeitraum erfüllt.
Voll remittiert: Nachdem zuvor alle Kriterien einer Bulimia Nervosa erfüllt waren, wird keines der Kriterien mehr seit einem längeren Zeitraum erfüllt.

---

[41] Auszug aus dem DSM-5, 2015, S. 472; Abdruck erfolgt mit Genehmigung vom Hogrefe Verlag Göttingen aus dem Diagnostic and Statistical Manual of Mental Disorders, Fifth Edition, © 2013 American Psychiatric Association, dt. Version © 2015 und 2018 Hogrefe Verlag.

Bestimme den aktuellen Schweregrad:
Die minimale Ausprägung des Schweregrades wird über die Häufigkeit von unangemessenen kompensatorischen Maßnahmen bestimmt (siehe unten). Der Schweregrad kann höher angesetzt werden, um andere Symptome und den Grad der funktionellen Beeinträchtigung zu verdeutlichen.
Leicht: Durchschnittlich 1 bis 3 Episoden unangemessener kompensatorischer Maßnahmen pro Woche.
Mittel: Durchschnittlich 4 bis 7 unangemessener kompensatorischer Maßnahmen pro Woche.
Schwer: Durchschnittlich 8 bis 13 unangemessener kompensatorischer Maßnahmen pro Woche.
Extrem: Durchschnittlich 14 oder mehr Episoden unangemessener kompensatorischer Maßnahmen pro Woche.

15.2.2 Epidemiologie

Das durchschnittliche Alter bei Beginn der Krankheit dürfte ein wenig höher liegen als bei der Anorexie. Die Altersgruppe der 18- 22-Jährigen (ca. 2–4 % der weiblichen Jugendlichen und jungen Frauen und ca. 0,5 % der jungen Männer) scheint am häufigsten betroffen zu sein. Wegen der hohen Schamschwelle bei den betroffenen Frauen und der Möglichkeit, die Symptomatik lange Zeit zu verbergen, sind zuverlässige Zahlen über Inzidenz und Prävalenz schwer zu eruieren.

15.2.3 Symptomatik

Beherrschend ist, wie bei der Anorexia nervosa, die Angst vor Gewichtszunahme und insbesondere vor Kontrollverlust. Attacken gierigen, oft geplanten *Verschlingens großer Nahrungs- und damit auch Kalorienmengen* enden, bei Hinzukommen anderer Personen, durch Bauchweh, sonst vor allem durch induziertes Erbrechen. Sie sind in der Regel gefolgt von schweren Schuld- und Schamgefühlen mit Selbstkritik und depressiven Verstimmungen. Phasen mit häufigen Fressattacken wechseln mit Zeiten kontrollierterer Nahrungsaufnahme. Der Verlauf ist in der Regel chronisch. Das Körpergewicht schwankt, bleibt aber bei der reinen Fress-Brech-Sucht im Normbereich. Es sind *vielfältige Übergangsformen zwischen Anorexie und Bulimie* zu beobachten, z. B. Patientinnen, die an einer bulimischen Symptomatik erkranken und später anorektisch werden, oder umgekehrt, anorektische Patientinnen, die nach Restitution des Gewichtes und Auftreten der Menses deutlich gebessert erscheinen, dann aber eine zusätzliche bulimische Symptomatik entwickeln, und bulimische oder vormals anorektische Patientinnen, die schließlich eine Adipositas entwickeln. Der Erlebnishintergrund ist, bei aller Unterschiedlichkeit der Symptomatik, auffallend ähnlich: Nahrung wird – im Sinne eines überwertigen infantilen Phantasmas – als intrusiv und potenziell gefährlich erlebt. Es wird stets ein Kontrollverlust bezüglich Nahrungsaufnahme befürchtet (bei der Bulimie wird er, im Gegensatz zum restriktiven Typ der Anorexie, in Szene gesetzt). Das *extrem labile Selbstgefühl* ist in beiden Patientinnengruppen abhängig teils von Erfolg oder Misserfolg hinsichtlich Vermeidung von Nahrungsaufnahme und, damit im Zusammenhang, von zunehmendem oder abnehmendem Körpergewicht, teils aber auch von innerseelischen oder interpersonellen (vor allem familiären) Abläufen.

In verschiedenen Studien ist versucht worden, Unterschiede in den Persönlichkeitsstrukturen anorektischer und bulimischer Patientinnen sowie auch in den Interaktionsmustern ihrer Familien herauszuarbeiten. Wir neigen eher zur Annahme, dass die Übergänge fließend sind und dass es keine eindeutig fassbaren Unterschiede gibt, obwohl die Psychopathologie bulimischer Patientinnen, vielleicht wegen der geringeren Häufigkeit von Suiziden, weniger gravierend erscheinen mag als die anorektischer Jugendlicher. Dieses Phänomen könnte aber auch eine Folge der bei anorektischen Patientinnen durch den Hungerzustand induzierten, psychophysischen Veränderungen sein, die ja bei den meist normalgewichtigen, bulimischen Patientinnen nicht zu beobachten sind.

Das zugrundeliegende psychische Störungsbild ist, wie bei der Anorexie, sehr variabel. Es umfasst aber stets eine ausgeprägte narzisstische Vulnerabilität mit entsprechender Beziehungsstörung. Die Patientinnen geben eine für sie bedeutungsvolle Beziehung manchmal leichter auf als ihren bulimischen Umgang mit der Nahrung, der oft Jahrzehnte lang beinahe unbemerkt fortbestehen kann. Unehrlichkeit, Stehlen und verstecktes Handeln dienen vielfach der Vermeidung von schmerzlichen Schamgefühlen, erzeugen aber, gegenüber einem tiefer liegenden Wunsch nach Offenheit und Ehrlichkeit, gerade von neuem weitere Scham- und Selbstentwertungsempfindungen. Die Beschaffung großer Nahrungsmengen für die Fress-Brech-Rituale ist nicht selten mit großen finanziellen Aufwendungen verbunden, die eine Reihe von Patientinnen, durch Entwenden von Nahrungsmitteln oder illegale Beschaffung von finanziellen Mitteln, zu umgehen versuchen. Wird die Anorexie ab einer bestimmten Stufe des Gewichtsverlustes und des veränderten Essverhaltens zu einem deutlichen, die Umwelt mobilisierenden Syndrom, so tritt die Bulimie, außer im Familienkreise, oft lange Zeit kaum nach außen in Erscheinung und wird erst bei der Entwendung von Nahrungsmitteln, beim Zahnarzt (Schmelzdefekte) oder wegen einer internmedizinischen Symptomatologie (Elektrolytstörungen, Adynamie) »öffentlich« manifest. Hierzu tragen die bei wiederholtem Erbrechen beobachteten Komplikationen wie Elektrolytstörungen, Zahnschmelzdefekte, Tetanie, kardiale Arrhythmien und Muskelschwäche bei.

Als mögliche Komorbiditäten werden bei bulimischen Essstörungen auch das Auftreten von einem Diabetes mellitus Typ I oder anderen Stoffwechselstörungen beschrieben, welche spezifische diätetische Maßnahmen erfordern. Eine nicht geringe Anzahl von Patientinnen und Patienten mit Bulimie scheinen eine Tendenz zum Missbrauch von Alkohol und anderen suchtfördernden Substanzen zu haben. Die bulimische Erkrankung wurde auch mit Borderline-Persönlichkeitsstörungen sowie mit ängstlich-vermeidenden Persönlichkeitsstörungen assoziiert.

Differentialdiagnostisch müssen Störungen des oberen Gastrointestinaltraktes, Missbrauch psychotroper Substanzen und neurologische Krankheiten (z. B. epileptische Anfallsäquivalente, Hirntumoren) ausgeschlossen werden.

15.3 Binge-Eating- und -Drinking-Störung

15.3.1 Diagnostische Kriterien DSM-5: F50.8[42]

A. Wiederholte Episoden von Essanfällen. Ein Essanfall ist durch die folgenden beiden Merkmale gekennzeichnet:
  1. Verzehr einer Nahrungsmenge in einem bestimmten Zeitraum (z. B. innerhalb eines Zeitraums von 2 Stunden), wobei diese Nahrungsmenge erheblich größer ist als die Menge, die die meisten Menschen in einem vergleichbaren Zeitraum unter vergleichbaren Bedingungen essen würden.
  2. Das Gefühl, während der Episode die Kontrolle über das Essverhalten zu verlieren (z. B. das Gefühl, nicht mit dem Essen aufhören zu können oder keine Kontrolle über Art und Menge der Nahrung zu haben).
B. Die Essanfälle treten gemeinsam mit mindestens drei der folgenden Symptome auf:
  1. Wesentlich schneller essen als normal.
  2. Essen bis zu einem unangenehmen Völlegefühl.
  3. Essen großer Nahrungsmengen, wenn man sich körperlich nicht hungrig fühlt.
  4. Alleine essen aus Scham über die Menge, die man isst.
  5. Ekelgefühle gegenüber sich selbst, Deprimiertheit oder große Schuldgefühle nach dem übermäßigen Essen.
C. Es besteht deutlicher Leidensdruck wegen der Essanfälle.
D. Die Essanfälle treten im Durchschnitt mindestens einmal pro Woche über einen Zeitraum von 3 Monaten auf.
E. Die Essanfälle treten nicht gemeinsam mit wiederholten unangemessenen kompensatorischen Maßnahmen wie bei der Bulimia Nervosa und nicht ausschließlich im Verlauf einer Bulimia Nervosa oder Anorexia Nervosa auf.

Bestimme, ob:
Teilremittiert: Nachdem zuvor alle Kriterien einer Binge-Eating-Störung erfüllt waren, treten die Essanfälle seit einem längeren Zeitraum durchschnittlich seltener als einmal pro Woche auf.
Vollremittiert: Nachdem zuvor alle Kriterien einer Binge-Eating-Störung erfüllt waren, tritt keines der Kriterien seit einem längeren Zeitraum auf.

Bestimme den aktuellen Schweregrad:
Die minimale Ausprägung des Schweregrades wird über die Häufigkeit der Essanfälle bestimmt (siehe unten). Der Schweregrad kann höher angesetzt werden, um andere Symptome und den Grad der funktionellen Beeinträchtigung zu verdeutlichen.
Leicht: 1 bis 3 Essanfälle pro Woche.

---

[42] Auszug aus dem DSM-5, 2015, S. 479; Abdruck erfolgt mit Genehmigung vom Hogrefe Verlag Göttingen aus dem Diagnostic and Statistical Manual of Mental Disorders, Fifth Edition, © 2013 American Psychiatric Association, dt. Version © 2015 und 2018 Hogrefe Verlag.

> **Mittel:** 4 bis 7 Essanfälle pro Woche.
> **Schwer:** 8 bis 13 Essanfälle pro Woche.
> **Extrem:** 14 oder mehr Essanfälle pro Woche.

»Binge Eating Disorder« (BED) und »Purging Disorder« (PD) sind bei jugendlichen und jungen erwachsenen Frauen häufig zu finden. Sie sind mit einem erhöhten Risiko von zahlreichen nachteiligen Auswirkungen (Übergewicht oder Adipositas, Drogen- und Alkoholabusus, schwere depressive Zustände) verbunden (Field, Sonneville, Micali, Crosby, Swanson, Laird et al., 2012).

15.3.2 Binge Drinking

Eine Studie in europäischen Ländern ergab, dass 39 % der 15- und 16-Jährigen von übermäßgem Alkoholkonsum (Binge Drinking = BD) im vergangenen Monat berichtet hatten (Hibell, Guttormsson, Ahlström Balakireva, Bjarnason, Kokkevi et al., 2012). 60 % der substanzkonsumierenden Jugendlichen weisen eine komorbide psychische Störung auf (Robinson & Riggs, 2016). Es ist bekannt, dass ein früher Beginn von Alkoholkonsum ein starker Prädiktor für eine zukünftige *Alkoholabhängigkeit* darstellt. Das mesocorticolimbische Belohnungssystem spielt (neben anderen Netzwerken und Neurotransmittersystemen) dabei eine wichtige Rolle, da es wesentlich zur Alkoholsensitivität beiträgt. Binge-like Alkoholkonsum führt zu erhöhter Dopamin- und Glutamatausschüttung, welche mit der Entwicklung einer Alkoholabhängigkeit verbunden sind (Scofield, Heinsbroek, Gipson, Kupchik, Spencer, Smith et al., 2016). Im Vergleich zu Erwachsenen zeigen Jugendliche eine höhere Empfindlichkeit gegenüber niedrigeren Dosen von Alkohol, jedoch eine geringere Empfindlichkeit gegenüber höheren Dosen von Alkohol. Zusätzlich ist das mesocorticolimbische System auch bei Lern- und Gedächtnisprozessen beteiligt. Neben den Unterschieden in der Alkoholempfindlichkeit, den Belohnungsschaltungen und den neurobiologischen Prozessen des Lernens und des Gedächtnisses beeinflusst auch die geschlechtsspezifische Entwicklung das Risiko von Männern und Frauen für BD verschieden. Frauen entwickeln höhere Kontrollhemmungsgrade und niedrigere Grade der Sensationssuche im Vergleich zu Männern (Shulman, Harden, Chein, Steinberg, 2015). Während junge Männer aufgrund von externalisierenden Störungen, einer höheren Sensationssuche und der geringeren Hemmungskontrolle vermehrt BD suchen, sind Frauen möglicherweise eher anfällig für BD aufgrund ihrer erhöhten Stressreaktivität und Anfälligkeit gegenüber internalisierenden Symptomen. Während die Entwicklung von Peerbeziehungen für Mädchen und Jungen während der Adoleszenz wichtig ist, können insbesondere jugendliche Mädchen auf Grund von sozialen Einflüssen anfälliger für BD sein, während Jungen aufgrund ihrer sozialen Genderrolle ein höheres Risiko für BD haben, da im Übermaß zu trinken gesellschaftlich besser akzeptiert wird. Diese unterschiedlichen Risikofaktoren stellen wichtige Indizien für die BD-Intervention und Prävention dar. Frauen können von Behandlungen profitieren, die sich auf das Training von *Bewältigungsstrategien und Stressreduzierung* konzentrieren, während Männer eher ein *Impulskontrolltraining* und ein Engagement für prosoziale Aktivitäten, die ihr Bedürfnis nach Sensationssuche erfüllen, nutzen können (Dir, Bell, Adams, Hulvershorn, 2017). Bei allen Jugendlichen beeinflussen die Peer-Zugehörigkeit, das Engagement in der Schule und die elterliche Aufsicht am konsistentesten die erfolgreiche Behandlung von Jugendlichen (Godley, Hedges, Hunter, 2011).

15.3.3 Therapie

Neben individuellen und familienbezogenen psychotherapeutischen Verfahren zur Bearbeitung intrapsychischer bzw. interpersoneller Probleme, haben sich aktivierende Antidepressiva für die Reduktion der zwanghaften Komponenten oder dämpfend wirkende Antidepressiva bei Schlafstörungen bewährt. Die Forderung an die Patientinnen, regelmässige Fress-Brech-Protokolle zu führen und in die individuelle Psychotherapie mitzubringen, trägt dazu bei, dass die Thematik in der psychotherapeutischen Beziehung nicht vermieden wird, sondern im Rahmen der Übertragungs-Gegenübertragungs-Abläufe lebendige Gestalt annimmt und als Beziehungselement allmählich den Übergang von einem Sprechen mit dem Körper zu einem Sprechen mit Worten ermöglicht.

Fallbeispiel 8

Regula ist 17 Jahre alt, als sie sich von ihrem Vater anmelden lässt und, auf ihren Wunsch hin, allein in die Sprechstunde kommt. Sie sucht Hilfe bei ihrem »Stress mit dem Essen«, nachdem alle eigenen Versuche, ihre Fress-Brech-Attacken, unter denen sie seit drei Jahren leidet, in der Häufigkeit zu reduzieren oder ganz auf sie zu verzichten, gescheitert sind. »Wenn ich eine Grenze überschreite, dann kann mich nichts mehr halten, dann esse ich ohne Ende«, sagt Regula und beschreibt damit die Gier, von der sie sich immer wieder überfallen, der sie sich ohnmächtig ausgeliefert fühlt und vor der sie sich dauernd fürchtet, auch in den Zeiten, in denen sie zu kontrollierter Nahrungsaufnahme fähig ist. So wechseln die Fressphasen mit Zeiten, in denen sich Regula, nach ihrer Einschätzung, mit guten und gesunden Nahrungsmitteln geordnet ernährt.

Entsprechend diesem Wechsel verändert sich auch ihre Selbsteinschätzung und subjektive Befindlichkeit: einmal fühlt sie sich wohl, auch wohl in ihrem Körper, treibt Sport, ist fit und leistungsfähig; ein anderes Mal erlebt sie sich als passiv, schwerfällig, unförmig, unfähig und in jeder Hinsicht unwert. Es gibt keine Regelmäßigkeit, keine rasch erfassbaren Sinnzusammenhänge, wann die eine Phase die andere ablöst. Regula merkt aber, dass in Situationen, in denen es auf sie persönlich, ihre Eigenart, ihre Kräfte und ihre Initiative wirklich ankommt, die Fressanfälle in den Hintergrund treten. In Situationen hingegen, in denen sie die Abläufe in ihrer Umgebung wie eine große Maschinerie erlebt, deren Räderwerk sich dreht, ob sie nun dabei ist oder nicht, empfindet sie sich wie erdrückt von Gefühlen der Sinn-, Hoffnungs- und Wertlosigkeit und stellt sich dann immer wieder die Frage: »Was soll ich überhaupt? Für wen bin ich denn wichtig? Ist es nicht egal, ob ich tot oder lebendig bin?«

Regula, wie viele andere Patientinnen mit bulimischer Symptomatik, hatte zu Beginn der Psychotherapie die Tendenz, über ihre Fress-Brech-Attacken in der Vergangenheit zu sprechen und der Therapeutin zu versichern, dass es jetzt mit der Kontrolle der Nahrungsaufnahme besser gehe, immer aus dem ihr erst später bewusst werdenden Impuls heraus, in der Therapie nur die idealen Selbstanteile sichtbar werden zu lassen und die negativen, aggressiv besetzten, im Verborgenen zu bewahren. Dies erfolgte, wie die Übertragungsanalyse im Verlauf zeigte, um den Wünschen der Therapeutin, d. h. dem in die Therapeutin projizierten Ideal-Selbst zu entsprechen. Unterstützt durch die Notwendigkeit, anhand der Fress-Brech Protokolle, über das »Fressen und Kotzen« in der Gegenwart zu sprechen, gewinnt Regula langsam Zugang zu dem Wissen und Erleben, dass gerade ihr dauerndes Bemühen, dem Bild einer außergewöhnlich leistungsfähigen Schülerin, einer aussergewöhnlich attraktiven Freundin, einer aussergewöhnlich begehrten Kollegin etc. zu entsprechen, sie immer wieder über die eigenen Leistungsgrenzen hinaus überfordert. Denn es löst ein Gefühl einer inneren abgrundtiefer

Leere und einer Verzweiflung darüber aus, dass sie – trotz all ihrer Bemühungen – in diesen Situationen, wie in einem automatischen Ablauf, ihre Gefühle mit einem sinnlosem in sich Hineinstopfen von Nahrung zu betäuben versucht.

Wie bei den Patientinnen mit anorektischer Symptomatik, geht es auch bei Patientinnen mit bulimischer Symptomatik darum, in einem lang dauernden psychotherapeutischen Prozess dem *wahren Selbst* zur Entwicklung und Entfaltung zu verhelfen, d. h. eine innere Unabhängigkeit von den Phantasmen aufzubauen, die man in frühester Kindheit - als Schutzmaßnahme – entwickelt hat.

Selbsthilfegruppen, Erfahrungsaustausch mit anderen Menschen, die an der gleichen Symptomatik leiden (z. B. »Overeaters Anonymous«, die in vielen Städten in Angleichung an die »Anonymen Alkoholiker« existieren) werden, besonders in der Spät- und Postadoleszenz, oft gesucht und stellen, als Orte des Trostes, des gegenseitigen Verständnisses und der gegenseitigen Unterstützung, eine wichtige Ergänzung zur professionellen Hilfe dar. Nicht zuletzt zählt auch die Mithilfe von Diät-AssistentInnen im Gesamtbehandlungsplan dazu, welche die Patientinnen bei der Einführung eines strukturierten Essplanes mit regelmäßigen Mahlzeiten (Remschmidt et al., 1988) beraten. Solche vorübergehend eingesetzten Stützen, die, solange die Patientinnen noch in ihrer Familie leben, gegenüber der Ernsthaftigkeit der Symptomatik Toleranz und Akzeptanz von den übrigen Familienmitgliedern fordern, dienen nicht selten dazu, den betroffenen Jugendlichen wenigstens zeitweise einen Ausweg aus der Macht-Ohnmachtspirale rund um die Nahrungsaufnahme zu ermöglichen.

Psychoanalytisch betrachtet, können die genannten Essstörungen auch als *pervertierende Mechanismen* angesehen werden (Bürgin, 2012), die dazu dienen, früheste traumatisch wirksame Erfahrungen »abzudecken«, d. h. sich dort einzustellen, wo sonst nur Schmerz oder Hilf- und Hoffnungslosigkeitsgefühle vorhanden wären, die – der infantilen Erfahrung folgend – als absolut unerträglich qualifiziert und deshalb um jeden Preis abgewehrt werden müssen; gleichzeitig entsprechen sie auch dem Bedürfnis des Kindes/Jugendlichen, die ihm bedeutungsvollen Personen zu Zeugen seines seelischen Zustandes aufzurufen.

15.4 Andere, näher bezeichnete Fütter- oder Essstörung: DSM-5: F50.8[43]

Diese Kategorie gilt für Erscheinungsbilder, bei denen charakteristische Symptome einer Fütter- oder Essstörung vorherrschen, die in klinisch bedeutsamer Weise Leiden oder Beeinträchtigungen in sozialen, beruflichen oder anderen wichtigen Funktionsbereichen verursachen, bei denen die Kriterien für eine der Fütter- oder Essstörungen aber nicht

---

43 Auszug aus dem DSM-5, 2015, S. 483–484; Abdruck erfolgt mit Genehmigung vom Hogrefe Verlag Göttingen aus dem Diagnostic and Statistical Manual of Mental Disorders, Fifth Edition, © 2013 American Psychiatric Association, dt. Version © 2015 und 2018 Hogrefe Verlag.

vollständig erfüllt sind. Die Kategorie Anderer Näher Bezeichnete Fütter- oder Essstörung wird in Situationen vergeben, in denen der Kliniker den Grund angeben möchte, warum die Kriterien für eine bestimmte Fütter- oder Essstörung nicht erfüllt sind. In diesem Fall wird »Andere Näher Bezeichnete Fütter- oder Essstörung« codiert, gefolgt vom jeweiligen Grund (z. B. »Bulimia Nervosa von geringer Häufigkeit«).
Beispielhaft folgen Beschwerdebilder, die mithilfe der Kategorie »Andere Näher Bezeichnete Fütter- oder Essstörung« beschrieben werden können:

1. **Atypische Anorexia Nervosa**: Sämtliche Kriterien der Anorexia Nervosa sind erfüllt, allerdings liegt das Körpergewicht der Person trotz erheblichen Gewichtsverlusts im oder über dem Normalbereich.
2. **Bulimia Nervosa von geringer Häufigkeit und/oder begrenzter Dauer**: Sämtliche Kriterien der Bulimia Nervosa sind erfüllt, jedoch treten die Essanfälle und das unangemessene Kompensationsverhalten im Durchschnitt seltener als einmal pro Woche und/oder weniger als drei Monate lang auf.
3. **Binge-Eating-Störung von geringer Häufigkeit und/oder begrenzter Dauer**: Sämtliche Kriterien der Binge-Eating-Störung sind erfüllt, jedoch treten die Essanfälle im Durchschnitt seltener als einmal pro Woche und/oder weniger als drei Monate lang auf.
4. **Purging-Störung**: Wiederkehrendes Purging-Verhalten, um Gewicht oder Figur zu beeinflussen (z. B. selbstherbeigeführtes Erbrechen, Missbrauch von Laxanzien, Diuretika oder anderen Medikamenten) ohne Auftreten von Essanfällen.
5. **Night-Eating-Syndrom**: Wiederkehrende Episoden nächtlichen Essens in Form von Essen nach dem Erwachen aus dem Schlaf oder von übermäßiger Nahrungsaufnahme nach dem Abendessen. Die Personen sind sich des Essens bewusst und können sich auch daran erinnern. Das »Night Eating« kann nicht besser durch externe Einflüsse, wie z. B. Veränderungen im individuellen Schlaf-Wach-Rhythmus oder regionale soziale Normen erklärt werden. Das »Night Eating« verursacht in klinisch bedeutsamer Weise Leiden und/oder Beeinträchtigungen in psychosozialen Funktionsbereichen. Das gestörte Essverhalten kann nicht besser durch eine Binge-Eating-Störung oder eine andere psychische Störung, einschließlich Substanzkonsumstörungen, erklärt werden und ist nicht Folge einer körperlichen Erkrankung oder eines Medikaments.

15.5 Nicht näher bezeichnete Fütter- oder Essstörung: DSM-5: F50.9

Diese Kategorie gilt für Erscheinungsbilder, bei denen charakteristische Symptome einer Fütter- oder Essstörung vorherrschen, die aber die Kriterien nicht erfüllen.

16 Chronisch-entzündliche Darmerkrankungen

16.1 Einführung

Zu den chronisch-entzündlichen Darmerkrankungen (CED) zählen die *Colitis ulcerosa* und der *Morbus Crohn*, die durch schubweise rezidivierende oder kontinuierlich auftretende, entzündliche Veränderungen des Darms charakterisiert sind. Die mit der Krankheit verbundenen, physischen und psychischen Belastungen für Kinder und Jugendliche und deren Eltern sind erheblich. Die Auseinandersetzung und Bewältigung (Coping) von einer schwerwiegenden und lebenslangen Krankheit stellt eine außerordentliche Herausforderung für die Betroffenen dar, wird doch der Copingstil von Kindern und Jugendlichen durch die Entwicklung der emotionalen Steuerungsfähigkeit, der kognitiven Prozesse und der Impulskontrolle beeinflusst. Die Krankheitsverarbeitung von Kindern und Jugendlichen ist alters- und geschlechtsspezifisch und hängt vom Entwicklungsstand ihrer psychischen Funktionen und ihrer Persönlichkeitsstruktur ab. Besonders große Anpassungsleistungen werden bei einer *Nicht-Remission* der Krankheit, einer Behandlung mit hochdosierten Steroiden und bei chirurgischen Interventionen gefordert, sowie bei längerfristigen Symptomerscheinungen wie Wachstums- und Pubertätsverzögerung. Die Verletzung der körperlichen Integrität kann ein beeinträchtigtes Körperselbstbild zur Folge haben. Für Jugendliche erweist sich der Umgang mit einer chronischen Krankheit vielfach als höchst belastend, da sie sich in einer hochkomplexen Entwicklungsphase befinden.

Sowohl Kinder als auch Jugendliche schämen sich wegen ihrer Fäkal-Inkontinenz. Sie erleiden – wegen der durch Steroidbehandlung induzierten Gewichtszunahme – rasch eine Störung ihres Körperbildes, empfinden – infolge von Schulabsenzen und dem damit verbundenen Verlust von sozialen Lernmöglichkeiten – schnell soziale Ängste und zeigen Integrationsschwierigkeiten. Zusätzliche Faktoren wie z. B. die familiale und soziale Unterstützung, das Ausmaß der Beeinträchtigung der üblichen Aktivitäten, sowie stressvolle Situationen, sowohl im frühkindlichen Leben als auch aktuelle Belastungen, beeinflussen überdies die Reaktionen der Betroffenen auf ihre Krankheit. Sie haben Auswirkungen auf ihre Copingstrategien wie auch auf ihre Anpassungsfähigkeit an die Krankheit. Krankheitsschübe stellen sowohl für die Eltern als auch für die Geschwister stressvolle Krisensituationen dar und können zu beeinträchtigenden Folgen auf individueller und familialer Ebene führen, die psychotherapeutische Interventionen notwendig machen (Mackner, Greenley, Szigethy, Herzer, Deer, Hommel, 2013).

16.2 Symptomatik

Die *Colitis ulcerosa (CU)* ist durch eine diffuse, kontinuierliche Entzündung des Dickdarms gekennzeichnet, die sich aus dem Rektum nach proximal erstreckt. Patienten mit CU und diffuser Pan-Kolitis können zudem eine leichte Entzündung des Ileums oder des oberen Gastrointestinal-Trakts (Ösophagus, Magen, Duodenum) aufweisen.

Der Morbus Crohn (MC) kann jeden Bereich im Magen-Darm-Trakt, vom Mund bis zum Anus, betreffen, am häufigsten sind das terminale Ileum und der Dickdarm befallen; MC kann sich mit entzündlichen und fibrostenotischen Erscheinungen präsentieren. Endoskopische Merkmale, die MC von CU unterscheiden, umfassen die dyskontinuierlichen Entzündungen und diskrete aphthöse oder lineare Ulzerationen. 20 % der Kinder mit MC haben zusätzlich eine perianale Beteiligung, einschließlich Haut-Marken, Fissuren, Fisteln und/oder Abszessen. Eine nur das Colon betreffende Crohn-Krankheit ist bei Kindern häufiger als bei Erwachsenen, was den Unterschied zwischen MC und CU erschweren kann (Rosen, Dhawan, Saeed, 2015).

Zu den extraintestinalen Manifestationen der entzündlichen Darmkrankheiten gehören bei Kindern und Jugendlichen entweder dermatologische Veränderungen (Erythema nodosum, Pyoderma gangränosum) oder muskulo-skeletale Manifestationen (Arthritis, Wachstumsversagen, Osteopenie, Osteoporose, ankylosierende Spondylitis). Zudem können auch hepatische Manifestationen (primär sklerosierende Cholangitis, autoimmune Hepatitis) oder okulare Manifestationen (Episcleritis, Uveitis, Iritis) sowie hämatologische Manifestationen (Anämie, venöse Thromboembolien) oder eine Nephrolithiasis bzw. Pankreatitis auftreten (Rosen et al., 2015).

16.3 Epidemiologie und Diagnose

Epidemiologische Studien zeigen, dass die Inzidenz der entzündlichen Darmerkrankungen bei Kindern und Jugendlichen im Laufe der Zeit gestiegen und das Alter zu Beginn der Krankheit gesunken ist. Die chronisch-entzündlichen Erkrankungen des Magen-Darm-Traktes beginnen am häufigsten während der Adoleszenz und des jungen Erwachsenenalters, in 20–25 % vor dem zwanzigsten Lebensjahr. Von den Kindern sind 4 % vor dem fünften und 18 % vor dem zehnten Lebensjahr von CED betroffen. Der Höhepunkt der Häufigkeit befindet sich in der Adoleszenz. Die Inzidenz der CED beträgt in den Vereinigten Staaten und Kanada etwa 10 % pro 100 000 Kinder und ist steigend (Rosen et al., 2015). In Deutschland betragen die Inzidenzraten ca. 5–11 % pro 100 000 Kinder und Jugendliche unter 18 Jahren. Mit 13,4 Millionen in Deutschland lebenden Kinder und Jugendlichen[44] bedeutet dies zwischen 800 und 1470 neue Fälle pro Jahr. Die häufigsten Erstsymptome von CED sind unspezifisch, aber (chronische) Bauchschmerzen, Durchfall und Wachstumsverzögerung sind klassische Beschwerden. Blutiger Durchfall ist das wichtigste und typischste Symptom der CU. Andere klinische Symptome des MC und der CU sind sehr ähnlich und nicht altersabhängig. Die Dauer vom Beginn der Symptome bis zur Diagnose der CED beträgt durchschnittlich

---

44 Angaben des statistischen Bundesamtes 2011

vier bis sechs Monate. Die meisten pädiatrischen CED-Patienten haben bereits extensive Krankheitssymptome bei der Diagnosestellung, d. h. die meisten werden aber nach wie vor zu spät diagnostiziert (Buderus, Scholz, Behrens, Classen, De Laffolie, Keller et al., 2015).

16.4 Pathogenese

Die chronische entzündliche Darmerkrankung (CED) wird durch das Zusammenspiel von genetischen-, Umweltfaktoren und dem Mikrobiom verursacht. Die Erscheinungsformen von CED bei Kindern und Jugendlichen sind unterschiedlich, weswegen atypische Symptome wie unerklärbare Wachstumsverzögerung oder Anämie erkannt werden müssen. Die wirtsgenetischen, die mikrobiellen und die Umfeldeinflüsse summieren sich zu einer dysregulierten Schleimhaut-Immunantwort gegenüber der gewöhnlichen Darmmikrobiota (Rosen et al., 2015).

Genomweite Assoziationsstudien (GWAS) ergaben in 75 000 von CED betroffenen Patienten 163 CED Loci, die auch bei anderen immunvermittelten Krankheiten beteiligt sind. Diese große Anzahl von Gen-Loci erklärt nur eine Minderheit der Varianz des Krankheitsrisikos, was darauf hindeutet, dass andere Faktoren, die nicht von GWAS oder Umweltbelastungen erfasst werden, einen wesentlichen Beitrag zur Pathogenese leisten. In dieser Hinsicht konzentrieren sich die aktuellen Ergebnisse immer stärker auf die Wechselwirkung zwischen dem mukösen Immunsystem des Wirts und dem Mikrobiom, sowohl an der Epithelzelloberfläche als auch innerhalb des Darmlumens (Jostins, Ripke, Weersma, Duerr, McGovern, Hui et al., 2012).

Drei wichtige Beobachtungen unterstreichen die Bedeutung der Umweltfaktoren bei der Entwicklung von CED. Erstens beträgt die Konkordanzrate für MC bei monozygoten Zwillingen nur 50 % und noch weniger für CU. Zweitens ist die steigende Inzidenz von CED in den vergangenen 60 Jahren zu schnell, um durch Veränderungen in der genetischen Ausstattung erklärt zu werden. Drittens ist CED in den Entwicklungsländern zwar weniger verbreitet, die Kinder der aus Entwicklungsländern in westliche Länder eingewanderten Eltern zeigen jedoch eine ähnliche Inzidenz von CED wie die westlichen Populationen. Frühzeitige – mit einem westlichen Lebensstil verbundene Umweltfaktoren – prädisponieren also für CED. Anerkannte Risikofaktoren für die Entwicklung einer CED sind eine Kaiserschnittgeburt, fehlende Muttermilch, fettige Nahrung und frühe Antibiotika Exposition (Rosen et al., 2015).

Die Epigenetik kann als mitotisch vererbbare Veränderung in der Genexpression – ohne Veränderung der DNA-Sequenz – definiert werden. Epigenetische Mechanismen sind im Stande, die Entwicklung und das Fortschreiten der CED durch vermittelnde Wechselwirkungen zwischen Genom und Umwelt zu beeinflussen. Dazu gehören DNA-Methylierung und Histon-Modifikationen[45]. MicroRNA's (miRNA)[46] beeinflussen die Entwicklung, Regulation und Differenzierung des angeborenen und adaptiven Immunsys-

---

45 Unter *DNA-Methylierung* versteht man die chemische Kopplung von Methylgruppen an bestimmte Nukleotide der DNA. Histon-Modifikationen sind chemische Veränderungen an Histon-Proteinen.

46 *MicroRNAs (miRNAs)* sind teilweise komplementär zu einem oder mehreren Messenger-RNA (mRNA)-Molekülen. Ihre Hauptfunktion besteht darin, die Genexpression zu regulieren.

tems. Epigenetische Modifikationen wirken auf die T-Helfer-Zellen-Differenzierung[47] und die Regulation von Zytokinen ein. Das Zusammenwirken von genetischen und Umweltfaktoren via epigenetische Veränderungen erlaubt ein besseres Verständnis der Pathogenese der CED (Loddo & Romano, 2015; Legaki & Gazouli, 2016).

Vermutlich stellt ein verändertes Gleichgewicht in der Darm-Mikrobiota (Dysbiosis oder Dysbakteriose genannt) die Ursache der funktionalen Veränderungen in der Pathophysiologie der CED und anderen Krankheiten dar. Bei der Dysbiosis sind pathogene Mikroorganismen – mit einer Vorliebe für ein entzündliches Milieu – vermehrt vorhanden. Der menschliche Magen-Darm-Trakt enthält etwa 10–100 Billionen Mikroorganismen, mehrheitlich anaerobe Bakterien.

Die intestinale mikrobielle Gemeinschaft spielt eine wichtige Rolle, da sie viele nützliche Funktionen ausführt. Dazu gehören die Verdauung von Substraten, die Wirtsenzyme nicht verdauen können, die Produktion von Vitaminen und kurzkettigen Fettsäuren, die Teilnahme an der Bildung des Darmimmunsystems und nicht zuletzt auch der Schutz der Darm-Homöostase, welche das Wachstum von schädlichen Mikroorganismen unterdrückt. Patienten mit CED weisen eine Verminderung der mikrobiellen Vielfalt auf, vor allem ist die Zahl der dominanten Bakterien reduziert.[48] Die weitere Klärung solcher pathophysiologischer Mechanismen und die Erfassung der Umweltauswirkungen auf die CED werden in der Zukunft eine noch wirksamere Prävention und Behandlung möglich machen (Legaki & Gazouli, 2016).

16.5 Psychosoziale Auswirkungen

Depressive- und Angststörungen, geringes Selbstwertgefühl und soziale Schwierigkeiten sowie dysfunktionale Familiensituationen und elterlicher Stress gehören (im Vergleich zu anderen Patienten mit chronischen Krankheiten oder mit gesunden Kontrollgruppen) zu den häufigsten Befunden von CED Patienten. Kritische Lebensereignisse, wie auch psychische Symptome bei Kindern/Jugendlichen und/oder deren Eltern sind wichtige Faktoren, die bei den entzündlichen Darmerkrankungen vor dem Erwachsenenalter eine Rolle spielen (Giannakopoulos, Chouliaras, Margoni, Korlou, Hantzara, Panayotou et al., 2016).

Ernsthafte Depressionszustände können sich durch tiefe Traurigkeit und/oder Verlust von Interesse bzw. Freude an Aktivitäten ausdrücken und mit Schlaf- und/oder Essstörungen, psychomotorischer Erregung oder Verlangsamung verknüpft sein. Oft gesellen sich Gefühle von Wertlosigkeit und Schuld, von Denk- und Aufmerksamkeitsschwierigkeiten dazu, die manchmal mit Suizidgedanken oder Tentamen einhergehen. Bei Kindern kann sich die Traurigkeit als

---

47 *T-Helferzellen* sind eine Gruppe der T-Lymphozyten im Blut, die eine Helferfunktion haben. Sie werden anhand der von ihnen ausgeschütteten Zytokine in zwei wichtige Untergruppen eingeteilt: Die Typ1-T-Helferzellen sind an der zellulären, die Typ2-T-Helferzellen an der humoralen Immunantwort beteiligt.
48 Die *am häufigsten gefundenen Bakterien* in der normalen Darmflora sind Firmicutes (49 % -76 %), Bacteroidetes (16 % -23 %), gefolgt in geringerem Maße von Proteobakterien, Actinobakterien, Fusobakterien und Verrukomicrobia.

labile Stimmung mit Reizbarkeit, niedriger Frustrationstoleranz und häufigen somatischen Beschwerden zeigen und von zusätzlichen beeinträchtigenden Funktionen auf der psychosozialen Ebene begleitet sein. Auch Trennungsängste, generalisierte Ängste, Phobien und Zwangsstörungen wurden beobachtet (Mackner et al., 2013).

Eine mögliche Erklärung für einen Zusammenhang des Schweregrads einer CED und einer Depression kann in der direkten Auswirkung der CED-Entzündung gefunden werden, die zum großen Teil durch proinflammatorische Zytokine[49] vermittelt wird. Depressive Verstimmungen im Rahmen von viszeralen Hyperalgesien (z. B. Schmerzen, die auch in Perioden von inaktiver CED persistieren) sind häufig. Auch eine Therapie mit Steroiden vermag zu depressiven Störungen Anlass geben.

16.6 Therapeutische Maßnahmen

16.6.1 Therapie mit Biologika[50]

Die Therapie von CED bei Kindern hat sich in den letzten 15 Jahren dramatisch verändert. Die Einführung von Biologica hat die Behandlung von CED revolutioniert. Biologica neutralisieren den Tumornekrosefaktoralpha (TNF), der im Krankheitsprozess der CED eine wesentliche Rolle spielt. Es handelt sich bei den Biologika um monoklonale Antikörper gegen TNF, die ein wichtiges, proinflammatorisches, pathogenes Zytokin in MC und UC darstellt. Der Verlauf der Krankheit kann durch die Therapie mit Biologika modifiziert werden. Dank der Anwendung von Anti-TNF-Antikörpern[51] gelingt es, die Entzündung zu hemmen, die Darmschleimhaut abheilen zu lassen und das Körperwachstum zu steigern. Dadurch wird es möglich, Langzeitschäden (Fisteln, Stenosen, Operationen) zu vermeiden. Die heutige Behandlung besteht darin, die Symptome zu beseitigen, die Lebensqualität wiederherzustellen, ein normales Wachstum zu erreichen und Komplikationen zu verhindern. Risikopatienten, die von einer Biologika-Therapie profitieren können, sollten deshalb unbedingt erfasst werden. Ein früher Einsatz von Biologika kann den weiteren Verlauf der CED günstig beeinflussen. Eine Biologika-Therapie ist bei korrekter Indikation immer eine Langzeittherapie (Nikolaus & Schreiber, 2013; Rosen et al., 2015).

16.6.2 Medikamentöse Behandlung

Sowohl Kortikosteroide als auch eine enterale Ernährung (flüssige Nahrungszufuhr via nasogastrische Sonde) sind bei Kindern bezüglich der Einleitung einer klinischen Remission von MC und UC wirksam. Aminosalicylate üben eine topisch-entzündungs-

---

49 *Zytokine* sind vom menschlichen Körper produzierte, regulatorische Eiweiße (Peptide), die bei der Steuerung der Immunantwort aktiv mitwirken.
50 *Biologika* sind Arzneistoffe, die mittels der Biotechnologie und gentechnisch veränderten Organismen hergestellt werden.
51 Der *Tumornekrosefaktor (TNF)* ist ein multifunktionaler Signalstoff (Zytokin) des Immunsystems, welcher an lokalen und systemischen Entzündungen beteiligt ist. TNF wird hauptsächlich von Makrophagen ausgeschüttet. Seine wichtigste Funktion ist, die Aktivität verschiedener Immunzellen zu regeln.

hemmende Wirkung auf die Darmschleimhaut aus. Immunmodulatoren wie Methotrexat-Natrium oder Thiopurin-Medikamente, einschließlich Azathioprin-Natrium und sein aktiver Metabolit Mercaptopurin (6-MP), werden für die Behandlung von CED verwendet.

16.6.3 Psychotherapeutische Behandlung

Für wirksame präventive und therapeutische Interventionen ist es von großer Bedeutung, die psychosozialen Bedürfnisse sowohl von Kindern als auch von ihren Eltern zu erfassen und stressvolle Ereignisse zu beachten (Giannakopoulos et al., 2016). Kinder und Jugendliche mit CED und Depressionen sprechen gut auf Psychotherapie an. In einer Studie wurde festgestellt, dass es nach einer psychotherapeutischen Behandlung von CED betroffenen, depressiven Patienten zu einer erheblichen Reduktion der Hospitalisationshäufigkeit wie auch der ambulanten und der Notfallkonsultationen kam (inkl. der radiologischen und endoskopischen Untersuchungen) (Keerthy, Youk, Srinath, Malas, Bujoreanu, Bousvaros et al., 2016).

16.6.4 Andere Behandlungsarten

Eine Schulung für Kinder und Jugendliche mit chronisch entzündlichen Darmerkrankungen und deren Eltern ist empfehlenswert. Durch die Bildung eines Netzwerkes unter gleichaltrigen Betroffenen und durch positives problem- und emotionsorientiertes Coping wird versucht, den Krankheitsverlauf positiv zu beeinflussen. Den Eltern wird geholfen, die Situation ihrer Kinder zu reflektieren und sich mit anderen betroffenen Eltern auszutauschen (Claßen, Kretzschmar, Kretzschmar, Kunert, Faiß, Iven, 2014).

Chirurgische Interventionen stellen als ultima ratio auch bei Kindern mit CED eine wichtige therapeutische Option dar. Die Indikation für eine Operation ist abhängig von Komplikationen einer CED (Fisteln, intraabdominale Abszesse und Darmstrikturen), sowie dem erkrankten Ort des Magen-Darm-Trakts. Die CU zeigt im Kindesalter häufiger einen akuteren Verlauf als bei Erwachsenen. Eine Proktokolektomie kann bereits im Kindesalter durchgeführt werden. Bei einer MC Erkrankung stellen nur Komplikationen der Grundkrankheit eine Operationsindikation dar.

17 Asthma bronchiale[52]

17.1 Allgemeine Anmerkungen

Asthma ist die häufigste chronische Erkrankung bei Kindern. Die Asthmaerkrankung im Alter von fünf bis vierzehn Jahren befindet sich auf der globalen Weltrangliste der chronischen Erkrankungen unter den zehn ersten Ursachen der durch Behinderung beeinträchtigten Lebensjahre[53].

Es bestehen markante Unterschiede in der Prävalenz von Asthmasymptomen bei Kindern. Asthma wird durch eine komplexe Kombination von genetischen und umweltbedingten Faktoren verursacht. Obwohl Asthma gehäuft in Familien vorkommt, leiden nur etwa bei der Hälfte eineiiger Zwillinge beide an Asthma. Einige genetische Varianten, die ein Asthmarisiko beeinflussen, wurden vor allem bei Kindern identifiziert. Sie sind aber nicht kräftig genug, um vorauszusagen, welches Individuum eine Asthmaerkrankung entwickeln wird. Die Genetik vermag auch die weltweiten Variationen der Prävalenz nicht erklären. Nur etwa die Hälfte der Asthmafälle wird durch Allergien verursacht; nicht-allergische Mechanismen sind schlechter verstehbar (Asher & Pearce, 2014).

Ca. 10-12 % der Kinder sind von Asthma betroffen; die Diagnose wird in der Hälfte der Fälle *vor dem zehnten Lebensjahr* gestellt. Das Asthma bronchiale hat in den letzten zwanzig Jahren eindeutig zugenommen. Dank der Daten der ISAAC-Studie[54], (Murray, Vos, Lozano, Naghavi, Flaxman, Michaud et al., 2012; Vos, Flaxman, Naghavi, Lozano, Michaud, Ezzati et al., 2012) werden die allumfassenden Belastungen infolge der Asthmaerkrankung bei Kindern besser verstanden. Die ISAAC Studie fand positive Assoziationen zwischen Asthmaprävalenz und Expositionen gegenüber einer Reihe von Umweltfaktoren (großer Lastwagenverkehr, Tabakrauchkonzentration, Kochen auf offener Feuerstelle, Feuchtigkeit und Schimmel in Wohnungen, Paracetamol- oder Antibiotikaabusus, Fast Food-Ernährung und Adipositas [Asher & Pearce, 2014]).

---

52 Wir danken Frau Dorothee Biebricher, Dipl.-Psych., (†) für ihre Mitarbeit an Teilen einer früheren Fassung des Kapitels über »Astham bronchiale«, erschienen in Bürgin (1993).
53 DALY (Disability Adjusted Life Year; durch Behinderung gekennzeichnetes Lebensjahr).
54 ISAAC International Study of Asthma and Allergies in Childhood; Internationale Studie von Asthma und Allergien in der Kindheit, die 306 Zentren in 105 Ländern umfasst.

17.2 Definition, Häufigkeit und Symptomatik

Eine anfallsweise auftretende, variable Atemnot mit Engegefühl auf der Brust und Reizhusten als Reaktionsform des Bronchialsystems ist durch *rezidivierende, reversible bronchiale Überempfindlichkeit, Bronchialspasmen, variable Obstruktion und zähen Schleim* gekennzeichnet. Die Bronchialschleimhaut zeigt eine *Infiltration mit eosinophilen Zellen* sowie eine *Vermehrung von Mastzellen und der T-Lymphozyten*. Die Krankheit (es wird eine *allergische* und eine nicht allergische Form unterschieden) wird durch unterschiedliche Ursachen und Auslösemechanismen in Gang gesetzt. Die Asthmaerkrankung beginnt meist zwischen dem sechsten und zwölften Lebensmonat und gilt als eine der häufigsten chronischen Krankheiten im Kindesalter. Vor der Pubertät sind die Jungen etwas häufiger betroffen als die Mädchen.

Die klinische Symptomatik besteht in einer anfallsweisen Obstruktion der Bronchien, welche infolge eines Spasmus der Bronchialmuskulatur und der Produktion eines zähflüssigen Sekretes sowie durch eine ödematös-hyperämische Schwellung der Bronchialschleimhaut zustande kommt. Beim Säugling und Kleinkind manifestiert sich das Asthma meist im Rahmen einer infektiösen Lungenaffektion oder als asthmoide Bronchitis mit schleichendem Beginn. Nicht selten ist das Asthma mit den anderen Symptomen des Atopiesyndroms (Dermatitis atopica, Rhinitis vasomotorica) verbunden, deren Erstmanifestation zu ähnlicher Zeit wie die des Asthmas, d. h. zwischen etwa dem sechsten und zwölften Lebensmonat, zu verzeichnen sind. Die *exspiratorisch-obstruktiven Krisen* erfolgen mit Vorliebe nachts. Während des Anfalls sind die Kinder infolge der Erstickungsangst unruhig. Die Angst selbst verstärkt in einem Kreisprozess die Atemnot. Bei schwerem Asthma bestehen meist Infekte der Luftwege und eine respiratorische Insuffizienz.

Asthma bronchiale ist also, was Diagnostik und Therapie anbetrifft, eine gut dokumentierte, weitgehend somatische Erkrankung. Der psychische Anteil an der Genese wie auch am Krankheitsverlauf ist aber unbestritten. Praktisch immer besteht eine bronchiale Übererregbarkeit mit gleichzeitiger psychischer Übererregbarkeit. Zu den ursächlichen Faktoren gehören solche, die primär immunologische Reaktionen auslösen, und solche, welche mit unspezifischen Reaktionen verbunden sind. Vielfach gibt es auch gemischte Formen.

Klassifikation

Im DSM-5 wird das Asthma bronchiale nicht mehr als psychische Krankheit aufgeführt. Aber im *DSM-III-R* wird das Asthma noch unter die körperlichen Zustände, bei denen psychische Faktoren im Sinne eines Beitrages zur Entstehung oder Verschlimmerung eine Rolle spielen (316.00), subsummiert.

In der *ICD-10* wird Asthma bronchiale unter F 54 (psychologische Faktoren oder Verhaltensfaktoren bei andernorts klassifizierten Erkrankungen) und J 45.9 kodiert. F 54 bedeutet, dass psychische und Verhaltenseinflüsse in der Aetiologie einer körperlichen Krankheit wahrscheinlich eine wesentliche Rolle spielen, aber meist unspezifisch und langanhaltend sind (wie z. B. Sorgen, emotionale Konflikte oder ängstliche Erwartung).

17.3 Stressfaktoren

Familiäre Stresssituationen sind mit einer Verschlechterung der Asthmasymptome verbunden. Forschungsergebnisse deuten darauf hin, dass stressvolle Erfahrungen Veränderungen im kindlichen Immunsystem verursachen, die zu einer Verschlimmerung der Atemwegsentzündung und zu akuten und chronischen Asthmasymptomen führen (Ehrlich et al., 2015).

Das Risiko einer chronischen Asthmaerkrankung und die Asthmamorbidität sind bei Misshandlungen im Kindesalter erhöht (Schreier, Chen, Miller, 2016; Abajobira, Kisely, Williams, Strathearnd, Suresha, Najmana, 2017). Pränataler mütterlicher Stress ein Jahr vor oder während der Schwangerschaft, infolge Tod eines Kindes, Partners, Gattens, Elternteils oder Geschwisters, kann bei Kleinkindern ein Asthma bewirken (Liu, Olsen, Agerbo, Yuan, Sigsgaard, Li, 2015). Gewisse Arten von Stress (wie z. B. eine vorsätzliche Ablehnung) bewirken besonders starke Folgen (Murphy, Slavich, Chen, Miller, 2015). Die herabgesetzte Empfindlichkeit gegenüber den entzündungshemmenden Eigenschaften der Glukokortikoide oder den bronchodilatorischen Eigenschaften der beta-2-adrenergen Agonisten kann die mit Stress verbundene erhöhte Asthmamorbidität erklären (Miller & Chen, 2006).

Bei Kindern mit Asthma erwiesen sich konflikthafte Eltern-Kind-Beziehungen als besonders nachteilig (Miller, Gaudin, Zysk, Chen, 2009). Psychosoziale Faktoren, insbesondere die psychische Gesundheit von Kindern und ihren Betreuungspersonen, sind für die Vorhersage der Asthmamorbidität besonders wichtig. Kinder, deren Betreuer erhebliche psychische Probleme aufwiesen, wurden fast doppelt so oft wegen einer Asthmaerkrankung hospitalisiert wie Kinder von psychisch gesunden Betreuern. Kinder mit klinisch signifikanten Verhaltensproblemen litten auch an deutlich mehr Tagen unter Keuchen, und ihr klinischer Funktionszustand war in der Nachuntersuchung noch während zwei Wochen beeinträchtigt (Weil, Wade, Bauman, Lynn, Mitchell, Lavigne,1999). Der Verlust einer bedeutungsvollen Person oder der Wegfall von Sicherheit und Geborgenheit bewirken einen Anstieg der Häufigkeit von Asthmaanfällen. Jede schwerwiegende Belastung kann somit Asthmasymptome bei Kindern oder Jugendlichen auslösen oder intensivieren.

17.4 Komorbiditäten

Kinder und Jugendliche mit Asthma haben eine höhere Prävalenz an allen Arten allergischer Manifestationen, aber auch an emotionalen Problemen (Ängste und Depressionen), Konzentrations- und Verhaltensstörungen, Müdigkeit, Schlafstörungen oder Diabetes mellitus zu erkranken (Mirabelli, Hsua, Gowerb, 2016).

Chronische Krankheiten sind mit einer größeren Wahrscheinlichkeit eines Asthmaanfalls, vermehrten Schulabsenzen und Notfallkonsultationen verbunden (Patel, Leo, Baptist, Cao, Brown, 2015; Forno, Weiner, Mullen, Sawicki, Kurland, Han et al., 2017). Kinder und Jugendliche mit symptomatischem Asthma können unter mehreren psychischen Problemen leiden, die sich bei schlecht kontrolliertem, schwerem und/oder andauernden Asthma steigern. Es bestehen auch signifikante Beziehungen zwischen Asthma und Internalisierungs-/Externalisierungs-Störungen (z. B. affektive, Angst- und somatische Probleme; ADHS und Verhaltensprobleme) (Goodwin, Robinson, Sly, McKeague, Susser, Zubrick et al., 2013).

17.5 Entwicklungspsychologische Aspekte

Das Asthma beim Säugling oder Kleinkind beginnt häufig zwischen dem sechsten und zwölften Lebensmonat und verschwindet im Verlaufe des dritten Lebensjahres. Diese Säuglinge zeigen zumeist eine auffällig leichte und gute Kontaktfähigkeit, auch zu Fremden, sind in ihrer übrigen Entwicklung unauffällig, aber durch eine fehlende Acht-Monats-Angst gekennzeichnet (Foliot, 1985).

Durch Kreisler (1974) sind bei diesen Kindern zwei Auffälligkeiten hervorgehoben worden: Die Überlastung der Zweierbeziehung durch die vorzeitige Einführung eines Dritten (z. B. bei wechselnden Pflegepersonen). Die Mutter bietet nicht genügend Schutz und Kontinuität. Das Kind regrediert auf die Dualbeziehung und fixiert sich dort. Die Mutter lädt – mit besonders großem Einfühlungsvermögen und übersteigerter Fähigkeit zu affektiver Einstimmung – zu einer sehr exklusiven Beziehung ein, die einen überbehütenden Charakter besitzt. Befriedigung soll nur im Kontakt zu ihr erlangt werden können. So wird das Kind von der Triangulation ferngehalten, progressive Tendenzen werden blockiert. Es erfolgt eine Verwöhnung durch übermäßige, narzisstische Befriedigung, welche die Individuation und die Autonomieentwicklung behindert. Die Mütter dieser Kinder haben eine Tendenz, in der primären Mütterlichkeit zu verharren und besetzen ihre Identität als Partnerin des Mannes kaum mehr. Sie behalten ihr Kind auf dem Niveau eines Babys.

Es gibt keine besondere Persönlichkeitsstruktur asthmakranker Kinder. Dennoch lassen sich nach Kreisler (1974, 1985) Unterschiede zwischen den Kindern mit und ohne Allergien festhalten. Das erste Lebensjahr ist sowohl die kritische Zeit der Reifung des Immunsystems als auch ein entscheidender Abschnitt für die Strukturierung der Objektbeziehung (blickerwiderndes Lächeln als erster und Acht-Monats-Angst als zweiter Organisator) (Spitz, 1969). Die Säuglinge und Kleinkinder mit Allergien zeigen ein enormes Kontaktbedürfnis, aber keine Wünsche nach längerdauernden und ausschließlichen Beziehungen. Sie wechseln und ersetzen die äußeren Objekte leicht mit neuen, zeigen keine Acht-Monats-Angst, verweilen etwa auf dem Niveau des ersten Organisators und vermeiden auf diese Art und Weise, mittels einer generellen Blockierung, teilweise den Separations-/Individuationsprozess, die Triangulierung und die Elaboration aggressiver Impulse. Das Verharren auf diesem, bezüglich Objektbeziehungen frühkindlichen Entwicklungsniveau, wirkt wie eine Vermeidung, um nie in die depressive Position zu gelangen, in welcher das Objekt zugleich bekannt und unbekannt ist, geliebt und gehasst wird. Auf diese Art und Weise erreichen diese Kinder scheinbar nie eine Entwicklungsebene, auf der Verluste erlebt werden können. In der Zeit zwischen der Entwicklung des ersten und des zweiten Organisators, d. h. rund um den sechsten Monat, erfolgt meist der Versuch, die Realität der Frustration (z. B. die zeitweilige Absenz der Mutter) durch eine halluzinatorische Wunscherfüllung zu verleugnen. Dies gelingt den allergischen Säuglingen nicht gut. Die objektunspezifische Beziehungsart ermöglicht es ihnen, nie einen »Fremden« entstehen zu lassen. Statt einer autoerotischen Aktivität bildet sich, infolge Triebblockierung, auf dieser frühen Stufe eine Funktionsstörung (Atopie) aus. Der Preis für die »Lösung« ist aber eine hohe Vulnerabilität, da später keine gut strukturierten Neurosen, sondern prägenitale Funktionsmuster entwickelt werden. Der Mechanismus der Verschiebung wird besonders häufig eingesetzt. Wenn der Aufbau einer Beziehung zum ganzen äußeren Objekt vermieden wird, so kann auch keine entsprechende Introjektion stattfinden. So ist für diese Kinder kein Verlass auf ihre Fähigkeit, zu einem ganzen inneren Objekt in einer kontinuierlichen Beziehung zu stehen. Sie stützen sich deshalb auf die Außenwelt, auf Dinge, Situationen oder Personen, welche als Hilfs-Ich zu fungieren haben. Hieraus resultieren ihre große Verletzlichkeit und ihre Neigung, bei Trennungen von Dingen, Situationen oder funktionell gebrauchten Personen in schwere seelische Dekompensationen bis zur Depression zu geraten. Kreisler beobachtete, dass die Mütter dieser Kinder, völlig unabsichtlich, die schwachen integrativen Funktionen ihrer Kinder überforderten.

Tritt das Asthma nicht schon beim Säugling oder Kleinkind, sondern erst im Schulalter auf, so hält es oft bis zur Pubertät an. Regressionen auf eine frühe fusionelle Beziehungsmodalität mit dem Versuch einer primären Identifikation mit der Mutter sind immer wieder zu beobachten.

17.6 Psychodynamische Aspekte

Atmung wird nötig unmittelbar nach der Geburt, d. h. nach der Auflösung der psychophysischen Einheit zwischen Mutter und Kind. Für den Säugling aber ist neu, dass dieser Austausch, der normalerweise automatisch, rhythmisch und konfliktlos erfolgt, Aktivität[55] erfordert.

Probleme entstehen und werden Teil der Beziehungsinteraktion zwischen Mutter und Kind, wenn Störungen, Krankheiten oder Infekte auftreten, die die Atmungswege blockieren oder den Atmungsvorgang beeinträchtigen. Kommt es rasch zu einer Verschlimmerung der Problematik, so kann diese, sowohl bei der Mutter als auch beim Kind, akut Angst und Hilflosigkeit auslösen.

Die Symptomatik beinhaltet also eine sporadisch oder chronisch auftretende Störung eines Vorgangs, der ständig notwendig ist und automatisch abläuft, nämlich der Atmung, eines interaktionellen Austausches mit der Umwelt, der trotz oder gerade wegen seiner existenziellen Wichtigkeit nur wenig Spielraum übriglässt. Er kann jeweils nur für kurze Zeit gestoppt oder willentlich beeinflusst werden und hat, wie viele Vitalvorgänge, eine Eigendynamik, der man sich ausgeliefert fühlen kann. Körperliche Aktivität, aber auch psychische Vorgänge, zum Beispiel das Erleben von Beunruhigung, Angst, Freude, Trauer, Wut oder Verzweiflung, können zu Änderungen in der Atmung (z. B. der Frequenz oder der Atemtiefe) führen. Erleb-

---

55 Die Atmung erfordert Arbeit der Atemmuskulatur, um die elastischen Widerstände von Lunge und Thorax und die viskösen Widerstände gegen die Luftströmung sowie die Gewebewiderstände zu überwinden.

nismäßig und auch objektiv handelt es sich beim Asthma keineswegs um eine Bagatelle, sondern um einen Zustand, bei welchem sehr rasch eine existenzielle Bedrohung wahrnehmbar wird.

Das Bemühen, eine Wiederholung der asthmatischen Enge und Angst zu vermeiden, kann sich darauf richten, hypersensibel Unangenehmes gleichsam schon beim Einatmen wahrzunehmen oder zu identifizieren. Diese Tatsache kann – ohne dass damit somatische Theorien aus dem Bereich der Immunologie oder Allergologie in Frage gestellt würden – mithelfen zu erklären, weshalb sich allergische Prozesse verstärken, verringern oder ausdehnen, je nachdem, ob es bei der Angstabwehr darum geht, das auslösende Moment möglichst einzugrenzen, Angst zu »binden« oder prophylaktisch überwachsam zu sein. Dabei spielen in der ersten Lebenszeit genetische Faktoren eine bedeutsame Rolle.

Atmungsschwierigkeiten kommt eine besondere Bedeutung in der Beziehung zu. Werden sie manifest als bedrohlich wahrnehmbar, so bedeutet dies Konfrontation mit etwas nicht oder nur mangelhaft Kontrollierbaren. Akute Not ist dann nicht nur für den Betroffenen spürbar, sondern die Störung der Atmung ist mit einer Symptomatik verbunden, die unmittelbar der Umwelt zugänglich ist (anders z. B. als beim Schmerzempfinden, bei dem mehr Spielraum besteht, dies mitzuteilen oder die Äußerung zu unterdrücken).

Beim Asthma erstreckt sich der Fächer ätiologischer Faktoren vom Biologischen über das Psychische zum Sozialen. Obwohl die genetisch-biologischen Faktoren praktisch immer vorhanden sind, zeigen sich bei dieser biopsychosozialen Krankheit in den meisten Fällen auch größere Konflikte und Stresssymptome (z. B. Überstimulation oder emotionale Abweisung).

Verschiedentlich wurde in der Literatur die Bedeutung der primären Bezugspersonen für die Genese und den Krankheitsverlauf des Asthma bronchiale beschrieben (starke, aber auch ambivalente Bindung zur Mutter; eher schwacher Vater). Der »Vater« und nachfolgend die gesamte weitere Umwelt bieten ein Beziehungsangebot, das nicht geprägt ist durch eine vorausgegangene Symbiose und Auflösung der psychophysiologischen Einheit. Er kann, bei einer möglicherweise spürbaren, aber nicht bewussten Enttäuschung an der Primärbezugsperson »Mutter«, welche die automatische, globale Versorgung nicht fortsetzte und das Kind auch mit weiteren Frustrationen, wie z. B. dem Abstillen, konfrontieren musste, eine Möglichkeit für eine Kompensation auf der Beziehungsebene darstellen.

Schon früh im Laufe der Entwicklung wird die Symptomatik auch zu einem wesentlichen Bestandteil der Beziehung zur Mutter. Ist die Mutter ängstlich oder unsicher, so reagiert sie möglicherweise emotional auf potenzielle Schwierigkeiten des Kindes, z. B. wenn dieses Mühe hat, zu atmen, d. h. »ohne sie«, also außerhalb der psychophysiologischen Einheit, zu leben. Besonders unsicher kann eine Mutter werden, wenn es sich um das erste oder das einzige Kind handelt oder wenn die Mutter selbst ungute Erinnerungen an noch bestehende Konflikte mit der eigenen Mutter hat. Überbeschützend mag sich eine Mutter aber auch fühlen, wenn der Vater nicht hinreichend (aus welchen Gründen auch immer) der Mutter deutlich machen kann, dass sich das gemeinsame Kind zufriedenstellend entwickelt, in Ordnung und lebensfähig ist. Bei den Symptomen des Asthma bronchiale wird vielleicht deutlicher als bei einer anderen Krankheit wahrgenommen, dass Not von innen und Hilfe von außen her kommt. Die Mutter kann als gutes, hilfreiches, in der Not präsentes Subjekt erlebt werden. Schon bald können aber auch andere interaktionelle Vorgänge und Erfahrungen mit der asthmoiden Symptomatik verknüpft werden. Die Mutter mag dann z. B. als nicht hinreichend prophylaktisch aktiv empfunden werden, als jemand, der nicht fähig ist, sein Kind vor den bedrohlichen Situationen genügend zu schützen.

Die Symptomatik beinhaltet eine merkwürdige *Ambitendenz*. Einerseits bringt sie einen berechtigten und eindrücklichen Appell zum Ausdruck, dass Hilfe, Zuwendung oder Nähe gebraucht werden. Andererseits liegt im Vorgang selbst ein Erleben der Schwierigkeit einer Trennung, der Problematik, etwas los zu werden, um fähig zu werden, angemessen Neues aufzunehmen. Das *gemeinsame Erleben existenzieller Bedrohung* kann bei Mutter oder Kind zu einer Intensivierung der wechselseitigen Beziehung beitragen, wenn das Kind wahrnimmt, dass die Symptomatik ihm die Macht verleiht, die Mutter an sich zu binden oder sie mindestens rasch herbeizuholen.

Das Asthma bronchiale scheint, trotz aller damit verbundenen Beunruhigung, ein taugliches Mittel zu sein, verschiedene, paradoxe Konfliktsituationen zu lösen (z. B. Nähe bei gleichzeitiger Distanz; Sonderbeanspruchung der Mutter und Wunsch nach Autonomie zugleich; Anspruch auf Beachtung, aber ohne konstruktive Gegenleistung; Möglichkeit, als »Täter« aktiv und gleichzeitig auch »Opfer« zu sein; sich bescheiden zu verhalten und zugleich Macht auszuüben, ohne dass damit ein Vorwurf verbunden werden könnte; sich tapfer zu zeigen, ohne dies immer wieder durch die Akzeptanz neuer Risiken belegen zu müssen). Asthma bronchiale kann eine Sonderstellung verleihen, die mit wenig gesellschaftlich wirksamer Stigmatisierung verbunden ist. Die Symptomatik ermöglicht, an frühen Beziehungsmodalitäten festzuhalten, ohne dass dies dem Betroffenen zum Vorwurf gemacht werden könnte. Das Erleben von Abhängigkeit wird immer wieder dadurch relativiert, dass schon früh dort »Drittmittel« (z. B. Medikamente, Apparate) und Drittpersonen mit ins Spiel kommen, wo die Möglichkeiten der Mutter nicht ausreichen. Das Gleichgewicht in der Mutter-Kind-Beziehung wird nämlich dadurch früh in Frage gestellt, dass die Omnipotenz der Mutter deutlich erlebbare Grenzen hat. Dieses »sowohl als auch« ermöglicht, Konflikte immer wieder nach demselben Grundmuster anzugehen und scheinbar zu lösen. Es beinhaltet aber auch Beziehungsgefahren. Denn es ist für beide Bezugspartner nicht einfach, die damit verbundene Ambitendenz auszuhalten und sie konstruktiv auszudifferenzieren. Oft entsteht, von dem einen oder anderen Beziehungspartner ausgehend, der Wunsch, die Spannung, durch Verlagerung der Akzente in die eine oder andere Richtung, zu verringern, z. B. überfürsorglich, anhänglich oder latent ablehnend zu sein, verstärkte Autonomie zu fordern oder dann, wenn das nicht möglich ist, Unterwerfung zu verlangen. Diese Beziehungsgefahren sind umso mehr zu gewichten, als sie kaum offen ausgetragen werden können, da die gemeinsame, in der Symptomatik erlebte Bedrohung real ist und sich jederzeit wiederholen kann.

Bezüglich der Verantwortung für die Symptomatik gibt es oft viel Unsicherheit. Eine Übernahme von Verantwortung und Kontrolle für Vorbeugungs- und Behandlungsmaßnahmen ist von Seiten des Kindes wie auch der Erwachsenen erforderlich. Kontrollversagen führt rasch zu Problemen. Diese können nicht nur das Asthma bronchiale, sondern auch die Bezugspersonen, ja das ganze familiale System betreffen. Angst vor dem bedrohlichen Ereignis kann wechselseitig auftreten und Erwartungsangst, Unruhe und emotionale Desorientierung fördern, so dass es – wenn eine äußere Trennung von den vertrauten Bezugspersonen vollzogen wird – in diesen Fällen zu einer zeitweiligen Entlastung und Reduzierung der Symptomatik kommen kann. In der Adoleszenz, mit ihrer inneren und äußeren »Ablösung« von den primären Bezugspersonen, entsteht bei etwa der Hälfte der Patienten, bei denen ein kindliches Asthma bronchiale bestand, eine Rückbildung der Symptomatik. Neben somatischen Veränderungen dürfte hierfür vor allem von Bedeutung sein, wie im Verlaufe der Kindheit die Krankheit erlebt wurde, wieviel eigene Angst, z. B. zum Zweck, die Umgebung zu mobilisieren, zugelassen werden musste oder wie sehr sich das Kind durch die Ängstlichkeit der Umgebung »Angst machen« ließ. Beide Erlebnismodalitäten dürften durch die psychische Entwicklung im Rahmen der Pubertät eine Änderung erfahren. Keine Änderung scheint hingegen einzutreten, wenn das Gefühl existenziellen Bedrohtseins durch die Entwicklung hindurch dominant geblieben ist, sei dies aus somatischen oder aus psychischen Gründen. Dann besteht eher die Gefahr, dass die pubertätsveränderte Wahrnehmung der Einzigartigkeit, aber auch der Begrenztheit des eigenen Lebens, unabhängig von den Aktivitäten und Meinungen der anderen, eher zu einer negativen Reaktion, zu Depression oder Zuflucht in die Regression führt. In solchen Fällen kann der Asthmaanfall beim Jugendlichen auch zum dringenden Appell werden, der anzeigt, dass der Jugendliche es nicht erträgt, mit der Verantwortung und Fürsorge für die eigene Person alleingelassen zu werden. Entscheidend ist in der Adoleszenzentwicklung aber auch, welche Auswirkung die asthmatische Symptomatik auf die Entwicklung der Selbstrepräsentanz hatte, zum Beispiel, ob die Erfahrung einer immer wiederkehrenden, vitalen Bedrohung oder diese einer mehrfach erfolgten Überwindung solcher Gefahr gemacht worden ist.

Wer an Asthma leidet, erfährt möglicherweise immer wieder eine Art Rückinszenierung des Phantasmas, dass die Beendigung der psychophysiologischen Einheit mit der Mutter einem Scheitern gleichgekommen sei und nur durch vermehrten Fremdeinsatz habe wieder aufgefangen werden können. Dies kann beim Betroffenen zu einer verminderten Risikobereitschaft, infolge immer wieder neu erlebter Situationen existenzieller Bedrohung, führen, aber auch zum Wunsch, sich gegen Angst auslösende Situationen übermäßg abzugrenzen, so dass die Schwere der Krankheit und die Behandlungsbedürftigkeit immer wieder negiert werden und ein zu hohes Risiko eingegangen wird.

17.7 Psychotherapeutische Aspekte

Psychotherapeutische Behandlungsverfahren sollten, wenn immer möglich, mit somatischen zusammen angewendet werden. Es wurde bereits früh deutlich, dass es bei Asthmakranken keine Spezifität im Psychischen gibt (Bräutigam, 1954). Immer wieder aber wurde die Bedeutung der Aggressionsverarbeitung hervorgehoben (Bacon, 1956). Entwickelt sich eine negative Übertragung, so stellen sich rasch lebensbedrohliche Symptome ein, was bei langdauernden und intensiven psychoanalytischen Behandlungen, die sich als sehr wirksam erwiesen haben, besonders gut zu beobachten ist. Diesem Umstand ist besonders Rechnung zu tragen, wenn sich beim asthmakranken Kind oder Jugendlichen eine Steroid- oder Ephedrinabhängigkeit entwickelt hat (Deutsch, 1987).

Grundsätzlich erscheint es sinnvoll, zweigleisig vorzugehen: einerseits die somatische und pharmakologische Behandlung durch den Pädiater durchführen zu lassen, andererseits eine genaue Psychodiagnostik und -therapie durch den Kinderpsychiater/-psychologen bzw. Kinderpsychotherapeuten vorzunehmen. Psychotherapeutische Maßnahmen sollten frühzeitig beginnen und nicht erst bei Vorliegen sekundärer somatischer Störungen mit Chronifizierung. Medikamentöse Behandlungen sollten beim Gebrauch von Sympathikomimetika enthaltenden Inhalatoren durch den Kinderarzt streng überwacht werden, da vorschnelle Anwendung und unkontrollierter Gebrauch, vor allem in der Adoleszenz, zu Sucht, Abhängigkeit oder sogar Tod führen können.

Als wesentliche Komponenten der Rehabilitation bei Asthma bronchiale im Kindes- und Jugendalter konnten neben der medikamentösen Versorgung die folgenden Verfahren und Therapien identifiziert werden (* = Evidenzgrad eher hoch):

1. Sport-/Bewegungstherapie*
2. Patientenschulung/Selbstmanagementtraining*
3. Eltern-/Angehörigenschulung*
4. Allergenkarenz
5. Tabakentwöhnung*
6. Entspannung*
7. psychologische Beratung/Psychotherapie
8. Ernährungsberatung/-umstellung*; (für Asthmapatienten mit Nahrungsmittelallergie oder Übergewicht)
9. Physiotherapie/Atemtherapie
10. alternative Medizin
11. Klimatherapie
12. klinische Sozialarbeit (z. B. berufliche Orientierung/Integration) (Ahnert, Löffler, Müller & Vogel, 2010)

18 Hauterkrankungen[56]

Die Haut als das größte Organ des Körpers sezerniert und absorbiert Stoffe, reguliert aber auch die Körpertemperatur. Sie ist ein flächiger Rezeptor für Schmerz, Lust, Berührung und Temperaturempfindungen. Auf der Haut können sich verschiedenste Emotionen wie z. B. Lust, Schmerz, Wut, Scham oder Angst abbilden. Konstitutionell kann sie sich unter anderem lokal ekzematisieren, zu trocken oder zu fettig sein, Blasen bilden, sich pigmentieren oder übermäßg verhornen. Endokrinologische, immunologische und stoffwechselbedingte Einflüsse spielen bei ihrem Funktionieren eine große Rolle.

18.1 Psychodynamische Aspekte

Die Haut als Ausdrucksorgan für nichtsprachliche Mitteilungen hat zwar bereits früh in der Entwicklung der Psychoanalyse eine gewisse Beachtung gefunden. Dennoch fand sie lange – d. h. bis zum zentralen Werk von Anzieu (1996) über das *Haut-Ich* – nicht das gebührende Interesse der Psychoanalyse. Einzig in einem spezialisierten Zentrum für die Behandlung von Patienten mit Psoriasis in Buenos Aires arbeiteten – insbesondere bei psychoanalytischer Gruppenarbeit – Dermatologen und Psychoanalytiker eng und parallel zusammen (Ulnik, 2007).

Die Haut entstammt dem *Ektoderm*, wie auch das gesamte Nervensystem. Sie verbindet Innenwelt und Außenwelt und erfüllt als libidinös besetzte Oberfläche eine wichtige Rolle bei der Kontaktaufnahme mit dem Gegenüber wie später auch bei autoerotischen Aktivitäten (Szwec, 2006). Das von Anzieu beschriebene Haut-Ich übernimmt verschiedenste Funktionen: Es ist ein psychophysisches Organ, das *nach Innen schützt*, gleichzeitig entspricht es aber auch einer *Kontakt- und Schnittstelle zur Außenwelt*. Zudem wird es als Hülle zum Einschreiben von psychischen Konflikten gebraucht. Es dient der Aufrechterhaltung des Lebens, einem grundsätzlichen Containment, der Konstanz- und Bedeutungsentwicklung und spielt eine große Rolle bei den Vorgängen der Sexualisierung/Erotisierung.

Innerhalb dieser Funktionen kann es zur *Entwicklung pathologischer Strukturen* kommen, zum Beispiel, wenn die Funktionen von Reizaufnahme/Erregung und diese von Kommunikation auseinanderdriften. Oft wird etwas somatisch – und bevorzugt über die Haut – auszudrücken versucht, wofür psychisch keine Mittel vorhanden zu sein scheinen (panische Ängste ohne Personalisierung oder Subjektivierung, die aus frühesten Trennungserfahrungen stammen).

---

[56] Wir danken Frau Dr. med. Barbara Rost für ihre Mitarbeit an Teilen einer früheren Fassung des Kapitels über »Hauterkrankungen«, erschienen in Bürgin (1993).

Marty (1958) sprach von einem *allergischen Objekt-Beziehungsmodus*. Beim allergischen Patienten besteht ein zentraler Wunsch, nämlich so viel Nähe mit dem Realobjekt zu schaffen, dass eine Fusion möglich wäre. Deshalb wird das Objekt vollständig, sofort und rücksichtslos besetzt, worauf eine tiefe und grenzenlose Identifizierung der Selbstrepräsentanzen mit den Repräsentanzen der betreffenden Primärobjekte zustande kommt. Oder es stellt sich eine langsame und sorgfältige Anpassung an das Objekt – bis zu einer immer tieferen Interpenetration – ein, wodurch sich die Nähe- und Distanzgrenzen zwischen Selbst- und Objektrepräsentanzen aufzulösen beginnen. Dies geschieht vor allem entweder dadurch, dass das Subjekt die Objektrepräsentanzen projektiv zunehmend mit Teilen der Selbstrepräsentanzen ausstattet oder introjektiv Teile der Objektrepräsentanz in die Selbstrepräsentanzen überführt. Vielfach gehören die Objektrepräsentanzen, mit welchen sich die Selbstrepräsentanzen zu vereinen suchen, zu einer idealisierten Mutter-Repräsentanz. Nicht selten werden auch adhäsive[57], *narzisstische Identifikationen* beobachtbar, oder es treten Phantasien von einer mit dem Gegenüber geteilten, *gemeinsamen Haut* auf.

Spitz (1969) betrachtete das *infantile Ekzem* als Mischung einer kongenitalen Prädisposition und der Interaktion mit einem für die Bedürfnisse des Säuglings ungenügenden Realobjekt, die schließlich in eine spezifische Art von *Fremdenangst* ausmündet. Zu wenig, zu ängstlicher oder zu häufiger Hautkontakt bewirkt, dass sich der Säugling im Kontakt mit dem Gegenüber nicht wohl zu fühlen mag. Oft funktionieren bei solchen Kindern die Mechanismen der Verschiebung, der Kondensation wie auch die Fähigkeit zur Figurabilität[58] recht schlecht.

Die *gesamte Haut ist eine erogene Zone*, die an den Körperöffnungen eine nochmals deutlich erhöhte Empfindsamkeit und Erogenizität aufweist. Damit wird sie zu einer Quelle libidinös-wohliger Gefühle oder intensiven Schmerzes. *Pruritus, chronische Hautreizungen und Urtikaria* dienen – wegen ihrer starken Empfindungen, die sie auslösen – möglicherweise der Verstärkung einer grenzbildenden Membranfunktion der Haut. Solche symptomatischen Erscheinungen können aber auch – als kompensatorische Phänomene – Hinweise auf ein mangelndes Holding sein (der extreme Juckreiz oder heftiges Kratzen erhöhen autoerotisch die Selbstwahrnehmung).

Bekommt die Haut im analytischen Prozess eine hohe Bedeutung, so ist sie oft mit Katastrophenängsten, Selbstbeschädigungen (Schneiden, Kratzen) und De- oder Re-Personalisationsgefühlen verknüpft. Obwohl psychische Konflikte beim Vorgang der Somatisierung tief in die Haut »eingeschrieben« werden, können die entsprechenden Hautsymptome, wenn der Patient im Verlaufe eines analytischen Prozesses durch Empathie und Zuwendung allmählich das in den Körper Eingeschriebene freilegt und sich zu entwickeln beginnt, oft unversehens verschwinden, ohne dass detaillierte Gründe dafür verständlich werden. Dies spricht für eine gewisse Unspezifität derartiger kutaner Störungen. Die im Symptom enthaltenen Konfliktspannungen dürften, auf Grund der im analytischen Prozess gewonnenen höheren Flexibilität der Ich-Funktionen und wegen der wachsenden Bedeutung nicht einschränkender Objektbeziehungen, verblassen.

Der Ausbruch von Hauterkrankungen korreliert oft mit Trennungserfahrungen, haupt-

---

[57] Anhaftende Identifizierung (autistic contiguous position nach Ogden, 1989). Selbst- und Objektrepräsentanzen werden durch Affekte der frühesten Kindheit gleichsam miteinander verklebt.
[58] Nicht repräsentierte oder schwach repräsentierte mentale Zustände werden durch die analytische Arbeit transformiert (Levine, 2014).

sächlich bei symbiotisch gebundenen Menschen. Viele Hautkrankheiten, die zum psychosomatischen Formenkreis gehören, erhalten eine symbolische Bedeutung und müssen, wie unbewusste sprachliche Mitteilungen, decodiert werden. Die Haut kann über- oder untererotisiert werden. Das Ziel der Behandlung liegt im Aufbau eines Identitätsgefühls und einer intrapsychischen Kohäsion.

Der Haut als Sinnes- und Grenzorgan zur Umwelt kommt für die seelische Entwicklung des Kindes und für die Beziehungsentwicklung über den gesamten Lebenszyklus hinweg somit große Bedeutung zu. Seelische Befindlichkeit und Affektzustände werden auf der Haut nicht selten unmittelbar sicht- und spürbar. Auch wird die taktile und visuelle Kommunikation des Einzelnen durch Affektionen der Haut nachdrücklich beeinflusst (Bosse, 1990).

Hauterkrankungen wie z. B. die *Dermatitis atopica*, die *Urticaria*, Störungen des Haarwachstums wie die *Alopecia areata/totalis*, deren Ätiologie und Pathogenese nicht bis ins letzte geklärt sind, deren Verlauf aber, wie klinische Erfahrungen und wissenschaftliche Studien zeigen, von psychologischen und psychosozialen Faktoren beeinflusst wird, haben immer wieder zu Überlegungen Anlass gegeben, inwieweit intrapsychische und/oder interpersonale Konfliktkonstellationen ursächlich an der Entstehung beteiligt sind. In verschiedenen Studien ist versucht worden, spezifische Persönlichkeitsmerkmale z. B. des an Neurodermitis erkrankten Kindes und Jugendlichen herauszuarbeiten und spezifische Mutter-Kind-Interaktionen zu beschreiben (z. B. ambivalente Einstellung der Mutter dem Kind gegenüber, abgewehrte Feindseligkeit u. ä.). Daraus wurden Hypothesen abgeleitet, die nicht selten für ätiologisch relevant gehalten wurden. Der psychotherapeutische Zugang zum hautkranken Kind und seiner Familie wurde dadurch aber eher erschwert.

Schleiffer (1988) weist darauf hin, wie es geradezu tragisch anmute, dass sich in der dermatologischen Literatur immer noch Begriffe wie – Typ einer Neurodermitis-Mutter oder – atopisches Persönlichkeitsprofil – fänden, die Konzepten entstammten, welche in der Praxis bestenfalls wirkungslos seien. Genauen Forschungen im Bereich der Psychoimmunologie wird es vorbehalten sein, über die ätiologische Relevanz psychischer Faktoren bei der Entstehung von verschiedenen Hautaffektionen genaueren Aufschluss geben zu können. Die Annahme, dass es spezifische Persönlichkeitstypen, spezifische Konflikte oder spezifische Familienstrukturen gäbe, die ursächlich an der Entstehung der Dermatitis atopica beteiligt seien, verblieb weitestgehend im Spekulativen.

Die Psychodermatologie, eine relativ neue Bezeichnung, umfasst die Wechselwirkung von Psyche und Haut, d. h. sie berücksichtigt die Rolle der psychosozialen Aspekte von Hautstörungen. Die Therapie von psychodermatologischen Erkrankungen konzentriert sich auf die Behandlung der körperlichen und psychischen Belastungen und der mit einer Krankheit verbundenen depressiven- und Angststörungen, sowie der sozialen Isolation und der Selbstwerteinschätzung eines Patienten (Jafferany & Franca, 2016).

Dermatologische Erkrankungen machen 15 % bis 20 % der Konsultationen in Hausarztpraxen aus. Hautstörungen können ernsthafte Auswirkungen auf den einzelnen Patienten, besonders auf Kinder und Jugendliche haben. Die Haut spielt eine Rolle bei der Identitätsbildung und bei der individuellen Selbstrepräsentation gegenüber der Außenwelt. Wenn sich ein pathologischer Zustand auf der Haut zeigt, kann sich die kindliche oder jugendliche Selbstwahrnehmung ändern. Krankheitszustände und deren Behandlungen bei Kindern und Jugendlichen stellen oft eine erhebliche Belastung für Betreuungspersonen dar. Dysfunktionale Situationen in der häuslichen Umgebung eines Kindes können bestimmte psychokutane Störungen zusätzlich beeinflussen. Daher sollte eine wirksame Gesamtbehandlung nicht nur die physischen Erscheinungen und die psychischen Faktoren berücksichtigen, sondern auch den Kontext des Kindes d. h. die Familienstruktur und die allgemeine Wohnumgebung eines Kindes/Jugendlichen miteinbeziehen (Perry & Streusand, 2013).

Stresssituationen sowie emotionale Störungen stehen zu mehreren pädiatrisch-dermatologischen Befunden in Beziehung; sie stellen einen nicht geringen Faktor bei Hauterkrankungen dar, beeinflussen das Selbstbild von Kindern und Jugendlichen oft negativ und tragen zu einem beeinträchtigten Selbstwertgefühl bei. Die Behandlung dermatologischer Krankheitserscheinungen erfolgt somit am besten nicht allein beim kindlichen/jugendlichen Patienten, sondern auch unter Einbezug seiner Familie. Die Ätiologie der Krankheitserscheinungen ist nicht in physische und emotionale Aspekte zu unterteilen, sondern es ist eine Zusammenarbeit von pädiatrischen Dermatologen mit psychotherapeutisch tätigen Ärzten oder Psychologen anzustreben, um die psychokutanen Zusammenhänge im Leben der Patienten zu erfassen, die Betroffenen zu behandeln und so die therapeutischen Ergebnisse zu optimieren.

Bei einigen *psychopathologischen Zuständen*, an denen die Haut eindeutig beteiligt ist, z. B. bei der *Trichotillomanie*, der *wahnhaften Parasitose* (Ekbom-Syndrom, eine wahnhafte Vorstellung, die Haut sei von Parasiten befallen)[59] oder der *Dermatitis artefacta* erfolgt die Behandlung in erster Linie psychotherapeutisch. Generell kann man davon ausgehen, dass die Therapie von psychisch bedingten Hautstörungen bei Kindern oft schwierig und langandauernd ist (Chiriac, Brzezinski, Pinteala, Anca, Chiriac, Foia, 2015).

18.2 Dermatitis artefacta

Bei der Dermatitis artefacta handelt es sich um eine psychokutane Störung, die durch selbstverschuldete Hautverletzungen, oft in Verbindung mit einer zugrundeliegenden psychischen Störung zustandekommt, oder eine Antwort auf externe Stressfaktoren darstellt. Sie wird am häufigsten in der Adoleszenz (aber auch bis zum frühen Erwachsenenalter) beobachtet und ist selten bei kleinen Kindern. Neurotische Exkoriationen (Hautabschürfungen) werden bei Patienten mit eingeschränkter Impulskontrolle und vor allem bei weiblichen Personen beobachtet. Die Hautveränderungen entstehen durch Selbstverletzungen, um emotionale Spannung zu reduzieren. Die Patienten verneinen oft, die Verletzungen selbst produziert zu haben. Nicht selten werden mehrere medizinische Meinungen eingeholt, bevor die Diagnose einer Dermatitis artefacta und die Notwendigkeit einer Behandlung akzeptiert werden kann.

---

59 Karl-Axel Ekbom hat den Begriff im Jahre 1938 eingeführt.

18.3 Trichotillomanie

Trichotillomanie bezeichnet das wiederholte *Selbst-Herausreißen von Haaren*. Meistens ist die Kopfhaut betroffen, es können aber auch andere Haarregionen involviert sein, einschließlich der Augenbrauen, Wimpern und Schamhaare. Sie ist vielfach mit *emotionaler Deprivation* verknüpft (Barahal, 1940; Sperling, 1968; Galski, 1983).

Die Trichotillomanie kann bereits im Säuglingsalter beginnen und zeigt dort keinesfalls eine bessere Prognose (Keren, Miara, Feldmann, Tyano, 2006) als erst später im Kindesalter sich manifestierende Formen. In der Literatur wird eine Vielzahl komplexer ätiologischer Modelle (z. B. psychodynamische, lerntheoretische oder neurobiologische) beschrieben. Sehr häufig wird auf schwere Störungen in der frühen, dyadischen Mutter-Kind- oder der triadischen Mutter-Vater-Kind-Beziehung hingewiesen, wobei dem Haar die Bedeutung eines Übergangs-Objektes (bei einem im allgemeinen fehlenden Übergangsbereich) oder eines autoerotischen Instrumentes zugeschrieben wird. Das Haareausreißen gilt einerseits als lustvoll, andererseits als feindlich-aggressiver, Schmerz erzeugender Akt und wird auch mit fehlenden Trauerreaktionen in Zusammenhang gebracht (Lewis, 2013).

Betrachtet man die Trichotillomanie als eine im Verhalten sichtbar werdende Endstrecke vieler konflikthafter, emotionaler Zuflüsse, so wird das Unspezifische ihres Ausdrucks – wie bei vielen ähnlich gelagerten psychosomatischen Erscheinungen – offensichtlich. Ein fehlender guter körperlicher Kontakt und ein nicht vorhandener, warmherziger Austausch zwischen den primären Beziehungspersonen und dem Säugling/Kleinkind, ein kaum ausgebildetes gemeinsames emotionales Spiel und wenig Hilfe beim Aushalten von Ängsten und Stresszuständen des Kindes kann bei der Mehrzahl der Trichotillomanie-Kinder festgestellt werden.

Das jeweilige psychotherapeutische Vorgehen hängt weitgehend vom verwendeten theoretischen Modell der betreffenden Kliniker ab. Wahrscheinlich ist es auch nicht sinnvoll, das genau gleiche Vorgehen bei allen diesen Patienten zu wählen. Die Arbeit mit dem Kontext, in welchem ein Kind lebt (Familienkonstellation, Beziehungsfähigkeit der Eltern), eine Hilfe bei der Veränderung intrapsychischer Strukturen des Kindes (zum Beispiel psychoanalytische Einzelpsychotherapie) und manchmal auch eine pharmakologische Unterstützung sind hingegen Bestandteile der meisten therapeutischen Vorgehensweisen. Mit differenzierten kurztherapeutischen Verfahren auf psychoanalytischer und beziehungstheoretischer Basis lassen sich bezüglich Symptomverschwinden sehr gute und langandauernde Ergebnisse erzielen (Keren et al., 2006).

18.4 Onychophagie

Das *Nägelkauen*, mit oder ohne Schlucken von Nagelfragmenten, wird bei Kindern häufig diagnostiziert und kann nicht als eigentliches Symptom bezeichnet werden. Bei kleinen Kindern kann Nägelkauen mit Daumenlutschen, einer sekundären Reizdermatitis, Infektionen oder lokalen Entzündungen verbunden sein. Nägelkauen entsteht meistens in Spannungs- und Belastungssituationen. Eine psychiatrisch-psychotherapeutische Untersuchung ist meist nicht erforderlich.

Diverse Formen von Hautläsionen ziehen die Aufmerksamkeit der Betreuenden auf sich. Viele stellen ein Autoaggressionsverhalten dar, induziert z. B. durch Depression, Angst- oder Zwangsstörungen.

18.5 Die atopische Dermatitis (AD)

Die häufigste Hauterkrankung, bei der psychische Faktoren eine ursächliche Rolle für den Verlauf und die Auslösung von Rezidiven spielen, ist die Dermatitis atopica, die zusammen mit der allergischen Rhinitis und dem allergischen Asthma bronchiale die Trias der klassischen atopischen Erkrankungen bildet. Ihre Prävalenz in einem pädiatrisch-dermatologischen Krankengut wird auf 30 % geschätzt. Die atopische Dermatitis[60] (AD) = Neurodermitis (so benannt entsprechend der ehemaligen Annahme, es handle sich um eine klare Nervenerkrankung) = *atopisches Ekzem* ist eine entzündliche, nicht ansteckende Hauterkrankung, gekennzeichnet durch rötliche, Bläschen bildende, schuppende Ekzeme, begleitet von einem mehr oder weniger starken Juckreiz. Die sehr trockene Haut reagiert überempfindlich auf unterschiedliche Reize, sogenannte Triggerfaktoren wie z. B. Bakterien, Viren, Pilze, Tierhaare, Reinigungs- und Nahrungsmittel. Die AD kommt in Familien mit weiteren atopischen Erkrankungen (Asthma bronchiale und/oder allergische Rhinokonjunktivitis) gehäuft vor.

Die Erscheinungen zeigen einen schubweisen Verlauf und können schwerwiegende Probleme für das sich entwickelnde Kind darstellen. 60 % aller Patienten entwickeln die Krankheit im ersten Lebensjahr. Bei einem Säugling kann AD die Hautempfindung beeinflussen und die emotionale Entwicklung durch eine veränderte Eltern-Kind-Bindung beeinträchtigen, da diese zu einem nicht geringen Grad vom frühkindlichen physischen Kontakt abhängig ist. AD bewirkt – infolge der Beschwerden – Schlafstörungen und ist im Vergleich zu Kontrollgruppen vermehrt mit psychischen Störungen verbunden. Stresssituationen wie Trennung oder Scheidung der Eltern, eine schwere eigene Krankheit oder der Verlust eines Elternteils können das Risiko der Entwicklung der AD-Erkrankung beeinflussen (Perry & Streusand, 2013).

Verschiedene Studien weisen auf einen engen Zusammenhang von psychischen Problemen und AD hin und zeigen, dass die psychische Belastung dieser Krankheit sich, sowohl bei Jungen als auch bei Mädchen, durch Kopf-, Nacken- oder Schulterschmerzen manifestieren kann. Stress und emotionale Erregungszustände können Ausbrüche oder Exazerbationen von AD verursachen.

Ursächlich wird ein Zusammenhang von einer genetischen Disposition (eine genetisch bedingte Störung der epidermalen Barriere infolge Verminderung von Filaggrin[61]), immunologischen Veränderungen und Umwelteinflüssen diskutiert (Pleimes, Schmid-Gren-

---

60 Atopie beschreibt in der Medizin eine Neigung dazu, mit Überempfindlichkeitsreaktionen, nämlich mit allergischen Reaktionen des Soforttyps (Typ-I-Allergie), auf den Kontakt mit ansonsten harmlosen Substanzen aus der Umwelt zu reagieren. *Atopie bezeichnet also eine körperliche Bereitschaft zu einer krankhaft erhöhten Bildung von Immunglobulin-E-Antikörpern (IgE).*
61 Filaggrin stabilisiert die Hautbarriere und ist an der Feuchtigkeitsspeicherung beteiligt.

delmeier, Weibel, 2013). Es wird vermutet, dass die Hypothalamus-Hypophysen-Nebenniere (HHN)-Achse mittels eines erhöhten Blut-Cortisol-Spiegels an der Psyche-Körper-Interaktion von Stress und AD-Symptomen beteiligt ist.

18.5.1 Klinik

Dreiviertel der Fälle manifestieren sich bereits im ersten Lebensjahr, z. T. schon im ersten Trimenon, vereinzelt bereits im ersten Lebensmonat. Die charakteristische Erscheinungsform im Säuglingsalter ist der *Milchschorf* sowie die entzündlichen Veränderungen mit nässenden Arealen und Krustenbildung an beiden Wangen, der oberen Brustpartie sowie den Streckseiten der unteren Extremitäten. Bereits ab dem zweiten Lebensjahr wird diese Phase abgelöst von chronisch entzündlichen Hautveränderungen mit den typischen Prädilektionsstellen im Bereich der großen Gelenkbeugen sowie des Halses. Dieser Reaktionstyp ist auch beim Erwachsenen vorherrschend, wobei es aber auch andere Verlaufsformen gibt. Das Kardinalsymptom eines quälenden Juckreizes ist allen Erscheinungsformen des atopischen Ekzems in allen Lebensaltern gemeinsam.

18.5.2 Ätiologie und Pathogenese

Ohne bisher eindeutige Befunde, muss – auf einer hereditären Basis – von einem multifaktoriellen Geschehen mit sicher immunologischen, allergischen und infektiösen Einflüssen ausgegangen werden.

18.5.3 Psychodynamik

Es liegt nahe, dass die Symptomatik mit chronisch quälendem Juckreiz und entzündlichen Veränderungen der Haut die Entwicklung innerseelischer Eigenständigkeit erschwert, da sie den Betroffenen das Erleben einer Abhängigkeit vom Symptom dauernd aufzwingt. Phasentypische Konfliktkonfigurationen im Rahmen der frühkindlichen und adoleszenten Autonomieentwicklung können dadurch verschärft werden und für das betroffene Kind und seine Familie zu schweren Belastungen führen. Machtkämpfe zwischen Mutter und Klein- resp. Latenzkind um und an der Haut, die meistens im Zusammenhang mit der notwendigen Pflege auftauchen, sind häufig. Vernachlässigung oder Schädigung der Haut durch Jugendliche, die in altersentsprechenden Selbstwertkrisen die Haut stellvertretend für das Selbst attackieren, sind Beispiele dafür, wie die Hauterkrankung eine Funktion im Dienste zwischenmenschlicher Auseinandersetzung gewinnen und manchmal auch eine optimale dermatologische Therapie wirkungslos werden lassen kann.

18.5.4 Therapie

Die Therapie des atopischen Ekzems muss stets die multifaktoriellen pathogenetischen Zusammenhänge der Erkrankung sowie ihre verschiedenen klinischen Stadien berücksichtigen und erfordert eine aktive Mitarbeit des Patienten über Monate und Jahre. Grundlage jeglicher Behandlung ist eine sorgfältige Hautpflege, die gerade im erscheinungsfreien Intervall den Stellenwert einer echten Nachbehandlung einnimmt und wesentlich zur Vermeidung von Rückfällen beiträgt (Braun-Falco & Ring, 1984). Allgemeine therapeutische Maßnahmen bei Kindern mit AD sind eine entzündungshemmende Behandlung der trockenen Haut sowie Antihistaminika zur Stillung des Juckreizes.

Eine enge und gute Zusammenarbeit zwischen Dermatologen und Psychotherapeuten in der Klinik und/oder in der Praxis kann in manchen Fällen die Behandlungserfolge verbessern. In den Situationen, in denen individuelle und/oder familiale Probleme mit der

Neurodermitis klar verkoppelt sind – häufig geht es um Probleme der Autonomie, der Nähe- und Distanzregulation –, kann eine individuelle oder familienorientierte Psychotherapie indiziert sein. Eher ungewöhnlich ist ein vom hautkranken Jugendlichen selbst geäußerter Wunsch nach spezifisch psychotherapeutischer Hilfe.

18.6 Akne vulgaris

Die Prävalenz der Akne vulgaris bei Kindern und Jugendlichen variiert erheblich; sie wird auf 30 % bis 85 % eingeschätzt, wobei der größte Anteil die 16- bis 18-Jährigen betrifft. Aufgrund der sozialen Auswirkungen der Krankheit ist Akne bei Jugendlichen sehr häufig mit Angst- und depressiven Störungen und sogar mit Suizidalität verbunden. Ein großer Anteil der Patienten mit Akne leidet unter psychosozialer Ablehnung. Für Sulzberger[62] (1948) gab es keine andere Krankheit, die häufiger und intensiver zu psychischen Traumata, Streit zwischen Eltern und Kindern, stärkerer allgemeiner Unsicherheit, Minderwertigkeitsgefühlen und psychischem Leiden führte, als die Akne vulgaris. Eine psychische Abklärung ist in vielen Fällen indiziert. Die Krankheitsfolgen wie Beziehungskonflikte, Selbstwert-, depressive und aggressive Störungen sowie psychosoziale Beeinträchtigungen werden oft unterschätzt. Mädchen mit Gesichtsläsionen scheinen am meisten unter ihrer Erkrankung zu leiden. Die Beziehung zwischen Akne und Stress ist nicht genau bekannt; psycho-neuro-endokrinologische und psycho-immunologische Zusammenhänge werden für die Entstehung, Exazerbation und die Chronizität der Krankheit vermutet (Perry & Streusand, 2013).

Acne vulgaris entsteht durch eine erhöhte Sekretion der Talgdrüsen (Seborrhoe) und eine Hyperkeratose der Haarfollikel mit nachfolgender Ausbildung von Komedonen, welche durch Bakterien (Propionibacterium acnes u. a.) infiziert werden. Genetische, hormonelle und psychische Faktoren spielen oft in komplexer Weise zusammen. Da Akne als zur Pubertät gehörige Hautaffektion betrachtet wird, streben Jugendliche oft (in ca. 20 %) keine ärztliche Behandlung an (Niemeier, Kupfer, Gieler, 2010).

Therapeutische Maßnahmen bei Akne vulgaris bestehen in erster Linie aus lokalen Behandlungen (Keratolytika und Antibiotika). Diese sind bei schwerer Erkrankung jedoch ungenügend, so dass eine systemische Behandlung mit Retinoiden (Isotretinoin, cave mögliche Nebenwirkungen) sowohl innerlich als auch äußerlich erforderlich wird, zumeist in Kombination mit antibiotischer und antiseborrhoischer Therapie.

---

62 »…there is probably no single disease which causes more psychic trauma, more maladjustment between parents and children, more general insecurity and feeling of inferiority and greater sums of psychic suffering than does acne vulgaris« (Sulzberger & Zaidens, 1948).

18.7 Psoriasis[63]

Die Psoriasis ist eine komplexe, chronisch entzündliche, hyperproliferative und schubweise verlaufende Störung, die durch genetische und Umweltfaktoren verursacht wird (Laffitte & Izakovic, 2006). Stresssituationen beeinflussen die Krankheit, die das alltägliche Leben der Patienten hochgradig beeinträchtigen kann (Zaidens, 1950). Mit zunehmendem Alter nimmt die Auswirkung der Krankheit ab, sodass die schwersten Symptome vor allem Kinder betreffen. Bei ungefähr 5 % aller pädiatrischen Hautkrankheiten handelt es sich um eine Psoriasis. Eine langandauernde Behandlung des Kindes und eine gleichzeitige Betreuung der Eltern/Familie muss meist ins Auge gefasst werden. Ein Zusammenhang von frühkindlich-stressvollen oder traumatischen Erlebnissen und dem Ausbruch von Psoriasis wird kontrovers diskutiert. Verglichen mit der atopischen Dermatitis, die sich mit zunehmendem Alter verbessert, ist die Prognose ungünstiger.

Therapeutische Massnahmen sind beim Kind vor allem verschiedene topische Behandlungen wie Salicylderivate, Kortikoide, Vitamin D3-Analoga, immunmodulierende Makrolide, Phototherapie. Über eine eventuelle Wirksamkeit psychotherapeutischer Verfahren ist bis anhin nur wenig bekannt.

Patienten mit atopischer Dermatitis und Psoriasis klagen vermehrt über erhöhte Müdigkeit, Gefühle von Hilflosigkeit, eine geringere Akzeptanz bei Gleichaltrigen sowie über eine ungenügende soziale Unterstützung, – alles Faktoren, welche die Lebensqualität beeinträchtigen (Evers, Lu, Duller, van der Valk, Kraaimaat, van de Kerkhof, 2005).

Ebenso wurde bei Müttern von Kindern mit atopischer Dermatitis ein erhöhtes Stressniveau gemessen. Schlafstörungen gehören zu den primären Folgeerscheinungen beider Krankheiten und können zu Reizbarkeit und Konzentrationsschwierigkeiten Anlass geben sowie zu einer Unfähigkeit, sich an Freizeitaktivitäten zu beteiligen. Erhöhte Angstzustände und anklammerndes Verhalten wurden bei Kleinkindern beobachtet.

18.8 Allgemeine psychotherapeutische Anmerkungen

Pharmakologische und nicht-pharmakologische sowie psychoanalytisch-psychotherapeutische Behandlungen sind notwendig, um den physischen Erscheinungen und dem subjektiven Erleben eines Kindes/Jugendlichen gerecht werden zu können. Eine intensive Zusammenarbeit der an der Gesamtbehandlung beteiligten Therapeuten ist dazu erforderlich (Dunn, O'Neill, Feldman, 2011).

Viele Hautkrankheiten können nicht versteckt werden; sie sind für jedermann sicht-

---

[63] Es handelt sich um eine chronische Entzündung, vermittelt durch *CD4- und CD8-positive T- Lymphozyten*, die ihrerseits durch dendritische, sich in den Psoriasisherden befindende Zellen aktiviert werden. Diese Lymphocyten infiltrieren Dermis und Epidermis, setzen pro-entzündliche Zytokine frei, unter anderem Tumor Necrosis Factor α (TNFα), Interferon γ und Interleukin 1 (IL-1), die zu einer lokalen Vasodilatation und Keratinozytenproliferation führen.

bar und nötigen die Patienten, sich in der Außenwelt zu zeigen. Das noch vulnerable kindliche/jugendliche Selbstwertgefühl und die sich entwickelnde Identität sind vom sich verändernden Körper abhängig; eine chronische Hauterkrankung erhöht die psychische Verletzbarkeit von Kindern/Jugendlichen beträchtlich und erschwert den Aufbau ihrer Identität und die Entwicklung eines positiven Selbstwertgefühls. Beleidigungen, die sich auf die körperlichen Erscheinungen beziehen, bilden nicht selten eine Mobbingmethode, so dass Kinder und Jugendliche mit Hauterkrankungen eines nicht geringen Schutzes bedürfen. Jede psychotherapeutische Tätigkeit, die eine Stressreduktion zu Folge hat, kann hilfreich sein. Multidisziplinäre Behandlungsmöglichkeiten erlauben – neben der pharmakologischen Therapie – Ermüdungserscheinungen, Hilflosigkeit und depressive Entwicklungen anzusprechen sowie soziale Unterstützung anzubieten. Die chronische Krankheit belastet den kindlichen/jugendlichen Patienten und seine Familie über Jahre, weswegen es notwendig ist, die psychophysische Entwicklung des Patienten und die Dynamik innerhalb der Familie im Quer- und Längsschnitt im Auge zu behalten.

19 Migräne

Migräne ist eine weitgehend vererbte Störung des Gehirns, gekennzeichnet durch paroxysmale Anfälle von pulsierenden Kopfschmerzen, verbunden mit sensorischen Symptomen wie Photophobie und Phonophobie. Bei Migräne handelt es sich um eine multifaktorielle Störung, bei der nicht nur genetische, biologische und neuropsychologische Faktoren, sondern auch psychische und persönliche Wirkfaktoren beteiligt sind.[64] Periodisch auftretende Syndrome wie zyklisches Erbrechen, abdominale Schmerzen oder gutartiger paroxysmaler Schwindel werden meist als Vorläufer von Migräne-Kopfschmerzen betrachtet. Die voll entwickelte Migräne scheint bei Jugendlichen häufiger vorzukommen als bei Kindern (Guidetti, Faedda, Siniatchkin, 2016).

Die Beziehung zwischen *Stress* und Migräne-Attacken und die signifikanten psychischen Komorbiditäten bei Migräne weisen auf die enge Interaktion zwischen somatischen und psychischen Aspekten bei der Migräne im Kindes- und Jugendalter hin. Insbesondere kommen bei jüngeren Kindern stressvolle Situationen, psychische Probleme oder emotionaler Kummer oft indirekt, z. B. durch körperliche Symptome, zum Ausdruck. So kann Migräne als eine Störung der psychobiologischen Anpassung betrachtet werden, in der eine genetische Prädisposition mit internen und/oder äußeren Einflüssen wie psychosozialen, emotionalen, hormonellen, diätetischen oder anderen Faktoren zusammenwirkt. Oft sind die Schmerzen so intensiv, dass die üblichen Tagesaktivitäten nicht mehr weitergeführt werden können.

Migräne ist bei Kindern häufig. Ihre Prävalenz beträgt bei Kindern im Alter von drei bis sieben Jahren 3 %, bei Sieben- bis Elfjährigen 4 % -11 % und bei Jugendlichen 8 % -23 %. Vermutlich wird sie auch vermehrt wahr- und ernstgenommen. Sie stellt eines der häufigsten Schmerzsymptome von Kindern und Jugendlichen dar und ist mit psychosozialer Beeinträchtigung, erhöhtem Risiko einer psychopathologischen Entwicklung, sowie chronischen Kopfschmerzen (im Erwachsenenalter), und – im Vergleich zu Gleichaltrigen – einer reduzierten Lebensqualität verbunden (Russo, Bruno, Trojsi, Tessitore, Tedeschi, 2016). Kinder weisen auch häufiger Migräne-Symptome auf, wenn ihre Eltern unter Migräne leiden.

Verschiedene *Risikofaktoren* spielen bei der Migräneerkrankung im Kindes- oder Jugendlichenalter eine Rolle: Adipositas, zu geringe körperliche Aktivität, regelmäßiger Konsum von Alkohol oder Koffein oder bestimmte Lebensmittel. Als auslösende Faktoren werden körperliche Anstrengung, Schlafstörungen, Wetterwechsel, Lärm und verschiedene chemische Reize genannt. Bei Kindern können sich Migräne-Kopfschmerzen auch als Müdigkeit, Bauchschmerzen, Übelkeit, Schwindel, Erbrechen, Durst und Fieber bemerkbar machen.

---

64 Im Vorwort zur 1970er Ausgabe seines Buches »Migraine«, schrieb Oliver Sacks (1970;1992), dass er einigen Patienten mit Medikamenten helfen konnte und einigen mit Aufmerksamkeit und Interesse. Ihm wurde klar, dass viele Migräneattacken die Bedeutung einer emotionalen Überflutung hatten.

Appetitlosigkeit, Übelkeit, Lichtscheu, Lärmempfindlichkeit und Erbrechen können bei der Mehrzahl der Patienten beobachtet werden, bei einer Minderheit aber auch *Seh- und Sensibilitätsstörungen, Paresen, Sprach- und Gleichgewichtsstörungen oder Schwindel.* Ein Viertel der Patienten leidet unter einer *Aura* (Gelfand, Fullerton, Goadsby, 2010). 50 % - 60 % der Jugendlichen mit Migräne-Kopfschmerzen und Aura zeigen bei einer fünf- bis siebenjährigen Nachkontrolle immer noch Symptome. Aura-Erscheinungen bei Kindern verschwinden meist rasch. Bei der typischen Aura entwickeln sich visuelle, sensorische oder dysphasische Symptome während fünf bis zwanzig Minuten. Sie lösen sich innerhalb von 60 Minuten auf. Kopfschmerzen treten typischerweise mit der Aura auf oder folgen innerhalb von 60 Minuten. Sie können sich ipsi- oder kontralateral manifestieren. Aura-Symptome zeigen sich meist kontralateral. Visuelle Auren sind am häufigsten. Dann folgen sensorische und anschließend sprachliche. Eine motorische Aura kommt am seltensten vor, ist aber ein eindeutiges Merkmal der »hemiplegiformen« Migräne.

Kinder mit Migräne-Äquivalenten finden sich bei ungefähr 10 % aller Migräne-Kopfschmerzpatienten in pädiatrisch-neurologischen Kliniken. Untersuchungen haben auf eine Verknüpfung von Migräne-Kopfschmerzen und Säuglingskoliken hingewiesen (Gelfand et al., 2015). Bei der »abdominalen« Migräne handelt es sich um eines von mehreren Migräne-Äquivalenten, die als Entwicklungsmanifestationen von Genen betrachtet werden und erst im Erwachsenenalter als Migräne zum Ausdruck kommen. Drei *Migräne-Äquivalent-Syndrome* werden in der internationalen Klassifikation von ›Kopfschmerzen Störungen‹ aufgeführt: zyklisches Erbrechen, abdominale Migräne und gutartiger, paroxysmaler Schwindel. Abdominale Migräne präsentiert sich bei Kindern im Schulalter als periumbilikaler oder in der abdominalen Mittellinie auftretender, stumpfer Bauchschmerz, der eine bis 72 Stunden andauern und mit Anorexie, Übelkeit, Erbrechen oder Pallor verbunden sein kann. Meist besteht eine Familiengeschichte von Migräne. Etwa 70 % der entsprechenden Patienten im Kindes- und Jugendalter weisen typische Migräne-Kopfschmerzen auf. Bei einigen können die Symptome auch erst Jahre später auftreten.

Psychosoziale Faktoren wie dysfunktionale Familiensituationen oder stressvolle Familienereignisse, körperliche oder emotionale Misshandlung, aber auch Ungerechtigkeiten in der Schule, Mobbing durch Peers sowie ungenügende Freizeitgestaltung scheinen direkt mit dem Beginn oder der Progression der Migräne zusammenzuhängen.

Im Vergleich zu Kontrollen präsentieren Kinder mit »episodischer« Migräne signifikant häufiger emotionale Symptome, Verhaltensprobleme, Hyperaktivität, Peerprobleme und insgesamt mehr Schwierigkeiten in der psychosozialen Anpassung. Kinder mit Migräne haben also ein erhöhtes Risiko für eine Beeinträchtigung in ihrer psychosozialen Anpassung (Arruda, Arruda, Guidetti, Bigal, 2015).

19.1 Psychodynamik

Die Migräne und die dazugehörigen Gefühlskonstellationen bilden eine Art Stiefkinder der Psychoanalyse. Immer wieder in Einzelfällen erwähnt (z. B. Meadow, 1992), gibt es nur wenig systematisierte Arbeiten. Meistens wird die Migräne mit verdrängter Aggression und/oder spezifischen sexuellen Impulsen (vor allem masochistischen Haltungen bei ödipalen Konflikten) in Verbindung gebracht (Monsour, 1957).

Die Migräne wird in unspezifischer Weise durch verschiedenartigste, intensive Affekte ausgelöst. Mit der *schmerzlichen Denkhemmung* stehen das Denken und der Kopf im Zentrum der Symptomatik. In auffällig vielen Fällen leiden Mütter von Migränepatienten ebenso entweder unter schweren Kopfschmerzen oder unter Migräne.

Nicht medikamentöse therapeutische Maßnahmen erweisen sich bei Kindern oft als sehr wirksam. Wichtig ist es, nicht nur die Eltern, sondern auch die Kinder/Jugendlichen nach ihren Symptomen und auslösenden Faktoren zu befragen, wofür Geduld und genügend Zeit notwendig sind. Auslösende Faktoren sind dringend zu identifizieren und dann zu vermeiden. Sie machen vielfach eine pharmakologische Behandlung der Migräne unnötig. Es wurden auch autogenes Training sowie Entspannungs- und Biofeedbackverfahren empfohlen.

Eine *prophylaktische Therapie* für eine Migräne mit Aura erfordert eine individuelle Behandlung und kann nur zusammen mit der Familie oder den Betreuern eines Kindes entschieden werden. *Kalziumkanal-Blocker* stellen hierzu eine vernünftige erste Wahl dar. Auch nicht-häufige Migräne-Kopfschmerzen sind zu behandeln, wenn diese für ein Kind einen erschreckenden Charakter aufweisen, so wie dies bei einer Migräne mit visuellen oder motorischen Symptomen der Fall sein kann. Für die *akute Therapie der Migräne* sind einfache Analgetika wie Acetaminophen, nicht-steroidale entzündungshemmende Arzneimittel oder spezifische Medikamente wie Triptane indiziert.

20 Ausscheidungsstörungen

Ausscheidungsstörungen beinhalten das unangemessene Entleeren von Urin oder Stuhl und werden üblicherweise in der Kindheit oder Adoleszenz diagnostiziert. Diese Gruppe von Störungen umfasst die *Enuresis* (wiederholtes Entleeren von Urin an ungeeigneten Stellen) und die *Enkopresis* (wiederholtes Absetzen von Stuhl an ungeeigneten Stellen). Bei der Enuresis wird zwischen nächtlichem und am Tag erfolgendem Einnässen und bei der Enkopresis zwischen dem Vorhandensein oder Nichtvorhandensein von Verstopfung und Überlaufinkontinenz unterschieden. Es gibt zwar ein Mindestalter für die Diagnose der beiden Störungen, dieses sollte aber auf den tatsächlichen Entwicklungsstand und nicht auf das chronologische Alter bezogen sein. Obwohl beide Störungen oft separat auftreten, können sie auch gemeinsam vorkommen. Eine Blasen- und Darmdysfunktion ist Ursache von erheblichen körperlichen und psychosozialen Belastungen und muss frühzeitig diagnostiziert und behandelt werden (Dos Santos, Lopes, Koyle, 2017).

Die Klassifikationssysteme der International Children's Incontinence Society (ICCS) für Enuresis und Harninkontinenz und der ROME-III Gruppe für Stuhlinkontinenz zeugen von relevanten Entwicklungen in Klinik und Forschung der letzten zwanzig Jahre (von Gontard, 2014).[65]

Ausscheidungsstörungen sind bei Kindern häufig (20-50 %) und meist mit psychischen Störungen verbunden. Sie haben Auswirkungen auf das Selbstwertgefühl, die Lebensqualität und das Stressempfinden (von Gontard, Baeyens, Van Hoecke, Warzak, Bachmann, 2011a). Kinder mit Enuresis oder Enkopresis verfügen – im Vergleich zum Durchschnitt – über ein viermal höheres Risiko, unter psychischen oder Verhaltensproblemen zu leiden. Die höchsten Komorbiditätsraten weisen Kinder mit Enkopresis und kombinierten Subtypen auf.

Die Behandlung einer Entleerungsaufschub-Inkontinenz, deren häufigste Komorbidität ein oppositionelles Trotzverhalten ist, besteht aus Informationen über regelmäßige Entleerungs- und Trinkgewohnheiten und benötigt keine Pharmakotherapie. Ängstlich-depressive Symptome bei Kleinkindern (Equit, Klein, Braun-Bither, Gräber, von Gontard, 2014), später aber auch Übergewicht, Adipositas, Verhaltensstörungen und Essprobleme, sind häufig mit Ausscheidungsstörungen des Magen-Darm-Trakts, d. h. Enkopresis und Obstipation, assoziiert und in geringerem Maße mit solchen der Harnwege (Wagner, Equit, Niemczyk, von Gontard, 2015).

---

[65] Rome-IV-Kriterien siehe Drossmann, Tack, Ford, Szigethy, Törnblom, van Oudenhove, 2017: Neuromodulators for Functional GI Disorders (Disorders of Gut-Brain Interaction).

20.1 Enuresis[66]

20.1.1 Historische Anmerkungen:

Nächtliches Einnässen wurde bereits vor 3 500 Jahren als Krankheit angesehen, wie Schriften auf altägyptischen Papyri nachweisen. Die medizinische Geschichte enthält zusätzliche Beiträge von Hippokrates und Galen (Glicklich, 1951; Schultheiss, 2000). Einnässen ist somit keine spezifische Erscheinung moderner Zivilisation, sondern gilt seit langer Zeit in verschiedensten Kulturen als Abweichung von der normalen Entwicklung. So verwundert es nicht, dass bei kaum einer anderen Verhaltensstörung so viele kuriose, mehr oder weniger erfolgreiche und zum Teil auch gefährliche Behandlungsformen zum Tragen gekommen sind wie bei der Enuresis (Mattejat & Quaschner, 1985). Diese suggestiven, magischen und oft vom Volksglauben tradierten Therapiemaßnahmen zeugen von der Not im Umgang mit der Enuresis und dem Unwissen über dieses so häufige Symptom im Kindes- und Jugendalter (Harbauer & Schmidt, 1984).

20.1.2 Definition und Einteilung

Unter Enuresis[67] versteht man das wiederholte, unwillkürliche oder willkürliche Harnlassen *nach Vollendung des vierten Lebensjahres*, d. h. in einem Alter, in dem der psychische und physiologische Reifungsgrad bei über neun von zehn Kindern eine willkürliche Blasenkontrolle möglich macht.

Der in jedem Kind individuell angelegte Prozess der *Ausscheidungskontrolle* unterliegt einer großen Schwankungsbreite und setzt eine Reifung auf muskulärer, neuraler und organischer Ebene voraus. Das Einnässen wird unterteilt in eine *organische* und eine sehr viel häufiger auftretende *funktionelle* Enuresis. Die letzte zeichnet sich durch die Abwesenheit struktureller Anomalien von Niere und Harntrakt bzw. neurogener Läsionen aus. Eine Einnässsymptomatik kann primär, d. h. von *Geburt* an, bestehen oder sekundär, nach einem mindestens sechs monatigen trockenen Intervall, auftreten (Necknig, 2014).

20.1.3 Diagnostische Kriterien DSM-5: F 98[68]

A. Wiederholter willkürlicher oder unwillkürlicher Harnabgang in das Bett oder die Kleidung.
B. Das Verhalten ist klinisch bedeutsam, entweder aufgrund der Häufigkeit, die mindestens zweimal pro Woche über 3 aufeinanderfolgende Monate beträgt, oder weil es in klinisch bedeutsamer Weise mit Leiden oder Beeinträchtigungen in sozialen, schulischen (beruflichen) oder anderen wichtigen Funktionsbereichen einhergeht.
C. Das chronologische Alter beträgt mindestens 5 Jahre (oder eine gleichwertige Entwicklungsstufe).

---

66 Wir danken Herrn Dr. phil. Joachim Schreiner, Dipl.-Psych., für seine Mitarbeit an Teilen einer früheren Fassung der Kapitel über »Enuresis« und »Enkopresis«, erschienen in Bürgin (1993).
67 Vom griechischen Wort Enourein = Urin entleeren
68 Auszug aus dem DSM-5, 2015, S. 485–486; Abdruck erfolgt mit Genehmigung vom Hogrefe Verlag Göttingen aus dem Diagnostic and Statistical Manual of Mental Disorders, Fifth Edition, © 2013 American Psychiatric Association, dt. Version © 2015 und 2018Hogrefe Verlag.

D. Das Verhalten ist nicht Folge der physiologischen Wirkung einer Substanz (z. B. eines Diuretikums, eines Antipsychotikums) oder eines medizinischen Krankheitsfaktors (z. B. Diabetes, Spina bifida, Epilepsie).

Bestimme ob:
Enuresis nocturna: Entleeren von Urin nur während des nächtlichen Schlafs.
Enuresis diurna: Entleeren von Urin während des Wachzustandes.
Enuresis nocturna und diurna: Eine Kombination der beiden oben genannten Subtypen.

Subtypen:
Der Subtyp des isolierten nächtlichen Einnässens wird manchmal auch als *monosymptomatische Enuresis* bezeichnet. Er ist der häufigste Subtyp und beinhaltet Inkontinenz nur während des nächtlichen Schlafs, typischerweise während des ersten Drittels der Nacht.
Der Subtyp des isolierten Einnässens tagsüber tritt nur in der Abwesenheit von Bettnässen auf und kann auch einfach als *Harninkontinenz* bezeichnet werden. Personen mit diesem Subtyp können in zwei Gruppen unterteilt werden. Personen mit »Dranginkontinenz« haben plötzlich starke Drangsymptome und eine Detrusorinstabilität, während Personen mit »Miktionsaufschub« den Harndrang bewusst bis zur Inkontinenz hinauszögern. Die Subtypen der Enuresis nocturna und diurna sind auch als *nichtmonosymptomatische Enuresis* bekannt.

Anmerkung zu den diagnostischen Merkmalen:
In den meisten Fällen ist die Entleerung unwillkürlich, aber gelegentlich kann sie auch willkürlich sein. Das Kind muss ein Alter erreicht haben, in dem die Blasenkontrolle erwartet werden kann (d. h. ein chronologisches Alter von mindestens fünf Jahren oder für Kinder mit Entwicklungsverzögerungen ein geistiges Alter von mindestens fünf Jahren).

Die Harninkontinenz geht nicht ausschließlich auf die physiologische Wirkung einer Substanz (z. B. ein Diuretikum, ein Antipsychotikum) oder einen anderen medizinischen Krankheitsfaktor zurück (z. B. Diabetes, Spina bifida, Anfallsleiden).

Beim nächtlichen Einnässen (Enuresis nocturna) tritt gelegentlich eine Entleerung während des Rapid-Eye-Movement-(REM-) Schlafs auf.

Während des Einnässens tagsüber (Enuresis diurna) zögert das Kind den Toilettengang hinaus, bis eine Inkontinenz auftritt, manchmal, weil es aufgrund sozialer Ängstlichkeit eine Abneigung hat, die Toilette aufzusuchen, oder weil es zu sehr mit schulischen oder spielerischen Aktivitäten beschäftigt ist.

20.1.4 Organische Ursachen

Die Enuresis ist abzugrenzen von den seltenen Situationen, bei denen das Einnässen organisch verursacht oder mitbedingt ist. Tagsüber stellt der Harnwegsinfekt die häufigste Ursache dar. Epileptische Erkrankungen, Polyurie (z. B. Diabetes mellitus) neurogene Störungen (z. B. Meningomyelozele), Fehlbildungen der Nieren, Blase oder ableitenden Harnwegen, polyurische Nierenerkrankungen (z. B. Diabetes insipidus) oder erworbene Erkrankungen (z. B. Tumoren) müssen ausgeschlossen werden (Necknig, 2014; Sinha & Raut, 2016).

Um einem Kind unnötige und belastende Untersuchungen zu ersparen, sollte das diagnostische Vorgehen gestuft erfolgen und mit dem Patienten und den Eltern besprochen werden. Dies erscheint umso wichtiger, als viele Eltern bei langwierigem Einnässen aus Angst, eine organische Ursache könnte übersehen werden, auf wiederholte und umfangreiche urologische Untersuchungen ihres Kindes drängen.

Einteilung der *funktionellen Harninkontinenz* (Necknig, 2014):

- isolierte Harninkontinenz nachts: monosymptomatische Enuresis (MEN)
- Harninkontinenz nachts mit Tagesymptomatik: nicht monosymptomatische Enuresis (NONMEN)
- isolierte Harninkontinenz tagsüber mit Blasendysfunktion.

Bei der isolierten Harninkontinenz nachts (monosymptomatische Enuresis MEN) steht pathophysiologisch eine genetisch bedingte, zentrale Reifungsstörung im Vordergrund. Das Wiederholungsrisiko für Kinder liegt bei 44 %, wenn ein Elternteil eingenässt hat, und bei 77 %, wenn beide Eltern betroffen waren. Kinder mit einer MEN zeigen häufiger Störungen der Feinmotorik und der sprachlichen Entwicklung.

Das *Reifungsdefizit* führt zu vier wesentlichen Pathomechanismen:

- Tiefer Schlaf und erschwerte Erweckbarkeit
- Unfähigkeit des Kindes, durch das Gefühl einer vollen Blase aufzuwachen
- Unfähigkeit, die Blasenentleerung im Schlaf zu unterdrücken
- Polyurie (nicht bei allen Kindern).

20.1.5 Prävalenz und Alters- und Geschlechtsverteilung

Enuresis ist im Kindesalter eine häufige Erkrankung. Mit drei Jahren haben 40 – 50 % der Kinder eine Kontinenz erreicht, mit der Vollendung des vierten Lebensjahres schon 80 %[69], doch nässen noch etwa 15 % der Fünfjährigen und 10 % der Siebenjährigen ein. Es scheint eine spontane Reduktion des Einnässens von 12 % bis 15 % pro Jahr stattzufinden. Die Enuresis diurna ist häufiger bei Mädchen. Das Verhältnis Jungen zu Mädchen ist ungefähr 2–3 : 1, mit Altersvariationen. Am häufigsten wird eine *primäre* Enuresis gefunden (etwa 75 %); eine *sekundäre* Enuresis umfasst etwa 25 %. Die Enuresis *nocturna* betrifft etwa 80 % der Kinder, die Enuresis *diurna* etwa 5 %, nächtliches und tagsüber erfolgendes Einnässen etwa 15 %. Etwa 1–2 % der Jugendlichen nässen noch ein. Stress-Urininkontinenz, ausgelöst durch Husten und Niesen, ist bei Kindern äußerst selten, kann jedoch bei weiblichen Jugendlichen auftreten, die eine Inkontinenz als neues Symptom entwickeln (von Gontard, Cardozo, Rantell, Djurhuus, 2017).

Beim Einnässen am Tage wird in ein *Spieleifer-Einnässen*, das während einer intensiven Spielaktivität bei voller Blase auftritt und ein *Konfliktnässen* unterschieden (Haug-Schnabel, 2006; 2011). Letztes kann sich nach belastenden Erlebnissen mit Spielgefährten oder Erziehungspersonen einstellen. Dem Spieleifernässen wie auch dem seltenen Einnässen bei sonst kontinenten Kindern – was z. B. bei Klimawechsel oder erregenden Ereignissen auftreten kann – sollte keine pathologische Bedeutung zugemessen werden.

Die Häufigkeit des Einnässens bei Kindern mit einem Konfliktnässen liegt etwa dreimal so hoch wie bei Kindern, die ein Spieleifernässen zeigen (Haug-Schnabel, 1991). Ist ein Kind mehr als drei Mal pro Woche nass, so muss von einer schweren, ausgeprägten Enuresis gesprochen werden (Bürgin & Rost, 1990).

---

69 Zwischen dem dritten bis zum fünften Geburtstag wird von einer verzögerten Blasenkontrolle gesprochen (von Gontard & Lehmkuhl, 2009).

20.1.6 Pathophysiologische Anmerkungen

Obwohl die genaue Pathophysiologie der Enuresis nocturna teilweise unverstanden bleibt, lassen die bis heute verfügbaren Ergebnisse vermuten, dass die Enuresis nocturna durch *drei Mechanismen* (eine nächtliche Polyurie, eine Blasenhyperaktivität und eine Schlafstörung) zustande kommt – deren Ursache urologischer, neurologischer, genetischer oder psychischer Herkunft sein kann.

Neuere Befunde legen nahe, dass Enuresis nocturna mit periodischen Bewegungen der Extremitäten[70] assoziiert ist, die besonders während der Non-REM-Phase des Schlafes auftreten und nicht bewusst sind. Sie kommen infolge einer Dysfunktion der dopaminergen Neurotransmission zustande und sind mit einer erhöhten sympathischen Aktivität (erhöhte Herzfrequenz, erhöhter Blutdruck) während der Nacht verbunden. Das Hypophysenhormon *Vasopressin*, ein Antidiuretisches Hormon (ADH), steuert die Diurese und den Schlafrhythmus und spielt eine Schlüsselrolle in der Pathophysiologie der nächtlichen Polyurie und der Schlafstörungen. ADH hat normalerweise einen ziemlich konstanten zirkadianen Rhythmus, besonders bei vorpubertären Kindern. Die nassen Nächte werden mit einem mangelnden Anstieg des Plasma-ADH in Zusammenhang gebracht, dies vor allem in der ersten Hälfte der Nacht (van Herzeele, 2017). Die primäre nächtliche Enuresis bildet die häufigste Schlafstörung im Entwicklungsalter (Prävalenz von 6–10 % zwischen fünf und 16 Jahren) (Abou-Khadra, Amin, Ahmed, 2013).

20.1.7 Komorbiditäten sowie assoziierte psychische und Verhaltensstörungen

- Obstipation und Enkopresis: Oft ist den Eltern das gleichzeitige Einkoten ihres Kindes peinlich oder aber sie messen der bisweilen leicht verschmutzten Unterwäsche keine Bedeutung zu. Beides kann zum Verschweigen der Symptomatik führen.
- Harnwegsinfekte
- Vesico-urethraler Reflux
- Entwicklungs- und Schlafstörungen
- Kinder- und Jugendpsychiatrische Störungen (Aufmerksamkeitsdefizit-Hyperaktivitätsstörung, Autismus-Spektrum-, Angst- und Depressionsstörungen, sowie oppositionelles Trotzverhalten). (Necknig, 2014)

Epidemiologische und klinische Studien zeigen, dass rund ein Drittel aller Kinder mit einer Enuresis relevante psychische Störungen aufweisen. Externalisierende Störungen (wie z. B. Verhaltens-, Aufmerksamkeits- und Hyperaktivitätsstörungen) sind häufiger als Angst- und depressive Störungen. Oft wird ein hoher Leidensdruck, kombiniert mit einem niedrigen Selbstwertgefühl, festgestellt (von Gontard, 2004).

Zu den häufigsten Verknüpfungen von Enuresis und psychischen Störungen gehören:

- Verhaltenssymptome und Störungen als Konsequenz der kindlichen Inkontinenz.
- Belastende Lebensereignisse und Verhaltensstörungen als Vorgänger und Auslöser, wenn eine entsprechende Disposition vorhanden ist (z. B. nächtliche Enuresis wird durch stressvolle Lebensveränderungen wie Trennung und Scheidung der Eltern ausgelöst).
- Enuresis und psychische Symptome können auf eine gemeinsame neurobiologische Dysfunktion zurückgeführt werden.

---

70 PLMS: periodic limb movement during sleep

- Enuresis und psychische Störungen bestehen ohne kausalen Zusammenhang zufällig nebeneinander (von Gontard, 2012).

Enuretische Knaben zeigen eine Tendenz zu emotionaler Abhängigkeit und depressiven Reaktionsweisen. Meist ist diese Haltung mit einer übermäßgen Bindung an die Mutter verbunden, bei gleichzeitigem Bestreben, sich von ihr zu lösen. Einnässende Mädchen wirken eher ehrgeizig und streben nach Unabhängigkeit. Es scheint somit bei vielen enuretischen Kindern Zusammenhänge zu geben zwischen einer mangelnden Impulskontrolle, einer oftmals indirekten Aggressivität und einer starken, ambivalenten Anlehnung an überforderte Eltern, die nicht selten mit autoritärer Strenge reagieren (Reinhard, 1989). Die Mütter haben eine Neigung, solche Kinder klein zu halten und eine sehr enge Körperpflegebeziehung zu installieren (Schmit & Soulé, 1985), was den Konflikt zwischen Abhängigkeit und Selbstständigkeit verfestigen kann. Enuretische Kinder neigen zu Angstsymptomen, Selbstunsicherheit und sozialem Rückzug (Shaffer, Ehrhardt, Greenhill, 1985). Die Schwierigkeit, aggressive Impulse altersadäquat zu äußern, wird an verstärkter Opposition, offener Aggression oder auch an vertuscht-aggressiven Verhaltensweisen erkennbar. Enuretische Kinder scheinen emotionale Bedürfnisse und Triebspannungen nicht lange aushalten zu können und auf eine sofortige Befriedigung derselben zu drängen (Sperling, 1982). Mit Hilfe des Einnässens kann beiden Strebungen nachgekommen werden. So erlaubt das Symptom Enuresis sowohl den getarnten Ausdruck feindseliger Impulse und die Befriedigung triebbedingter Wünsche als auch die Demonstration regressiver Abhängigkeit. Nicht wenige enuretische Kinder neigen dazu, sich Erwachsenen oder kleineren Kindern zuzuwenden, zeigen eher infantile Haltungen und regressive Spiele und weisen eine besondere Anhänglichkeit an Objekte aus ihrer frühesten Kindheit auf (Schmit & Soulé, 1985).

Die Ergebnisse einiger Studien legen allerdings nahe, dass, sowohl bei der primären als auch bei der sekundären Enuresis, die psychischen und Verhaltensstörungen Ursache, Begleiterscheinung und/oder Folge des Einnässens sein können. So wurden z. B. *depressive Verstimmungen* vor und nach Einnässzwischenfällen beobachtet. Sie können bei dem einen Kind auslösenden Charakter, bei einem anderen wiederum eine resignative Reaktion auf das Einnässen selbst sein. Einnässende Kinder leiden zumeist unter ihrem Symptom und erleben die Enuresis als Stressfaktor (Foxman, Valdez, Brook, 1986). Dies hat bei vielen Kindern eine deutliche *Minderung des Selbstwertgefühls* zur Folge.

Enuretiker mit einem sogenannten *Spieleifernässen*, das ja nur bei Tage in Erscheinung tritt, zeichnen sich durch eine weitgehend unauffällige Gesamtentwicklung aus. Sie werden von ihren Spielkameraden trotz ihres Symptoms gut akzeptiert und gelten in der sozialen Gruppe als integriert (Haug-Schnabel, 1990b). Hingegen weisen Kinder, die an einem *Konfliktnässen* leiden, meist weitere Beeinträchtigungen (vor allem sozialer Art) auf, die sich in einer Randstellung in der Gruppe widerspiegeln können.

Zusammenfassend kann somit festgehalten werden, daß bei folgenden Gruppen eine erhöhte Rate an Verhaltensauffälligkeiten und/oder psychischen Problemen zu beobachten ist: Enuresis diurna et nocturna, Konfliktnässen am Tag (vor allem bei Mädchen), ältere Kinder und Jugendliche (mit Enuresis diurna oder nocturna) und sekundäre Enuresis nocturna. Für Kinder mit einer idiopathischen Dranginkontinenz und einer primären monosymptomatischen Enuresis nocturna ist das Risiko am niedrigsten (von Gontard, 2004).

20.1.8 Ätiologie

Bei jedem einzelnen einnässenden Kind ist die spezifische Kombination der Wirkfaktoren, die zur Entstehung und Aufrechterhaltung der Störung beigetragen hat, zu eruieren, damit auch die individuelle Botschaft, die in der Symptomatik inhärent ist, möglichst differenziert entschlüsselt werden kann.

Zu den *anatomischen und physiologischen Variablen* gehören ein erhöhtes Urinvolumen durch eine mangelnde Vasopressin-Ausschüttung während des Schlafes, Blasenanomalien (kleine Blasenkapazität; unvollständige Entleerung), Entwicklungsverzögerungen (einschließlich Verzögerungen in der Schließmuskelentwicklung), Harnwegsinfektionen und eine Vielzahl von Schlafstörungen (z. B. Anomalien des Schlaf-Wach-Zyklus: Esposito, Carotenuto, Roccella, 2011; Abou-Khadra et al., 2013; Thurber, 2017).

Genetische Faktoren: Die Enuresis kommt familiär gehäuft vor. Unter Angehörigen ersten Grades finden sich nicht selten einnässende Geschwister oder Erwachsene, die aktuell an diesem Symptom leiden oder in ihrer Kindheit einnässten. Prospektive epidemiologische Langzeitstudien (z. B. die Avon Longitudinal Study of Parents and Children) zeigen, dass die Wahrscheinlichkeit eines Kindes, an einer Enuresis zu erkranken, signifikant, d. h. zwei bis zehnfach größer ist, wenn seine Eltern auch an Enuresis nocturna oder Enuresis diurna gelitten haben. Während die Heritabilität[71] der Enuresis nocturna schon lange bekannt war, wurde diejenige der Enuresis diurna über längere Zeit hinweg unterschätzt (von Gontard, Heron, Joinson, 2011b).

Entwicklungsverzögerung: Das Erreichen einer Kontinenz ist auch von der Reifung des zentralen Nervensystems abhängig. Eine normale Miktion erfordert deshalb ein intaktes, reifes Nervensystem sowie eine normale muskuläre und anatomische Entwicklung der Harnwege. Die meisten Kinder sind im Alter von vier bis sechs Jahren nachts trocken (Joinson, Sullivan, von Gontard, Heron, 2016). Niedrigere IQ-Werte von Kindern mit Enuresis nocturna im Vergleich zu Kontrollen dürften Reifungsdefiziten von ZNS Funktionen entsprechen, die ursächlich an einer Enuresis nocturna mitbeteiligt sein können (Joinson, Heron, Butler, von Gontard, Butler, Emond et al., 2007).

Einige Untersuchungen deuten darauf hin, dass bei einem Teil der enuretischen Kinder, und zwar vor allem bei Knaben und bei Enuretikern mit weiteren psychischen Symptomen, eine *Entwicklungsverzögerung* vorliegt (Essen & Peckham, 1976; Shaffer, 1984; Steinhausen & Gobel, 1989). Diese kann sich in einem verzögerten Erreichen sog. »Meilensteine der Entwicklung« (Sitzen, Gehen usw.), einer verlangsamten Sprachentwicklung, einer verspätet einsetzenden Pubertät oder einem verzögerten Längenwachstum zeigen. Auch die Beobachtung, daß das Risiko, an einer sekundären Enuresis zu erkranken, deutlich ansteigt, je später ein Kind zum ersten Mal »trocken« wird (Fergusson, Horwood, Shannon,1990), weist auf eine Beziehung zwischen verlangsamter Gesamtentwicklung und Enuresis hin. Entwicklungsverzögerungen finden sich allerdings bei vielen psychischen Erkrankungen im Kindes- und Jugendalter und sind daher *nicht spezifisch* für die Enuresis. Das Vorliegen einer Entwicklungsverzögerung kann somit als disponierender, vermutlich weitgehend genetisch determinierter Faktor angesehen werden, der die Entwicklung der Stabilität vegetativer Funktionen erschwert und zur Manifestation einer primären Enuresis beizutragen vermag. Diese hat aber meist eine gute Prognose und ist in der Mehrzahl der Fälle bis zum siebten Lebensjahr verschwunden.

Stress als auslösender und aufrechterhaltender Faktor: Frühkindliche Stresserfahrungen stören die Entwicklung des Gehirns und

---

71 Die Heritabilität (Vererbbarkeit) ist ein Maß für die Erblichkeit von Eigenschaften, bei deren phänotypischer Ausbildung sowohl die Gene als auch Umwelteinflüsse eine Rolle spielen.

sind mit einer Reihe von nachteiligen Entwicklungs- und Gesundheitsfolgen verbunden (Shonkoff & Garner, 2012).

Das Risiko eines Kindes, an einer sekundären Enuresis zu erkranken, steigt mit der Anzahl der belastenden Lebensereignisse an (Fergusson et al., 1990). Zu solchen gehören Trennungserlebnisse verschiedenster Art, z. B. Hospitalisierung, Scheidung der Eltern, Zwietracht in der Familie, die Geburt eines Geschwisters, Wohnortswechsel, Unfälle, Operationen, der Eintritt in die Schule bzw. den Kindergarten, das Auftauchen einer neuen Erziehungsperson (z. B. bei Wiederverheiratung eines Elternteiles) oder der Verlust eines für das Kind bedeutungsvollen Angehörigen. Stresserzeugende Ereignisse gelten sowohl als mögliche auslösende oder begleitende Faktoren der sekundären Form der Erkrankung als auch bedeutsam bei der Entstehung einer primären Enuresis.

Stressvolle Ereignisse in der frühen Kindheit können somit mit Bettnässen im Schulalter verbunden sein. Häufiges und persistierendes Bettnässen bis zum Alter von neun Jahren ist eindeutig mit belastenden Ereignissen verknüpft. Bei der Kontinenz handelt es sich um einen Entwicklungsprozess, der durch eine schwere Familienbelastung beeinträchtigt werden kann, weswegen Familienstress ein wichtiger prognostischer Faktor bei der Behandlung der Enuresis im Kindesalter darstellt (Joinson et al., 2016).

Im Vergleich zu einer Kontrollgruppe weisen Kinder, die von einer primären monosymptomatischen Enuresis nocturna betroffen gewesen sind, im späteren Leben keine höhere Prävalenz stressvoller Auswirkungen auf. Es ist anzunehmen, dass die primäre monosymptomatische Enuresis nocturna selbst ein Stressfaktor darstellt, der die psychologische und neuropsychologische Entwicklung bei Kindern beeinflussen kann (Parisi, Faraldo, Ruberto, Salerno, Maltese, Di Folco et al., 2017).

Das Einnässen beim *Konfliktnässen* ist in großer Regelmäßigkeit direkt nach Auseinandersetzungen mit Spielgefährten oder Bezugspersonen zu beobachten (Haug-Schnabel, 1985). Schwierigkeiten bei der Bewältigung von Alltagssituationen oder bei Problemen in der Schule bzw. innerhalb der Altersgruppe können als allgemeine Einnässauslöser angesehen werden. Diese stress- und angsterzeugenden Ereignisse finden sich sowohl vor dem Tag- als auch dem Nacht-Einnässen und sind häufig relativ spezifisch an den Einnäss-Vorgang gekoppelt. Bei Kindern, die bereits über längere Zeit einnässten und – hierdurch bedingt – schon mehrere erfolglose Therapieversuche hinter sich haben, können ursprünglich therapeutisch gemeinte Maßnahmen wie Wecken, Flüssigkeitsentzug etc. zu zusätzlichen Belastungsmomenten werden und die Symptomatik weiter verfestigen (Haug-Schnabel, 1990a). Wie abhängig das Auftreten der Enuresis von Außenreizen ist, zeigt sich auch darin, daß viele einnässende Kinder auf freudige Ereignisse nicht selten mit trockenen Tagen oder Nächten reagieren.

20.1.9 Psychodynamik

Die psychodynamische Sichtweise zur Entstehung der Enuresis ist eng verknüpft mit dem Konzept der psychosexuellen Reifung des Kindes. So wiesen Binet (1979) und Anna Freud (1968) darauf hin, dass es dann zur Entstehung einer Enuresis kommen kann, wenn die *Reinlichkeitserziehung zu früh oder zu streng* verlaufen ist, und die Milderung der analen und urethralen Triebbesetzungen, die meist erst zu Beginn des dritten Lebensjahres einsetzt, nicht abgewartet wurde. Das Kind ist zu diesem Zeitpunkt noch nicht in der Lage, diese ersten Triebeinschränkung, die es auf äußeren Anlass ausführen muss, zu vollbringen (Binet, 1979). Ist der äußere Zwang zu übermächtig oder setzt er zu früh ein, so kann das Kind, aufgrund seiner noch *unreifen Ich-Struktur*, weder Widerstand gegen die überhöhten Forderungen leisten noch sich mit dem Wunsch der Eltern nach Reinlichkeit identifizieren. Dies kann zu einer Störung der integrativen Ich-Leistungen führen, d. h. der Konflikt zwischen äußerer Einschränkung und innerem Drang bleibt ungelöst. Das in dieser Weise beeinträchtigte Ich kann somit die notwendigen Selbstregulationsfunktionen und die Körperkontrolle, die zu einer störungsfreien Reinlichkeitsentwicklung vonnöten sind, nicht aufbauen (primäre Enuresis) (Binet, 1979), oder es fällt bei Belastung regressiv wieder auf solche frühen Entwicklungsstufen zurück (sekundäre Enuresis). Die Kinder verhalten sich im Folgenden, als ob sie die Signale des Miktionsbedürfnisses nicht wahrnehmen könnten. Sie verleugnen sowohl ihren natürlichen Wunsch, Wasser zu lassen, als auch die beim Urinieren empfundene Entleerungsbefriedigung (Schmit & Soulé, 1985). Der Schlaf erleichtert den Vorgang der Verleugnung. Möglicherweise fehlt vielen enuretischen Kindern auch die Motivation zum Erwachen. Es dürfte sich bei diesem Phänomen somit um einen aktiven Vorgang regressiver Art handeln, eine Art Kampf um die eigene Autonomie, der gegebenenfalls auch beim Phänomen der Enuresis selbst zu beobachten ist (Bürgin & Rost, 1990).

Die *Symptomwahl* ist vermutlich Folge einer genetischen Disposition sowie des regressiv gelösten Konflikts zwischen dem Bestreben nach Triebbefriedigung und der zu früh oder übermäßig streng einsetzenden Reinlichkeitserziehung. Das Symptom selbst kann verschiedenen, dem Kind unbewussten Zwecken dienen. Diese können aus einem *primären Krankheitsgewinn* bestehen, der sich in einem passiv-regressiven Gefühl und einer erotischen Stimulation der Haut äußert. Ähnlich dem Erleben und der Lust eines Neugeborenen beim Baden kann die Symptomatik – mehr oder weniger bewusst – interpersonell genutzt werden, z. B. durch Vermeidung von Trennungen, durch engeren Kontakt zur Mutter, durch masochistische Befriedigung bei familiärem Ärger oder durch die Vermeidung adoleszenter Reifungs- und Entwicklungsprozesse mit Fixierung in ödipaler »Komplizenschaft« (Bürgin & Rost, 1990).

Eine emotional gelassene Grundhaltung, mit einer nicht zu stark affektiv getönten Einmischung in die Vorgänge dieser sensiblen Phase, scheint eine wichtige Voraussetzung für eine weitgehend unbelastete Erziehung und Reifung zur Sauberkeit darzustellen. Nicht selten findet man bei Müttern und Vätern von enuretischen Patienten eine zu starre und überfordernde Erziehungshaltung. Die *Reinlichkeitserziehung* setzt im Allgemeinen zu einem Zeitpunkt ein, in welchem das Kind sich an die Mutter anklammern und gleichzeitig von ihr lösen will. Aufgrund des beschriebenen Konflikts bleibt das Kind in einem Spannungsfeld von Wünschen nach Autonomie/Individuation und Abhängigkeit *stecken*. Diese ambivalente Haltung ist oft verbunden mit indirekter Aggressivität und mangelnder Impulskontrolle.

Die Eltern sehen sich in der frühen Phase der Entwicklung ihres Kindes durch dessen häufiges Ausscheiden von Stuhl und Urin mit ihren eigenen prägenitalen Einstellungen, Gefühlen und Tendenzen konfrontiert. Die Art der Verarbeitung dieser Eindrücke spiegelt sich schon bald in der Haltung wieder, die die Eltern ihrem Kind gegenüber zeigen. Das Kind spürt bereits früh, ob die Eltern die Ausscheidungsvorgänge mit Freude oder mit Ekel besetzen und welche Erwartungen sie diesbezüglich an es herantragen. Bei einigen Eltern führt die Wiederbelebung und Auseinandersetzung mit ihren eigenen prägenitalen Phantasien zu einer größeren körperlichen Distanz und Zurückhaltung in der Beziehung zum Kind. Bei anderen kann es aufgrund von Identifikationsprozessen zu einer Haltung kommen, die das Einnässen unbewusst unterstützt. Dies scheint vor allem bei den Eltern der Fall zu sein, die in ihrer Kindheit selbst an einer Enuresis gelitten haben. Sie stellen ihre Kinder häufig gerade in dem Alter in der Sprechstunde vor, in welchem sie selbst ihre Enuresis überwunden haben (Schmit & Soulé, 1985). Diese Mütter und Väter haben nicht selten selbst große Schwierigkeiten, ihre Gefühle und Impulse zu kontrollieren und ihre eigenen Autonomiekonflikte anzugehen (Binet, 1979; Sperling, 1982), was sich durchaus auch in einer restriktiven Erziehungshaltung niederschlagen kann.

Im Verlauf der Sauberkeitserziehung verzichtet das Kind unter bestimmten Bedingungen (z. B. um die Liebe der Pflegepersonen willen) auf die mit der Miktion verbundene Lust und die Eigenständigkeit bezüglich der Verfügung über seinen Körper. So findet sich die Enuresis unter Heimkindern überzufällig häufig (Shaffer, 1985).

Eine *entwicklungsorientierte Reinlichkeitserziehung* geht davon aus, daß die Bezugsperson ihr Vorgehen den einzelnen Stufen der körperlichen Reifung des Kindes anpasst. Nur so kann das Kind ein Gewohnheitspotenzial ausbilden, das zuerst der willentlichen Steuerung bedarf und später weitgehend automatisch in Aktion tritt, der willentlichen Beeinflussbarkeit aber zugänglich bleibt. Die Selbstverfügung des Kindes über seine Körperfunktionen sollte stets respektiert werden.

Kommt es aufgrund einer unangepassten Sauberkeitserziehung zum Persistieren des kindlichen Einnässens (primäre Enuresis) oder wird im Rahmen einer Belastungsregression eine sekundäre Enuresis ausgelöst, so können dem Einnässen verschiedenste Bedeutungen zukommen: Es mag z. B. einen Wunsch nach Regression (Winnicott, 1953) ausdrücken, als Hilfeschrei und Suche nach Aufmerksamkeit verstanden werden (Kemper, 1969), Ausdruck einer Ambivalenz-Haltung gegenüber den Leistungsanforderungen der Umwelt sein (Dührssen, 1978), ein Festhalten an erotischer Selbststimulation bedeuten (Schmit & Soulé, 1985), die urethrale Ausdrucksform einer durch Frustration ausgelösten Aggression darstellen oder die Erscheinungsform eines unbewussten Wunsches nach einer unantastbaren *Autonomie* sein.

20.1.10 Zusammenfassung der Hypothesen bei der funktionellen Enuresis

Es wird deutlich, wie schwer eine Integration der verschiedenen Faktoren zu erreichen ist. Die Feststellung, dass es sich bei der Enuresis meist um eine *multifaktoriell bedingte Erkrankung* handelt, ist sicherlich richtig, entbindet aber nicht davon, in jedem einzelnen Fall zu versuchen, diejenigen Faktoren zu eruieren, die dort in einem spezifischen Zusammenwirken das Einnässen vermutlich verursacht und aufrechterhalten haben. Nur so kann eine gezielte und damit erfolgversprechende Behandlung eingeleitet werden.

Die Bedeutung der einzelnen Wirkfaktoren und deren Zusammenspiel variiert von Kind zu Kind deutlich. Einige Faktoren allerdings scheinen in der Mehrzahl der Fälle bei der Entstehung der Enuresis eine gewichtigere Rolle zu spielen als andere.

Es kann davon ausgegangen werden, dass in vielen Fällen zu bestimmten Zeiten der Entwicklung eine *genetisch bedingte Vulnerabilität der Ausscheidungsorgane* den Urethraltrakt anfälliger für verschiedenste physiologische und psychosoziale Störungen macht als andere Organsysteme. *Belastende und stressinduzierende Ereignisse in den ersten Lebensjahren* scheinen eine weitere Erhöhung der Anfälligkeit für die Ausbildung sowohl der primären als auch der sekundären Form der Erkrankung darzustellen. Die Auseinandersetzung mit den Bedürfnissen des Kleinkindes und die hierdurch ausgelösten Phantasien, Einstellungen und Ängste beeinflussen nachhaltig die *Haltung der Eltern bei der Reinlichkeitserziehung* ihres Kindes. Kohärente oder widersprüchliche Vorgehensweisen und emotionale Verstrickung oder eine gelassene Grundhaltung spiegeln verschiedene Arten der Verarbeitung von solchen innerseelischen Abläufen wieder. Die Erfahrung mit der eigenen Reinlichkeitserziehung und hiermit verbundene positive und negative Kindheitserinnerungen können als Vorbilder einer gelungenen Erziehung zur Sauberkeit dienen oder als Hemmschuh bei der Suche nach einer angemessenen Lösung dieser Erziehungsaufgabe wirken. Besonders eine bevorzugte Zuwendung beim Wickeln kann im frühen Entwicklungsstadium des Kindes zu einer Kopplung von Zuwendungsbedürfnis und Einnässen Anlass geben. Oftmals sieht sich das später enuretische Kind, das sehr sensibel für die Erwartungen und Hoffnungen seiner Eltern ist, im weiteren Verlauf seiner Entwicklung aufgrund der elterlichen Haltung mit einer übertriebenen, inkohärenten oder zu früh eingeleiteten *Reinlichkeitserziehung* konfrontiert. Das durch diese Anforderungen oft physiologisch und psychologisch überforderte Kind kann dann meist nur eine mangelhafte Verarbeitung und Lösung dieser Entwicklungsaufgabe leisten. Führen in der weiteren Entwicklung Ereignisse (wie z. B. Trennungserlebnisse, Familienzwietracht, Einschulung, Geburt eines Geschwisters oder vergleichbare Vorkommnisse) zu einer emotionalen Überforderung des Kindes, so kann es zum Persistieren des im Kleinkindalter natürlichen Einnässens kommen (primäre Enuresis) oder aber das Einnässen tritt nach einer längeren Zeitspanne der Trockenheit erneut auf (sekundäre Enuresis). Das Kind sucht, aufgrund seiner Lernerfahrungen, bei belastenden Ereignissen unbewusst Zuflucht in den trost- und lustspendenden Gefühlen des Urinierens. Die Erfahrung, dass das Einnässen nach oder während emotional bedrückenden Geschehnissen zumindest kurzfristig Erleichterung und Trost vermittelt, verfestigt die auftretende Symptomatik. Der Umstand, dass das Einnässen in der Nacht wesentlich häufiger zu beobachten ist, mag damit zusammenhängen, daß der Schlaf die Verleugnung der Befriedigung durch das Symptom und den partiellen Aufmerksamkeitsentzug gegenüber dem Blasenweckreiz begünstigt. Interpersonell kann die Symptomatik, je nach Reaktion der Umwelt, zum Vehikel verschiedenster Botschaften mit aggressivem oder hilfesuchendem Inhalt werden und eine besondere Stellung des Kindes in der Familie oder der Gruppe der Gleichaltrigen mit sich bringen. Vermeidung von Trennungen, erhöhte Aufmerksamkeit und Zuwendung durch die Eltern und ein gewisser »Machteinfluss« auf die Familie können das Kind zusätzlich verleiten, an der Symptomatik festzuhalten. Fehlgeschlagene Therapieversuche sind im Stande, die Symptomatik weiter zu verfestigen oder gar zusätzliche körperliche (z. B. nach Blasentraining) oder psychische (z. B. ständig sinkendes Selbstwertgefühl bei häufigen Therapiefehlschlägen) Symptome hervorzurufen. Enuretische Kinder befinden sich somit meist in psychischer Bedrängnis. Das Symptom »Einnässen« ist in der Mehrzahl der Fälle *Ausdruck und Folge einer Überforderung* der zu Beginn der kindlichen Entwicklung vorhandenen physiologischen und psychischen Möglichkeiten des Kindes. Vor allem bei den Kindern, die – aufgrund einer insgesamt problematischen Erziehungssituation – neben der Enuresis weitere Verhaltens- oder Persönlichkeitsauffälligkeiten zeigen, ist die Einbettung in psychische Zusammenhänge nicht zu übersehen. Sieht man sich einem enuretischen Kind gegenüber, vor allem wenn es bereits das Schulalter erreicht hat, sollte immer geprüft werden, inwieweit das Einnässen nicht ein Alarmsignal des überforderten Kindes darstellt und Ausdruck eines verkörperten Hilfeappells an die Umwelt ist. Ein Gefühl, stets in der eigenen Autonomie bedroht zu sein, kann Ausdruck darin finden, dass letztlich niemand gewaltsam imstande ist, dem Kind eine Entleerungsordnung aufzuzwingen und dass das Symptom diese Tatsache unliebsam zum Ausdruck bringt.

Kinder mit einem sogenannten *Spieleifernässen*, einem kurzzeitigen Einnässen bei

Klimawechsel oder bei vereinzelten erregenden Ereignissen, lassen meist eine unauffällige Gesamtentwicklung erkennen. Hier scheinen andere, schwer greifbare Ursachen vorzuliegen. Möglicherweise finden sich beim sporadischen Einnässen bei erregenden Ereignissen ähnliche Faktoren wie die oben beschriebenen, nur in stark abgemilderter Form. Beim Spieleifernässen scheint es sich dagegen um ein Kontrollversagen zu handeln. Die Entscheidung über das Urinieren fällt auf der Ebene der primitiven Signalverarbeitung des Nervensystems. Der von der Blasenwand ausgehende Entleerungsreflex setzt sich gegen die noch nicht ausreichenden, willentlichen Hemmsignale des Kindes, das sein Spiel nicht unterbrechen möchte, durch. Das Einnässen aufgrund einer Reifungsverzögerung findet sich bis zum Alter von fünf bis sechs Jahren bei sonst gesunden Kindern und verschwindet danach meist ohne ersichtlichen Grund. Vermutlich spielen Nachreifungsfaktoren bei diesem an eine »Spontanheilung« erinnernden Symptomverlust eine entscheidende Rolle. Bei einigen dieser Kinder jedoch führen die durch das physiologisch bedingte Unvermögen entstandenen, negativen Lernerfahrungen zur Gewöhnung.

20.1.11 Therapie

In den letzten Jahrzehnten werden enuretische Kinder – dank der Einsicht, dass diese Problematik eine hohe Anzahl verschiedener Entitäten darstellt – ernst genommen, was eine detaillierte medizinische und psychodiagnostische Abklärung erfordert, um der Behandlung der Kinder/Jugendlichen und ihren Betreuungspersonen gerecht zu werden (van Herzeele, 2017).

Bevor auf die individuelle Therapieplanung und -durchführung eingegangen wird, sollen kurz einige der häufig angewandten und wenig erfolgreichen Therapiemaßnahmen genannt werden. Eine *Flüssigkeitseinschränkung* nachmittags oder abends – an sich sinnvoll – kann vom Kind als Strafe erlebt werden; besser ist viel Trinken morgens. *Sphinktertraining und Blasenstretching* sind Übungsprogramme, in deren Verlauf die Kinder das Harnzurückhalten trainieren. Dies soll zu einer Stärkung des vermeintlich schwachen Schließmuskels führen, bzw. die Blasenkapazität des Kindes erhöhen. Diese Vorgehensweisen haben sich als wenig effektiv erwiesen. Die Anwendung einer *Klingelhose oder -matratze* ist nur dann indiziert, wenn eine mangelhafte oder fehlende Harndrangwahrnehmung während der Nacht diagnostiziert werden konnte. Das Prinzip dieser Weckgeräte beruht darauf, dass durch die Feuchtigkeit ein elektrischer Kontakt geschlossen wird, der ein Klingelzeichen oder einen Weckton hörbar werden lässt, wodurch der Schlaf des Kindes unterbrochen und ein »Lernprozess« im Sinne der klassischen *Konditionierung* in Gang gesetzt wird. Eine Anwendung der apparativen Verhaltenstherapie erscheint erst ab dem Alter von sieben bis acht Jahren sinnvoll und sollte auch nur dann eingesetzt werden, wenn ein Kind dafür motiviert ist und durch diese Maßnahme wirklich in seiner Autonomie gefördert werden kann (Bürgin & Rost, 1990).

Pharmakotherapie

Eine medikamentöse Behandlung der primären, monosymptomatischen Enuresis nocturna scheint wegen der vielfältigen psychischen Auswirkungen auf das Kind und seine Eltern in bestimmten Fällen gerechtfertigt und sollte die Familie miteinbeziehen (Arda, Cakiroglu, Thomas, 2016). *Desmopressin* ist die empfohlene Behandlungsoption für eine primäre monosymptomatische nächtliche Enuresis mit nächtlicher Polyurie; es ist das am häufigsten verwendete Medikament und wird am besten für eine kurzfristige Verbesserung verwendet. Positive Resultate mit Desmopressin wurden bei älteren Kindern mit begrenzter Anzahl von nassen Nächten pro Woche und einer nächtlichen Polyurie festgestellt. Eine beträchtliche Anzahl von Kindern reagiert jedoch nicht auf die Behandlung mit Desmopressin. Diese Resistenz findet sich oft beim Vorhandensein von Komorbiditäten (Konstipation, Aufmerksamkeitsprobleme, Schlafstörungen, psychische und motorische Behinderung), so dass es unerlässlich ist, auch die betreffenden »Komorbitäten« zu behandeln (Van Herzeele, 2015).

Andere Medikamente wie Anticholinergika, Imipramin und Sertralin werden in resistenten Fällen eingesetzt (Jain & Bhatt, 2016). Eine Pharmakotherapie mit Trizyklika reduziert die Anzahl der nassen Nächte während der Behandlung, zeigt aber keine anhaltende Wirkung nach der Therapie; die meisten Kinder werden rückfällig. Die Anwendung beschränkt sich daher auf Ausnahmefälle, die eine sofortige und kurzfristige Entlastung von Kind und Eltern erfordern, oder aber auf spezifische Situationen wie den Besuch einer Veranstaltung, der ohne diese Hilfe kaum möglich wäre. Auf den kurzzeitigen Einsatz und den zu erwartenden Rückfall sollte hingewiesen werden. Trizyklika in Kombination mit Anticholinergika scheinen wirksamer zu sein als eine trizyklische Monotherapie (Caldwell, Sureshkumar, Wong, 2016).

Psychoanalytische Therapie

Der im Folgenden dargestellte Therapieansatz geht davon aus, dass das Symptom Einnässen in der überwiegenden Zahl der Fälle Signalcharakter besitzt. Psychische Belastung im weitesten Sinne kann hierbei als Ursache angenommen werden. Symptomorientierte Maßnahmen beinhalten nicht selten einen Strafcharakter und können mitunter zu sekundären Auffälligkeiten führen. Vorrangiges Ziel muss es daher sein, die Fokussierung der Eltern und des Kindes auf das Symptom Einnässen abzuschwächen, und den zugrundeliegenden »psychosozialen Kummer« des Kindes in den Mittelpunkt der Behandlung zu stellen. Zwar gibt es eine Reihe von Enuretikern, die nicht aus seelischer Belastung, sondern aus anderen Gründen, z. B. einer Reifungsverzögerung, einnässen. Grundsätzlich aber gilt, dass Gesundungstendenzen sowohl des Kindes als auch der gesamten Familie, wo immer möglich, unterstützt werden sollten. Der Aufbau einer vertrauensvollen Beziehung und die Vermeidung einer sadistischen oder unnötig strengen Haltung sind neben einem flexiblen und kreativen Vorgehen zentrale Bestandteile der Enuretiker-Therapie (Bürgin & Rost, 1990).

Das konkrete Vorgehen bei der Therapie der Enuresis kann in verschiedene *Phasen* untergliedert werden. In einem ersten Schritt sollte, mit Hilfe eines anamnestischen Gesprächs, versucht werden, sich ein Bild von der Familiensituation und der Situation des Kindes zu machen. Fragen über Symptomentwicklung und -verlauf, die Abhängigkeit des Einnässens von Belastungssituationen, den konkreten Umgang mit dem Symptom (z. B. frühere Therapieversuche, einschließlich Bestrafung und Belohnung oder die abendliche Zubettgeh-Situation) und die psychische Verfassung des Kindes liefern zentrale Hinweise für die Therapieplanung. Wichtig ist auch, welche »Gründe« die Eltern für das Einnässen ihres Kindes anführen. Nicht selten berichten sie bereits zu diesem Zeitpunkt der Abklärungsuntersuchung, dass das Einnässen vor allem während oder nach Belastungssituationen auftritt oder aber das Kind eine verzögerte Gesamtentwicklung durchläuft. Neben der *Klärung intrapsychischer und/oder interpersonaler Pathologie* darf nicht vernachlässigt werden, sich ein Bild von den Motivationen und ganz besonders den *Ressourcen* der Familie zu machen. Möglicherweise muss auch bereits bei der ersten Intervention eine kurzfristige Entlastung der Familie im Vordergrund der therapeutischen Maßnahmen stehen.

Schon während des ersten Kontaktes kann auf ein *Symptomverständnis* hingearbeitet werden, welches das Kind entlastet, z. B. durch die Erklärung, dass das Einnässen nicht Ausdruck von Ungezogenheit ist, sondern sich vielmehr der willentlichen Steuerung des Kindes weitgehend entzieht (Strunk, 1989) und eine ganze Reihe von Kindern einnässt. Dies erscheint umso wichtiger, als einnässende Kinder nicht selten der Überzeugung sind, dass nur sie an diesem Symptom leiden. Das Erläutern der normalen Miktionsvorgänge hilft oft, unklare oder falsche Vorstellungen dieser Funktionsabläufe zu korrigieren. Häufig ist es auch notwendig, mit den Eltern die bisherigen Therapieversuche zu besprechen. Eltern und Kind haben nicht selten erhebliche Anstrengungen unternommen, um nächtliches Wecken oder ähnliche Maßnahmen durchzustehen. Obgleich die Anstrengungen durchaus honoriert werden sollten, muss über die Wirksamkeit bzw. Unwirksamkeit dieser Aktivitäten und die daraus resultierte Belastung für alle Beteiligten offen gesprochen werden. Liegt keine gemeinsam erarbeitete Indikation für die bislang praktizierten Vorgehensweisen vor, so sollte von deren weiterem Gebrauch abgesehen werden.

Die überwiegende Zahl der enuretischen Kinder weist mit dem Symptom Einnässen auf psychische Belastungen hin. Liegen unmittelbare Hinweise für solche vor, so sollte – z. B. in Form offener Fragen – darüber gesprochen werden. Die Fokussierung sollte hierbei weniger auf dem Einnässen, als vielmehr auf den zugrundeliegenden Ängsten oder Problemen (z. B. bezüglich einer optimalen, elterlichen Zuwendung) liegen. Viele Eltern erkennen solche Zusammenhänge selbst und weisen früher oder später darauf hin. Lösungsmöglichkeiten sollten individuell, in Zusammenarbeit mit den Eltern und dem Kind, den Wünschen und Möglichkeiten der Familie entsprechend, ausgearbeitet werden.

Ist ein Kind psychisch bereits zu stark belastet oder zeichnen sich erhebliche innerfamiliäre Spannungen ab, so ist eine individuelle oder familiale psychotherapeutische Hilfe indiziert.

Nur wenn ein Kind im Vorschulalter in durchschnittlichen familialen Gegebenheiten eine insgesamt leicht verzögerte Gesamtentwicklung zeigt, an einer primären Enuresis nocturna mit regelmäßigem oder fast regelmäßigem Einnässen leidet und bei der psychodynamischen Exploration einen psychisch weitgehend gesunden Eindruck erweckt, so kann mit den Eltern vereinbart werden, erst einmal eine gewisse Zeit zuzuwarten. Gleiches gilt für das Spieleifernässen. Den Eltern und dem Kind sollte dabei möglichst einfach und verständlich erklärt werden, was eine Reifungsverzögerung ist und dass das Einnässen höchstwahrscheinlich im Laufe der Zeit ohne weitere Maßnahmen verschwinden wird.

Ist das Kind älter und dürfte eine *Reifungsverzögerung* ursprünglich Auslöser der Enuresis gewesen sein, so kann die Enuresis durch verschiedenste Faktoren aufrechterhalten worden sein. Ist die Beziehung unter den Familienmitgliedern durch das Einnässen bereits stark angespannt, so können Eltern und Kind in einem ersten Schritt gebeten werden, für eine gewisse Zeit, z. B. 14 Tage, alle bislang angewandten Heilungsversuche (z. B. nächtliches Wecken, usw.) auszusetzen. Während dieser zwei Wochen sollte lediglich die Häufigkeit des Einnässens vom Patienten selbst registriert werden. Hierzu kann das Kind z. B. einen »Sonne-Wolken-Kalender« verwenden, in dem es die trockenen Nächte mit einer Sonne und die nassen mit einer Wolke kennzeichnet. Diese Phase soll, neben der Bestimmung einer groben Baseline der Einnässfrequenz, vor allem dazu dienen, die nicht selten über Jahre eingeschliffenen Verhaltensmuster aller Beteiligten zu unterbrechen und so eine Entspannung der Gesamtsituation herbeizuführen. Da ein solches Vorgehen alle Beteiligten zur Änderung der bislang gezeigten Verhaltensgewohnheiten veranlasst, sollte zuvor über möglicherweise auftauchende Schwierigkeiten gesprochen werden.

Zeigt das Kind neben der Enuresis weitere, psychisch auffällige Verhaltensweisen oder bestehen ausgeprägte familiale Probleme, so sollte à priori fachspezifische Hilfe zugezogen werden, da dort eine *längerdauernde psychotherapeutische Betreuung*, evtl. in Kombination mit andern Hilfemaßnahmen, zu erwarten ist. Dies gilt vor allem bei älteren Enuretikern und Kindern, die tagsüber und nachts einnässen. Bei einer langen Dauer der Erkrankung sind die Probleme meist sehr vielschichtig und für alle Beteiligten stark belastend geworden und bedürfen fachspezifischer Hilfe.

Die Prognose der Enuresis ist – detailliert diagnostiziert und angemessen behandelt – bei der Großzahl der Enuretiker als gut zu bezeichnen.

Fallbeispiel 9

Petra ist zum Zeitpunkt der Untersuchung ein körperlich eher weit entwickeltes, zehnjähriges Mädchen. Sie leidet an einer *primären Enuresis nocturna et diurna*, wobei periodische Schwankungen der Einnässfrequenz zu beobachten sind. Zeitweise nässt sie jeden Tag bzw. Nacht ein. Ist sie nass, wechselt sie die Kleider meist selbst. Manchmal verleugnet sie das Einnässen. Nach Angaben der Eltern war die Schwangerschaft nicht erwünscht. Trotzdem erschien Petra zu Beginn als ein eher ausgeglichenes und fröhliches Kind. Zum Zeitpunkt der Geburt ihres zwei Jahre jüngeren Bruders zeigte sie eine erste Trotzphase. Da der Bruder an einem komplizierten Herzvitium erkrankt war, beanspruchte er beinahe die gesamte Aufmerksamkeit der Eltern. Hinzu kam, dass die Familie häufig den Wohnort wechselte. Petra entwickelte sich in der Folgezeit zu einem auffallend ruhigen und angepassten Mädchen.

Im Laufe der Abklärungsuntersuchung äußerten die Eltern Schuldgefühle, ihre Tochter durch die Bevorzugung des kranken Bruders und die mehrmaligen Ortswechsel überfordert und vernachlässigt zu haben. Zudem hätten elterliche Auseinandersetzungen zu weiteren Spannungen in der Familie geführt. Petra selbst konnte im Gespräch ihre schwierige Beziehung zu ihrem Bruder beschreiben. Die Ambivalenz zwischen der Wut auf den Bruder, der eine bevorzugte Behandlung erhielt, und der Sorge um seine Gesundheit, beschäftigten das Mädchen sehr. So war das Einnässen meist mit Alpträumen verbunden, in denen der Bruder eine zentrale Rolle spielte. Im Verlauf der Untersuchungsgespräche verschwand die Enuresis nocturna et diurna weitgehend.

Aufgrund des leichten Persistierens der Enuresis, der allgemeinen Ängstlichkeit, einer übermäßigen Anpassung und der Unsicherheiten im Kontakt mit Gleichaltrigen erfolgte eine zehn monatige, psychotherapeutische Einzelbehandlung. Hauptthema der therapeutischen Einzelsitzungen war die Schwierigkeit im Umgang mit aggressiven Gefühlen und das allgemein gehemmte Verhalten der Patientin im Kontakt mit Gleichaltrigen. Wut und Enttäuschung über die Bevorzugung des kranken Bruders lösten immer wieder starke Schuldgefühle aus. Während der Therapie verschwand das Einnässen völlig. Der Kontakt zu Gleichaltrigen verbesserte und intensivierte sich deutlich. Petra musste sich, auch bei familialen Auseinandersetzungen, nicht sofort in ihre innere Welt zurückziehen, sondern konnte sich wehren und zunehmend für ihre Interessen einstehen.

Die hier vorliegende Fehlentwicklung, mit Beginn bei Geburt des herzkranken Bruders, kam infolge erzieherischer und emotionaler Vernachlässigung durch die Eltern zu Stande. Es fand eine Verinnerlichung der Problematik statt. Die gehemmte Wut und Enttäuschung wurde mittels des körperlichen Symptoms der Enuresis zum Ausdruck gebracht. Im therapeutischen Kontakt wurde ein Aufarbeiten der entsprechenden Rivalitätsgefühle und dadurch eine Nachentwicklung in mehreren Bereichen (günstigere Abwehr, bessere Beziehungsfähigkeit) möglich.

20.2 Enkopresis[72]

20.2.1 Einführung

Das Einkoten zählt zu den sozial belastendsten und für alle Beteiligten unangenehmsten Störungen im Kindes- und Jugendalter. Kinder und ihre Familien fühlen sich oft isoliert und schämen sich, wobei die Tabuisierung der Entleerungsvorgänge und die Haltung der Gesellschaft gegenüber der Enkopresis eine beträchtliche Rolle spielen. Die häufigste Ursache von Enkopresis ist eine *funktionelle Obstipation* mit *Überlaufinkontinenz*. Knaben sind häufiger betroffen als Mädchen. Meist besteht ein auslösendes Ereignis wie z. B. die Passage eines schmerzhaften Stuhlgangs, die Umstellung der Ernährung oder die Reinlichkeitserziehung. Die Behandlung und Genesung von Enkopresis ist ein langer Prozess mit häufigen Rückfällen (Har & Croffie, 2017).

20.2.2 Definition und Diagnostische Kriterien DSM-5: F98[73]

Unter Enkopresis versteht man ein funktionelles, psychogen und nicht organisch bedingtes Einkoten nach dem vierten Lebensjahr (Bellman, 1966). Es kann willkürlich oder unwillkürlich erfolgen. Da erst in diesem Alter bei ca. 90 % aller Kinder die Darmkontrolle, aufgrund physiologischer und psychologischer Entwicklungsbedingungen, völlig erreicht ist, sollte bei einem Einkoten vor diesem Lebensabschnitt nicht von einer Enkopresis gesprochen werden. Das Symptom umfasst sowohl das Absetzen größerer Kotmengen in die Kleidung oder an andere hierfür nicht vorgesehene Stellen als auch das einfache Beschmutzen der Unterwäsche.

A. Wiederholtes willkürliches oder unwillkürliches Absetzen von Stuhl an nicht dafür vorgesehenen Stellen (z. B. Kleidung, Fußboden).
B. Das Verhalten muss mindestens einmal monatlich über einen Zeitraum von mindestens 3 Monaten vorkommen.
C. Das chronologische Alter beträgt mindestens 4 Jahre (oder eine gleichwertige Entwicklungsstufe).
D. Das Verhalten ist nicht Folge der physiologischen Wirkung einer Substanz (z. B. Laxanzien) oder eines medizinischen Krankheitsfaktors, außer wenn der Krankheitsmechanismus eine Obstipation (Verstopfung) bewirkt.

Bestimme, ob:
Mit Obstipation und Überlaufinkontinenz: Aus der körperlichen Untersuchung oder der Vorgeschichte ergeben sich Hinweise auf Verstopfung.
Ohne Obstipation und Überlaufinkontinenz: Aus der körperlichen Untersuchung oder der Vorgeschichte ergeben sich keine Hinweise auf Verstopfung.

---

72 Carl Pototzky (1925) und Siegfried Weissenberg (1926) führten den Begriff Enkopresis als das fäkale Äquivalent von Enuresis ein.
73 Auszug aus dem DSM-5, 2015, S. 489; Abdruck erfolgt mit Genehmigung vom Hogrefe Verlag Göttingen aus dem Diagnostic and Statistical Manual of Mental Disorders, Fifth Edition, © 2013 American Psychiatric Association, dt. Version © 2015 Hogrefe Verlag.

Subtypen:
Beim Subtyp mit Verstopfung und Überlaufinkontinenz ist der Stuhl charakteristischerweise (aber nicht immer) schlecht geformt, und das Einkoten kann selten bis kontinuierlich vorkommen, in der Regel meist tagsüber und selten während des Schlafens. Nur ein Teil des Stuhlgangs wird in die Toilette entleert und die Inkontinenz sistiert nach Behandlung der Verstopfung.

Beim Subtyp ohne Verstopfung und Überlaufinkontinenz ist der Stuhlgang in Form und Konsistenz weitestgehend normal und das Einkoten kommt intermittierend vor. Stuhlgang kann an auffallenden Stellen abgesetzt werden. Dies ist häufig assoziiert mit einer Störung mit oppositionellem Trotzverhalten oder einer Störung des Sozialverhaltens und kann als Folge analer Masturbation auftreten. Einkoten ohne Verstopfung scheint seltener aufzutreten als Einkoten mit Verstopfung.

20.2.3 Klinik und Komorbiditäten

Stuhlinkontinenz stellt eine schwere und belastende Problematik für Kinder und ihre Eltern dar und kann mit Schuld- und Schamgefühlen verbunden sein. Kinder können zu Opfern von Mobbing werden oder selbst aktiv an Mobbing beteiligt sein. Stuhlinkontinenz beeinflusst signifikant die Lebensqualität und kann soziale Probleme und ein geringes Selbstwertgefühl bewirken. Bei ungefähr 95 % der Kinder kann keine organische Ursache identifiziert werden, d. h. es handelt sich um eine funktionelle Defäkationsstörung. Bei 80 % der Kinder mit funktioneller Enkopresis besteht eine Verstopfung, die zu einer Überlaufinkontinenz führt.[74] Bei den übrigen 20 % der Kinder sind keine Anzeichen von Stuhlretention vorhanden, d. h., es handelt sich um eine funktionelle, nicht retentive Stuhlinkontinenz. Die letztgenannte Diagnose basiert auf der medizinischen Vorgeschichte und der körperlichen Untersuchung. Zusätzliche Untersuchungen sind selten indiziert, außer der eventuellen Bestimmung der Kolontransitzeit. Die Behandlung (nicht anklagende Information, ein Toilettentraining mit einem Tagebuch und Belohnungen) ist oft langwierig, mit schrittweiser Verbesserung und häufigen Rezidiven. Psychosoziale oder Verhaltensprobleme treten in dieser Patientengruppe häufig auf (Koppen, Nurko, Saps, Di Lorenzo, Benninga, 2017). Die meisten Kinder haben zusätzlich eine internalisierende oder externalisierende psychische Störung. Eine gleichzeitige Enuresis besteht bei rund der Hälfte der Patienten. Oft wird auch eine parallel dazu erfassbare Aufmerksamkeitsdefizit-Hyperaktivitätsstörung diagnostiziert. Eine oppositionelle Trotzstörung findet sich bei knapp einem Drittel, Angststörungen in rund 15 % (Akdemir, Kültür, Temizel, Zeki, Dinç, 2015).

Kinder mit einer Geschichte von physischer, sexueller oder emotionaler Misshandlung zeigen eine größere Tendenz, während ihrer Kindheit an einer Verstopfung zu leiden. Sie entwickeln auch vermehrt andere schwere Darmsymptome (Rajindrajith, Devanarayana, Lakmini, Subasinghe, de Silva, Benninga, 2014).

Die Enkopresis kann sich auf dem Boden zahlreicher psychiatrischer Krankheitsbilder entwickeln und gilt im Allgemeinen, vor allem bei älteren Kindern und Jugendlichen, als Indikator einer eher schweren psychischen Störung. Sie kann aber durchaus auch, gerade bei jüngeren Kindern, im Rahmen einer sonst unauffälligen Entwicklung (Frimann, Methews, Finney, Christophersen,

---

[74] Funktionelle Obstipation und funktionelle Stuhlretention sind synonyme Begriffe.

Leibowitz, 1988), als Folge einer zeitlich begrenzten Regression bei starken Belastungen, auftreten und von benigner, kurzzeitiger Natur sein (Stern, Prince, Stroh, 1988).

20.2.4 Organische Ursachen und Differentialdiagnose

Eine organische Enkopresis kommt bei 5-10 % von Patienten mit einer Verstopfung vor, infolge von *anatomischen, neurologischen, metabolischen Ursachen oder medikamentös bedingten Gründen* (Har & Croffie, 2017). Das organische *Megakolon (Hirschsprung'sche Krankheit)*, ist durch eine sehr frühe, hartnäckige und schwere Verstopfung schon kurz nach der Geburt gekennzeichnet und beruht auf einer *Aplasie der nervösen Ganglienzellen in den Plexus submucosus und myentericus*. Bei den *Dysraphien* wie bei der *Spina bifida* handelt es sich um eine Gruppe von angeborenen Fehlbildungen aufgrund des gestörten Schlusses des Neuralrohres im Bereich des Schädels, der Wirbelsäule und des Rückenmarks, bei welchen sich die Neuralplatte des Embryos nicht zu einem Rohr schließt, sondern bis zur Geburt mehr oder weniger offenbleibt. Zu den obstruktiven Erkrankungen gehört die *Analstenose bei Kleinkinder*n, die infolge einer *engen Analöffnung* zu einer schmerzhaften und schwierigen Defäkation führt. Ein *Mekoniumileus* wird durch eine verzögerte Passage von Mekonium bei Kindern mit Mukoviszidose verursacht. Strikturen können angeboren oder infolge einer nekrotisierenden Enterokolitis bei Säuglingen oder entzündlichen Darmerkrankungen bei Kindern und Jugendlichen erworben sein. Ebenso können eine Hypothyreose, eine Zöliakieerkrankung (eine Autoimmunempfindlichkeit gegenüber Gluten und glutenhaltigen Produkten) oder Tumoren zu einer Enkopresis Anlass geben (Colombo, Wassom, Rosen, 2015).

Beim funktionellen Megakolon, einer erworbenen Dysfunktion auf der Ebene der Defäkation, tritt die Verstopfung erst zwischen dem sechsten und zwölften Monat, in allmählich progressiver Weise, auf und bewirkt zuerst eine reflektorische Dilatation des Rektums und später des gesamten Kolons mit Ausbildung von sogenannten Kotsteinen. Durch aktive Kontraktion des Anus werden die Fäzes ins Sigmoid und ins Kolon zurückbefördert. Dieser gegenläufig zur üblichen Bewegung erfolgende Ablauf *kann sekundär erotisiert werden*. Nach unendlich wiederholten Bewegungen vor- und rückwärts, die einen gewissen *masturbatorischen, d. h. lustbetont-autoerotischen Charakter* haben (heimlicher, unsichtbarer, innerer Ablauf, der erst noch erlaubt, die gesamte Familie zu manipulieren) und als *Vorform eines perversen Vorganges* bezeichnet werden kann, kommt es schließlich zur zunehmenden Erschöpfung der Rektum- und Kolonmuskulatur. Parallel dazu erfolgt eine atonische Darmdilatation. Die Fäzes werden nun oft, an den verhärteten Kotmassen vorbei, vor- und zurückgedrückt. Die Defäkation oder das Schmieren in die Hose stellt dann gleichsam einen Betriebsunfall dar und erfolgt, so gesehen, bei diesen Fällen wirklich unwillkürlich (sog. *Überlaufenkopresis*).

20.2.5 Prävalenz und Alters- und Geschlechtsverteilung

Epidemiologische Angaben variieren. Man schätzt, daß in der westlichen Hemisphäre ca. 1,5 % - 3 % aller Kinder in der Primarschule an einer Enkopresis leiden, wovon etwa 1,5 % aller Acht- bis Zehnjährigen an einer sekundären Enkopresis. Während man das Einkoten am häufigsten im Grundschulalter vorfindet, geht sein Auftreten mit ansteigendem Alter kontinuierlich zurück und verschwindet in der Adoleszenz praktisch völlig. Dies ist jedoch nicht der Fall für das Stuhlschmieren, das bei fast der Hälfte der Zwölfjährigen – und noch bei etwa 15 % der 18-Jährigen – mit einer Inkontinenz ohne

Obstipation vorkommt. Die sekundäre Enkopresis kommt etwas häufiger vor als die primäre Form der Erkrankung. Knaben leiden etwa drei- bis viermal häufiger unter Enkopresis als Mädchen. Auch sind Kinder und Jugendliche mit geistiger und körperlicher Behinderung vermehrt von einer Enkopresis betroffen (Joinson, Heron, Butler, von Gontard, 2006; Bongers, Tabbers, Benninga, 2007).

20.2.6 Entwicklungsphysiologie und -pathologie:

Bei Kindern, die ihre Blasenentleerung längere Zeit aufschieben und ein vermindertes Entleerungsgefühl haben, entsteht ein Blasen- und Darmfunktionsstörungsmuster, das schließlich in Verstopfung und/oder Enkopresis mündet.[75] Der Stuhl enthält in der Regel 75 % Wasser und die Zeit der Passage durch das Kolon beträgt ungefähr 45 Stunden. Je länger der Stuhl im Rektum oder Dickdarm bleibt, desto mehr Wasser wird absorbiert, desto härter wird der Stuhl und desto schwieriger und schmerzhafter ist die Defäkation (Dos Santos et al., 2017).

Der *Defäkationsmechanismus* kann wie folgt beschrieben werden: Ausgehend von einer unwillkürlich-reflexhaften Kolon- und Sigmoidkontraktion werden die Fäzes in die »ampulla recti« gedrückt. Dieser Vorgang führt, unterstützt durch die Kontraktion der Beckenboden- und der Gesässmuskulatur, zu einer Öffnung des Äußeren analen Sphinkters und schließlich, unter Einsatz der Bauchpresse, zur Ausscheidung von Kot (Krisch, 1985).

---

75 Unter einer *Koprostase* versteht man eine Stauung von Kot im Dickdarm. Dabei kann es zur Bildung von verhärteten Kotballen, d. h. *Skybala* bzw. *Kotsteinen*, kommen.

20.2.7 Psychodynamik der Enkopresis:

Bei den Formen der Analität, welche eine klare Psychogenese aufweisen, spielt die Retention der Faezes eine zentrale Rolle. Es besteht eine Art Vergnügen, mittels der verfügbaren Omnipotenzphantasien, Kastrationsängste oder Gefühle von Leersein zu vermeiden, den Kot im Rektum zurück zu halten und damit einen spezifischen *autoerotischen Spannungsanstieg* zu erreichen.

Bei der Enkoprese findet kein geregelter Stuhlgang im Sinne eines regelmäßigen Toilettengangs statt. Nur das Kind weiß, wann es sich entleert. In der französischen Sichtweise (Fain, 1974) wird ein mehr aktiver Typus von einem passiven unterschieden. Beim aktiven besteht eine nur geringe Phantasieaktivität, alles zeigt sich im Verhalten, und die Regelüberschreitung bereitet dem Kind offensichtlich ein Vergnügen, da es sich durch die Enkoprese seiner aggressiven Gefühle entledigen kann. Die Kinder vom passiven Typus lassen alles laufen und geschehen, der Stuhl wird völlig ungeformt abgesetzt.

Man könnte bei der Enkopresis von einer ausagierten *Analerotik* sprechen, der »*pervertierten*« *Form einer zwangsneurotischen Struktur*. Der Körper drückt den Konflikt aus. Es besteht ein Unvermögen, intrakorporale Spannungen unter Kontrolle zu bekommen. Die ritualisierte Beherrschung des Darminhaltes, der Fäzes, läuft mit einer tiefen Störung der phantasmatischen Besetzung des eigenen Körpers parallel. Es handelt sich um eine heimliche, der Wahrnehmung der Außenwelt entzogene Manipulation eines inneren Körperobjektes im phantasmatischen und somatischen Bereich. Fain (1974) und auch Soulé & Lauzanne (1985) versuchten, vier Formen der Enkopresis zu unterscheiden: der delinquente, der verwahrloste, der perverse und der kranke Typus:

- Enkopresis als aktiver, willentlich-aggressiver Akt.

- Enkopresis als Folge eines emotionalen dialogischen Mankos bei ungünstigen Familienverhältnissen. Der Körper des Kindes wird durch die Mutter schlecht besetzt. Retention bedeutet nichts Lustvolles, hingegen besteht ein Bedürfnis nach sofortiger fäkaler Entlastung. Diese Form der Enkopresis ist oft kombiniert mit Mutismus oder Sprachverzögerung und großem Sammelbedürfnis. Die Kinder zeigen wenig Symbolisierungsfähigkeit und eine Schwierigkeit, Neues mit Interesse zu besetzen.
- Enkopresis als Spiel mit der Fäkalsäule, eine Art Masturbationsersatz. Die Enkoprese entspricht hierbei einem »Ausrutscher«. Sie erfolgt aktiv und passiv zugleich, da die entsprechenden Patienten, im virtuosen Spiel mit ihren Omnipotenzgefühlen, nicht defäzieren wollen, um sich dem autoerotischen Vergnügen möglichst lange hingeben zu können (s. funktionales Megakolon).
- Enkopresis als Folge enteraler Krankheiten (z. B. einer längerdauernden Diarrhoe oder operativer Eingriffe [Kreisler et al., 1974]), durch welche eine Erotisierung von retentiven und expulsiven Vorgängen stattfand. Diese Form ist meist sekundär und manifestiert sich in erster Linie als regressives Phänomen bei Belastungen (z. B. bei Geburt eines Geschwisters oder dem Eintritt in den Kindergarten).

Bei allen vier Typen ließ sich eine *gewisse phantasmatische Verarmung* im Vorbewussten feststellen.

Die motorischen Vorgänge bei der *Defäkation*, ebenso wie die Reizung der Mukosa, bewirken Gefühle der Entlastung und können lustvollen Charakter annehmen. So macht das Kind die Erfahrung, daß die Stuhlentleerung, aber auch das Zurückhalten und Bewegen des Stuhls im Kolon, Sigmoid und Rectum, zu einem Wohlgefühl führen und, im Sinne einer autoerotischen Befriedigung (Ferenczi, 1924), immer wieder reproduziert werden kann. Zu diesen Spannungssensationen und der damit verbundenen Lust an der Exkretion und/oder Retention gesellt sich das Interesse am Kot selbst. So betrachtet das Kind »sein Produkt« aufmerksam oder sucht es durch Anfassen zu erkunden. Hier setzen die Erziehungsmaßnahmen an, die den Zweck haben, dem Kind das kulturell vorgeschriebene Ausscheidungsverhalten und den Umgang mit den Exkrementen anzugewöhnen. Diese sog. *Reinlichkeitserziehung* bedeutet für das Kind eine Triebeinschränkung auf äußere Veranlassung hin (Binet, 1979). Das Kind hat sich bis zu diesem Zeitpunkt durch seine wachsenden motorischen Fähigkeiten zunehmend von einer passiven Abhängigkeit zu mehr Unabhängigkeit entwickelt. Es kann durch Einstuhlen und Retention jetzt die Fähigkeit zum Ausdruck bringen, über seine körperlichen und psychischen Funktionen zunehmend selbst verfügen zu können. Noch ist es physisch und emotional aber weitgehend auf seine Hauptpflegepersonen angewiesen. Sieht es sich nun mit den Anforderungen der Reinlichkeitserziehung konfrontiert, so steht es vor der Entscheidung, der Mutter Folge zu leisten und ihr sein »erstes Geschenk zu machen« oder aber seine »Unabhängigkeit« zu demonstrieren und an der autoerotischen Befriedigung festzuhalten (Freud, 1916). Letztes kann dann zu der primären Form der Erkrankung führen. Da den Ausscheidungsvorgängen eine »Besitztönung« zugesprochen wird (Dührssen, 1978), verwundert es nicht, daß die Enkopresis oft in Familien anzutreffen ist, die zu »Geben und Nehmen« (z. B. Geld, Besitz) und Leistungsanforderungen ein eher konfliktreiches Verhältnis aufgebaut haben.

Im Verlauf einer normalen Entwicklung vermindert sich zwischen dem dritten und vierten Lebensjahr das Interesse des Kindes an seinen Fäces. Dies geschieht nicht zuletzt, um sich der Wertschätzung der Eltern, die ja auf das »Sauberwerden« drängen, zu versichern und den von ihnen vertretenen Werten und Normen Genüge zu leisten. Es formen sich nun sog. *Reaktionsbildungen* als stabile Abwehrformationen aus, d. h. die Lust an der Ausscheidung und den Exkrementen wird durch Scham und Ekel ersetzt; das Interesse an Sauberkeit und Ordnungsliebe tritt an die Stelle der Faszination durch Schmutz und Unordnung (Edgcumbe, 1978).

Die zunehmende Differenzierung von Körper und Psyche erlaubt dem heranwachsenden Kind nun mehr und mehr, zwischen körperlichen und psychischen Erfahrungen zu trennen und seine Gefühle auch über andere als nur körperliche Ausdrucksformen (z. B. Einkoten) mitzuteilen (z. B. über die Sprache). Für diese Weiterentwicklung ist eine dauerhafte und verlässliche Beziehung zu den primären Betreuungspersonen, d. h. Eltern oder Pflegepersonen, unumgänglich. Kann eine Mutter keine direkten Ausdrucksformen von Wut oder Trotz tolerieren, so kann das Kind gezwungen sein, aus Angst in eine frühere, d. h. körperbezogenere Ausdrucksform zurückzufallen und z. B. erneut einkoten. Ein Kind, das an Enkopresis leidet, hat diesen Kompromiss zwischen Triebregungen und Anforderungen der Umwelt nicht finden können oder ist aufgrund von Belastungen wieder auf diese frühere Entwicklungsstufe regrediert (Edgcumbe, 1978).

Erfährt ein Kind im Verlauf seiner Entwicklung einen Verlust oder die Trennung von der Mutter, so kann ihm also nicht nur das bereits internalisierte Bedürfnis nach Reinlichkeit wieder verloren gehen (sekundäre Enkopresis), sondern es werden auch die für diese Phase postulierten, aggressiven Anteile der Stuhlentleerung reaktiviert (Freud A., 1968), die dann auch als willentlich aggressive Akte in Erscheinung treten können (Soulé & Lauzanne, 1985). Die aggressiven Aspekte der Symptomatik sind leicht zu erkennen, wenn man berücksichtigt, wie schnell das Einkoten sprichwörtlich zum »Druckmittel« werden kann, mit dem man »jemanden anstinkt« oder die »Luft« verpestet. Das Beschmutzen kann aber auch auf eine schwerwiegende Angstproblematik hinweisen (»die Hosen voll haben«) oder einen Wunsch nach kleinkindhafter Geborgenheit (»in den Windeln liegen«) widerspiegeln. So ist es nicht ungewöhnlich, daß Kinder, die sich ungeliebt, einsam oder auch überfordert fühlen, in die oben erwähnte autoerotische Beschäftigung mit den Ausscheidungsvorgängen flüchten, um das selbst geschaffene »Liebes-Ersatz-Objekt« unmittelbar im Hautkontakt zu spüren (Keilbach, 1977). Das Kind versucht nicht selten, mit dem Einkoten seine Hilflosigkeit und seine Wünsche nach Bindung und Fürsorge zu artikulieren. Reagiert die durch die Symptomatik verunsicherte Mutter mit einer verstärkten Aufmerksamkeit speziell auf das Einkoten, so wird das Kind unbewußt darauf fixiert, diese Form der Zuwendung immer wieder zu suchen.

Qualität und Stabilität der Beziehung zwischen Eltern und Kind spielen für die beschriebenen Vorgänge eine zentrale Rolle und bestimmen wesentlich mit, ob das »Sauberwerden« zu einem regelrechten Machtkampf zwischen Eltern und Kind führt oder ob das Kind die als anale Entwicklungsphase bezeichnete Zeit ohne größere Komplikationen, d. h. Fixierungen, durchlebt.

20.2.8 Symptomatik und Begleiterscheinungen

Eine Obstipation kann in jedem Alter auftreten und tritt am häufigsten während einer Übergangszeit auf: Beim Säugling kann der Wechsel vom Stillen zu Milch oder von pürierten zu festen Lebensmitteln zu Obstipation führen; bei Kleinkindern ist dies der Fall beim Beginn des Toilettentrainings; in der Kindheit kann der Beginn der Schule mit der Notwendigkeit, eine »fremde« Toilette benutzen zu müssen, mit einer Verstopfung verbunden sein (Colombo, Wassom, Rosen, 2015).

Die Symptomatik gestaltet sich sehr variabel und fluktuierend. So beschmutzen manche Kinder ihre Unterwäsche nur leicht, während andere große Mengen geformten Stuhls in die Hosen entleeren. In seltenen Fällen wird der Kot auch direkt auf den Boden gesetzt (Strunk, 1989). Manche Kinder beschmieren mit ihren Fäkalien Gegenstände, wie z. B. Zimmerwände oder Schränke, was als *Kotschmieren* bezeichnet wird; dieses gilt, in Verbindung mit Einkoten, als Ausdruck einer grundsätzlich schweren emotionalen Störung (Steinhausen, 1985).

Diese Form der Erkrankung ist zu unterscheiden vom natürlichen Interesse und dem Spiel des Kleinkindes mit seinen Ausscheidungsprodukten. Kleinkinder können, im Rahmen einer normalen Entwicklung, aus »Entdeckerfreude«, ihre Fäkalien in ihr Spiel einbeziehen und deren Beschaffenheit auf die unterschiedlichste Weise zu erkunden suchen. Diese Art der Beschäftigung ist aber, im Gegensatz zum krankhaften Umgang mit Kot, nur von kurzer Dauer und klingt ab, sobald das Kind seine Neugier befriedigt hat.

Das Einkoten erfolgt häufig am späten Nachmittag oder frühen Abend, oftmals auf dem Heimweg oder in Anwesenheit der Mutter. Nur wenige Kinder beschmutzen sich während des Vormittags, d. h. in der Schule oder dem Kindergarten (Bellman, 1966). Nächtliches Einkoten ist selten. Die Häufigkeit des Einkotens variiert beträchtlich. Sie reicht von mehrmals täglich bis nur einmal monatlich. Auch bei ein und demselben Kind kann häufiges Einschmutzen mit Phasen hartnäckiger Obstipation oder auch Wochen völliger Symptomfreiheit abwechseln (Wille, 1984).

Viele Kinder zeigen während des Einkotens ein recht typisches Verhalten (Keilbach, 1977): Sie ziehen sich kurz vor dem Einschmutzen physisch und psychisch aus der Beziehung zur Außenwelt zurück, scheinen wie abwesend zu sein und halten sich im »kritischen Augenblick« aus Anstrengung irgendwo fest, manchmal auch, um den Stuhlabgang hinauszuzögern. Hat ein Kind in die Hosen gemacht, meldet es sich oft nicht. Einige Kinder berichten, sie hätten den Vorgang der Stuhlentleerung nicht bemerkt. Sie sind einige Zeit mit vollen Hosen umhergelaufen und haben diese dann irgendwo versteckt. Der von manchen Kindern als »angenehm hautwarm« empfundene Stuhl und die Angst vor Entdeckung spielen hierbei vermutlich eine wichtige Rolle und begünstigen diesen partiellen »Aufmerksamkeitsentzug« (Dührssen, 1978).

Die Mehrzahl der enkopretischen Kinder zeichnet sich durch eine Reihe zusätzlicher Symptome aus. Hierbei nimmt die Enuresis als häufigstes Begleitsymptom eine zentrale Rolle ein. 25 % - 30 % Schlaf- und Essprobleme, die zuweilen als Prodromalsymptome in Erscheinung treten, finden sich bei einkotenden Kindern ebenso gehäuft wie Zündeln und Diebstähle. Auch sind nicht selten Nägelbeißen, Daumenlutschen, Wutanfälle und Ängste verschiedenster Art zu beobachten. Nicht zu vergessen sind Lern- und Leistungsstörungen, bisweilen auch Verzögerungen bei der Sprachentwicklung (Reinhard, 1985). Bei klinisch-selektierten Stichproben sind enkopretische Kinder mit einer begleitenden Obstipation überproportional häufig vertreten (Kammerer, 1985). Nicht jedes einkotende Kind weist eines oder mehrere dieser Symptome auf. Vielmehr besticht gerade die Vielfalt der Symptombilder. Lediglich das gehäufte Vorkommen von psychopathologisch relevanten, klinischen Zeichen scheint ein Charakteristikum der Mehrzahl einkotender Kinder zu sein.

20.2.9 Ätiologie und Diagnostik

Für die Diagnose einer Enkopresis genügen meist die Anamnese und der rektale Tastbefund. Kinder mit einer Enkopresis sind körperlich meist altersentsprechend entwickelt. Sie zeigen als Gesamtgruppe kein gehäuftes Auftreten von Reifungsverzögerungen, zerebralen Dysfunktionen, auffälligen neurologischen Befunden oder Beeinträchtigungen der intellektuellen Leistungsfähigkeit. Diese Faktoren sind somit, in der überwiegenden Zahl der Fälle, nicht ursächlich an der Entstehung einer Enkopresis beteiligt.

Die von einigen Autoren berichtete familiäre Häufung (z. B. Bellman, 1966: hier lag bei 15 % der Väter in der Kinderzeit ebenfalls eine Enkopresis vor) könnte zwar auf genetische Wirkfaktoren hinweisen, ebenso gut aber auch Ausdruck einer tradierten Erziehungshaltung sein. *Genetische Faktoren* spielen sowohl beim Entstehen der Enkopresis als auch besonders bei der Obstipation eine wichtige Rolle (von Gontard, 2007). Eine besonders lange Passagezeit durch das Kolon manifestiert sich im Kindesalter durch eine schwere Obstipation und Enkopresis. Dort wird eine genetisch bedingte Darmanomalie vermutet (Hutson, Catto-Smith, Gibb, Chase, Shin, Stanton et al., 2004).

Bei einer Intelligenzminderung in Kombination mit neurologischen Defiziten, (z. B. Sprachauffälligkeiten oder Koordinationsstörungen) sprechen manche Autoren (vgl. z. B. Steinhausen, 1985) von einer bahnenden Wirkung solcher Faktoren, da davon ausgegangen wird, daß in diesen Fällen die willentliche Kontrolle über die Ausscheidungsvorgänge schwerer und meist erst später erlernt wird als bei altersentsprechend entwickelten Kindern. Zudem kann der Lernprozess des »Sauberwerdens« bei diesen Kindern auch gegenüber äußeren Störreizen anfälliger sein. Solche bei einer kleineren Gruppe einkotenden Kindern zu beobachtende Auffälligkeiten (häufig primäre Enkopresis und Enuresis [Wille, 1984]) sollten diagnostisch mitberücksichtigt werden (Krisch, 1985).

Auch unerwünschte, unehelich geborene Kinder, die nicht selten eine Scheidungs-, Pflege- oder Heimsituation erlebt haben, sind manchmal Enkopretiker. Insgesamt betrachtet gibt es aber weder für die primär noch für die sekundär einkotenden Kinder typische Charakterzüge. Es zeigen sich zwar vermehrt Abweichungen im Verhalten und in der Persönlichkeit, doch streuen diese Auffälligkeiten nicht nur über die verschiedensten psychischen Dimensionen, sondern sie sind auch, je nach Kind, unterschiedlich vorhanden und ausgeprägt. Viele der beschriebenen Phänomene können sowohl Ursache als auch Folge des Einkotens sein (Gabel, Hegedus, Wald, Chandra, Chiponis, 1986).

Einer nicht geringen Zahl von Enkopretikern scheint eine auffällige Kontaktproblematik eigen zu sein. Einige werden als weich, verträumt und eher passiv beschrieben. Manche beschäftigen sich in Gedanken intensiv mit familiären Problemen, ohne diese aber verbal thematisieren zu können (Kratky-Dunitz & Scheer, 1988) und sind häufig dysphorisch verstimmt. Wieder andere verschließen aber gerade ihre Augen vor diesen Problemen (Reinhard, 1985). Sie erscheinen trotz Anpassungsbemühungen nur schwer zugänglich und ziehen sich häufig aus dem Kontakt mit anderen Kindern zurück. Manchmal steht eine starke Abhängigkeit von der Mutter und eine damit verbundene Hilflosigkeit im Vordergrund, die sie unreif und kleinkindhaft abhängig erscheinen lässt (Strunk, 1989). Wieder andere imponieren durch Schwierigkeiten im Umgang mit aggressiven Impulsen, die meist übermäßig kontrolliert werden und sich dann bei nichtigen Anlässen in heftigen Wutausbrüchen manifestieren.

20.2.10 Auslösende und aufrechterhaltende Bedingungen

Für die Auslösung oder Aufrechterhaltung einer Enkopresis können verschiedene Ursachen in Frage kommen. Neben ungünstigen Eltern-Kind-Beziehungen und verschiedensten Trennungserlebnissen, können unter anderem enterale Erkrankungen (z. B. eine länger andauernde Diarrhöe), die Geburt eines Geschwisters oder auch der Eintritt in den Kindergarten oder die Schule zu auslösenden Faktoren einer sekundären Form der Enkopresis werden. Zu berücksichtigen ist in diesem Zusammenhang auch eine möglicherweise vorliegende, *konstitutionelle Komponente* im Sinne einer leichteren Irritabilität des Ausscheidungstraktes oder einer angeborenen »Darmträgheit«. Zuletzt sei noch auf die pathogenen und symptombahnenden Effekte einer unangemessenen, d. h. zu frühen, repressiven oder zu inkonsequent durchgeführten *Sauberkeitserziehung* hingewiesen. Vor allem die Kinder, die aufgrund einer neurologischen Unreife eine leichte Verzögerung ihrer Gesamtentwicklung aufweisen, sind schnell von einer zu früh einsetzenden Reinlichkeitserziehung überfordert, die dann den Charakter eines das Selbst verletzenden, chronischen Übergriffs bekommt.

20.2.11 Therapie

Eine enge Zusammenarbeit zwischen Pädiatern und Psychiatern sowie die Diagnose und Behandlung von familialen Belastungsfaktoren erweisen sich bei der Betreuung von Patienten mit Enkopresis als grundsätzlich sinnvoll. Ein wichtiger erster Schritt in der Behandlung sind Informationen, die in der Regel eine entwicklungsgerechte Erklärung der Anatomie und Physiologie der *Defäkation* und den damit zusammenhängenden Störungen, sowie der wechselseitigen Kommunikation zwischen Darm und Gehirn umfasst. Die Prävalenz von Obstipation und Enkopresis und die damit verbundenen sozialen Probleme sowie Gefühle von Scham und Peinlichkeit sind anzusprechen. Weiter sollten Bereitschaft und Motivation des Patienten für Veränderungen sowie die Frustration und Sorge der Eltern erkundet werden. Das vorhandene Erfolgspotenzial des Kindes und seine intrapsychische Wahrnehmung der Kontrollmöglichkeit seiner Toilettenprobleme sind zu eruieren, eine aktive Bewältigungs- und Behandlungsstrategie zu fördern sowie Eltern- und Betreuer in ihrer Kompetenz und Unterstützung zu stärken. Eine optimale Behandlung von Obstipation und Enkopresis erfolgt aus einer umfassenden Evaluation aller physiologischen und psychologischen Faktoren, sowie der kindlichen und familialen Werte, Überzeugungen und Kultur. Oft erweisen sich etablierte konventionelle Behandlungsstrategien (z. B. Toilettentraining), verbunden mit vom Patienten und seiner Familie erstrebten ergänzenden alternativen Therapien, als günstig (Culbert & Banez, 2007). *Elternarbeit* ist stets ein unabdingbarer Bestandteil der Behandlung.

Eine diagnostisch differenzierte Erfassung der wichtigsten Faktoren, die zur Entstehung und Aufrechterhaltung der Symptomatik beitragen mögen, stellt einen unverzichtbaren Teil der Therapieplanung und -realisierung dar. Steht das Kind im Mittelpunkt heftiger Spannungen seiner Eltern, so empfiehlt es sich, zuerst mit diesen alleine zu sprechen, um dem Kind weitere Loyalitätskonflikte und Beschämungen zu ersparen. Das enkopretische Kind sieht oft keine andere Möglichkeit, als seinen Problemen und Sorgen mit Hilfe seines Körpers Ausdruck zu verleihen. Daher sollte nicht allein das Symptom, sondern vor allem das psychische Leiden des Kindes und seiner Familie im Mittelpunkt des diagnostischen und therapeutischen Vorgehens stehen.

Zur Behandlung der Enkopresis werden sehr unterschiedliche Verfahren der Psycho- und Somato-Therapie angewandt, doch scheint sich ein kombiniertes Vorgehen mehr und mehr durchzusetzen. Während zu Beginn des Jahrhunderts vor allem Suggestivmethoden zum Einsatz kamen, bilden nunmehr organmedizinische, verhaltenstherapeutische, tiefenpsychologische und familiendynamische Vorgehensweisen die Schwerpunkte der Enkopretiker- Therapie. Während ein rein symptomzentriertes Vorgehen eher selten zur Anwendung kommt (Stern et al., 1988), bevorzugen viele Therapeuten eine kombinierte Behandlungsstrategie.

Trotz der unterschiedlichen Vorgehensweisen besteht Einigkeit, dass – aufgrund der erheblichen somatischen Sekundärschäden – eine möglichst rasche Symptomheilung anzustreben ist. Leidet das Kind zusätzlich an einer Obstipation, so können physiotherapeutische Hilfen (wie z. B. Bauchmassagen), vermehrte Flüssigkeitszufuhr oder auch schlackenreiche Kost durchaus unterstützende Maßnahmen darstellen, um eine regelmäßige Entleerung zu ermöglichen. Allerdings sollten Vorgehensweisen, die für das Kind einen »Übergriffscharakter« haben könnten (z. B. Einläufe, digitales Ausräumen des Enddarms, etc.), nur höchst behutsam und einzig bei eindeutiger Indikationsstellung zum Einsatz kommen. Eine leicht verständliche Erklärung der Verdauungs- und Ausscheidungsvorgänge und der hierzu notwendigen Reifungsvoraussetzungen des Kindes hilft oft, das Symptom zu relativieren und schafft eine erste gemeinsame Arbeitsbasis. Zudem sollte mit den Eltern über ihre bislang angewandten Methoden der Reinlichkeitserziehung gesprochen und diese gemeinsam reflektiert werden.

Bei *verhaltenstherapeutischem Vorgehen* stehen vor allem sog. operante Methoden im Vordergrund. Mit Hilfe positiver und negativer Verstärkung und Extinktion (Fliegel, Groeger, Künzel, Schulte,1989) wird eine Veränderung derjenigen Faktoren angestrebt, die für das Weiterbestehen der Störung verantwortlich erscheinen (Krisch, 1985). Diese Vorgehensweisen sind meist in ausgearbeiteten Programmen eingebettet (z. B. Wright, 1975). Sie umfassen z. B. das Belohnen des Kindes bei Aufsuchen der Toilette und der normalen Stuhlentleerung, wie auch bei andauernder Symptomfreiheit. Das bei Beginn engmaschig angelegte Programm wird oft ambulant von den Eltern selbst durchgeführt, findet aber auch in der stationären Behandlung Anwendung (Strunk, 1989). Sobald sich die Stuhlentleerung normalisiert, werden die verhaltensmodifizierenden Maßnahmen langsam ausgeblendet. Dem Kind soll somit im Laufe der Behandlung ermöglicht werden, die Verantwortung über seine Ausscheidungsvorgänge immer weitergehend selbst zu übernehmen. *Biofeedbackprogramme* (Signal-Rückmeldung) wurden bislang vor allem bei Kindern mit analer Inkontinenz infolge von Missbildungen des Rektums oder bei Vorliegen von anderen organischen Ursachen angewendet. Ihr Einsatz scheint bei der funktionellen Enkopresis weniger erfolgversprechend zu sein (Enck, Kränzle, Schwiese, Lübke, Erckenbrecht, Wienbeck et al., 1988).

Psychoanalytisches Vorgehen zielt in der Einzelbehandlung nicht nur darauf ab, daß das Kind seine autoerotische Befriedigung aufgeben kann, sondern wirkt auf eine Beziehungsveränderung und auf einen anderen Umgang mit dem eigenen Körper hin. Das Symptom soll zunehmend als ein von ihm aktiv gestaltetes Geschehen mit individuell-spezifischen Bedeutungen wahrgenommen werden, sodass der Patient nach anderen Problemlösungen suchen kann (Bürgin & Rost, 1990).

Neben den klassischen Materialien der *Spieltherapie* (Keilbach, 1977) kommen in der Enkopretiker- Therapie den Werkstoffen Sand, Farbe, Ton und Knetmasse als Mediatoren wichtige Funktionen zu. Diese sollen, als Substitute für die Fäkalien, dem Kind das Symbolisieren und Sublimieren analerotischer Strebungen ermöglichen. Der direkte oder symbolische Umgang mit aggressiven Impulsen (z. B. in Wurf- und Wettkampfspielen) zielt darauf hin, diesen Ausdruck und Kanalisierung in sozial tolerierbare Bahnen zu erlauben.

Familienorientiertes Vorgehen geht davon aus, dass das Symptom auch Ausdruck innerfamiliärer Beziehungsstörungen sein kann. Die Zusammenarbeit mit den Bezugspersonen gestaltet sich, aufgrund des nicht unerheblichen Leidensdrucks, zu Beginn oft einfach, kann aber im Verlauf der Beziehungsarbeit innerhalb der Familie auf zunehmende Schwierigkeiten stoßen, vor allem wenn die Eltern lediglich eine rasche Symptomheilung verlangen (Strunk, 1989). Arbeitet ein Elternteil nicht mehr mit und sieht man sich nach kurzer Dauer gemeinsamer Arbeit nur noch dem »betroffeneren« Elternteil (meist der Mutter) gegenüber, so ist es von großer Bedeutung, den wegbleibenden Partner zu stützen und ihn zu weiterer Mitarbeit zu gewinnen. Eine *Familientherapie* ist bei entsprechenden Konfliktkonfigurationen der Familie indiziert. Bei ernsthaften familiären Auswirkungen auf die Symptomatik des Kindes, oder umgekehrt bei schwerwiegenden Konsequenzen des kindlichen Einkotens auf Familienmitglieder erweist sich eine Familientherapie als besonders günstig. Die Familie kann dank ihren Ressourcen die Behandlung eines enkopretischen Kindes maßgebend unterstützen (von Brisinski & Lüttger, 2007).

Das Symptom selbst wird vom Kind häufig nicht gerne aufgegeben, ermöglicht es ihm doch, neben dem selbstgeschaffenen Trost, auch mehr oder weniger bewusst einen erheblichen Machteinfluß auf die ganze Familie auszuüben. So scheinen die Eltern nicht selten unter einem größeren Leidensdruck als ihre Kinder zu stehen. Gelingt ein ambulanter Therapieversuch nicht oder erfordert eine anhaltend gestörte Beziehung zwischen Mutter und Vater oder zwischen Eltern und Kind eine emotionale Entlastung aller Beteiligten, so ist eine stationäre Behandlung angezeigt. Diese birgt, neben einem kurzfristig eventuell therapeutisch wirksamen Milieuwechsel, die Möglichkeit einer intensiven multidisziplinären Betreuung des Kindes und seiner Familie (Artner & Castell, 1981).

Im folgenden Beispiel wurden Einzelpsychotherapie, Elterngespräche und weitere stützende Hilfen in einem Gesamtbehandlungsplan kombiniert:

Fallbeispiel 10

Rolf ist ein durchschnittlich intelligenter, differenzierter und introspektionsfähiger Knabe von achteinhalb Jahren. Der zu Beginn der Behandlung noch eher kleinkindhaft anmutende Junge zeigte eine deutliche *Angst-*(Alpträume/Dunkelangst) *und Aggressionsproblematik.* Mit seinem etwas distanzlosen Verhalten und seiner motorischen Unruhe erinnerte er an ein hyperkinetisches Kind. Zur Vorstellung in der Sprechstunde kam es, da Rolf begonnen hatte, mit Freunden kleinere *Ladendiebstähle* zu begehen, und es zu vermehrten Spannungen mit dem leiblichen Vater gekommen war. Zu dieser Zeit *kotete* er bereits seit einem Jahr etwa drei Mal pro Monat ein. Daneben bestand ein eher seltenes, nächtliches Einnässen *(sekundäre Enuresis nocturna).* Eine Obstipation lag nicht vor. Rolf besuchte die zweite Klasse, wies aber, aufgrund einer leichten bis mittelschweren Legasthenie und verschiedener Teilleistungsschwächen zur Zeit der Untersuchung bereits einen leichten Lernrückstand auf. Ein spannungsreiches Verhältnis zur Lehrerin erschwerte die Schulsituation zusätzlich.

Die Schwangerschaft mit Rolf war ungeplant gewesen; daher standen die Eltern dem Kind eher ambivalent gegenüber. Aufgrund relativ bald einsetzender Spannungen *trennten sich die Eltern,* als Rolf ein Jahr alt war. In der Folge lebte er allein mit seiner Mutter drei Jahre lang zurückgezogen, wobei sie die Entwicklung ihres Sohnes ängstlich beobachtete. Im Alter von vier Jahren verbrachte Rolf, aufgrund einer Hospitalisation der Mutter, vier Monate in *verschiedenen Pflegestellen;* zu dieser Zeit litt er unter starken *Trennungsängsten.* Seit drei Jahren wohnten nun beide bei dem neuen Partner der Mutter. Auch diese Beziehung der Mutter war von Spannungen geprägt.

Sowohl der Kindsvater als auch der Stiefvater kümmerten sich nur wenig um Rolf. Dieser litt sehr unter dem mangelnden Kontakt zu seinem leiblichen Vater. Die Diebstähle seien für ihn »wie ein Ventil« gewesen, wenn der innere Druck zu groß geworden sei. Er habe große

Probleme gehabt, seine Gefühle zu zeigen. Nur sein Körper »wisse Bescheid«, womit er deutlich ausdrückte, dass die Enkopresis als ein mögliches Äquivalent für unausgesprochene Gefühle (Wut, Frustration) zu verstehen war.

Die eingeleitete *Behandlung* bestand aus einer psychoanalytisch orientierten Einzelpsychotherapie (eine Stunde pro Woche, während eines Jahres), parallellaufenden Elterngesprächen und einer Legasthenie-Therapie. In den Elterngesprächen wurden, neben den deutlich gewordenen Paarkonflikten, allgemeine Erziehungsfragen und vor allem der verstärkte Einbezug des Stiefvaters in die Erziehung thematisiert. Ein gemeinsames Gespräch mit dem leiblichen Vater half, die Besuchsregelung neu zu gestalten. Die Einzeltherapie war geprägt durch von Rolf initiierte Wettkampfspiele, in denen er sich oft wortkarg gab. Diese von ihm in einem geschützten Rahmen geschaffene Konkurrenzsituation erlaubte es ihm, sich am Gegenüber zu messen und sein kleinkindhaftes Verhalten hinter sich zu lassen. Sie half ihm, Frustrationen besser zu verarbeiten und seine aggressiven Impulse einer neuen Ausdrucksweise und bewusstseinsnäheren Verarbeitungsformen zuzuführen. Nachdem in der Anfangsphase die Besuchsregelung mit dem leiblichen Vater hatte geklärt werden können, entstand recht bald eine Entlastung des Jungen. Rolf gab das Einkoten, Einnässen und auch die Diebstähle auf und blieb, abgesehen von einem kurzfristigen Rückfall, symptomfrei. Ein positiv verlaufener Schulwechsel verbesserte die Gesamtsituation und unterstützte damit die Bewältigung der Entwicklungskrise. Die für Rolf nun überschaubarer und eindeutiger gewordenen Erziehungshaltungen der Erwachsenen und die Klärung der Beziehungsstrukturen erlaubten es ihm, bei Belastung nicht mehr in dem gezeigten Ausmaß regressiv-kleinkindhaft reagieren zu müssen, sondern sich vielmehr altersentsprechenden Problemlösungsmöglichkeiten, Aufgaben und Interessen zuwenden zu können.

20.2.12 Prognose

Die Enkopresis ist häufig ein langwieriges, zuweilen Jahre dauerndes, ernsthaftes Leiden; aber auch ohne Behandlung geht die Häufigkeit des Symptoms Einkoten in der Adoleszenz rapide zurück, was direkt aber nichts über die zugrundeliegende Störung aussagt.

So berichten Steinmüller und Steinhausen (1990) bei einer Katamnesedauer von 3,6 Jahren in 76 % der Fälle von einer vollständigen Remission und in 21 % von Verbesserungen der Gesamtentwicklung. Aber ein Drittel der Patienten wies bei der Kontrolluntersuchung neue Probleme auf. Weibliches Geschlecht, niederfrequentes Einkoten, höhere Intelligenz, das Fehlen einer Obstipation und eine geringe Ausprägung der Verhaltensauffälligkeiten erwiesen sich als prognostisch günstige Faktoren.

Die Katamnesestudie von Wille (1984) zeigte, daß ein Viertel der Kinder mit einer eher schwer ausgeprägten Symptomatik nach sieben Jahren noch immer an einer Exkretionsstörung (Enkopresis und/oder Enuresis) litt, ein Drittel eine Schulklasse wiederholen musste und 27 % in eine Sonderklasse eingewiesen worden waren. Bei 60 % waren aggressive und bei 61 % depressive Symptome neu aufgetreten.

Über 400 Patienten mit Obstipation wiesen nach einem Jahr in 40 % und nach 8 Jahren in 20 % weiterhin eine Obstipation auf. Der Verlauf war durch multiple Rückfälle gekennzeichnet. Jugendliche – über 16 Jahren – litten noch in 30 % an einer Obstipation (van Ginkel. Reitsma, Büller, van Wijk, Taminiau, Benninga, 2003).

Der Verlauf der Krankheit schließt somit zwar eine Normalisierung der Entwicklung ein, ist jedoch, vor allem bei einer frühzeitig ausgeformten Störung des Sozialverhaltens (Geissler, 1985) und einer stark ausgeprägten Gesamtsymptomatik, oftmals ungünstig. Die weitere Entwicklung kann z. B. zu einer Verstärkung einer Tendenz zu einem »passage à l'acte« führen (Bürgin & Rost, 1990), mit Entwicklung entweder *pervertierender Mechanismen* oder direktem, *antisozialem Verhalten*.

21 Tic-Störungen und Tourette-Syndrom

21.1 Tic-Störungen

21.1.1 Einführung

Es handelt sich bei den Tics, die bei Tic-Störungen und beim Tourette-Syndrom vorkommen, um *plötzliche, schnelle, wiederkehrende, nicht rhythmische, unwillkürliche Bewegungen oder vokale/phonetische Äußerungen* (wenn Muskeln im Hals-Nasen-Rachenbereich betroffen sind), die oft nach einem vorausgehenden Drang auftreten und vorübergehend unterdrückbar sind.[76] Jüngere, d. h. unter zehn Jahre alte Kinder berichten meist nicht über einen Drang, entweder weil sie keinen Drang empfinden oder weil sie ihn nicht beschreiben können.

Es werden *einfache motorische Tics* (Augenblinzeln, Augenzwinkern, Gesichtsgrimassen, Mundöffnen, Augenrollen, Stirnrunzeln, Kopfschütteln, Kopfnicken, Schulterzucken, Zwerchfell-Tics, Bauch-Tics, Rumpf-Tics, Beinzucken) von *komplexen motorischen Tics* (Hüpfen, Treten, Springen, Stampfen, Klopfen, Kreisen, Kratzen, Beißen, Schlagen, Echopraxie, Kopropraxie) unterschieden, sowie *einfache vokale Tics* (Räuspern, Hüsteln, Schnäuzen, Spucken, Grunzen, Bellen, übermäßig laute in- und exspiratorische Atemgeräusche) von *komplexen vokalen Tics* (Schreien, Summen, Pfeifen, Palilalie, Echolalie, Koprolalie) (Fegert, Eggers, Resch, 2012).

21.1.2 Diagnostische Kriterien DSM-5: F95.1[77]

> **Persistierende (chronische) motorische oder vokale Tic-Störung (F95.1)**
>
> **Beachte:** Tics sind plötzliche, schnelle, sich wiederholende, unrhythmische motorische Bewegungen oder Lautäußerungen.
>
> A. Einzelne oder multiple, entweder motorische oder vokale Tics treten im Verlauf der Krankheit auf, jedoch nicht sowohl motorische als auch vokale Tics.
> B. Die Tics können in ihrer Häufigkeit zu- und abnehmen, sie bestehen jedoch seit Beginn des ersten Tics seit mehr als einem Jahr fort.
> C. Der Beginn liegt vor dem Alter von 18 Jahren.

---

76 Tourette Syndrom und andere Tic-Störungen im DSM-5 (Roessner, Ludolph, Müller-Vahl, Nuener, Rothenberger, Woitecki et al., 2014).
77 Auszug aus dem DSM-5, 2015, S. 108–109; Abdruck erfolgt mit Genehmigung vom Hogrefe Verlag Göttingen aus dem Diagnostic and Statistical Manual of Mental Disorders, Fifth Edition, © 2013 American Psychiatric Association, dt. Version © 2015 und 2018 Hogrefe Verlag.

D. Die Störung ist nicht Folge der physiologischen Wirkung einer Substanz (z. B. Kokain) oder eines anderen medizinischen Krankheitsfaktors (z. B. Huntington Erkrankung, postvirale Enzephalitis).
E. Die Kriterien der Tourette-Störung waren zu keinem Zeitpunkt erfüllt.

Bestimme, ob:
Ausschließlich mit motorischen Tics
Ausschließlich mit vokalen Tics
Vorläufige Tic-Störung (F95.0)

A. Einzelne oder multiple motorische und/oder vokale Tics.
B. Die Tics treten seit Beginn des ersten Tics kürzer als ein Jahr auf.
C. Der Beginn liegt vor dem Alter von 18 Jahren.
D. Die Störung ist nicht Folge der physiologischen Wirkung einer Substanz (z. B. Kokain) oder eines anderen medizinischen Krankheitsfaktors (z. B. Huntington-Erkrankung, postvirale Enzephalitis).
E. Die Kriterien der Tourette-Störung oder der persistierenden (chronischen) motorischen oder vokalen Tic-Störung waren zu keinem Zeitpunkt erfüllt.

Tics sind *plötzliche, schnelle, sich wiederholende, unrhythmische motorische Bewegungen oder Lautäußerungen.* Ein Betroffener kann verschiedene Tic-Symptome im zeitlichen Verlauf aufweisen, jedoch wiederholt sich das Tic-Repertoire immer wieder in einer charakteristischen Art und Weise. Auch wenn Tics nahezu alle Muskelgruppen oder Vokalisationen einschließen können, sind bestimmte Tic-Symptome wie Augenblinzeln oder Räuspern häufig in Patientenpopulationen verbreitet. Generell werden Tics als *unwillkürlich* erlebt, sie können jedoch willentlich über verschieden lange Zeiträume *unterdrückt* werden.

Die Diagnosen für jede Tic-Störung basieren auf dem Beschwerdebild motorischer und/oder vokaler Tics (Kriterium A), der Dauer der Tic-Symptome (Kriterium B), dem Alter zu Beginn (Kriterium C) und dem Nichtvorhandensein jeglicher bekannten Ursachen, wie beispielsweise anderer medizinischer Krankheitsfaktoren oder Substanzgebrauch (Kriterium D). Die Tic-Störungen sind hierarchisch angeordnet (d. h. Tourette-Störung, gefolgt von der persistierenden motorischen oder vokalen Tic-Störung, gefolgt von der vorläufigen Tic-Störung, gefolgt von der anderen, näher- oder nicht näher bezeichneten Tic-Störung).

Tics können entweder einfach oder komplex sein. Einfache motorische Tics sind von kurzer Dauer (d. h. Millisekunden), können Augenblinzeln, Schulterzucken und Ausstrecken der Gliedmaßen umfassen. Einfache vokale Tics umfassen Räuspern, Schnüffeln und Grunzen, häufig verursacht durch eine Anspannung des Zwerchfells oder der Muskeln des Mund-Rachen-Raums. Komplexe motorische Tics sind von längerer Dauer (d. h. Sekunden) und umfassen häufig eine Kombination von einfachen Tics, wie beispielsweise gleichzeitiges Kopfdrehen und Schulterzucken. Komplexe Tics können absichtsvoll erscheinen, wie beispielsweise eine ticartige, sexuelle oder obszöne Geste (Kopropraxie) oder eine ticartige Nachahmung der Bewegung einer anderen Person (Echopraxie). In ähnlicher Weise umfassen komplexe vokale Tics Wiederholungen der eigenen Geräusche oder Worte (Palilalie), Wiederholungen des zuletzt gehörten Wortes oder Satzes (Echolalie) oder Äußerungen von gesellschaftlich inakzeptablen Wörtern, einschließlich Obszönitäten oder ethnischer, rassistischer oder religiöser Beleidigungen (Koprolalie). Wichtig ist hierbei, dass die Koprolalie ein plötzliches, jähes Herausbellen oder eine plötzliche grunzende Äußerung ist, der die Prosodie einer ähnlichen unangemessenen Äußerung fehlt, wie sie in menschlichen Interaktionen beobachtet werden kann.

21.1.3 Epidemiologie und Prävalenz

Motorische und vokale Tics werden fast weltweit und in allen Kulturen beschrieben. Männliche Kinder und Jugendliche sind im Vergleich zu weiblichen in einem Verhältnis von vier zu eins betroffen. Prävalenzdaten unterscheiden sich bezüglich der studierten Bevölkerung, des Alters und des Geschlechts der Patienten. Einfache und vorläufige Tics betreffen vermutlich drei bis zwanzig Prozent der Schulkinder. Die sehr hohe Prävalenz von vorläufigen Tics veranschaulicht wahrscheinlich ein allgemeines Merkmal der normalen Gehirnentwicklung. Ein bis zwei Prozent der Kinder und Jugendlichen sind von Tourette-Syndrom (TS) und/oder persistierender Tic-Symptomatik betroffen, die zu signifikanten psychosozialen Beeinträchtigungen führen (Gloor & Walitza, 2016).

21.1.4 Pathophysiologische Aspekte

Die positiven Effekte der Neuroleptika wie auch bildgebende Studien und postmortem Analysen unterstützen eine *dopaminerge Dysfunktion* als zentraler und primär ätiologischer Faktor der Genese von Tic-Störungen und Tourette-Syndrom. Komplexe neurobiologische und genetische Mechanismen, pränatale und perinatale Infektionen sowie Umweltfaktoren interagieren miteinander. Genetische Ergebnisse weisen auf verschiedene Marker und Gene hin, die an der Entwicklung von Tic-Störungen und Tourette-Syndrom beteiligt sein können. Bei den Tic-Störungen handelt es sich um sehr komplexe, heterogene Phänotypen mit vielen Überlappungen mit anderen psychischen Störungen, weswegen große Geneffekte unwahrscheinlich sind. Zu den epigenetischen Faktoren und den Umwelteinflüssen gehören prä-, peri-, und postnatal schädliche Ereignisse, Infektionen und psychosoziale Beiträge, welche die klinische Manifestation und Modulation von Tics sowie die Entwicklung verwandter Symptome beeinflussen. Pränatale Tabak Exposition scheint eine Veränderung der Hirnentwicklung zur Folge zu haben (Browne, Modabbernia, Buxbaum, Hansen, Schendel, Parner et al., 2016). Infektionsbasierte Ursachen von Tics und Zwangsstörungen[78] (beschrieben als PANDAS und PANS[79]) werden im Allgemeinen nur bei wenigen Patienten beobachtet. Tics, welche durch Autoimmunvorgänge zustande kommen, bilden jedoch ein geeignetes Modell, um die Kaskade pathologischer Mechanismen bei den verschiedenen ätiologischen Faktoren zu verstehen (Gloor & Walitza, 2016). Das Tourette-Syndrom wird als eine Erscheinung psychopathologischer Art von Entwicklungsvorgängen mit unterschiedlicher Krankheitsausprägung betrachtet.

21.1.5 Komorbidität und psychopathologische Probleme

Tics und Tourette-Syndrom sind *häufig mit anderen neuropsychiatrischen Symptomen assoziiert*, am häufigsten (d. h. in 60 %) mit Aufmerksamkeitsdefizit/Hyperaktivitätsstö-

---

78 Englisch: Obsessive-Compulsive Disorder (OCD)
79 Sog. pädiatrische autoimmun-neuropsychiatrische Störungen im Zusammenhang mit einer Streptokokken Infektion, ein Thema, das sehr umstritten diskutiert wird.

rungen (ADHS), gefolgt von Zwangsstörungen (in 30 %), aber auch mit Autismus-Spektrum-Erkrankungen. Weiter treten häufig oppositionelles und aggressives Verhalten, geringe Frustrationstoleranz, Depressionen, Angst- und Schlafstörungen (schwache Tics sind in allen Schlafstadien vorhanden) sowie Lernprobleme bei Kindern und Jugendliche mit Tics und Tourette-Syndrom auf. Nur 10 % der Patienten leiden allein an Tics.

Umweltfaktoren tragen nicht nur zu Gen-Umwelt-Interaktion bei, sondern beeinflussen auch die Schwere und den Verlauf der Störungen (Gloor& Walitza, 2016). Verlauf, Erscheinung und Ausprägung von Tics sind variabel und fluktuierend, manifestieren sich auch als körperliche Schmerzen oder Verletzungen und sind oft mit andauernden sozialen und emotionalen Problemen (infolge von Hänseleien, sozialer Isolation, Ermahnungen, Ablehnungs- und Kontrollverlustgefühlen) verbunden (Roessner, Schoenefeld, Buse, 2012).

Die mit *Tics verbundenen Zwangsstörungen* bei Kindern und Jugendlichen unterscheiden sich – in Bezug auf Alter, Familiengeschichte der Tics, Schweregrad der Beeinträchtigung durch die Zwangsstörung – nicht von Zwangsstörungen ohne Tics. Tics bei einer entsprechenden Stichprobe wurden in 53 % gefunden (Conelea, Walther, Freeman, Garcia, Sapyta, Khanna et al., 2014a).

Die in der Kindheit und Adoleszenz zunehmenden Tic-Symptome und der Stillstand der Zunahme im frühen Erwachsenenalter unterscheiden sich von vielen anderen psychischen Störungen, welche oft in der Kindheit beginnen, sich danach intensivieren und/oder im Erwachsenenalter persistieren. Es kann daher davon ausgegangen werden, dass es sich bei Tic-Störungen und Tourette-Syndrom nicht um neurodegenerative Störungen handelt, sondern eher um *Entwicklungs- und Reifungsstörungen des noch unreifen Gehirns* oder um sich noch in Entwicklung befindende Gehirnschaltungen. Es ist ferner möglich, dass die mit Tics verbundene »motorische Beeinträchtigung« durch ungenügende Hemmung und unzureichende Funktionalität innerhalb der Basalganglien und den verschiedenen Strukturen der kortiko-striato-thalamo-kortikalen Regelkreise bedingt ist (Gloor & Walitza, 2016). Jüngste Fortschritte in der Neurobiologie und den bildgebenden Verfahren sowie Ergebnisse genetischer und klinischer Forschung unterstützen die Annahme einer *Dysfunktion innerhalb der kortiko-striato-thalamo-kortikalen Schaltungen*. Zusätzlich zur dysfunktionalen dopaminergischen Neurotransmission scheinen *Dysfunktionen in anderen Neurotransmittersystemen* – wie GABA-erge oder histaminerge Transmissionen – mit einer Tic-Genese assoziiert zu sein (Gloor & Walitza, 2016).

21.2 Tourette-Syndrom[80]

Tourette-Syndrom (TS) ist eine neuropsychiatrische Erkrankung, die durch *vokale und motorische Tics* gekennzeichnet ist und mit Dysfunktionen der kortiko-striato-thalamo-kortikalen Schaltkreise und einer Übererregbarkeit der kortikalen, limbischen und motorischen Regionen, welche für das Auftreten von Tics verantwortlich sind, assoziiert ist. Die Diagnose eines Tourette-Syndroms wird gestellt, wenn über eine gewisse Zeitspanne multiple motorische und vokale Tics präsent sind, die Krankheit über ein Jahr andauert

---

80 Georges Gilles de la Tourette (1857–1904), französischer Neurologe, beschrieb 1884 zum ersten Mal die Symptome, die er »maladie des tics« nannte.

und vor dem 18. Lebensjahr begonnen hat; sekundäre Tics infolge einer anderen neurologischen Erkrankung müssen ausgeschlossen werden (Hallett, 2015).

21.2.1 Diagnostische Kriterien DSM-5: F95.2[81]

Beachte: Tics sind plötzliche, schnelle, sich wiederholende, unrhythmische motorische Bewegungen oder Lautäußerungen.

A. Multiple motorische Tics sowie mindestens ein vokaler Tic treten im Verlauf der Störung auf, jedoch nicht unbedingt gleichzeitig.
B. Die Tics können in ihrer Häufigkeit zu- oder abnehmen, sie bestehen jedoch seit Beginn des ersten Tics seit mehr als einem Jahr fort.
C. Der Beginn liegt vor dem Alter von 18 Jahren.
D. Die Störung ist nicht Folge der physiologischen Wirkung einer Substanz (z. B. Kokain) oder eines anderen medizinischen Krankheitsfaktors (z. B. Huntington-Erkrankung, postvirale Enzephalitis).

Prämonitorische sensorische Phänomene (PSP) sind von beträchtlicher theoretischer und klinischer Bedeutung für das Verständnis und bei der Behandlung von Tourette-Syndrom und Tic-Störungen. Welche genaue Rolle sie beim Auftreten von Tics spielen ist umstritten. Sie werden von Betroffenen als unangenehme, kognitive oder körperliche Empfindungen beschrieben, die der Ausführung eines Tics vorausgehen und als starkes Bedürfnis nach motorischer Entladung erlebt werden. PSP sind von klinischer Bedeutung, da sie die Kernkomponente bei vielen Verhaltenstherapien, die derzeit in der Behandlung von Tic-Störungen angewandt werden, darstellen. Die Behandlung von Tic-Störungen beruht weitgehend auf der Fähigkeit eines Patienten, die sensorischen Phänomene wahrzunehmen und zu benutzen, um Tics kontrollieren zu können (Draper, Jackson, Morgan, Jackson, 2016).

In einer Stichprobe von Kindern und Jugendlichen mit TS wurde eine Ganzhirnanalyse der kortikalen (grauen Substanz) Breite untersucht, um das Verhältnis zwischen dem Ausmaß der grauen Substanz und den PSP zu bestimmen. Die Resultate zeigten, dass der prämonitorische Drang beim TS umgekehrt proportional zur Breite der grauen Substanz im sensomotorischen und insularen Cortex ist. Die kortikale Breite im sensomotorischen Cortex, in der Insula und im vorderen cingulären Cortex ist bei TS-Patienten signifikant reduziert im Vergleich zu einer entsprechenden Alters- und Geschlechtsgruppe junger Erwachsener. Ebenso korrelierten die PSP signifikant mit dem phonischen und motorischen Schweregrad der Tics (Draper et al., 2016).

Das Tourette-Syndrom ist eine komplexe Erkrankung, die sowohl motorische als auch nicht motorische, d. h. sensorische und psychosoziale Komponenten umfasst (Ruhrman, Gev, Benaroya-Milshtein, Fennig, Krispin, Apter et al., 2017). Die Hauptcharakteristiken von Tic-Störungen sind stereotype motorische Bewegungen und Vokalisationen. Diese können jedoch von nicht-motorischen Merkmalen begleitet werden, die während des Verlaufs der Störung auftreten und manchmal mehr beeinträchtigend wirken können als die Tics selbst. Dazu gehören unter anderen der prämonitorische Drang sowie der interne Kampf, Tics zu kontrollieren.

Der prämonitorische Drang entspricht einer inneren körperlichen Empfindung, die als

---

[81] Auszug aus dem DSM-5, 2015, S. 108; Abdruck erfolgt mit Genehmigung vom Hogrefe Verlag Göttingen aus dem Diagnostic and Statistical Manual of Mental Disorders, Fifth Edition, © 2013 American Psychiatric Association, dt. Version © 2015 und 2018 Hogrefe Verlag.

Antrieb für eine Bewegung oder einen vokalen Ausdruck erlebt wird. Genauer gesagt, handelt es sich um einen Impuls zur Auslösung von Tics. Der Drang wird als Juckreiz, Brennen, eine Energie, die freigesetzt werden muss, eine Notwendigkeit, eine Spannung zu entladen und als ein mentaler Wille beschrieben. In einer durch Hilfe von Drang-Akzeptanz-Verfahren gekennzeichneten Situation können Kinder nicht nur besser mit den prämonitorischen Drangtendenzen fertig werden, sondern auch die Frequenz der Tics reduzieren. Die Beziehung zwischen Drang und Tic-Ausdruck ist jedoch weder linear noch einheitlich, weswegen beide Komponenten des prämonitorischen Drang-Tic-Komplexes angesprochen werden müssen, um Kindern zu helfen, die für sie geeignetste Art und Weise der Bewältigung zu finden.

Bei der sogenannten *sensorischen Modulations- oder Integrationsstörung*[82] handelt es sich um eine Beeinträchtigung der Steuerung von sensorischen Impulsen (Regulierung des Grades, der Intensität und der Art der Reaktion). Diese Über- oder Unterempfindlichkeit hat nachteilige Auswirkungen auf Aktivitäten und Routinen des täglichen Lebens. Die Prävalenz der sensorischen Integrationsstörung bei Kindern mit Tourette-Syndrom (34,7 %) ist deutlich höher als bei gesunden Kindern (<5 %), was darauf hindeutet, dass sie eine Komorbidität des Tourette-Syndroms darstellt. Sie beeinflusst die Reaktion auf prämonitorische Dränge. Kinder und Jugendliche mit Tourette-Syndrom und sensorischer Integrationsstörung weisen ebenfalls eine hohe Rate von Komorbiditäten auf (z. B. Zwangsstörungen, Depressionen, Aufmerksamkeitsdefizit und Hyperaktivitätsstörung [ADHS]), die ihre Lebensqualität wesentlich zu beeinträchtigen vermögen. So neigen Kinder mit Tourette-Syndrom zu aggressivem Verhalten mit plötzlichen Wutausbrüchen, während Jugendliche überdurchschnittlich häufig selbstverletzendes Verhalten zeigen.

Ticbezogene Überzeugungen und Glaubensinhalte der Patienten über ihre Krankheit oder ihre somatischen Symptome spielen eine wichtige Rolle bei der Auswirkung ihrer Krankheit auf ihr Leben. Kinder mit der Überzeugung, Kontrolle über ihren Zustand zu haben – mit einer gleich schweren Symptomatik wie Kinder ohne diesen Glauben – wiesen niedrigere Depressionswerte und eine bessere Lebensqualität auf. Zusätzlich korrelierten die Depressionswerte bei über 13-jährigen Kindern mit negativen Überzeugungen, die Tics unterdrücken zu können. Die fehlende Kontrolle über Tics akzentuiert negative Gefühle und vermindert die Lebensqualität. Ticbezogene Überzeugungen korrelierten sowohl mit prämonitorischen Drängen als auch mit ticbezogenen Beeinträchtigungen (Steinberg, Harush, Barnea, Dar, Piacentinid, Woods et al., 2013).

21.3 Umweltfaktoren

Die Häufigkeit von Tics kann durch Umwelt- und psychologische Faktoren wie psychosozialen Stress verschärft oder abgeschwächt werden. In einer Vielzahl von Situationen wie

---

82 Ayres (1998) bezeichnet die sensorische Integrationsstörung als ein Nicht-Richtig-Verarbeiten-Können von Sinneseindrücken im Gehirn und nicht als Schädigung desselben. »...die ungenügende Leistung des Gehirns (betrifft) besonders die Sinnesorgane ...« (S. 87)

z. B. bei Langeweile, Passivitätszuständen, sozialen Zusammenkünften, der Konzentration auf eine Aufgabe, dem Fernsehen oder bei Sportaktivitäten finden Veränderungen der Tic-Frequenzen statt. Äußere Umstände wie soziale Aufmerksamkeit (Hänseln, Trösten, Erlassen von anspruchsvollen Aufgaben) oder innere (subjektive Gefühle von Scham oder Schuld, sowie von Erleichterung eines prämonitorischen Dranges nach dem Tic) können die Tic-Erscheinungen beeinflussen. Trotz ihrer biologischen Genese können Tics somit durch Umweltereignisse verschlechtert, verbessert oder aufrechterhalten werden (Gloor & Walitza, 2016).

Die Tic-Häufigkeit wurde in einer Studie unter fünf Umweltsituationen bewertet: Fernsehen; Hausaufgaben machen; Alleinsein; Erhalten von Aufmerksamkeit bei Tics und ein Gespräch mit einer fremden Person. Zwei Untersuchungen wurden angewendet: ein strukturiertes Interview, in dem die Kinder aufgefordert wurden, den Grad der Tics in der jeweiligen Situation zu beschreiben und eine objektive Messung, die anhand einer Videoaufnahme die Reaktion des Kindes in jeder Situation erfasste. Die Ergebnisse zeigten unterschiedliche Wirkungen auf die Tic-Häufigkeit in den verschiedenen Umweltsituationen. Die objektive Messung ergab die höchste Zahl von Tics in der Fernsehsituation und die niedrigste in der Situation des Alleinseins. Hoch stimulierende Umfeldbedingungen scheinen die motorische Hemmung zu stören und dadurch die Frequenz der Tics zu steigern. Je höher der Stimulationspegel, desto größer die Anzahl der Tics (Ruhrman et al., 2017).

Eltern von Kindern mit Tourette-Syndrom sind meist mit der Schwierigkeit konfrontiert, ihrem Kind in seiner emotionalen Dysregulation als »Container« zu dienen, um ihm zu helfen, eine bessere emotionale Steuerungsfähigkeit zu erlangen, welche sich auf sein Selbstwertgefühl auswirkt. Eine Zunahme des mütterlichen Stresses, gemessen an der Wahrnehmung der Mutter ihres Kindes als »schwierig«, war mit einer erhöhten Intensität des Tic-Ausdrucks beim Kind verbunden.

21.4 Stress und Tic-Störungen

Stress wird in der Literatur als die häufigste kontextuelle Variable in Tic-Exazerbationen beschrieben. Die Beziehung zwischen Stress und Tics scheint jedoch nicht so eindeutig zu sein, wie eine Untersuchung zeigte: Kinder mit Tic- und Angststörungen absolvierten zwei stressinduzierende Aufgaben: eine Diskussion über Familienkonflikte und eine öffentliche Rede. Die Tic-Frequenzen änderten sich nicht und nahmen sogar während einer akuten Stressperiode (z. B. bei der Aufgabe, öffentlich zu sprechen) ab (Conelea, Ramanujam, Walther, Freeman, Garcia, 2014b). Kontextuelle Faktoren[83] wie stressvolle, frustrierende oder angstvolle Ereignisse sind mit Tic-Exazerbationen verbunden. Stress, Frustration und Angst entsprechen jedoch emotionalen Zuständen, die durch verschiedenste Umstände hervorgerufen werden können, weswegen es wichtig ist, die kontextuellen Faktoren, welche diese emotionalen Reaktionen hervorrufen, zu identifizieren und zu untersuchen. Stressinduzierende Ereignisse können die motorische Cortex-Erregbarkeit erhöhen und

---

83 Für eine detaillierte Übersicht siehe Conelea & Woods, 2008.

dadurch die Steuerung der Motorik hemmen, was die Unterdrückung von Tics erschwert. Andere kontextbezogene Ereignisse – die häufig mit Tic-Exazerbation verbunden sind – umfassen Müdigkeit, soziale Ereignisse und Schulbeginn. Eine Reduktion der Tic-Häufigkeit zeigt sich bei sozialen Interaktionen mit vertrauten Personen, in Situationen, in welchen Kinder/Jugendliche passive Teilnehmer sind oder auch bei Freizeitaktivitäten (Conelea & Woods, 2008).

Stress kann also zu einer situationsbezogenen Abnahme der Tic-Frequenz führen. In einer weiteren Studie (Buse, Enghardt, Kirschbaum, Ehrlich, Roessner, 2016) mit Kindern und Jugendlichen erhielten die Patienten die Anweisung, Tics zu unterdrücken oder »frei zu ticken«. In der Stresssituation zeigten physiologische Messungen erhöhte Speichel-Cortisol-Werte, eine größere Anzahl von Hautleitfähigkeitsreaktionen und eine erhöhte Herzfrequenz. In einer Entspannungs- und Konzentrationssituation hatte die Anweisung, Tics zu unterdrücken, eine klare Wirkung: die Frequenz der Tics nahm deutlich ab. Während der Stresssituation zeigte dieselbe Anweisung hingegen gar keinen Effekt.

21.5 Psychodynamik[84]

Historisch sind folgende psychoanalytische Autoren zu erwähnen, die sich mit dem Tic als Ausdruck neurotischer Erkrankungen befasst haben. Für Federn (1923) handelte es sich beim Tic um ein psychogenes Leiden, das durch einen psychischen Konflikt verursacht wird. Er dient verschiedenen Tendenzen, kann verdrängte Begierden, autoerotische Regungen darstellen, ein Erinnerungsbild, Vorwurf, Stimme des Gewissens sein, aber auch den Wunsch nach Wiederholung (Wiederholungszwang) ausdrücken. Bewusstseinsunfähige, verbotene Gedanken mögen motorisch als Tics Ausdruck finden. Abraham (1921) charakterisierte den Tic als »ein Konversionssymptom auf der sadistisch-analen Stufe«. Er widersprach der Ansicht Ferenczis (1921), dass eine Unterdrückung Angst auslöse. Der Letzte hatte den Tic »als lokalisierte motorische Abwehr« in die Nähe der »generalisierten Katatonie« gerückt. Die Auslösung eines Tics wurde mit frühkindlichen traumatischen Erfahrungen und mit der Angst vor körperlichen Verletzungen verknüpft. Ärztliche Eingriffe – vor allem am Genitale – wurden als Ausdruck von Kastrationsängsten und phantasierten Onanie-Verboten (Klein 1925) verstanden. Von Ferenczi (1921) wurde der Tic als Onanie Äquivalent betrachtet. Auch Aarons (1958) beschrieb Patienten, bei denen der unbewusste Konflikt um die Masturbation auf Tics verschoben wurde, – eine Verschiebung von einem Organ zum andern, aber auch vom Unbewussten zum Bewussten. Der Tic wurde von Alexander (1943) als symbolischer Ersatz für einen unerträglichen Affekt betrachtet, eine Art körperliche Abreaktion oder ein Äquivalent einer unbewussten emotionalen Spannung und gleichzeitig als ein Versuch sich davon zu befreien. Mahler (1949) beschrieb die psychoanalytische Behandlung einer Reihe von Kindern mit Tic-Störungen und sah den Tic als symbolischen Ausdruck eines Konfliktes in der Körpersprache an. Sie definierte ein Kontinuum der Tic-

---

84 Wir danken Herrn Prof. Dr. med. Kai von Klitzing für seine Mitarbeit an großen Teilen einer früheren Fassung der Kapitel 21.5 und 21.6 sowie der darin dargestellten Fallbeispiele, erschienen in Bürgin (1993).

Erkrankungen, vom Tic als Ausdruck eines umschriebenen Konfliktes über den Tic als Ausdruck einer Neurose oder einer Psychose bis hin zum Tic-Syndrom als »echter psychosomatischer Organneurose«. Gerard (1946) verstand Tics als Folgen einer traumatischen Erfahrung. Sie wies aber darauf hin, dass die Kinder meist schon vor dem Trauma aggressionsgehemmt waren.

Überlegungen zu *familiendynamischen Aspekten* von Tic-Störungen ergaben, dass Kinder, die einer strafenden und restriktiven familialen Umgebung ausgesetzt gewesen waren und die in einem zwanghaften Familienmilieu lebten, in welchem ein Wechsel von starrer zu fehlender Impulskontrolle und umgekehrt vorherrschte, bei vorhandener Disposition einem vermehrten Risiko von Tic-Erkrankungen unterlagen (Lucas, 1987).

Kinder sollten ihren Körper und ihre Psyche als etwas wie selbstverständlich Funktionierendes wahrnehmen können. Für die Betroffenen eines Tourette Syndroms ist dies nicht der Fall. Ihre Gefühle, Gedanken und Handlungen gehören zu ihnen und sind ihnen gleichzeitig auch fremd. Sie können sich gefangen und verfolgt fühlen, da ihr Selbst wie »unter Belagerung« von inneren Kräften steht, die aber von außerhalb der eigenen Autonomiesphäre her wirken. Die chronische Erkrankung kann mit Verwirrung, Bestürzung und großer Verunsicherung im Empfinden, Wahrnehmen, Denken und Tun des Kindes/Jugendlichen einhergehen. Die Unvorhersehbarkeit des Krankheitsverlaufs ist deshalb oft mit Angst und Schrecken verbunden. Eine langandauernde Störung erodiert das Selbstwertgefühl und hemmt das Kind in seiner Autonomieentwicklung. Zusätzlich können die Beobachtung des intrapsychischen Empfindens und Erlebens, die aufmerksame Beschäftigung mit seinem Körper sowie seine Selbstreflexion zu einer schweren Belastung und einer narzisstischen Überbesetzung Anlass geben (Cohen, 2006).

Die Einbrüche von Gefühlen, Gedanken und Handlungen – die normalerweise unterhalb der Wahrnehmungsschwelle liegen oder die einen Handlungsbedarf signalisieren – ins Bewusstsein und ins Verhalten, führen bei von Tourette betroffenen Kindern und Jugendlichen zu unliebsamen Gefühlen in verschiedenen Körperbereichen, von denen sie sich nur durch eine plötzliche Bewegung, nämlich durch Tics, befreien können (Leckman, Walker, Cohen, 1993). Das Erleben von sich aufdrängenden und eindringenden Tics (bis zu hundert Mal pro Tag) und der damit verbundene Zusammenbruch von Mechanismen, die sonst unbewusste Phantasmen aus dem Bewusstsein fernhalten und nun heftige Äußerungen von Wut und sexuellen Impulsen aufkommen lassen, stellt eine kontinuierliche Belastungssituation dar. Die Schranken zwischen Vorbewusstem und Bewusstem, wie auch zwischen Wahrnehmung und Handlung, sind geschwächt, so dass die innerpsychischen Strukturen eines konstanten Wiederaufbaus bedürfen.

Bei der *Koprolalie* von Kindern/Jugendlichen mit Tourette Syndrom handelt es sich nicht einfach um die plötzliche Äußerung von sinnlosen Tönen oder irrelevanter Profanität; Koprolalie ist meist situations- und kulturspezifisch. Zwänge und Koprolalie können eng mit Phantasmen sexueller oder aggressiver Art verbunden sein, die normalerweise nur in Träumen zum Ausdruck kommen oder – in akzeptableren Formen – sublimiert werden. Im therapeutischen Prozess lassen sich diese Symptome im jeweiligen Kontext verstehen, und das Kind/der Jugendliche gewinnt sich selbst gegenüber eine empathischere Haltung (Cohen, 1991).

Auf der individuellen Ebene können Tic-Symptome als ein Versuch des geschwächten Ich verstanden werden, unliebsame oder ängstigende Impulse in eine motorische Schablone einzubinden. Die Ursachen der Ich-Schwäche können vielfältiger Art sein und von einer entwicklungsbedingten Unreife bis zu einer verfestigten Ich-Störung[85] reichen.

---

[85] Anhaltender Ausfall von Ich-Funktionen

Für ein psychodynamisches Verständnis einer bei einem Kind oder Jugendlichen auftretenden Tic-Symptomatik ist es also erforderlich, die Entwicklungssituation und die zugrundeliegenden, meist unbewussten Konflikte zu erfassen, die zu den ängstigenden und nicht bewusstseinsfähigen Impulsen führen.

Zum Zeitpunkt der erstmals auftretenden Tic-Symptome, also im Zeitraum zwischen ca. vier und sechs Jahren, ist das noch unreife kindliche Ich mit einer Fülle von sexuellen und aggressiven Impulsen konfrontiert, die meistens im Rahmen ödipaler Konflikte aufkommen. Mahler (1949) charakterisiert die *Muskulatur als das legitime Entladungsorgan einer Überschussspannung* zu einem Zeitpunkt, in welchem die Sphinkter-Kontrolle etabliert, aber noch keine vollständige Ich-Kontrolle der Bewegung erreicht ist. Es ist also durchaus typisch, dass in diesem Alter Impulse ins Motorische abgeführt werden. Eine *Automatisierung* solcher motorischen Entladungen in Form von Tics hat für das Ich den Vorteil, dass es die Impulse zulassen kann, ohne mit einem strengen Über-Ich oder einer eingrenzenden und strafenden Umwelt in Konflikt zu kommen. Tic-Symptome im Kleinkindalter sind meist relativ unspezifisch, d. h. der ursprüngliche Impuls ist im Tic kaum mehr deutlich erkennbar. In diesem Alter sind Tic-Erscheinungen bei Kindern ein durchaus häufiges Phänomen. Sie sind meist passagerer Art.

Zu einem Symptom von *Krankheitswert* kommt es dann, wenn sich der infantile Tic entweder verfestigt hat und im Latenzalter fortbesteht oder wenn er in dieser Zeit wiederauftaucht. In solchen Fällen ist davon auszugehen, dass der Tic entweder Ausdruck einer schweren, wahrscheinlich präödipalen Störung ist oder ein Signal eines unverarbeiteten ödipalen Konfliktes darstellt. Das Letzte würde bedeuten, dass die infantile Neurose am Beginn der Latenz noch keine ausreichende Lösung gefunden hat, der Konflikt weiter schwelt und das Ich, in deutlich neurotischer Form, d. h. durch automatisierte, motorische Entladungen, eine Lösung sucht.

Bei solchen, im eigentlichen Sinn pathologischen Tics ist häufig eine auslösende Begebenheit oder Situation zu finden, die dem Betrachter meist ohne große Bedeutung erscheint, beim Kind jedoch zu einer Reaktualisierung infantiler Konflikte geführt hat. Die alten, nicht integrierten Impulse drängen wieder an die Oberfläche, was Angst auslöst. Das Ich sucht nun einen Ausweg und findet im Tic eine Möglichkeit, den Impuls zur Geltung zu bringen, aber in einer Form, die weniger Angst macht und auch das Über-Ich und die Außenwelt zuerst nicht alarmiert. Dieser Mechanismus ist mit demjenigen vergleichbar, der bei den Zwangssymptomen, die dem Tic ähnlich sind, zu beobachten ist. Der Tic unterscheidet sich von diesen neurotischen Symptomen aber dadurch, dass einerseits der Impuls zwar sichtbarer wird, andererseits aber das Symptom nicht mehr als psychische Ausdrucksform, sondern als somatische Äußerung zu Tage tritt. Hier liegt die Tic-Symptomatik in der Nähe der Konversionssymptome, zumal bei vielen derartigen Störungen der Tic zu Beginn in seiner Ausdrucksform einen durchaus symbolischen Inhalt zu haben scheint. Der Tic als Einzelsymptom im Rahmen einer neurotischen Störung ist also charakterisiert durch eine oftmals auslösende, den Konflikt reaktualisierende Situation, einen symbolischen Ausdruckscharakter und eine Abkehr von der psychischen Ebene hin zur somatischen.

Fallbeispiel 11

Der achtjährige Andreas kam zur Abklärung einer seit dem siebten Lebensjahr bestehenden Tic-Symptomatik. Zuerst verdrehte er die Augen, dann kam es zeitweise zu fahrigen Vorwärtsbewegungen der Arme und manchmal öffnete er den Mund in einer Art

Schnappbewegung. Das Ganze sah aus, als ob er Luft zum Schreien hole. Gleichzeitig zeigte er sich *unkonzentriert* in der Schule und konnte sich *nur schwer von seiner Mutter trennen*, um die er Angst hatte. Anamnestisch war zu erfahren, dass er als Säugling recht unruhig, aber auch mit hoher mütterlicher Nervosität konfrontiert war, dass er zeitweilig *Essschwierigkeiten* hatte, unter Pseudokrupp litt, im Kleinkindalter unruhig schlief und später *Schwierigkeiten im Kontakt mit Gleichaltrigen* zeigte. Als er vier Jahre alt war, trennten sich die Eltern, er verblieb bei der Mutter und ging in unregelmäßigen Abständen zum Vater auf Besuch, der aber nur wenig Interesse an ihm kundtat. Eine zwei Jahre ältere Schwester erschien in allen Lebensbereichen ausgeglichen und geradezu vorbildlich. Als der Tic begann, war die Mutter gerade eine neue Partnerschaft eingegangen. Zum Zeitpunkt der Konsultation plante sie, ihren Partner zu heiraten und mit der Familie zu ihm zu ziehen. Erstmalig trat der Tic in Form von Augenverdrehen auf, als die Mutter und ihre beiden Kinder mit dem Freund zum »Sich Kennenlernen« Ferien in der Ferienwohnung des neuen Partners verbrachten. Andreas sei sehr offen auf diesen Mann zugegangen, und es habe sich gleich eine positive Beziehung zwischen den beiden ergeben. Verhältnismäßig habe er sich dadurch eher sogar stabilisiert. Dem Umzug der Familie und der erneuten Heirat seiner Mutter stand er hoffnungsvoll gegenüber.

Ausgehend von den Auffälligkeiten in den ersten Lebensjahren von Andreas und der (wahrscheinlich durch eheliche Konflikte bedingten) Spannung zwischen Mutter und Kind kann von einer *beeinträchtigten Ich-Entwicklung* ausgegangen werden. Die aufkommende ödipale Situation wurde durch die *Trennung der Eltern* erschwert, die dem Knaben zwar Möglichkeiten eines »ödipalen Triumphes« über den sich entfernenden Vater eröffnete, gleichzeitig aber zu massiven Schuldgefühlen Anlass gab, den Vater durch seine feindseligen Gefühle in die Flucht getrieben zu haben. Der *unterbrochene Vater-Sohn-Kontakt* erschwerte die Identifizierung mit dem Vater als männliche Person, welche bei der Bewältigung der Krise hätte helfen können. Dafür geriet Andreas in eine Art *Ersatzpartnerrolle* gegenüber der nunmehr alleinstehenden Mutter, aus welcher er durch die neue Partnerschaft der Mutter jäh herausgerissen wurde. Er bemühte sich zwar, der Mutter zuliebe, den neuen Mann im Hause freundlich aufzunehmen, jedoch bedrängten ihn *heftige aggressive Impulse*, welche die ödipale Situation re-aktualisierten und mit *multiplen Ängsten* verbunden waren. Der Tic stellte den komplexen Versuch dar, die vorhandenen Emotionen und Impulse durch eine *motorische Entladung* zum Ausdruck zu bringen. Der feindselige Affekt erfuhr gleichzeitig eine symbolische Ausgestaltung im Tic des Augenverdrehens.

Nicht immer sind Tic-Erkrankungen umschriebenen Konflikten zuzuordnen. Das kann daran liegen, dass der behandelnde Arzt nur zögernd Zugang zur inneren und äußeren Welt des Kindes, die als völlig problemlos beschrieben wird, erhält, so dass der Tic als einzig Störendes zum Repräsentanten aller unliebsamen und abgespaltenen innerseelischen Gefühls- und Impulsanteile wird. Ist der Tic Ausdruck einer globaleren Fehlentwicklung mit diffusen Ängsten und depressiven Verstimmungen, so wird er zum Ausdruck eines umfassenderen psychosomatischen Geschehens. Oftmals breiten sich anfänglich vorhandene einfache Tic-Symptome aus, und es entsteht ein multiples Tic-Syndrom mit wechselhafter Symptomatik.

Fallbeispiel 12

Die neunjährige Angela wurde wegen *multipler Tics*, die mittlerweile sehr beeinträchtigender Natur waren, vorgestellt. Es hatte damit begonnen, dass sie den linken Arm beugte und sich dabei mit der rechten Hand in den Ellbogen schlug, was einer aggressiv-abwertenden Bewegung entsprach, die im sozialen Milieu der Familie völlig unüblich war. Bei der Konsultation zeigte sich eine Familie, in der *alles Konflikthafte weitgehend ausgeklammert* war und die versuchte, sowohl nach außen als auch nach innen, mittelstandsorientierten Normen zu genügen und nicht aufzufallen. Retrospektiv wurde berichtet, dass die *Kindsmutter* sich während der Schwangerschaft mit Angela sehr depressiv gefühlt und auch *starke somatische Symptome*, vor allem Erbrechen, gezeigt hatte. Sie hatte große Angst vor der Geburt gehabt. Postnatal entwickelte sich Angela völlig »pflegeleicht«, alle normalen entwicklungsmäßigen Krisen, wie z. B. die Sauberkeitserziehung, wurden wie von alleine überwunden. Nur beim Eintritt in den Kindergarten kam es zu einer *kurzen Trennungsangstreaktion*. Der in der Latenz auftretende Tic stellte die erste, äußerlich sichtbare Problematik des Kindes dar, welche auf eine starke innere Aggressivität schließen ließ, während das Kind gleichzeitig, in seinem Verhalten den Eltern gegenüber, eine große Zärtlichkeit aufwies. Auffallend bei der Erstkonsultation war, dass sowohl Angela als auch ihre Eltern dem Arzt nur wenig Zugang zu ihrer inneren Welt gaben und das *familiale Leben idealisierten*. Angela kam kaum zu Wort, weil die Mutter alle an sie gerichteten Fragen an ihrer Stelle beantwortete. Mittlerweile hatte sich das Tic-Syndrom ausgebreitet, Angela schüttelte stark ihren Kopf und musste auch im Gehen immer Zwischenschritte einschalten, was sie enorm behinderte. Es stellte sich in der weiteren Abklärung heraus, dass Angela gegenüber der älteren Schwester entwertet, von den Eltern wenig akzeptiert wurde und eine massive Geschwister Rivalität vorlag.

Dieses Beispiel ist charakteristisch für eine Situation, in welcher der Tic zum Ausdruck einer umfassenderen, sowohl *inter- als auch intrapsychischen Störung* wurde. In diesem Falle war er mit einer starken narzisstischen Problematik verbunden. Typisch hierfür ist das Sichausbreiten der Symptomatik, welche dann einen zunehmend einschränkenden Charakter für die weitere Entwicklung erhält.

Kommt es zu einer Ausbreitung und schließlich Chronifizierung der Tic-Symptomatik, so wird der Mechanismus, der ursprünglich dem Ich bei der Bewältigung eines Konfliktes helfen sollte, zur innerpsychischen Struktur verfestigt. Dieser Übergang bedeutet meist auch einen Wechsel von einer umschriebenen Störung zu einem prognostisch ungünstigen Syndrom. Die leicht nachvollziehbare Verbindung zum Konflikt und zu dem dazugehörigen Impuls, sowie auch der symbolische Ausdruckscharakter, gehen durch diese Art der Verinnerlichung verloren. Die Tic-Symptomatik wird nun zu einem »*eingeschliffenen*« Reaktionsmuster, welches in automatisierter Form zur undifferenzierten Antwort auf jegliche, völlig unspezifische Anforderung an das Ich wird. Das Ich gibt quasi den Anspruch auf, vermittelnd und integrierend zu wirken, indem es die vorgebahnte Abfuhr jeglicher Impulse durch Tics zulässt. Das Tic-Geschehen tritt an die Stelle psychischer Arbeit. Es ist leicht einzusehen, dass ein solcher Mechanismus ungünstig ist für die gesamte weitere kindliche und später auch adoleszente Entwicklung. Die Gefahr besteht darin, dass entwicklungsspezifische Aufgaben und die damit verbundenen Krisen und Konflikte ungelöst bleiben, also gar nicht mehr als zu bewältigende Aufgaben wahrgenommen werden. Das führt dazu, dass der Tic immer unentbehrlicher wird, weil sonst die Dekompensation der Persönlichkeit droht, was im Sinne eines Circulus vitiosus erneut seine Ausbreitung und Verfestigung fördert.

Fallbeispiel 13

Der siebenjährige Tobias entwickelte, ausgelöst durch zweimalige Pseudokrupp-Anfälle, einen »Stöhn Tic«, indem er oft 20-30 Mal hintereinander den Laut »Äh« ausstieß. Von Tobias war bekannt, dass er ein *sehr lebendiges Kind* war. Die Eltern empfanden ihn etwas vorlaut und zu impulsgesteuert. Bekannt war seine *blühende Phantasie*, die sich auch im Latenzalter in den Vordergrund drängte. Die Eltern mussten sein Verhalten und seine Äußerungen sehr eindämmen. Zudem bestand eine *erhebliche Geschwisterrivalität* zur zwei Jahre jüngeren Schwester, die in allem vorbildlich erschien und der es leicht gelang, den älteren Bruder zu beherrschen. In der Zeit vor Beginn des Tics litt Tobias unter wiederholten Luftwegsinfekten, auf die er mit starker Angst, bezogen auf seine körperliche Intaktheit, reagierte. Es bestand eine *enge Bindung an die Mutter* und wenig Kontakt zum Vater. Zum Zeitpunkt des Kindergarteneintritts hatte sich ein *Pavor nocturnus* entwickelt. Man konnte also davon ausgehen, dass die zunehmende Angstentwicklung des Knaben zu diesem Zeitpunkt Ausdruck eines *ungünstig verarbeiteten ödipalen Konfliktes* war, dass er in seinen überaus intensiven Phantasien die Liebe der Mutter begehrte und infolgedessen um seine körperliche Integrität – im Zusammenhang mit nicht bewältigten und wahrscheinlich in seiner Phantasie übergroßen, aggressiven Konflikten mit dem Vater – fürchtete. Im Alter von zehn Jahren hatte sich das ticartige Ausstoßen von Stöhnlauten zu einem Schrei-Tic verstärkt. Zusätzlich kam es zu einem *starken motorischen Tic* mit Nachvorneschleudern beider Arme. Es entwickelten sich außerdem *Zwangstendenzen* mit Festhalten an einem rigiden strukturierten Tagesablauf, wobei Veränderungen den Tic intensivierten. Gleichzeitig gab es erhebliche aggressive *Verhaltensprobleme in der Schule*. Mitbedingt durch diese Krankheitserscheinungen wurde die Beziehung Mutter-Sohn symbiotischer und der Kontakt zum Vater distanzierter. An seinem elften Geburtstag hatten sich die Probleme derart zugespitzt, dass es zu einer *längerfristigen Hospitalisierung* und zu einer Sonderbeschulung kam. In den folgenden Jahren, auch verstärkt durch die einsetzende Pubertät, entwickelte sich das *Vollbild eines Tourette-Syndroms*: lautes, manchmal über Stunden andauerndes, serienhaftes Ausstoßen von Schreilauten, Nachvorneschleudern der Arme mit gleichzeitigem Kopfnicken in einem Ausmaß, dass die Zuckungen praktisch durch den ganzen Körper gingen, Ausstoßen von Schimpfwörtern und Palilalie (zwanghaftes Wiederholen eigener Wortäußerung). Psychisch fiel bei dem an sich intelligenten und auch phantasiebegabten Jungen eine zunehmende, die Persönlichkeit enorm einschränkende, *rigide Abwehrhaltung* auf, die den Kontakt erschwerte. Es war ein *starker Leidensdruck* vorhanden, der sich aber *ausschließlich auf den Tic bezog*. Andere Symptome wie zwanghafte Einschränkungen, zunehmend körperbezogene Ängste und soziale Probleme mit Gleichaltrigen wurden zwar vom Patienten benannt, jedoch ohne Zugang zur emotionalen Seite dieser Probleme. Tobias hatte die Verbindung zu seiner Innenwelt verloren. Notwendige Auseinandersetzungen im familialen Rahmen, beispielsweise über Ablösungskonflikte, wurden durch den Tic weitgehend verhindert. Tobias selbst sagte: »Der Tic kommt mir immer zuvor«. Im Umgang mit Tobias hatte man oft das Gefühl, dass der *Tic die Persönlichkeit zunehmend ausfüllte*. Es hatte sich zwar eine Schule gefunden, die den Jungen aufnahm, doch kam es zu *Leistungsproblemen*, weil Tobias mehr und mehr jeglichen Anspruch mit einer Verschlimmerung der Tic-Symptomatik beantwortete, weswegen Anforderungen reduziert oder sogar eingestellt wurden, um der außerordentlichen Belastung durch die Tic-Äußerungen aus dem Weg zu gehen. Dies führte zu einer *Abnahme des Realitätsbezugs und der Frustrationstoleranz* bei Tobias.

In diesem Fallbeispiel wird deutlich, wie es über die *primäre*, unbewusste Etablierung und Verfestigung der Tic-Symptomatik hinaus zu einer *sekundären Verfestigung* kommt. Der Patient ist durch die Symptomatik in der Bewältigung seiner Entwicklungsaufgaben gehemmt, was sich dann vor allen Dingen in der Adoleszenz zeigt, beispielsweise in Form von mangelnder Auseinandersetzung mit Autoritäten, nicht vollzogener Ablösung von den Elternfiguren und nicht aufgenommener Auseinandersetzung mit der eigenen Sexualität.

Dadurch, dass die Umwelt dazu neigt, eine Schonhaltung einzunehmen, kommt es manchmal zu Situationen, in denen die Tic-Symptomatik recht *bewusstseinsnah als Vermeidungsstrategie eingesetzt* wird. Neben dem tiefen Leiden, welches eine solche schwerwiegende Symptomatik für den Patienten und seine Umgebung mit sich bringt, mag aus dieser Symptomatik auch ein *sekundärer Krankheitsgewinn* entstehen, welcher für den weiteren Verlauf ungünstig ist.

Psychodynamik auf der Familienebene: In der Literatur finden sich häufig Hinweise auf ein zwanghaft eingeschränktes Familienmilieu, in welchem viele Kinder mit Tic-Störungen leben. Oft liegt eine rigide und auch autoritäre Grundhaltung der Eltern vor, die dem Kind wenig Möglichkeiten zubilligen, mit expansiven Impulsen altersadäquat in der Beziehung zu experimentieren. Häufig sind die Kinder mit der Tic-Symptomatik, im Vergleich zu ihren Geschwistern, diejenigen, die einen größeren Bewegungsdrang und eine ausgeprägtere Impulsivität aufweisen. Die Einschränkung durch die Eltern ist jedoch nicht immer nur ein realer, durch die Erziehungshaltung der Eltern vermittelter Vorgang. Oftmals (wie beispielsweise im Fall von Andreas) entwickelt sich das Problem in den Vorstellungen der Familienmitglieder, insbesondere in den Vorstellungen des Kindes, dass nämlich der eigene Drang zur Bewegung und motorischen Entladung die Liebe der Eltern einschränken könnte. Hierbei können vielleicht schon ganz früh erlebte Erfahrungen aus dem Eltern-Säugling-Kontakt die Grundlage für solche Vorstellungen darstellen. Aber auch partnerschaftliche Konflikte der Eltern, welche die meist sehr sensiblen Kinder spüren, können bei diesen zu inneren Überzeugungen Anlass geben, um jeden Preis und innerhalb des eigenen Körpers die stets sich von neuem manifestierende Impulsivität bezähmen zu müssen.

Wenn man in Familien nicht bei der Beschreibung oberflächlicher Verhaltensmuster stehen bleiben möchte, sondern sich mit der Geschichte der Familienmitglieder und ihren eigenen Kindheitserfahrungen auseinandersetzt, so wird häufig klar, dass die beschriebenen, jetzt auf der Verhaltensebene sichtbaren Konflikte meist schon eine lange Familientradition haben. Im Fall von Tobias (▶ Beispiel 13, Tobias) ist das besonders deutlich:

Sowohl in der väterlichen als auch in der mütterlichen Herkunftsfamilie gab es ein *ausgeprägt konflikthaftes Verhältnis zu aggressiven Impulsen*. Der Vater litt, wie Tobias später auch, unter einer dominierenden Schwester und, in Verbindung damit, unter massiven Entwertungstendenzen durch seine Eltern. Die Schwester war immer die Erfolgreiche, und er als Sohn konnte die hochgesteckten Ziele seiner Eltern nie erfüllen. Gleichzeitig herrschte ein starkes, autoritäres Regime in der Familie, welches vor allen Dingen durch einen rücksichtslosen Vatersvater geprägt wurde. Besonders in der damaligen Vater-Sohn-Beziehung kam es zu gewaltiger Wut, welche sich manchmal in *überschießenden Handgreiflichkeiten* entlud, was bei allen Beteiligten zu Ängstigungen führte. Tobias' Vater entwickelte in diesem Rahmen eine *zwanghafte Struktur*, in welcher möglichst alles Konflikthafte vermieden wurde. Gleichzeitig war aber auch immer wieder klar, dass es, wenn diese Abwehrmauern brechen sollten, zu ungebremster Aggressivität kommen würde. Diese Problematik fand sich dann in seiner Beziehung zu seinem Sohn wieder und führte zu einigen heftig geführten, aggressiven Auseinandersetzungen, in welchen nach Tobias Vaters eigenen Aussagen »Worte als Mittel des Streites nicht mehr genügten, sondern Gegenstände flogen«. Tobias' Mutter stand dieser Aggressivität unter den männlichen Familienmitgliedern fassungslos gegenüber, und wurde dadurch hochgradig verängstigt. Sie selber stammte aus einer Familie, in welcher Rivalität, Neid und Eifersucht als Themen zwar präsent waren, das Zulassen oder gar Äußern von aggressiven Gefühlsregungen jedoch regelmäßig mit depressiven *Beziehungsabbrüchen und Rückzugsverhalten* beantwortet wurde. Daher konnte Tobias' Mutter klar sagen, dass ihr die Aggressivität als sichtbar werdendes Gefühl in ihrer Familie große *Angst* machte. Sie äußerte Erleichterung darüber, dass die von Tobias produzierten Schimpfwörter nicht »wirkliche« Aggressionsäußerungen, sondern nur »Tics« waren.

In der beschriebenen Konstellation zeigt sich, wie ein massives Tic-Geschehen nicht nur *Ausdruck einer unerträglichen intrapsychischen Spannung* sein kann, sondern auch eines *heftigen, intergenerationalen, familialen Beziehungskonflikts*, der sich unter Umständen über Generationen verfestigt hat und nie angemessen gelöst worden ist. Die im Fallbeispiel 13 beschriebene Familie ist beispielsweise geprägt von aggressiven Konflikten mit Gefühlen von Neid, Rivalität, Hass und gegenseitiger Entwertung. Die Eltern versuchten, diesem explosiven Potenzial ein familiales Zusammenleben voller Korrektheit und Friedfertigkeit entgegenzusetzen, um den Preis allerdings der Abspaltung und Verleugnung ihrer eigenen Impulshaftigkeit im aggressiven und wahrscheinlich auch im sexuellen Bereich. Die Tic-Erkrankung von Tobias kann auf diese Weise als ein Symptom verstanden werden, in welchem die gesamte Familienaggressivität gebündelt zu sein scheint und ist hier also nicht nur Ausdruck einer *problematischen persönlichen Struktur*, sondern auch einer *konfliktreichen familialen Konfiguration*.

21.6 Therapeutische Möglichkeiten und Interventionen

Bei der Therapie von Tics handelt es sich um eine *symptomatische Behandlung*, die sich nach der Schwere der Symptome, der psychosozialen Beeinträchtigung, den Bewältigungsmöglichkeiten und dem Entwicklungsstand des betroffenen Kindes/Jugendlichen zu richten hat. Sie verlangt meistens eine *Zusammenarbeit von Neuropädiatern und Kinder-/Jugendpsychiatern und -psychotherapeuten* (Roessner, Schoenefeld, Buse, 2012). *Psychotherapie und Medikamente* werden gleichermaßen empfohlen und sind – nach jüngsten RCTs[86] – wirksam (Whittington, Pennant, Kendall, Glazebrook, Trayner, Groom et al., 2016). Generell umfassen die am häufigsten verwendeten therapeutischen Strategien Psychoedukation, Verhaltenstherapie (HRT[87]) und Psychopharmakatherapie (insbesondere atypische Neuroleptika und α-2-adrenerge Agonisten).

Psychoedukation umfasst Gespräche mit Familienmitgliedern und bedeutsamen Per-

---

86 RCTs = randomized controlled trials; randomisierte kontrollierte Studien
87 HRT = habit reversal training; Gewohnheitsumkehr, einschließlich Entspannungstechniken; ER = exposure with response prevention; Exposition mit Präventionsantwort.

sonen im sozialen Umfeld (z. B. Lehrer) über die Symptomatik des betroffenen Kindes/Jugendlichen, das unwillkürliche Auftreten und den fluktuierenden Verlauf der Tics, sowie den Einfluss kontextueller Faktoren und der damit verbundenen psychosozialen Beeinträchtigungen des Kindes oder des Jugendlichen.

Verhaltenstherapeutische Interventionen zeigen bei Tic-Patienten (HRT/CBIT[88]) eine ähnliche Wirksamkeit wie eine medikamentöse Therapie, haben aber weniger negative Nebenwirkungen.

Kinder sollen grundsätzlich auf *Umweltfaktoren*, die die Tic-Frequenz beeinflussen, aufmerksam gemacht werden, damit ihnen geholfen werden kann, bessere Bewältigungsfähigkeiten in Situationen, die mit einer Tic-Exazerbation verbunden sind, zu entwickeln. Ebenfalls soll die Behandlung darauf ausgerichtet sein, Ereignisse oder Erfahrungen, die zum Schweregrad von Tics beitragen, systematisch zu erkennen und zu modifizieren. Um eine bessere Lebensqualität fördern zu können, müssen Probleme der Stigmatisierung ebenfalls als integraler Bestandteil einer umfassenden Behandlung von Individuen mit Tourette-Syndrom berücksichtigt werden (Malli, Forrester-Jones, Murphy, 2016). Eltern sollen in ihrer Fähigkeit unterstützt werden, die Bedürfnisse ihres Kindes bezüglich seiner Emotionsregulierung wahrzunehmen und sich entsprechend anpassen zu können. Eine genetische Belastung und Inkompetenzgefühle führen bei den Eltern oft zu Schuldgefühlen.

Eine *Psychopharmakotherapie* ist bei solitären Tics meist nicht nötig. Einzig besonders einschränkende motorische Tics oder sozial problematische Vokal-Tics können eine Pharmakotherapie zur Symptombegrenzung erforderlich machen. Wenn Medikamente als angemessen betrachtet werden, sind zwei adrenerge Agonisten (d. h. Clonidin und Guanfacin) vorzuziehen. Vor allem Neuroleptika mit einem Profil des Dopamin-D2-Rezeptor-Antagonismus (Tiapride und Risperidon) oder partielle Agonisten an der Dopamin-D2-Rezeptorfamilie (Aripiprazol) sind in der Lage, Tic-Symptome zu verringern oder zu unterdrücken. Die wegen ihrer erwiesenen Wirksamkeit am häufigsten angewendete Neuroleptikatherapie bringt allerdings oft eine Reihe von unerwünschten Nebenwirkungen mit sich. Frühdyskinesien, Auswirkungen auf das Körpergewicht (meist Gewichtszunahme), chronische, parkinsonoide Bewegungsstörungen, sowie Müdigkeit, affektive Verstimmungen und Beeinträchtigungen der Aufmerksamkeit stellen meist eine langfristige Belastung und z. T. Störung des therapeutischen Vorgehens dar. Es ist deshalb sinnvoll, mit niedrigen Dosierungen zu beginnen und die Dosis langsam zu steigern, bis ein möglichst günstiges Verhältnis zwischen Symptomreduzierung und Nebenwirkungen gefunden ist. Es hat sich vielfach gezeigt, dass einmal wirksame Medikamente nach längerer Zeit häufig ihre Wirkung verlieren.

Stimulierende Medikamente, die zur Behandlung von komorbidem ADHS/TS verwendet werden, scheinen Tics nicht zu verstärken. Wenn allerdings eine Verschlechterung der Tics auftritt – wahrscheinlich infolge höherer Dosierung – ist diese durch eine Dosisreduktion der Stimulantien reversibel.

Es gibt derzeit keine Hinweise darauf, dass die untersuchten physischen/alternativen Interventionen (Allergiekontrollen, spezielle Diät, spezifische Sportarten, rhythmisches Spielen von Instrumenten) in der Behandlung von Tics bei Kindern und Jugendlichen mit Tic-Störungen genügend wirksam und sicher sind.

Tic-Erkrankungen erfordern, entsprechend dem Schweregrad der Symptomatik, ein differenziertes therapeutisches Vorgehen. Außerdem muss immer auch den unterschiedlichen ätiologischen Faktoren und dem Ausmaß der sozialen Beeinträchtigung

---

[88] Comprehensive Behavioral Intervention for Tics (CBIT) and Habit Reversal Therapy (HRT)

Rechnung getragen werden. Es soll *in jeder Situation ein individuelles Therapiekonzept für das kranke Kind und seine Familie* erarbeitet werden.

Bei vorübergehenden Tic-Störungen (vor allem im *Vorschulalter*) und wenn sich bei der Abklärung herausstellt, dass keine tiefgreifendere Störung vorliegt, ist eine *Elternberatung* indiziert, die darauf abzielt, eine Verfestigung der Symptomatik zu verhindern. Dazu ist es nötig, Ängste bei den Eltern abzubauen, die zu Fixierungen führen könnten und damit die Symptomatik verstärken würden. Außerdem ist es sinnvoll, den Eltern dabei zu helfen, *kindgerechte Ausdrucksformen von Impulsivität und motorischer Aktivität zu akzeptieren und zu* fördern.

Bei in der *Latenzperiode* auftretenden Tics ist meistens eine *gründlichere Abklärung*, sowohl der individuellen als auch der familialen Situation, nötig. Es ist die Entwicklungssituation des Kindes gesamthaft zu beurteilen mit der Frage, in welchen Bereichen *infantile Konflikte* unverarbeitet sind und in regressiven Bewegungen an die Oberfläche drängen. Auch sind *aktuelle familiale Konflikte* zu beachten und es ist wichtig, nach *Ressourcen* zu suchen, die förderlich sowohl für die individuelle als auch für die familiale Entwicklung sein können.

> Bei *Andreas* (▶ Kap. 21.5, Fallbeispiel 11) wurde eine *Krisenintervention* durchgeführt, bestehend aus einer Serie von fokal auf den Konflikt zentrierten Gesprächen (im Sinne einer Kurztherapie) und mehreren Beratungsgesprächen mit der Mutter. Es ging darum, die anlässlich der neuen Partnerschaft der Mutter aktualisierten Konflikte zu bearbeiten und gleichzeitig die Mutter zu stützen und von Schuldgefühlen zu entlasten. Dies führte zu einer spürbaren Reduzierung der Tic-Symptomatik. Der Familienumzug zum Wohnort des neuen Partners der Mutter konnte bearbeitet und Andreas' Kontakt zum leiblichen Vater wieder etabliert werden. Es wurde vereinbart, dass der Junge bei wiederauftretender Tic-Symptomatik erneut vorgestellt werden solle, dann evtl. zur Einleitung einer Psychotherapie.

Eine Pharmakotherapie ist bei akuten, solitären Tic-Symptomen im Kindesalter nicht indiziert. Beginnt sich eine Tic-Symptomatik zu verfestigen und zu einem lang anhaltenden Symptom zu werden, d.h. hat sich eine *chronische, motorische oder vokale Tic-Störung* entwickelt, so stellt sich die Frage nach längerfristigen therapeutischen Maßnahmen.

Verhaltenstherapeutische Tic-Behandlungen in solchen Situationen bewirken kaum längerfristige Erfolge (Shapiro & Huebner, 1985). Solche Therapien scheinen erfolgreicher zu sein, wenn sie sich nicht vorwiegend auf die Symptombeseitigung konzentrieren, sondern mehr die Gesamtsituation des Kindes, also beispielsweise das fehlende Selbstvertrauen, im Auge haben (Mansdorf, 1986).

Suggestive Verfahren wie beispielsweise Hypnose, autogenes Training oder ähnliche Verfahren sind als ergänzende Therapiemaßnahmen häufig nützlich, insbesondere wenn sie dem Kind helfen, selber besser mit dem störenden Tic umzugehen.

In vielfältigen Fallberichten ist über die *analytische Psychotherapie* von Patienten mit Tic-Störungen berichtet worden (Gerard, 1946; Mahler, 1949; Schattner-Meinke, 1985; Urban, 1985). Wenn der Tic Ausdruck eines neurotischen Konfliktes ist, scheint es sinnvoll zu sein, im Rahmen psychoanalytischer Beziehungsarbeit die abgewehrten Impulse und die mit ihnen verbundenen Konflikte bewusstseinsfähig zu machen und es somit dem Ich zu ermöglichen, integrierende Verarbeitungsformen zu finden. Dies ist natürlich nicht einfach, weil man durch ein solches Vorgehen dem Ich eine Arbeit zumutet, welche es sich durch den Tic gerade hatte ersparen wollen. In solchen Fällen haben sich zuweilen auch *gruppentherapeutische Vorgehensweisen* bewährt.

Während eines *individuellen analytisch-therapeutischen Prozesses* mit dem Kind/Jugendlichen muss der Fokus auf die Entwicklung und nicht nur auf Symptome gerichtet sein. Analytische Verfahren geben bei Tourette-Kindern auch dann Sinn, wenn das Selbstgefühl und die Entwicklung der Autonomie beeinträchtigt sind, oder Koprolalie, Zwänge und wildeste Phantasmen in keinen angemessenen Kontext mehr eingebracht werden können. Es geht vor allem darum, Kindern und Jugendlichen zu helfen, ein Gefühl aufrechterhalten zu können, dass sie eigenständige Personen sind mit einem Anrecht auf Autonomie und Privatheit. In der therapeutischen Beziehung lernt das Kind/der Jugendliche besser mit überwältigenden Gefühlen, Phantasmen, Vorstellungen und Gedanken umzugehen und ein gewisses Verständnis für sein individuelles Erleben zu erlangen. Das kontinuierliche und verlässliche Beziehungsangebot erlaubt dem Patienten, seine Erfahrungen von »Einbrüchen« in seinen Körper und in sein Selbst mitzuteilen und an der Entwicklung einer besseren Integrität von Körperselbst und Selbstempfinden zu arbeiten. Der *Aufbau einer frischen, ruhig-verstehenden und toleranten Beziehung* kann sehr behilflich sein bei der Wiederherstellung der zusammengebrochenen Selbstrepräsentanzen oder beim Aufbau der zu schwachen Regulations- und Modulations-Funktionen des Ich. Die Erwartungen an die Wirksamkeit eines psychoanalytischen Prozesses dürfen aber nicht zu hoch gesetzt werden, denn das Tourette-Syndrom ist gleich beeinträchtigend wie jede andere neuropsychiatrische Krankheit.

> *Angela* (▶ Kap. 21.5, Fallbeispiel 12) nahm über ein knappes Jahr an einer *Psychodramagruppe* für Kinder teil. In dieser Gruppe zeigte sie sich zunehmend offener und wagte, eigene Wünsche und Ideen ins Spiel und in das Gruppengeschehen einzubringen. Immer mehr getraute sie sich, auch aggressive Anteile im Kontakt mit den Gleichaltrigen wirksam werden zu lassen. Parallel zur Gruppenbehandlung verschwand die Tic-Symptomatik. Sie tauchte allerdings wieder auf, als die Gruppenbehandlung beendet und gleichzeitig deutlich wurde, dass eine Übertragung dieser positiven Erfahrung ins familiale Milieu noch nicht riskiert werden konnte.

Wenn sich im Rahmen der diagnostischen Abklärung zeigt, dass die interpersonalen Probleme gegenüber den intrapsychischen überwiegen, d. h. die Symptomatik vermehrt Ausdruck familialer Konflikte ist, so ist es sinnvoll, eine *familientherapeutische* Behandlung vorzuschlagen. Hierbei geht es darum, in der Beziehungsarbeit mit der Familie abgewehrte Tendenzen zu benennen und sie in der Beziehung zum Therapeuten (Übertragung) sichtbar werden zu lassen und zu bearbeiten. Dieses Vorgehen fördert die Individuation innerhalb der Familie, so dass sich das Kind allmählich vom emotionalen Beziehungsmuster der Familie abgrenzen kann. Es muss dann nicht mehr versuchen, den familialen (meist elterlichen) Konflikt durch seine Symptomproduktion zu lösen.

Der Komplexität der Tourette-Störung mit dem eng verzahnten Zusammenspiel von neurobiologischen, sozialen und psychischen Entstehungsbedingungen, wird oft nur eine *Kombination von psychopharmakologischen und langdauernden, evtl. stationären psychotherapeutischen Maßnahmen* gerecht. Man bewegt sich dabei meist in einem höchst schwierigen Feld und muss sein Vorgehen der jeweiligen Gesamtsituation sorgfältig anpassen.

Tobias' (▶ Kap. 21.5, Fallbeispiel 13) schwere Symptomatik wurde beispielsweise zunächst medikamentös (mit Tiaprid und dann mit Haloperidol) für eine gewisse Zeit gut begrenzt, bis die Substanzen jeweils ihre Wirkung verloren. Mit Beginn der Adoleszenz aber hätte man eine wirkliche Reduzierung der Symptome nur durch eine so hohe Dosierung erreichen können, dass diese selbst eine zusätzliche, schwere Entwicklungshemmung bedeutet hätte. Eine *langjährige psychoanalytisch orientierte Maltherapie* und gezielte Schulhilfen wirkten einer weiteren Verfestigung der Symptomatik entgegen und ermöglichten adoleszente Entwicklungsschritte. Die anfängliche Familienberatung entwickelte sich zu einer *familientherapeutischen Beziehungsarbeit* mit den Eltern, in der vor allem aggressive Konflikte vermehrt angesprochen werden konnten. Hierdurch verbesserte sich die Situation von Tobias in seinem Elternhaus. Weiterhin fiel es aber dem Jungen schwer, Zugang zu seiner inneren Welt zu finden. Als zu Beginn der Adoleszenz die zunächst erfolgreiche Behandlung mit einem Neuroleptikum (Haloperidol) nur noch in relativ hohen Dosen Wirkung zeigte, wurde der Patient im Rahmen dieser Medikation immer passiver, was seine Tendenz verstärkte, andere (Eltern, Lehrer, Therapeuten) für sich arbeiten zu lassen und sich selbst einer Entwicklung zu verschließen. Das Absetzen des Medikamentes erwies sich ohne Einfluss auf die Symptomausprägung, verbesserte aber die psychotherapeutische Zugänglichkeit. Erst als sich im Rahmen der Therapie zunehmende Angst zeigte, die das Funktionsniveau ihrerseits wieder herabsetzte, wurde, nach einem Jahr Unterbrechung, eine sorgfältige, leichte, auf dieses Zielsymptom gerichtete Pharmakotherapie wieder aufgenommen.

Es ist zweifellos *zu vermeiden, eine Pharmakotherapie ohne psychotherapeutische Begleitung durchzuführen*, auch wenn diese fürs erste schwierig und wenig erfolgversprechend scheinen mag. Ein einseitig auf Medikamentengabe ausgerichtetes Behandlungskonzept birgt die Gefahr einer Fixierung in sich, die besonders dann unangenehm wird, wenn das Medikament nicht mehr wirkt. Letztlich geht es darum, dem Patienten und seiner inner- und außerfamilialen Umwelt bei einer starken Verfestigung der Symptomatik angesichts der ungünstigen Prognose dabei behilflich zu sein, mit der Symptomatik zu leben. Hierzu ist eine enge Zusammenarbeit mit dem sozialen Feld, im Fall von Tobias beispielsweise der Schule, nötig, in welchem die Störung oft sehr viel Ängstigendes und Beunruhigendes auslöst. Die Integration in ein annähernd normales Umfeld, ein Schulabschluss, der dem Intelligenzniveau des Patienten entspricht und eine einigermaßen adäquate Berufsfindung sind für die Langzeitprognose wichtig. Stets ist dem sekundären Krankheitsgewinn entgegenzuarbeiten, d. h. zu versuchen, den Teil der Persönlichkeit, der vom Tic unabhängig ist, in seiner Entwicklung zu verstärken.

21.7 Zusammenfassung

Es ist Aufgabe des Kinder- und Jugendpsychiaters und -psychotherapeuten, Vorteile der pharmakologischen Behandlung und der zugrundeliegenden neurobiologischen Fortschritte zu kennen, um den Ansprüchen des kranken Kindes/Jugendlichens und seiner Familie nachzukommen und gleichzeitig eine signifikante Beziehung und einen sinnvollen

Dialog anzubieten. Zentral wichtig ist es, die Aufmerksamkeit auf die innere Welt des Kindes/Jugendlichen, seine Bedürfnisse, Wünsche und Phantasmen zu fokussieren und die einfühlsame Verfügbarkeit von Eltern und Betreuungspersonen gegenüber ihrem Kind und dessen spontanen Äußerungen zu fördern.

Während eines *individuellen psychoanalytischen Therapieprozesses* sind die intrapsychischen und sozialen Bedeutungen der Symptome sowie die Wiederherstellung von Kohärenzerfahrung und Sinngebung gemeinsam mit dem Kind/Jugendlichen im Auge zu behalten.

Dem Kind/Jugendlichen soll geholfen werden, sein Erleben zu verstehen und sich mit seiner Not – infolge des Bewusstwerdens verbotener und erschreckender Gedanken – auseinanderzusetzen und die langfristigen Auswirkungen des Verlusts der Selbstkontrolle, der konflikthaften Spannungen mit seinen Eltern, der depressiven und wütenden Gefühle (auch in der Beziehung zu Gleichaltrigen) besser zu bewältigen. Kann sich das Kind/der Jugendliche ein kohärentes und autonomes Selbstwertgefühl erarbeiten, kommt es zum Erwerb einer differenzierten Wahrnehmung und dem Bewusstwerden eigener Emotionen und Gedanken wie auch deren von anderen (Cohen, 2006).

Die *therapeutische Arbeit mit den Eltern* zielt darauf hin, dem Kind zu erlauben, seine Symptome in der sicheren Umgebung zuhause äußern zu können, ja, es sogar dazu zu ermutigen, sowie negative emotionale Reaktionen gegenüber seinen Symptome zu reduzieren, die Tics zu ignorieren, um ihm zu helfen, seinen Entwicklungsprozess fortzusetzen und seine Fähigkeiten weiterzuentwickeln. Das intensive und wiederholte Anhören der Eltern- oder der Familiengeschichte vermindert Angst und Schuld der Eltern und hilft ihnen, sich den Veränderungen, die durch den therapeutischen Prozess ausgelöst werden, anzupassen und sie zu akzeptieren.

In der *Familientherapie* sind die mit der Krankheit verbundenen Gefühle von Trauer, Wut und Schmerz anzusprechen. Der Familie soll geholfen werden, besser mit diesen Gefühlen umgehen zu können. Das Mitteilen der individuellen Erwartungen aller Familienmitglieder ist wichtig; vor allem ist zu eruieren, was vom Kind/Jugendlichen hinsichtlich seiner Symptome zu erwarten ist, d. h., wie weit Emotionen und Impulse allmählich bewusst gesteuert werden können.

Das therapeutische Ziel für Kinder und Jugendliche und deren Familie ist auf die *Förderung der Entwicklung* ausgerichtet. Es soll den Patienten geholfen werden, im Laufe der Zeit ein Gefühl von *Kohärenz* und *persönlicher Kontinuität* zu erarbeiten. Die Entwicklung und Ausbildung des Selbst und des Selbstbewusstseins, die intrapsychische Realität von Gefühlen, Phantasien und Gedanken, sowie die Wahrnehmung der Grenze zur äußeren Welt sind ausschlaggebend für die persönliche Erfahrung innerer Unabhängigkeit und Kreativität. Psychopharmaka können die übrigen psychotherapeutischen Maßnahmen unterstützen.

22 Psychosomatische Phänomene im Rahmen verschiedener Ursachen

Ein Viertel aller Jugendlichen scheint – sofern wir einer Studie, die in 17 Ländern durchgeführt worden ist, folgen – im Laufe ihres Lebens unter der Kombination von *chronischen Schmerzen und einer psychischen Störung* zu leiden (Tegethoff, Belardi, Stalujanis, Meinlschmidt, 2015). Insbesondere bestehen Zusammenhänge zwischen folgenden psychischen Störungen (affektive-, Angst-, Verhaltens- und Essstörungen) und mehreren chronischen Schmerzerkrankungen (Rücken-, Nacken-, Kopf- und Bauchschmerzen). Vielfach sind die psychischen Störungen zuerst vorhanden. Affektive Störungen wie Depressionen ziehen häufiger Arthritis und Erkrankungen des Verdauungssystems, Angststörungen oder Hautkrankheiten nach sich. Umgekehrt treten psychische Störungen öfter nach bestimmten körperlichen Erkrankungen auf. So führten Herzbeschwerden vermehrt zu Angststörungen. Ein enger Zusammenhang wurde ebenfalls zwischen epileptischen Erkrankungen und nachfolgenden Essstörungen gefunden (Tegethoff, Stalujanis, Belardi, Meinlschmidt, 2016).

Etwa 5 % aller Kinder- und Jugendlichen im Alter von 8–16 Jahren leiden unter *stark beeinträchtigenden funktionellen chronischen Schmerzen*, deren Prävalenz in den letzten Jahrzehnten deutlich angestiegen ist. Jugendliche (vermehrt Mädchen) klagen häufiger über chronische Schmerzen als Kinder. Oft handelt es sich um multifokale, so z. B. Bauch-, Kopf- und Muskelschmerzen (Zernikow & Hermann, 2015). Chronische Schmerzen bei Kindern und Jugendlichen können mit *bedeutsamen Beeinträchtigungen im Alltag* verbunden sein und auch noch im Erwachsenenalter fortbestehen. Sie sind oft durch biologische, psychische und soziale Faktoren bedingt, die eine multidisziplinäre Diagnostik und Behandlung erfordern (Wager & Zernikow, 2017).

Psychosomatische Erscheinungen und damit verbundene Krankheitsängste werden auch bei Kindern und Jugendlichen festgestellt, deren *Eltern* an einer *ernsthaften somatischen oder psychischen Erkrankung* leiden. Sie kommen durch Imitations- und Identifikationsprozesse mit dem kranken Elternteil zustande und können teilweise auch den elterlichen Krankheitsmanifestationen gleichen. Die Ängste beziehen sich auf eigene körperliche Empfindungen, die fehlinterpretiert werden. Eigene Erkrankungen oder Unfälle begünstigen die Entwicklung dieser Symptomatologie. Die psychosomatischen Symptombildungen wie auch *hypochondrische Beschwerden* erlauben es, eine bewusste Beschäftigung und Auseinandersetzung mit den durch die elterliche Krankheit erlittenen Verzichten und Einschränkungen, die mit Wut, Trauer und Schmerz verbunden sind, zu umgehen und mit ihnen dennoch gleichzeitig (in dieser modifizierten Form) in anhaltendem Kontakt zu stehen. So kann eine *Trauerarbeit* über die mit der elterlichen Erkrankung einhergehenden multiplen Verluste, die das Vermögen, seelischen Schmerz auszuhalten, zurzeit noch überschreiten würde, hinausgeschoben werden.

Sind diese Somatisierungen mit *Regressionswünschen* verbunden, so kann es zu Schwierigkeiten in Bezug auf die eigene körperliche und sexuelle Entwicklung kommen, die mit *Körperbildstörungen* einhergehen können. Die Verletzung oder Beschädigung der körperlichen Integrität des somatisch erkrankten Elternteils kann infolge von Identifizierungsprozessen zur *Ausbildung eines beschädigten, verletzten oder verzerrten Körperselbst* führen. Der Schweregrad der Somatisierungen und das Alter des Auftretens sind variabel. Die *Identifikation mit dem kranken Elternteil* kann massiv sein, wie die Aussage eines neunjährigen Knaben zeigt: »Ich wollte die Krankheit bekommen, da meine Mutter sie hat«. Kinder und Jugendliche können aber auch eine *Tendenz* zeigen, die zur Identitätsbildung notwendige *Identifikation mit dem kranken Elternteil* aus Angst, gleichfalls krank zu werden, abzuwehren. Ein 15-jähriger presbyoper Jugendlicher weigerte sich, seine Brille zu tragen, da er glaubte, jedermann denke, er sei blind. Die Multiple-Sklerose-Erkrankung seines Vaters begann mit Sehstörungen und Sensibilitätsstörungen. Die *Prävalenz der psychosomatischen Störungen bei Kindern von körperlich kranken Eltern* wird bis zu 15 % beschrieben – bei *Kindern von psychosomatisch kranken Eltern ist sie noch höher* – gegenüber 5 % bei Kindern von gesunden Eltern (Steck, 2002).

Die meisten Kinder und Jugendlichen sind fähig, die elterliche Krankheitssituation zu bewältigen, sich Sinn und Bedeutung aus der Krankheitserfahrung zu erarbeiten und diese in ihre laufende Entwicklung zu integrieren. Ziel von *präventiven und therapeutischen Interventionen* ist es, Kindern und Jugendlichen kranker Eltern zu helfen, die nötige psychosoziale Kompetenz zu entwickeln, um die *belastende Situation meistern* und *daran reifen* zu können. Die *Identifikation mit dem gesunden* Elternteil, der als wichtige Imitationsfigur und bedeutendes Rollenmodell dient, stellt für Kinder eine Voraussetzung für die eigene Entwicklung dar. Bei Kindern und Jugendlichen von körperlich chronisch kranken Eltern vermag die *Qualität der emotionalen Verfügbarkeit des gesunden Elternteils* die Unaufmerksamkeit des kranken zu kompensieren (Steck, Amsler, Schwald Dillier, Grether, Kappos, Bürgin, 2005; Steck, Grether, Amsler, Schwald Dillier, Romer, Kappos et al., 2007a; Steck, Amsler, Grether, Schwald Dillier, Baldus, Haagen et al., 2007b). Wenn Kinder und Jugendliche von psychisch schwer kranken Eltern fähig sind, soziale Bindungen mit anderen Familienmitgliedern oder *alternative Beziehungen* außerhalb der Familie aufzubauen, können sie diese belastende Situation bewältigen. Dies gelingt ihnen umso leichter, wenn sie die *ungenügende elterliche Zuwendung als einen Ausdruck von elterlicher Krankheit anerkennen und sie nicht als Mangel bei sich selbst oder als eine Ablehnung des kranken Elternteils interpretieren.*

Literaturverzeichnis

Aarons, Z. A. (1958): Notes on a case of maladie des tics. *Psychoanalytic Quarterly, 27*: 194–204.

Abajobira, A. A., Kisely, S., Williams, G., Stratheard, L., Suresha, S. & Najmana, J. M. (2017): The association between substantiated childhood maltreatment, asthma and lung function: A prospective investigation. *Journal of Psychosomatic Research, 101*: 58–65.

Abou-Khadra, M. K., Amin, O. R. & Ahmed D. (2013): Association between sleep and behavioural problems among children with enuresis. *Journal of Paediatrics and Child Health, 49*: E160–E166.

Abraham, K. (1921): Beitrag zur Tic Diskussion. In: *Gesammelte Schriften* (Band I, 1982, S. 344–348). Frankfurt am Main: Fischer.

Abraham, N. & Torok, M. (1987): L'écorce et le noyau, Paris : Flammarion.

Ahnert, J., Löffler, S., Müller, J. & Vogel, H. (2010): Systematische Literaturanalyse zur rehabilitativen Behandlung von Kindern und Jugendlichen mit Asthma bronchiale. *Rehabilitation, 49*: 147–159.

Aisenstein, M. (2006): The indissociable unity of psyche and soma: A view from the Paris psychosomatic school. *The International Journal of Psychoanalysis, 87* (3): 667–80.

Akdemir, D., Kültür, S. E. C., Temizel, I. N. S., Zeki, A. & Dinç, G. S. (2015): Familial psychological factors are associated with encopresis. *Pediatrics International, 57*: 143–148.

Alexander, F. (1943): Fundamental concepts on psychosomatic research. *Psychosomatic Medicine, 5*: 205–210.

Alexander, F. (1950): *Psychosomatic medicine: Its principles and applications.* New York: Norton.

Alioto, A., Yacob, D., Yardley, H. L. & Di Lorenzo, C. (2015): Inpatient treatment of rumination syndrome: Outcomes and lessons learned. *Clinical Practice in Pediatric Psychology, 3* (4): 304–13.

Alioto, A. & Di Lorenzo, C. (2017): Rumination syndrome. C. Faure et al. (Eds.). *Pediatric Neurogastroenterology, 41*: 437–443.

Anderson, S. E., Gooze, R. A., Lemeshow, S. & Whitaker, R. C. (2012): Quality of early maternal–child relationship and risk of adolescent obesity. *Pediatrics, 129* (1): 132–40.

Anderson, S. E., Lemeshow, S. & Whitaker, R. C. (2014): Maternal–infant relationship quality and risk of obesity at age 5.5 years in a national US cohort. *BMC Pediatrics, 14* (1): 54, 1–8.

Anderson, S. E. & Keim, S. A. (2016): Parent–child interaction, self-regulation, and obesity prevention in early childhood. *Current Obesity Reports, 5*: 192–200.

An interview with Joyce McDougall (1992): *Psychoanalytic Dialogues, 2* (1): 97–115.

Ani, C., Reading, R., Lynn, R., Forlee, S. & Garralda, E. (2013): Incidence and 12-month outcome of non-transient childhood conversion disorder in the UK and Ireland. *The British Journal of Psychiatry, 202*: 413–418.

Anzieu, D. (1976): L'enveloppe sonore du Soi. *Nouvelle Revue de Psychanalyse, 13*: 161–180.

Anzieu, D. (1996): *Das Haut-Ich*. Taschenbuch 1255. Frankfurt am Main: Suhrkamp. Französisch (1985): *Le moi-peau*. Paris: Bordas.

Apter, G., Devouche, E., Garez, V., Valente, M., Genet, M. C., Gratier, M. et al. (2016): Stillface and infants of mothers with BPD. The stillface: A greater challenge for infants of mothers with borderline personality disorder. *Journal of Personality Disorders, 30*: 1–14.

Arda, E., Cakiroglu, B. & Thomas, D. T. (2016): Primary nocturnal enuresis: A Review. *Nephro-Urology Monthly, 8* (4): e35809, 1–6.

Arruda, M. A., Arruda, R., Guidetti, V. & Bigal, M. E. (2015): Psychosocial adjustment of children with migraine and tension-type headache – a nationwide study. *Headache, 55* (S1): 39–50.

Artner, K. & Castell, R. (1981): Enkopresis: Diagnostik und stationäre Therapie. In: Steinhausen, H. C. (Hrsg.): *Psychosomatische Störungen und Krankheiten bei Kindern und Jugendlichen.* Stuttgart: Kohlhammer.

Asher, I. & Pearce, N. (2014): Global burden of asthma among children. *International Journal* of Tuberculosis and Lung Disease, 18 (11): 1269–1278.

Asisi, V. (2015): *Entwicklungsbedingungen im Kontext der Eltern-Kind-Beziehung. Chancen und Risiken in der Interaktion mit Mutter und Vater.* Berlin: Springer-Verlag.

Ayres, A. J. (1998): *Bausteine der kindlichen Entwicklung.* Berlin: Springer-Verlag.

Bacon, C. L. (1956): The role of aggression in the asthmatic attack. *The Psychoanalytic Quarterly, 25*: 309–324.

Barahal, H. S. (1940): The psychopathology of hair-plucking (Trichotillomania). *Psychoanalytic Review, 27*: 291–310.

Bauriedl, T. (1980): *Beziehungsanalyse.* Frankfurt am Main: Suhrkamp.

Bauriedl, T., Cierpka, M., Neraal, T. & Reich, G. (2002): Psychoanalytische Paar- und Familientherapie. In: Wirsching, M. & Scheib, P. (Hrsg.): *Paar- und Familientherapie.* Berlin: Springer-Verlag.

Bell, R. M. (1985): *Holy Anorexia.*, Chicago: The University of Chicago Press.

Bellman, M. (1966): Studies on encopresis. *Acta Pediatrica Scandinavica, 170*: 1–151.

Binet, A. (1979): Zur Genese von Störungen der Sphinkterkontrolle. *Psyche, 33*: 1114–1126.

Bion, W. R. (1962 / 1992*): Lernen durch Erfahrung.* Frankfurt am Main: Suhrkamp.

Bion, W. R. (1963 / 1992): *Elemente der Psychoanalyse.* Frankfurt am Main: Suhrkamp.

Bion, W. R. (1970 / 2006): *Aufmerksamkeit und Deutung.* Tübingen: Edition Discord.

Bird, A. (2007): Perceptions of epigenetics. *Nature, 447* (7143): 396–398.

Bluemel, S., Menne, D., Milos, G., Goetze, O., Fried, M., Schwizer, W. et al. (2017): Relationship of body weight with gastrointestinal motor and sensory function: Studies in anorexia nervosa and obesity. *BMC Gastroenterology, 17* (4): 1–14.

Bodenmann, G. (2002): Die Bedeutung von Stress für die Familienentwicklung. In: Rollett, B. & Werneck, H. (Hrsg.): *Klinische Entwicklungspsychologie der Familie* (S. 243-265). Göttingen: Hogrefe.

Bongers, M. E. J., Tabbers, M. M. & Benninga, M. A. (2007): Functional nonretentive fecal incontinence in children. *Journal of Pediatric Gastroenterology and Nutrition, 44*: 5–13.

Bosse, K. (1990): Dermatologie. In: von Uexküll, T. (Hrsg.): *Psychosomatische Medizin* (4. Auflage). München: Urban Schwarzenberg.

Bost, K. K., Wiley, A. R., Fiese, B., Hammons, A., McBride, B. & STRONG KIDS Team (2014): Associations between adult attachment style, emotion regulation, and preschool children's food consumption. *Journal of Developmental & Behavioral Pediatrics, 35* (1): 50–61.

Boszormenyi-Nagy, I. (1981): *Unsichtbare Bindungen.* Stuttgart: Klett-Cotta.

Boszormenyi-Nagy, I. & Framo, J. L. (1985): *Intensive family therapy: theoretical and practical aspects.* New York: Brunner/Mazel.

Boszormenyi-Nagy, I. & Spark, G. M. (2006): *Unsichtbare Bindungen. Die Dynamik familiärer Systeme.* Stuttgart: Klett-Cotta.

Boyce, W. T. & Kobor, M. S. (2015): Development and the epigenome: The ›synapse‹ of gene–environment interplay. *Developmental Science, 18* (1): 1–23.

Bräutigam, W. (1954): Über die psychosomatische Spezifität des Asthma bronchiale: mit einer kasuistischen Darstellung. *Psyche, 8* (9): 481–524.

Braun-Falco, O. & Ring, J. (1984): Zur Therapie des atopischen Ekzems. *Der Hautarzt, 35*: 447–454.

Browne, H. A., Modabbernia, A., Buxbaum, J. D., Hansen, S. N., Schendel, D. E., Parner, E. T. et al. (2016): Prenatal maternal smoking and increased risk for Tourette Syndrome and chronic tic disorders. *Journal of the American Academy of Child & Adolescent Psychiatry, 55* (9): 784–791.

Bryant-Waugh, R., Markham, L., Kreipe, R. E. & Walsh, B. T. (2010): Feeding and eating disorders in childhood. *International Journal of Eating Disorders, 43*: 98–111.

Bucci, W. (1994): The power of the narrative: A multiple code account. American Psychological Ass. In: Pennebaker J.W. (Ed.) (1995): *Emotion, Disclosure, and Health* (S. 93–124). Washington, D.C.: American Psychological Association.

Bürgin, D. (1978): *Das Kind, die lebensbedrohliche Krankheit und der Tod.* Bern: Huber.

Bürgin, D. (1982): Konversionsneurosen. *Der Kassenarzt, 22*, 44, 5066–5078.

Bürgin, D. (Hrsg.). (1988): *Beziehungskrisen in der Adoleszenz.* Bern: Huber.

Bürgin, D. (1990): Liaison-psychiatrische Aspekte im Bereich der Kinder- und Jugendpsychiatrie. *Schweizerische Rundschau für Medizin PRAXIS, 79* (25): 804–808.

Bürgin, D. & Rost, B. (1990): Pädiatrie. In: von Uexküll T. (Hrsg.): *Psychosomatische Medizin* (4. Auflage). München: Urban Schwarzenberg.

Bürgin, D. (1992): Integrierte psychosomatische Medizin in der pädiatrischen Universitätsklinik. In: von Uexküll, T. (Hrsg.): *Integrierte psychosomatische Medizin.* Stuttgart: Schattauer.

Bürgin, D. (1993). *Psychosomatik im Kindes- und Jugendalter.* München/Jena: Urban & Fischer Verlag.

Bürgin, D. & Biebricher, D. (1993): Soziale und antisoziale Tendenz in der Spätadoleszenz. In: Leuzinger-Bohleber, M. & Mahler, E. (Hrsg.): *Phantasie und Realität in der Adoleszenz* (S. 87-102). Wiesbaden: Westdeutscher Verlag Opladen.

Bürgin. D., von Klitzing, K., Steck, B. & Mohler, B. (1996): Ganzheitsmedizin aus kinder- und jugendpsychiatrischer Sicht. *Therapeutische Umschau, 53* (3): 170–178.

Bürgin, D. & Steck, B. (2008): Resilienz im Kindes- und Jugendalter. *Schweizer Archiv für Neurologie und Psychiatrie, 159*: 480–489.

Bürgin, D. (2012): Anmerkungen zu perversen Mechanismen und ihrer Funktion in Kindheit, Präadoleszenz und Adoleszenz. In: Bründl, P. & King, V. (2012*): Adoleszenz: gelingende und misslingende Transformationen* (S. 202–327). Frankfurt am Main: Brandes und Aspel.

Buderus, S., Scholz, D., Behrens, R., Classen, M., De Laffolie, J., Keller, K. M. et al. (2015): Inflammatory bowel disease in pediatric patients—characteristics of newly diagnosed patients from the CEDATA-GPGE registry. *Deutsches Ärzteblatt International, 112*: 121–127.

Buse, J., Enghardt, S., Kirschbaum, C., Ehrlich, S. & Roessner, V. (2016): Tic frequency decreases during short-term psychosocial stress – an experimental study on children with tic disorders. *Frontiers in Psychiatry, 7* (84): 1–7.

Caldwell, P. H., Sureshkumar, P. & Wong, W. C. (2016): Tricyclic and related drugs for nocturnal enuresis in children. *Cochrane Database of Systematic Reviews, (1)*: CD002117, 1–154.

Call, N. A., Simmons, C. A., Lomas Mevers, J. E. & Alvarez, J. P. (2015): Clinical outcomes of behavioral treatments for Pica in children with developmental disabilities. *Journal of Autism and Developmental Disorders, 45*: 2105–2114.

Cheong, J. N., Wlodek, M. E., Moritz, K. M. & Cuffe, J. S. M. (2016): Topical review: Programming of maternal and offspring disease: Impact of growth restriction, fetal sex and transmission across generations. *The Journal of Physiology, 594* (17): 4727–40.

Chiriac, A., Brzezinski, P., Pinteala, T., Anca, E., Chiriac, A. E. & Foia, L. (2015): Review: Common psychocutaneous disorders in children. *Neuropsychiatric Disease and Treatment, 11*: 333–337.

Cicchetti, D. & Rogosch, F. A. (2012): Gene × environment interaction and resilience: Effects of child maltreatment and serotonin, corticotropin releasing hormone, dopamine, and oxytocin genes. *Development and Psychopathology, 24* (2): 411–427.

Claßen, M., Kretzschmar, B., Kretzschmar, A., Kunert, D., Faiß, M. & Iven, E. (2014): *Kompetenznetz Patientenschulung im Kindes- und Jugendalter e.V. KomPaS: Arbeitsgruppe Qualitätsmanagement erstellt im Rahmen des vom BMG geförderten Projektes Förderkennzeichnung.* Lengerich: Pabst Science Publishers.

Cloitre, M., Stolbach, B. C., Herman, J. L., van der Kolk, B., Pynoos, R. & Wang, J. (2009): Developmental approach to complex PTSD: Childhood and adult cumulative trauma as predictors of symptom complexity. *Journal of Traumatic Stress, 22* (5): 399–408.

Cohen, D. J. (1991): Tourette's syndrome: A model disorder for integrating psychoanalysis and biological perspectives. *International Review of Psycho-Analysis, 18*:195–208.

Cohen, D. J. (2006): *Life is with others. Selected writings on child psychiatry.* New Haven: Yale University Press.

Cole, S. Z. & Lanham, J. S. (2011): Failure to thrive: An update. *American Family Physician, 83* (7): 829–834.

Colombo, J. M., Wassom, M. C. & Rosen, J. M. (2015): Constipation and encopresis in childhood. *Pediatrics in Review, 36* (9): 392–401.

Conelea, C. A. & Woods, D. W. (2008): The influence of contextual factors on tic expression in Tourette's syndrome: A review. *Journal of Psychosomatic Research, 65*: 487–496.

Conelea, C. A., Walther, M. R., Freeman, J. B., Garcia, A. M., Sapyta, J., Khanna, M. et al. (2014a): Tic-related obsessive-compulsive disorder (OCD): Phenomenology and treatment outcome in the pediatric OCD treatment study II. *Journal of the American Academy of Child and Adolescent Psychiatry, 53* (12): 1308–1316.

Conelea, C. A., Ramanujam, K., Walther, M. R., Freeman, J. B. & Garcia, A. M. (2014b): Is there a relationship between tic frequency and physiological arousal? Examination in a sample of children with co-occurring tic and anxiety disorders. *Behavior Modification, 38* (2): 217–234.

Coplan, J. D., Fathy, H. M., Jackowski, A. P., Tang, C. Y., Perera, T. D., Mathew, S. J. et al. (2014). Early life stress and macaque amygdala hypertrophy: Preliminary evidence for a role for the serotonin transporter gene. *Frontiers in Behavioral Neuroscience, 8* (342): 1–10.

Culbert, T. P. & Banez, G. A. (2007): Integrative approaches to childhood constipation and encopresis. *Pediatric Clinics of North America, 54*: 927–947.

D'Andrea, W., Ford, J., Stolbach, B., Spinazzola, J. & van der Kolk, B. A. (2012): Understanding interpersonal trauma in children: Why we need a developmentally appropriate trauma diagnosis. *American Journal of Orthopsychiatry, 82* (2):187–200.

Danielsson, P., Bohlin, A., Bendito, A., Svensson, A. & Klaesson, S. (2016): Five-year outpatient programme that provided children with continuous behavioural obesity treatment enjoyed high success rate. *Acta Paediatrica, 105* (10): 1181–1190.

Davies, W. H., Satter, E., Berlin, K. S., Sato, A. F., Silverman, A. H., Fischer, E. A. et al. (2006): Reconceptualizing feeding and feeding disorders in interpersonal context: The case for a relational disorder. *Journal of Family Psychology, 20*: 409–417.

De Kloet, E. R., Joëls, M. & Holsboer, F. (2005): Stress and the brain: From adaptation to disease. *Nature Reviews Neuroscience, 6* (6): 463–475.

Deutsch, L (1987): Reflections on the psychoanalytic treatment of patients with bronchial asthma. The *Psychoanalytic Study of the Child, 42*: 239–261.

Dir, A. L., Bell, R. L., Adams, Z. W. & Hulvershorn, L. A. (2017): Gender differences in risk factors for adolescent binge drinking and implications for intervention and prevention. *Frontiers in Psychiatry, 8* (289): 1–17.

Dos Santos, J., Lopes, R. I. & Koyle, M. A. (2017): Bladder and bowel dysfunction in children: An update on the diagnosis and treatment of a common, but underdiagnosed pediatric problem. *Canadian Urological Association Journal, 11* (Suppl 1): 64–72.

Draper, A., Jackson, G. M., Morgan, P. S. & Jackson, S. R. (2016): Premonitory urges are associated with decreased grey matter thickness within the insula and sensorimotor cortex in young people with Tourette syndrome. *Journal of Neuropsychology, 10*: 143–153.

Drossman, D. A., Tack, J., Ford, A. C., Szigethy, E., Törnblom, H. & van Oudenhove, L. (2017): Neuromodulators for functional GI disorders (Disorders of Gut-Brain Interaction): A Rome foundation working team report. *Gastroenterology, 154* (4): 1140–1171.

Dudley, K. J., Li, X., Kobor, M. S., Kippin, T. E. & Bredy, T. W. (2011): Epigenetic mechanisms mediating vulnerability and resilience to psychiatric disorders. *Neuroscience & Biobehavioral Reviews, 35* (7): 1544–1551.

Dührssen, A. (1978): *Psychogene Erkrankungen bei Kindern und Jugendlichen*. Göttingen: Vandenhoeck und Ruprecht.

Dunn, L. K., O'Neill, J. L., Feldman, S. R. (2011): Acne in adolescents: Quality of life, self-esteem, mood, and psychological disorders. *Dermatology Online Journal, 17* (1):1.

Eddy, K. T., Thomas, J. J., Hastings, E., Edkins, K., Lamont, E., Nevins, C. M. et al. (2015): Prevalence of DSM-5 avoidant/restrictive food intake disorder in a pediatric gastroenterology healthcare network. *International Journal of Eating Disorders, 48*: 464–470.

Edgcumbe, R. (1978): The psychoanalytic view of the development of encopresis. *Bull. Hampstead Clinic, 1*: 57–61.

Eggers, C. & Fernholz, D. (1991): Hysterie und Konversion, Klassifikation und Therapie. In: Nissen, G. (Hrsg.): *Psychogene Psychosyndrome* (S. 119–131). Bern: Huber.

Eggers, C., Fegert, J. H. & Resch, F. (2004): *Psychiatrie und Psychotherapie des Kindes- und Jugendalters*. Berlin: Springer-Verlag.

Egle, U. T., Hoffmann, S. O. & Joraschky, P. (2004): *Sexueller Missbrauch, Misshandlung, Vernachlässigung: Erkennung, Therapie und Prävention der Folgen früher Stresserfahrungen*. Stuttgart: Schattauer Verlag.

Ehrlich, K. B., Miller, G. E. & Chen, E. (2015): Harsh parent–child conflict is associated with decreased anti-inflammatory gene expression and increased symptom severity in children with asthma. *Development and Psychopathology, 27*: 1547–1554.

Eisenberger, N. I., Lieberman, M. D. & Williams, K. D. (2003): Does rejection hurt? An FMRI study of social exclusion. *Science, 302* (5643): 290–292.

Enck, P., Kränzle, U., Schwiese, J., Lübke, H. J., Erckenbrecht, J. F., Wienbeck, M. et al. (1988): Biofeedback Behandlung bei Stuhlinkontinenz. *Deutsche Medizinische Wochenschrift, 113*: 1789–1794.

Epstein, L. H., Paluch, R. A., Roemmich, J. N. & Beech, M. D. (2007): Family-based obesity treatment, then and now: Twenty-five years of pediatric obesity treatment. *Health Psychology, 26* (4): 381–391.

Equit, M., Klein, A. M., Braun-Bither, K., Gräber, S. & von Gontard, A. (2014): Elimination disorders and anxious-depressed symptoms in preschool children: A population-based study. *European Child & Adolescent Psychiatry, 23*: 417–423.

Ermann, M. (1990): Somatische und psychosomatische Medizin (S. 24–30). In: Wiesse, J. (Hrsg.): *Psychosomatische Medizin in Kindheit und Adoleszenz*. Göttingen: Verlag für Medizinische Psychologie.

Esposito, M., Carotenuto, M. & Roccella, M. (2011): Primary nocturnal enuresis and lear-

ning disability. *Minerva Pediatrica, 63* (2): 99–104.
Essen, J. & Peckham, C. (1976): Nocturnal enuresis in childhood. *Developmental Medicine & Child Neurology, 18*: 577–589.
Evers, A. W. M. Y., Lu, Y., Duller, P., van der Valk, P. G. M., Kraaimaat, F. W. & van de Kerkhof, P. C. M. (2005): Common burden of chronic skin diseases? Contributors to psychological distress in adults with psoriasis and atopic dermatitis. *British Journal of Dermatology, 152*: 1275–1281.
Fagundes, C. P. & Kiecolt-Glaser, J. K. (2013): Stressful early life experiences and immune dysregulation across the lifespan. *Brain, Behavior and Immunity, 27C*: 8–12.
Fain, M. (1974): S. 341, 307–319. In: Kreisler, L., Fain, M. & Soulé, M.: *L'enfant et son corps*. Paris: PUF.
Federn (1923). Van Deshook und Stekel: Die psychische Behandlung des Tics. (Therapie der Gegenwart, 1922.). *Internationale Zeitschrift für Psychoanalyse, 9* (2): 224–225.
Fegert, J. M., Eggers, C. & Resch, F. (2012): *Tic-Störungen und Tourette-Syndrom. Psychiatrie und Psychotherapie des Kindes- und Jugendalters*. Berlin: Springer-Verlag.
Ferenczi, S. (1921): Psychoanalytische Betrachtungen über den Tic. *Internationale Zeitschrift für Psychoanalyse, 7* (1): 33–62.
Ferenczi, S. (1924): Versuch einer Genitaltheorie. In: *Schriften zur Psychoanalyse* (Band II, 1970). Frankfurt am Main: Fischer.
Fergusson, D. M., Horwood, L. J. & Shannon, F. T. (1990): Secondary enuresis in a birth cohort of New Zealand children. *Paediatric and Perinatal Epidemiology, 4*: 53–63.
Ferrara, J. & Jankovic, J. (2008): Psychogenic movement disorders in children. *Movement Disorders, 23* (13): 1875–1881.
Field, A. E., Sonneville, K. R., Micali, N., Crosby, R. D., Swanson, S. A., Laird, N. M. et al. (2012): Prospective association of common eating disorders and adverse outcomes. *Pediatrics, 130* (2): 289–295.
Fielding, G. A. & Duncombe, J. E. (2005): Laparoscopic adjustable gastric banding in severely obese adolescents. *Surgery for Obesity and Related Disease., 1* (4): 399–405.
Finkelhor, D., Ormrod, R. K. & Turner, H. A. (2009): Lifetime assessment of poly-victimization in a national sample of children and youth. *Child Abuse & Neglect, 33* (7): 403–411.
Fisher, M. M., Rosen, D. S., Ornstein, R. M., Mammel, K. A., Katzman, D. K., Rome, E. S. et al. (2014): Characteristics of avoidant/restrictive food intake disorder in children and adolescents: A »new disorder« in DSM-5. *Journal of Adolescent Health, 55*: 49–52.
Fliegel, S., Groeger, M., Künzel, R. & Schulte, D. (1989): *Verhaltenstherapeutische Standardmethoden* (2. Auflage). München. Psych.: Verlags Union.
Foliot, C. (1985): L'asthme de l'enfant (S. 571–578). In: Lebovici, S., Diatkine, R. & Soulé, M. (Eds.): *Traité de psychiatrie de l'enfant et de l'adolescent* (Vol. II.) Paris: PUF.
Forno, E., Weiner, D. J., Mullen, J., Sawicki, G., Kurland, G., Han, Y. Y. et al (2017): Obesity and airway dysanapsis in children with and without asthma. *American Journal of Respiratory and Critical Care Medicine, 195* (3): 314–323.
Foxman, B., Valdez, R. B. & Brook, R. H. (1986): Childhood enuresis: Prevalence, perceived impact, and prescribed treatments. *Pediatrics, 77*: 482–487.
Franke, H. A. (2014): Review: Toxic stress: Effects, prevention and treatment. *Children, 1*: 390–402.
Freud, A. (1946): The psychoanalytic study of infantile feeding disturbances. *The Psychoanalytic study of the Child, 2*: 119–132.
Freud, A. (1968): *Wege und Irrwege in der Kinderentwicklung*. Stuttgart: Klett.
Freud, S. (1894): *Die Abwehr-Neuropsychosen*, GW, Band I.
Freud, S. (1916): *Trauer und Melancholie*, GW, Band X.
Friedman, S. B. (1973): Conversion symptoms in adolescents. *Pediatric Clinics of North America, 20*: 873–882.
Friessem, D. H. (1974): Psychiatrische und psychosomatische Erkrankungen ausländischer Arbeiter in der BRD. Ein Beitrag zur Psychiatrie der Migration. *Psychiatrie, Neurologie und medizinische Psychologie, 26*: 78–90.
Friman, P. C., Methews, J. R., Finney, J. W., Christophersen, E. R. & Leibowitz, J. M. (1988): Do encopretic children have clinical significant behavior problems? *Pediatrics, 82*: 407–409.
Furlano, R. I., Sidler, M. A. & Köhler, H. (2013): Soll das Essen Dir gedeih'n, musst Du heiter dabei sein – Gedeihstörung beim Kind. *Therapeutische Umschau, 70* (11): 681–686.
Gabel, S., Hegedus, A. M., Wald, A., Chandra, R. & Chiponis, D. (1986): Prevalence of behavior problems and mental health utilization among encopretic children: Implications for behavioral pediatrics. *Journal of Developmental & Behavioral Pediatrics, 7* (5): 293–297.
Gabel, H. W. & Greenberg, M. E. (2013): Genetics. The maturing brain methylome. *Science, 341* (6146): 626–627.

Galski, T. (1983): Hair-pulling (Trichotillomania). *The Psychoanalytic Review, 70*: 331–345.

Garner, A. S. & Shonkoff, J. P. (2012): Committee on psychosocial aspects of child and family health; committee on early childhood, adoption, and dependent care; section on developmental and behavioral pediatrics. Early childhood adversity, toxic stress, and the role of the pediatrician: Translating developmental science into lifelong health. *Pediatrics, 129* (1): 224–231.

Geissler, W. (1985): Der Voraussagewert einer multiaxialen Diagnose für die spätere Sozialbewährung kindlicher Enkopretiker. *Nervenarzt, 56*: 275–278.

Gelfand, A. A., Fullerton, H. J. & Goadsby, P. J. (2010): Child Neurology: migraine with aura in children. *Neurology, 75* (5):16–19.

Gelfand, A. A., Goadsby, P. J. & Allen, I. A. (2015): The relationship between migraine and infant colic: A systematic review and meta-analysis. *Cephalalgia, 35* (1): 63–72.

Gerard, M. W. (1946): The psychogenic tic in ego development. *The Psychoanalytic Study of the Child, 2*: 133–162.

Gerlinghoff, M., Backmund, H. & Mai, N. (1988): *Magersucht. Auseinandersetzung mit einer Krankheit*. München, Weinheim: Psychologie Verlags Union.

Giannakopoulos, G., Chouliaras, G., Margoni, D., Korlou, S., Hantzara, V., Panayotou, I. et al. (2016): Stressful life events and psychosocial correlates of pediatric inflammatory bowel disease activity. *World Journal of Psychiatry, 6* (3): 322–328.

Glicklich, L. B. (1951): A historical account of enuresis. *Pediatrics, 8*: 1159–1174.

Gloor, F. T. & Walitza, S. (2016): Tic disorders and Tourette Syndrome: Current concepts of etiology and treatment in children and adolescents. *Neuropediatrics, 47*: 84–96.

Godley, S. H., Hedges, K. & Hunter, B. (2011): Gender and racial differences in treatment process and outcome among participants in the adolescent community reinforcement approach. *Psychology of Addictive Behaviors, 25* (1): 143–154.

Goethe, J. W. (1961, 1782): *Der Erlkönig*, GW, Band 1.

Goodwin, R. D., Robinson, M., Sly, P. D., McKeague, I. W., Susser, E. S., Zubrick, S. R. et al. (2013): Severity and persistence of asthma and mental health: A birth cohort study. *Psychological Medicine, 43* (6): 1–16.

Güngör, N. K. (2014): Overweight and obesity in children and adolescents. *Journal of Clinical Research in Pediatric Endocrinology, 6* (3): 129–143.

Guidetti, V., Faedda, N. & Siniatchkin, M. (2016): Migraine in childhood: Biobehavioural or psychosomatic disorder? *The Journal of Headache and Pain, 17* (82): 1–6.

Hallett, M. (2015): Tourette Syndrome: Update. *Brain and Development, 37* (7): 651–655.

Har, A. F. & Croffie, J. M. (2017): Encopresis. *Pediatrics in Review, 31* (9): 369–375.

Harbauer, H. & Schmidt, M. (1984): Enuresis. In: Harbauer, H. & Schmidt, M. (Hrsg.): *Kinder- und Jugendpsychiatrie* (3. Auflage). Köln: Deutscher Ärzteverlag.

Haug-Schnabel, G. (1985): Zur Enuresis Therapie. *Der Kinderarzt, 16*: 1105–1115.

Haug-Schnabel, G. (1990a): Das Enuresis Gespräch. *Acta Pädopsychiatrica, 53*: 45–53.

Haug-Schnabel, G. (1990b): Enuresis: Aktuelles zu einem alten Problem. *Aktuelle Urologie, 21*: 259–266.

Haug-Schnabel, G. (1991): Zur Biologie der Enuresis. Ein Beispiel für Verhaltensstörungen als Modifikation biologisch sinnvoller Verhaltenselemente durch ungünstige Umweltbedingungen. *Zoologische Jahrbücher, Sektion Allgemeine Zoologie/Physiologie, 95*: 233–256.

Haug-Schnabel, G. (2006): Enuresis und Enkopresis - Ventile des Körpers. *Analytische Kinder- und Jugendlichen Psychotherapie, 37* (129): 49-60.

Haug-Schnabel, G. (2011): Physiologische und psychologische Aspekte der Sauberkeitserziehung. *KiTa Fachtexte*.

Heger, S., Teyssen, S. & Lieberz, K. (2001): Pica – Ursachen und Komplikationen einer wenig bekannten Essstörung. *Deutsche Medizinische Wochenschrift, 126* (50): 1435–1439.

Hejazi, R. A. & McCallum, R. W. (2014): Rumination syndrome: A review of current concepts and treatments. *The American Journal of the Medical Sciences, 348* (4): 324–329.

Hellbrügge, T., Lajosi, F., Menara, D., Schamberger, R. & Rautenstrauch, T. (1978): *Münchener Funktionelle Entwicklungsdiagnostik, erstes Lebensjahr. Fortschritte der Sozialpädiatrie*. München: Urban Schwarzenberg.

Herpertz-Dahlmann, B., Wille, N., Holling, H., Vloet, TD & Ravens-Sieberer, U. (2008): Disordered eating behaviour and attitudes, associated psychopathology and health-related quality of life: Results of the BELLA study. *European Child & Adolescent Psychiatry, 17* (1): 82–91.

Herpertz-Dahlmann, B., Seitz, J. & Konrad, K. (2011): Aetiology of anorexia nervosa: From a »psychosomatic family model« to a neuropsychiatric disorder? *European Archives of Psychiatry and Clinical Neuroscience, 261* (Suppl 2): 177–181.

Herpertz-Dahlmann, B., van Elburg, A., Castro-Fornieles, J. & Schmidt, U. (2015): ESCAP Expert paper: New developments in the diagnosis and treatment of adolescent anorexia nervosa – a European perspective. *European Child & Adolescent Psychiatry, 24*:1153–1167.

Hibell, B., Guttormsson, U., Ahlström, S., Balakireva, O., Bjarnason, T. & Kokkevi, A. et al. (2012): *The 2011 ESPAD Report: Substance Use among Students in 36 European Countries* (S. 1–394). Stockholm: ESPAD.

Hinman, A. (1958): Conversion hysteria in childhood. *The American Journal of Diseases of Children, 92*: 42–45.

Holland, A. J., Hall, A., Murray, R., Russell, G. F. M. & Crisp, A. H. (1984): Anorexia nervosa: A study of 34 twin pairs and one set of triplets. *The British Journal of Psychiatry, 145*: 414–419.

Hostetler, C. M. & Ryabinin, A. E. (2013): The CRF system and social behavior: A review. *Frontiers in Neuroscience, 7* (92): 1–15.

Hutson, J. M., Catto-Smith, T., Gibb, S., Chase, J., Yeong-Myung, S., Stanton, M. et al. (2004): Chronic constipation: No longer stuck! Characterization of colonic dysmotility as a new disorder in children. *Journal of Pediatric Surgery, 39* (6): 795–799.

Jafferany, M. & Franca, K. (2016): Review article. Psychodermatology: Basics concepts. *Acta Derm Venereol, Supplementum 217*: 35–37.

Jain, S. & Bhatt, G. C. (2016): Advances in the management of primary monosymptomatic nocturnal enuresis in children. *Paediatrics and International Child Health, 36* (1): 7–14.

Joinson, C., Heron, J., Butler, U. & von Gontard, A. (2006): Psychological differences between children with and without soiling problems. *Pediatrics, 117*: 1575–1584.

Joinson, C., Heron, J., Butler, R., von Gontard, A., Butler, U., Emond, A. et al. (2007): A United Kingdom population-based study of intellectual capacities in children with and without soiling, daytime wetting, and bed-wetting. *Pediatrics, 120* (2): 308–317.

Joinson, C., Sullivan, S., von Gontard, A. & Heron, J. (2016): Stressful events in early childhood and developmental trajectories of bedwetting at school age. *Journal of Pediatric Psychology, 41* (9): 1002–1010.

Jostins, L., Ripke, S., Weersma, R. K., Duerr, R. H., McGovern, D. P., Hui, K. Y. et al. (2012): Host-microbe interactions have shaped the genetic architecture of inflammatory bowel disease. *Nature, 491*(7422): 119–124.

Kafka, F. (1924): *Ein Hungerkünstler. Vier Geschichten.* Berlin: Die Schmiede Verlag.

Kammerer, E. (1985): Enuresis. In: Remschmidt, H. & Schmidt, M. H. (Hrsg.): *Kinder und Jugendpsychiatrie* (Band 3). Stuttgart: Thieme.

Kapoor, A., Dunn, E., Kostaki A., Andrews, M. H. & Matthews, S. G. (2006): Symposium report fetal programming of hypothalamo-pituitary-adrenal function: Prenatal stress and glucocorticoids. *The Journal of Physiology, 572* (1): 31–44.

Kaufman, J., Yang, B. Z., Douglas-Palumberi, H., Houshyar, S., Lipschitz, D., Krystal, J. H. et al. (2004): Social supports and serotonin transporter gene moderate depression in maltreated children. *Proceedings of the National Academy of Sciences of the United States of America, 101* (49): 17316–17321.

Kaufman, J., Gelernter, J., Hudziak, J. J., Tyrka, A. R. & Coplan, J. D. (2015): The Research Domain Criteria (RDoC) project and studies of risk and resilience in maltreated children. *Journal of the American Academy of Child & Adolescent Psychiatry, 54* (8): 617–625.

Keerthy, D., Youk, A., Srinath, A. I., Malas, N., Bujoreanu, S., Bousvaros, A. et al. (2016): Effect of psychotherapy on health care utilization in children with inflammatory bowel disease and depression. *Journal of Pediatric Gastroenterology and Nutrition, 63* (6): 658–664.

Keilbach, H. (1977): Untersuchung an acht Kindern mit der Hauptsymptomatik Einkoten. *Praxis der Kinderpsychologie und Kinderpsychiatrie, 26*: 117–127.

Kelly, R. N., Shank, L. M., Bakalar, J. L. & Tanofsky-Kraff, M. (2014): Pediatric feeding and eating disorders: Current state of diagnosis and treatment. *Current Psychiatry Reports, 16* (446): 1–12.

Kemper, W. (1969): *Bettnässer-Leiden (Enuresis).* München: Reinhardt Verlag.

Keren, M., Miara, A. R., Feldmann, R. & Tyano, S. (2006): Some reflections on infancy-onset trichotillomania. *The Psychoanalytical Study of the Child, 61*: 254–272.

Kerzner, B., Milano K., MacLean, W. C., Berall, G., Stuart, S. & Chatoor, I (2015): A Practical Approach to Classifying and Managing Feeding Difficulties. *Pediatrics, 135*(2): 344–354.

Klein, M. (1925): Zur Genese des Tics. *Internationale Zeitschrift für Psychoanalyse, 11* (3): 332–349.

Kog, E., Vertommen, H. & Vandereycken, W. (1987): Minuchin's psychosomatic family model revised: A concept validation study using a multitrait multimethod approach. *Family process, 26* (2): 235–253.

Kohn, J. B. (2016): What Is ARFID? *Journal of the Academy of Nutrition and Dietetics, 116* (11): 1872.

Koppen, IJ., Nurko, S., Saps, M., Di Lorenzo, C. & Benninga, M. A. (2017): The pediatric Rome IV criteria: What's new? *Expert Review of Gastroenterology & Hepatology*, 11: 193–201.

Kozlowska, K., Nunn, K. P., Rose, D., Morris, A., Ouvrier, R. A. & Varghese, J. (2007): Conversion disorder in Australian pediatric practice. *Journal of the American Academy of Child & Adolescent Psychiatry*, 46 (1): 68–75.

Kozlowska, K. & Khan, R. A. (2011): Developmental, body-oriented intervention for children and adolescents with medically unexplained chronic pain. *Clinical Child Psychology and Psychiatry*, 16 (4): 575–598.

Kozlowska, K., English, M. & Savage, B. (2012): Connecting body and mind: The first interview with somatizing patients and their families. *Clinical Child Psychology and Psychiatry*, 18: 223–45.

Kozlowska, K. (2013a): Functional somatic symptoms in childhood and adolescence. *Current Opinion in Psychiatry*, 26: 485–492.

Kozlowska, K., Brown, K. J, Palmer, D. M. & Williams, L. M. (2013b): Specific biases for identifying facial expression of emotion in children and adolescents with conversion disorders. *Psychosomatic Medicine*, 75: 272–280.

Kozlowska, K., Palmer, D. M., Brown, K. J., Scher, S., Chudleigh, C., Davies, F. et al. (2015a): Conversion disorder in children and adolescents: A disorder of cognitive control. *Journal of Neuropsychology*, 9: 87–108.

Kozlowska, K., Palmer, D. M., Brown, K. J., McLean, L., Scher, S., Gevirtz, R. et al. (2015b): Reduction of autonomic regulation in children and adolescents with conversion disorders. *Psychosomatic Medicine*, 77: 356–370.

Kozlowska, K., Walker, P., McLean, L. & Carrive. P. (2015c): Fear and the defense cascade: Clinical implications and management. *Harvard Review of Psychiatry*, 23 (4): 263–287.

Kratky-Dunitz., M. & Scheer, P. J. (1988): Psychosomatische Aspekte der Enkopresis. *Monatsschrift Kinderheilk.*, 136: 630–635.

Kreipe, R. E. & Palomaki, A. (2012): Beyond picky eating: Avoidant/restrictive food intake disorder. *Current Psychiatry Reports*, 14: 421–431.

Kreisler, L., Fain, M. & Soulé, M. (1974): *L'enfant et son corps*. Paris: PUF.

Kreisler, L. (1985): (a) La pathologie psychosomatique (S. 423–443); (b) La clinique psychosomatique du nourrisson (S. 695–712). In: Lebovici, S., Diatkine, R., Soulé, M. (Eds.): *Traité de psychiatrie de l'enfant et de l'adolescent* (Vol. II.). PUF, Paris.

Kreisler, L. (1995): *Le Nouvel Enfant du Désordre Psychosomatique*. Paris: Dunot.

Kretschmer, E. (1923): *Über Hysterie*. Leipzig: Thieme.

Krisch, K. (1985): *Enkopresis*. Bern: Huber.

Kurz, S., van Dyck, Z., Dremmel, D., Munsch, S. & Hilbert, A. (2015): Early-onset restrictive eating disturbances in primary school boys and girls. *European Child & Adolescent Psychiatry*, 24: 779–785.

Kurz, S., van Dyck, Z., Dremmel, D., Munsch, S. & Hilbert, A. (2016): Variants of early-onset restrictive eating disturbances in middle childhood. *International Journal of Eating Disorders*, 49:102–106.

Laffitte, E. & Izakovic, J. (2006): Psoriasis beim Kind. *Paediatrica*, 17 (6): 28–31.

Laplanche J. (2005): *Die unvollendete kopernikanische Revolution in der Psychoanalyse*. Giessen: Psychosozial.

Laplanche J. (2011): *Neue Grundlagen für die Psychoanalyse*. Giessen: Psychosozial.

Lask, B. & Fosson, A. (1989): *Childhood illness: the psychosomatic approach*. Chichester, England: John Wiley and Sons.

Lebovici, S., Diatkine, R. & Soulé, M. (Eds.) (1985): *Traité de psychiatrie de l'enfant et de l'adolescent* (Vol. II.). Paris: PUF.

Leckman, J. F., Walker, D. E. & Cohen, D. J. (1993): Premonitory urges in Tourette's syndrome. *American Journal of Psychiatry*, 150: 98–102.

Legaki, E. & Gazouli, M. (2016): Influence of environmental factors in the development of inflammatory bowel diseases. *The World Journal of Gastrointestinal Pharmacology and Therapeutics*, 7 (1): 112–125.

Le Grange, D., Hughes, E. K., Court, A., Yeo, M., Crosby, R. D. & Sawyer, S. M. (2016): Randomized clinical trial of parent-focused treatment and family-based treatment for adolescent anorexia nervosa. *Journal of the American Academy of Child & Adolescent Psychiatry*, 55 (8): 683–692.

Levine, H. B. (2014): Die nichtfarbige Leinwand: Repräsentation, therapeutisches Handeln und die Bildung der Psyche. *Psyche*, 68: 787–819.

Lewis, J. R. (2013): Hair-pulling, culture and unmourned death. *International Journal of Psychoanalytic Self Psychology*, 8(2): 202–217.

Liu, J., Dietz, K., DeLoyht, J. M., Pedre, X., Kelkar, D., Kaur, J. et al. (2012). Impaired adult myelination in the prefrontal cortex of socially isolated mice. *Nature Neuroscience*, 15 (12):1621–1623.

Livingston, R. (1992): Children of people with somatization disorder. *Journal of the American*

Academy of Child & Adolescent Psychiatry, 32: 536-44.

Liu, X., Olsen, J., Agerbo, E., Yuan, W., Sigsgaard, T. & Li, J. (2015): Prenatal stress and childhood asthma in the offspring: Role of age at onset. *European Journal of Public Health, 25* (6): 1042–1046.

Livingston, R., Wit, A. & Smith, G. R. (1995): Families who somatize. *Journal of Developmental & Behavioral Pediatrics, 16*: 42–46.

Lock, J. & La Via, M. C. (2015): The American academy of child and adolescent psychiatry (AACAP) Committee on Quality Issues (CQI): Practice parameter for the assessment and treatment of children and adolescents with eating disorders. *Journal of the American Academy of Child & Adolescent Psychiatry, 54* (5): 412–425.

Loddo, I. & Romano, C. (2015): Inflammatory bowel disease: Genetics, epigenetics, and pathogenesis. *Frontiers in Immunology, 6*, 551: 1–6.

Lovallo, W. R. (2013): Early life adversity reduces stress reactivity and enhances impulsive behavior: Implications for health behaviors. *International Journal of Psychophysiology, 90* (1): 8–16.

Lucas, A. R. (1987): Tic: Gilles de la Tourette's Syndrome. In: Nohspitz, JD (Ed.): *Basic Handbook of Child Psychiatry*. New York: Basic Book.

Lupiena, S. J., Parent, S., Evanse, A. C., Tremblayc, R. E., Zelazoi, P. D., Corboj, V. et al. (2011): Larger amygdala but no change in hippocampal volume in 10-year-old children exposed to maternal depressive symptomatology since birth. *Proceedings of the National Academy of Sciences of the United States of America, 108* (34):14324–14329.

Mackner, L. M., Greenley, R. N., Szigethy, E., Herzer, M., Deer, K. & Hommel, K. A. (2013): Psychosocial issues in pediatric inflammatory bowel disease: A clinical report of the North American Society for Pediatric Gastroenterology, Hepatology and Nutrition. *Journal of Pediatric Gastroenterology and Nutrition, 56* (4): 449–458.

Mahler, M. S. (1949): A psychoanalytic evaluation of tic in psychopathology of children. *The Psychoanalytic Study of the Child, 3* (4): 279–310.

Maiello, S. (2001): Prenatal trauma and autism. *Journal of Child Psychotherapy, 27* (2):107–24.

Mairs, R. & Nicholls, D. (2017): Assessment and treatment of eating disorders in children and adolescents. *Archives of Disease in Childhood, 101*: 1168–1175.

Malli, M. A., Forrester-Jones, R. & Murphy, G. (2016): Stigma in youth with Tourette's syndrome: A systematic review and synthesis. *European Child & Adolescent Psychiatry, 25*:127–139.

Maloney, M. (1980): Diagnosing hysterical conversion reactions in children. *The Journal of Pediatrics, 97*: 1016–1020.

Maloney, A. E. (2011): Pediatric obesity: A review for the child psychiatrist. *Pediatric Clinics of North America, 58* (4): 955–72.

Mansdorf, I. J. (1986): Assertiveness training in the treatment of a child's tics. *Journal of Behavior Therapy and Experimental Psychiatry 17* (1): 29–32.

Martin, A., Saunders, D. H., Shenkin, S. D. & Sproule, J. (2014): Lifestyle intervention for improving school achievement in overweight or obese children and adolescents. *Cochrane Database of Systematic Reviews, 3* (CD009728): 1–4.

Marty, P. (1958): The allergic object relationship. *The International Journal of Psychoanalysis, 39*: 98–103. Französisch: La relation d'objet allergique. *Revue Française de Psychanalyse, 22*: 5–35.

Mattejat, F. & Quaschner, K. (1985): Zur ambulanten Behandlung von Enuretikern. *Zeitschrift für Kinder und Jugendpsychiatrie, 13*: 212–229.

McKenzie, I. A., Ohayon, D., Li, H., de Faria, J. P., Emery, B., Tohyama, K. et al. (2014): Motor skill learning requires active central myelination. *Science, 346* (6207): 318–22.

Meadow, D. (1992): The development of acute, transient migraines during a psychoanalytic treatment. *Modern Psychoanalysis, 17* (2): 251–262.

Mehta, M. A., Golembo, N. I., Nosarti, C., Colvert, E., Mota, A., Williams, S. C. R. et al. (2009): Amygdala, hippocampal and corpus callosum size following severe early institutional deprivation: The English and Romanian adoptees study pilot. *Journal of Child Psychology and Psychiatry, 50* (8): 943–951.

Menzel, J. (2016): ARFID. National eating disorders association. www.NationalEatingDisorders.org

Miller, G. E. & Chen, E. (2006): Life stress and diminished expression of genes encoding glucocorticoid receptor and 2-adrenergic receptor in children with asthma. *Proceedings of the National Academy of Sciences of the United States of America, 103* (14): 5496–5501.

Miller, G. E., Gaudin, A., Zysk, E. & Chen, E. (2009): Parental support and cytokine activity in childhood asthma: The role of glucocorticoid

sensitivity. *Journal of Allergy and Clinical Immunology, 123* (4): 824–30.
Mink, J. W. (2013): Conversion disorder and mass psychogenic illness in child neurology. *Annals of the New York Academy of Sciences, 1304*: 40–44.
Minuchin, S. (1974): *Families and family therapies*. Cambridge: Harvard University Press.
Minuchin, S., Baker, L., Rosman, B. L., Liebman, R., Milman, L. & Todd. T. C. (1975): A conceptual model of psychosomatic illness in children: Family organization and family therapy. *Archives of General Psychiatry, 32*: 1031–1038.
Minuchin, S., Rosman, B. L. & Baker, L. (1978): *Psychosomatic families: anorexia nervosa in context*. Cambridge: Harvard University Press.
Minuchin, S. (1997): *Familie und Familientherapie. Theorie und Praxis struktureller Familientherapie*. Freiburg im Breisgau: Lambertus Verlag.
Minuchin, S. & Fishman, H. C. (2004): Family therapy techniques. Cambridge: Harvard University Press.
Mirabellia, M. C., Hsua, J. & Gowerb, W. A. (2016): Comorbidities of asthma in U.S. children. *Respiratory Medicine, 16*: 34–40.
Mishori, R. & McHale, C. (2014): Pica: An age-old eating disorder that's often missed. *The Journal of family practice, 63* (7): 1–4.
Mitrani, J. L. (1993): »Unmentalized« experience in the etiology and treatment of psychosomatic asthma. *Contemporary Psychoanalysis, 29*: 314–342.
Monsour, K. J. (1957): Migraine: Dynamics and choice of symptom. *The Psychoanalytic quarterly, 26*: 476–493.
Moosavi, M. (2017): Bentonite clay as a natural remedy: A brief review. *Iranian Journal of Public Health, 46* (9): 1176–1183.
Mossberg, H. O. (1989): 40-year follow-up of overweight children. *Lancet, 2* (8661): 491–493.
Morgan, H. G. & Russell, G. F. (1975): Value of family background and clinical features as predictors of long-term outcome in anorexia nervosa: Four-year follow-up study of 41 patients. *Psychological Medicine, 5* (4):355–71.
Mousa, H.M., Montgomery, M. & Alioto, A. (2014): Adolescent rumination syndrome. *Current Gastroenterology Reports, 16* (398): 1–6.
Muñoz-Hoyos, A., Molina-Carballo, A., Augustin-Morales, M. C., Contreras-Chova, F., Naranjo-Gómez, A., Justicia-Martínez, F. et al. (2011): Psychosocial dwarfism: Psychopathological aspects and putative neuroendocrine markers. *Psychiatry Research, 188*: 96–101.
Murphy, M. L., Slavich, G. M., Chen, E. & Miller, G. E. (2015): Targeted rejection predicts decreased anti-inflammatory gene expression and increased symptom severity in youth with asthma. *Psychological Science, 26* (2): 111–121.
Murray, C. J., Vos, T., Lozano, R., Naghavi, M., Flaxman, A. D., Michaud, C. et al. (2012): Disability-adjusted life years (DALYs) for 291 diseases and injuries in 21 regions, 1990–2010: A systematic analysis for the global burden of disease study 2010. *Lancet, 380*: 2197–2223.
Nayrou, F. & Szwec, G. (2017): *La psychosomatique*. Paris: Humensis, Presses universitaires de France.
Necknig, U. (2014): Enuresis. *Aktuelle Urologie, 45*: 221–231.
Nemeroff, C. B. & Binder, E. (2014): The preeminent role of childhood abuse and neglect in vulnerability to major psychiatric disorders: Toward elucidating the underlying neurobiological mechanisms. *Journal of the American Academy of Child & Adolescent Psychiatry, 53* (4): 395–397.
Niemeier, V., Kupfer, J. & Gieler, U. (2010): Acne vulgaris – Psychosomatische Aspekte. *Journal der Deutschen Dermatologischen Gesellschaft, 1*: 95–104.
Nikolaus, S. & Schreiber, S. (2013): Therapie der chronisch-entzündlichen Darmerkrankungen. *Deutsche Medizinische Wochenschrift, 1380*: 205–208.
Norris, M. L., Robinson, A., Obeid, N., Harrison, M., Spettigue, W. & Henderson, K. (2014): Exploring avoidant/restrictive food intake disorder in eating disordered patients: A descriptive study. *International Journal of Eating Disorders, 47*: 495–499.
Norris, M. L. & Katzman, D. K. (2015): Change is never easy, but it is possible: Reflections on avoidant/restrictive food intake disorder two years after its introduction in the DSM-5. *Journal of Adolescent Health, 57* (1): 8–9.
Norris, M. L., Spettigue, W. J. & Katzman, D. K. (2016): Update on eating disorders: Current perspectives on avoidant /restrictive food intake disorder in children and youth. *Neuropsychiatric Disease and Treatment, 12*: 213–218.
Ogden, T. H. (1989): On the concept of an autistic-contiguous position. *The International Journal of Psychoanalysis, 70* (1):127–140.
Olds, D. (1990): Brain centered psychology: A semiotic approach. *Psychoanalysis and Contemporary Science, 13*: 331–363.

Östberg, V., Alfven, G. & Hjern, A. (2006): Living conditions and psychosomatic complaints in Swedish schoolchildren. *Acta Paediatrica, 95* (8): 929–34.

Owen, J. M. (2012): Implications of genetic findings for understanding schizophrenia. *Schizophrenia Bulletin, 38* (5): 904–907.

Panksepp, J. (2003): Neuroscience. Feeling the pain of social loss. *Science, 302* (5643): 237–239.

Parisi, L., Faraldo, M. A., Ruberto, M., Salerno, M., Maltese, A., Di Folco, A. et al. (2017): Life events and primary monosymptomatic nocturnal enuresis: A pediatric pilot study. *Acta Medica Mediterranea, 33*: 23–27.

Patel, M. R., Leo, H. L., Baptist, A. P., Cao, Y. & Brown, R. W. (2015): Asthma outcomes in children and adolescents with multiple morbidities: Findings from the National Health Interview Survey. *Journal of Allergy and Clinical Immunology, 135*:1444–1449.

Pehlivantürk, B. & Unal, F. (2002): Conversion disorder in children and adolescents: A 4-year follow-up study. *Journal of Psychosomatic Research, 52*: 187–191.

Perry, M. & Streusand, W. C. (2013): The role of psychiatry and psychology collaboration in pediatric dermatology. *Dermatologic Clinics, 31* (2): 347–55.

Piaget, J. (1974): *Die Bildung des Zeitbegriffs beim Kinde.* Taschenbuch Wissenschaft 77. Frankfurt am Main: Suhrkamp.

Plamondon, A., Akbari, E., Atkinson, L., Steiner, M., Meaney, M. & Fleming, A. S (2015): Spatial working memory and attention skills are predicted by maternal stress during pregnancy. *Early Human Development, 91*: 23–29.

Pleimes, M., Schmid-Grendelmeier, P. & Weibel, L. (2013): Atopische Dermatitis im Kindesalter, *Paediatrica, 24* (2): 16–19.

Pontalis, J. B. (1977): *Entre le rêve et la douleur.* Paris: Editions Gallimard.

Press, J. (2016): Metapsychological and clinical issues in psychosomatic research. *The International Journal of Psychoanalysis, 97*, 89–113.

Price, D. D. (2000): Psychological and neural mechanisms of the affective dimension of pain. *Science, 288* (5472):1769–72.

Price, B. H., Adams, R. D. & Coyle, J. T. (2000). Neurology and psychiatry, closing the great divide. *Neurology, 54*: 8–14.

Rabe, F. (1970): *Die Kombination hysterischer und epileptischer Anfälle (Das Problem der »Hysteroepilepsie« in neuer Sicht).* Berlin, New York: Springer-Verlag.

Rajindrajith, S., Devanarayana, N. M. & Crispus Perera, B. J. (2012): Rumination syndrome in children and adolescents: A school survey assessing prevalence and symptomatology. *BMC Gastroenterology, 12* (163):1–6.

Rajindrajith, S., Devanarayana, N. M., Lakmini, C., Subasinghe, V., de Silva, D. G. & Benninga, M. A. (2014): Association between Child Maltreatment and Constipation: A school-based survey using Rome III criteria. *Journal of Pediatric Gastroenterology and Nutrition, 58* (4): 486–490.

Rangell, L. (1969): Die Konversion. *Psyche, 23*: 121–147.

Rask, C. U., Ornbol, E., Olsen, E. M., Fink, P. & Skovgaard, A. M. (2013): Infant behaviors are predictive of functional somatic symptoms at ages 5–7 years: Results from the Copenhagen Child Cohort CCC2000. *The Journal of Pediatrics, 162*: 335–342.

Reinehr, T. (2013): Lifestyle intervention in childhood obesity: Changes and challenges. *Nature Reviews Endocrinology, 9*: 607–14.

Reinhard, H. G. (1985): Zur Daseinsbewältigung bei Kindern mit Enkopresis. *Praxis der Kinderpsychologie und Kinderpsychiatrie, 34*: 183–187.

Reinhard, H. G. (1989): Daseinsbewältigung bei Enuresis. *Acta Pädopsychiatrica, 52*: 65–70.

Remschmidt, H., Wienand, F., Wewtzer, C. (1988): Der Langzeitverlauf der Anorexia nervosa. *Monatsschrift Kinderheilkunde, 136*, 726–731.

Richter, H. E. (1963): Eltern, Kind und Neurose. Zur Psychoanalyse der kindlichen Rolle in der Familie. Reinbek bei Hamburg: Rowohlt Verlag (Taschenbuchausgabe).

Richter, H. E. (1990): Der schwierige Weg einer kritischen Psychosomatik. *PPmP Psychotherapie, Psychosomatik, Medizinische, Psychologie, 40*: 318-323.

Riessman, C. (1990): Strategic uses of narrative in the presentation of self and illness: A research note. *Social Science & Medicine, 30*: 1195–200.

Riessman, C. (2013): Analysis of personal narratives. In: Fortune, A. E., Reid, W. J. & Miller, R. L., (Hrsg.): *Handbook of interviewing.* New York: Columbia University Press.

Robertson, J. & Robertson, J. (1971): Young children in brief separation. *The Psychoanalytic Study of the Child, 26*: 264–315.

Robinson, Z. D. & Riggs, P. D. (2016): Co-occurring psychiatric and substance use disorders. *Child and Adolescent Psychiatric Clinics of North America, 25* (4):713–22.

Roessner, V., Schoenefeld, K. & Buse, J. (2012): Therapie der Tic-Störungen. *Zeitschrift für Kinder- und Jugendpsychiatrie und Psychotherapie, 40* (4): 217–237.

Roessner, V., Ludolph, A. G., Müller-Vahl, K., Nuener, I., Rothenberger, A., Woitecki, K. et al. (2014): Tourette Syndrom und andere Tic-Störungen im DSM-5. Ein Kommentar. *Zeitschrift für Kinder- und Jugendpsychiatrie und Psychotherapie, 42* (2): 129–134.

Rose, G. J. (2004): *Between couch and piano: Psychoanalysis, music, art, and neuroscience.* Hove, England: Brunner-Routledge.

Rosen, M. J., Dhawan, A. & Saeed, S. A. (2015): Inflammatory bowel disease in children and adolescents. *JAMA Pediatrics, 169* (11): 1053–1060.

Roth, B., Munsch, S., Meyer, A., Winkler Metzke, C., Isler, E., Steinhausen, H. C. et al. (2008): Die psychische Befindlichkeit übergewichtiger Kinder. *Zeitschrift für Kinder- und Jugendpsychiatrie und Psychotherapie, 36* (3): 163–176.

Roussillon, R. (1991): *Paradoxes et situations limites de la psychanalyse.* Paris: PUF.

Roussillon, R. (2001): *Le plaisir et la répétition. Théorie du processus psychique.* Paris: Dunod.

Ruhrman, D., Gev, E., Benaroya-Milshtein, N., Fennig, S., Krispin, O., Apter, A. et al. (2017): Non-motor aspects of tic disorders - new developments. *Front. Psychiatry, 7*, 213: 1–5.

Russo, A., Bruno, A., Trojsi, F., Tessitore, A. & Tedeschi, G. (2016): Lifestyle factors and migraine in childhood. *Current Pain and Headache Reports, 20* (9): 1–8.

Sabbadini, A. (2002): Colour and music: Voices of the unconscious. *The International Journal of Psychoanalysis, 83* (1): 263–6.

Sacks, O. (2007): *Musicophilia.* London: Picador.

Sacks, O. (1970/1992): *Migraine.* Berkeley, California: University California Press.

Satir, V. (1994): *Kommunikation, Selbstwert, Kongruenz, Konzepte und Perspektiven familientherapeutischer Praxis.* Paderborn, Deutschland: Junfermann.

Schattner-Meinke, U. (1985): Über die psychoanalytische Behandlung eines 10jährigen Jungen mit Gilles de la Tourette Syndrom. *Praxis der Kinderpsychologie und Kinderpsychiatrie, 34:* 57–63.

Schlam, T. R., Wilson, N. L., Shoda, Y., Mischel, W. & Ayduk, O. (2013): Preschoolers' delay of gratification predicts their body mass 30 years later. *The Journal of Pediatrics, 162* (1): 90–3.

Schleiffer, R. (1988): Zur Indikation einer Psychotherapie bei Dermatitis im Kindesalter. *Aktuelle Dermatologie, 14:* 17–20.

Schmit, G. & Soulé, M. (1985): L'énurésie. In: Lebovici, S., Diatkine, R. & Soulé, M. (Eds.): *Traité de psychiatrie de l'enfant et de l'adolescent* (Vol. II). Paris: PUF.

Schreier, H. M., Chen, E. & Miller, G. E. (2016): Child maltreatment and pediatric asthma: A review of the literature. *Asthma Research and Practice, 2* (7): 2–10.

Schultheiss, D., Höfner, K., Oelke, M., Grünewald, V. & Jonas, U. (2000): Historical aspects of the treatment of urinary incontinence. *European Urology, 38:* 352–362.

Scofield, M. D., Heinsbroek, J. A., Gipson, C. D., Kupchik, Y. M., Spencer, S., Smith, A. C. et al. (2016): The nucleus accumbens: Mechanisms of addiction across drug classes reflect the importance of glutamate homeostasis. *Pharmacological Reviews, 68* (3): 816–71.

Sexton, C. E., Mackay, C. E. & Ebmeier, K. P. (2009): A systematic review of diffusion tensor imaging studies in affective disorders. *Biological Psychiatry, 66* (9): 814–823.

Shaffer, D. (1984): Enuresis. In: Rutter, M. & Hersov, L. (Eds.): *Modern approaches* (2nd Edition). Oxford: Blackwell Scientific.

Shaffer, D., Ehrhardt, A. & Greenhill, L. (1985): Nocturnal enuresis: Its investigation and treatment. In: *The clinical guide to child psychiatry.* New York: The Free Press.

Shapiro, T. & Huebner, H. F. (1985): Motorische Störungen. In: Remschmidt H. & Schmidt M (Hrsg.): *Kinder und Jugendpsychiatrie in Klinik und Praxis* (Band II). Stuttgart, New York: Thieme.

Shonkoff, J. P. & Garner, A. S. (2012): The committee on psychosocial aspects of child and family health, committee on early childhood, adoption and dependent care, and section on developmental and behavioral pediatrics. Technical report. The lifelong effects of early childhood adversity and toxic stress. *Pediatrics, 129:* e232–e246.

Shulman, E. P., Harden, K. P., Chein, J. M. & Steinberg, L. (2015): Sex differences in the developmental trajectories of impulse control and sensation-seeking from early adolescence to early adulthood. *Journal of Youth and Adolescence, 44* (1): 1–7.

Sigman-Grant, M., Hayes, J., VanBrackle, A. & Fiese, B. (2015): Family resiliency: A neglected perspective in addressing obesity in young children. *Childhood Obesity, 11* (6): 664–73.

Simon, G. E., Gater, R., Kisely, S. & Piccinelli, M. (1992): Somatic symptoms of distress: An international primary care study. *Psychosomatic Medicine, 58:* 481–488.

Simon, G. E., Von Korff, M., Piccinelli, M., Fullerton, C. & Ormel, J. (1999): An international study of the relation between somatic symptoms and depression. *The New England Journal of Medicine, 341*: 1329–1335.

Sinha, R. & Raut, S. (2016): Management of nocturnal enuresis - myths and facts. *World Journal of Nephrology, 5* (4): 328–338.

Small, L. & Aplasca, A. (2016): Child obesity and mental health: A complex interaction. *Child and Adolescent Psychiatric Clinics of North America, 25*: 269–282

Solms, M. (2004): Freud returns. *Sci Am., 290* (5): 82–88.

Soulé, M. & Lauzanne, K. (1985): Les troubles de la défécation: encopresie, megacolon foncionnel de l'enfant (S. 527–535). In: Lebovici, S., Diatkine, R. & Soulé, M. (Eds.): *Traité de psychiatrie de l'enfant et de l'adolescent* (Vol. II). Paris: PUF.

Sperling, M. (1968): Trichotillomania, trichophagy and cyclic vomiting, - a contribution to the psychopathology of female sexuality. *The International Journal of Psychoanalysis, 49*: 682–690.

Sperling, E. & Sperling, U. (1976). Die Einbeziehung der Großeltern in die Familientherapie (S. 196–215). In: Richter, H. E., Strotzka, H. & Willi, J. (Hrsg.): *Familie und seelische Krankheit*. Reinbek bei Hamburg: Rowohlt Verlag.

Sperling, E., Massing, A., Reich, G., Georgi, H. & Wöbbe-Mönks, E. (1982): Die Mehrgenerationen-Familientherapie. Göttingen: Vandenhoeck und Ruprecht.

Sperling, M. (1982): Notes on the treatment of enuresis. In: *The major neurosis and behaviour disorders in children*. New York: Jason Aronson.

Spitz, R. (1969): *Vom Säugling zum Kleinkind*. Stuttgart: Klett-Cotta.

Steck, A. & Steck, B. (2015): *Brain and mind, subjective experience and scientific objectivity*. New York: Springer.

Steck, B. (2002): *Multiple Sklerose und Familie, Krankheitsverarbeitung und soziale Situation*. Basel: Karger.

Steck, B., Amsler, F., Schwald Dillier, A., Grether, A., Kappos, L. & Bürgin, D. (2005): Indication for psychotherapy in offspring of a parent affected by a chronic somatic disease (e.g. multiple sclerosis). *Psychopathology, 38*: 38–48.

Steck, B., Grether, A., Amsler, F., Schwald Dillier, A., Romer, G., Kappos, L. et al. (2007a): Disease variables and depression affecting the process of coping in families with a somatically ill parent. *Psychopathology, 40*: 394–404.

Steck, B., Amsler, F., Grether, A., Schwald Dillier, A., Baldus, C., Haagen, M. et al. (2007b): Mental health problems in children of somatically ill parents, e.g. multiple sclerosis. *European Child & Adolescent Psychiatry, 16* (3): 199–207.

Steinberg, T., Harush, A., Barnea, M., Dar, R., Piacentinid, J., Woods, D. et al. (2013): Tic-related cognition, sensory phenomena, and anxiety in children and adolescents with Tourette syndrome. *Comprehensive Psychiatry, 54*: 462–466.

Steinhausen, H. C. (1985): Enkopresis. In: Remschmidt, H. & Schmidt, M. H. (Hrsg.): *Kinder und Jugendpsychiatrie in Klinik und Praxis* (Band III). Stuttgart, New York: Thieme.

Steinhausen, H. C. & Gobel, D. (1989): Enuresis in child psychiatric clinic patients. *Journal of the American Academy of Child and Adolescent Psychiatry, 28*: 279–281.

Steinmüller, A. & Steinhausen, H. C. (1990): Der Verlauf der Enkopresis im Kindesalter. *Praxis der Kinderpsychologie und Kinderpsychiatrie, 39* (3): 74–79.

Stern, H. P., Prince, M. T. & Stroh, S. E. (1988): Encopretic responsive to non-psychiatric interventions with remittance of familial psychopathology. *Clinical Pediatrics, 27* (8): 400–402.

Stierlin, H. (1975): *Eltern und Kinder im Prozess der Ablösung*. Frankfurt am Main: Suhrkamp.

Stierlin, H., Rücker-Embden, I., Wetzel, N. & Wirsching, M. (1977): *Das erste Familiengespräch*. Stuttgart: Klett-Cotta.

Stierlin, H. (1982): *Delegation und Familie*. Frankfurt am Main: Suhrkamp.

Stierlin, H. (1990): Zur Familienpsychosomatik heute. *PPmP Psychotherapie, Psychosomatik, Medizinische, Psychologie, 40*: 357–362.

Strunk, P. (1989): Enuresis. In: Eggers, C., Lempp, R., Nissen, G. & Strunk, P. (Hrsg.): *Kinder und Jugendpsychiatrie*. Berlin: Springer-Verlag.

Strunk, P. (1989): Enkopresis. In: Eggers, C., Lempp, R., Nissen, G. & Strunk, P. (Hrsg.): *Kinder und Jugendpsychiatrie*. Berlin: Springer-Verlag.

Sullivan, P. F., Daly, M. J. & O'Donovan, M. (2012): Genetic architectures of psychiatric disorders: The emerging picture and its implications. *Nature Reviews Genetics, 13* (8): 537–551.

Sulzberger, M. B. & Zaidens, S. H. (1948): Psychogenic factors in dermatologic disorders. *Medical Clinics of North America, 32*: 669–685.

Szwec, G. (2006): Les maladies de peau dans quelques modèles psychosomatiques. *Revue francaise de psychosomatique, 29*: 31–49.

Täljemark, J., Råstam, M., Lichtenstein, P., Anckarsäter, H. & Kereke, N. (2017): The coexistence of psychiatric and gastrointestinal problems in children with restrictive eating in a nationwide Swedish twin study. *Journal of Eating Disorders, 5* (25): 1–25.

Tegethoff, M., Belardi, A., Stalujanis, E. & Meinlschmidt, G. (2015): Comorbidity of mental disorders and chronic pain: Chronology of onset in adolescents of a national representative cohort. *The Journal of Pain, 16* (10): 1054–1064.

Tegethoff, M., Stalujanis, E., Belardi, A. & Meinlschmidt, G. (2016): Chronology of onset of mental disorders and physical diseases in mental-physical comorbidity - a national representative survey of adolescents. *PLoS ONE 11* (10): e0165196, 1–19.

Thurber, S. (2017): Childhood enuresis: Current diagnostic formulations, salient findings, and effective treatment modalities. *Archives of Psychiatric Nursing, 31*: 319–323.

Tiet, Q. Q., Bird, H. R., Davies, M., Hoven, C., Cohen, P., Jensen, P. S. et al. (1998): Adverse life events and resilience. *Journal of the American Academy of Child & Adolescent Psychiatry, 37*:1191–1200.

Turner, H. A., Finkelhor, D., Ormrod, R., Sewanee, S. H., Leeb, R. & Mercy, J. A. (2012): Family context, victimization, and child trauma symptoms: Variations in safe, stable, and nurturing relationships during early and middle childhood. *American Journal of Orthopsychiatry, 82* (2): 209–219.

Ulnik, J. (2007): *Skin in Psychoanalysis*. London: Karnac Books Ltd.

Urban, H. (1985): Polyphäne Tics und frühe Störung der Ich Entwicklung. *Zeitschrift für Kinder- und Jugendpsychiatrie und Psychotherapie, 13*: 241–252.

Urech, Ed. (1988): Die »Hysteroepilepsie« im Kindesalter. Basel: Dissertation.

Vanaelst, B., De Vriendt, T., Ahrens, W., Bammann, K., Hadjigeorgiou, C., Konstabel, K. et al. (2012): Prevalence of psychosomatic and emotional symptoms in European school-aged children and its relationship with childhood adversities: Results from the IDEFICS study. *European Child & Adolescent Psychiatry, 21*: 253–265.

Van der Kolk, B. A., Roth, S., Pelcovitz, D., Sunday, S. & Spinazzola, J. (2005): Disorders of extreme stress: The empirical foundation of a complex adaptation to trauma. *Journal of Traumatic Stress, 18* (5): 389–399.

Van der Kolk, B. A., Alexander, C., McFarlane, A. C. & Weisaeth, L. (2007): *Traumatic stress: The effects of overwhelming experience on mind, body, and society*. New York: Guilford Press.

Van Ginkel, R., Reitsma, J. B., Büller, H. A., van Wijk, M. P., Taminiau, J. A. J. M. & Benninga, M. A. (2003): Childhood constipation: Longitudinal follow-up beyond puberty. *Gastroenterology, 125*: 357–363.

Van Herzeele, C., Evans, J., Eggert, P., Lottmann, H., Norgaard, J. P. & Walle, J. V. (2015): Predictive parameters of response to desmopressin in primary nocturnal enuresis. *The Journal of Pediatrics Urol., 11* (4): 200.e1-8.

Van Herzeele, C., Walle, J. V., Dhondt, K. & Juul, K. V. (2017): Recent advances in managing and understanding enuresis. *F1000Research, 6* (1881): 1–8.

Vila, G., Zipper, E., Dabbas, M., Bertrand, C., Robert, J. J., Ricour, C. et al. (2004): Mental disorders in obese children and adolescents. *Psychosomatic Medicine, 66*: 387–394.

von Brisinski, I. S. & Lüttger, F. (2007): Familientherapie bei Enkopresis. *Praxis der Kinderpsychologie und Kinderpsychiatrie, 56*: 549–564.

von Gontard, A. (2004): Psychologisch-psychiatrische Aspekte der Enuresis nocturna und der funktionellen Harninkontinenz. *Urologe [A] 43*: 787–794.

von Gontard, A. (2007): Enkopresis. *Praxis der Kinderpsychologie und Kinderpsychiatrie, 56*: 492–510.

von Gontard, A. & Lehmkuhl, G. (2009) *Enuresis (Leitfaden der Kinder- und Jugendpsychotherapie)*. Göttingen: Hogrefe.

von Gontard, A., Baeyens, D., Van Hoecke, E., Warzak, W. J. & Bachmann, C. (2011a): Psychological and psychiatric issues in urinary and fecal incontinence. *Journal of Urology, 185*: 1432-1437.

von Gontard, A., Heron, J. & Joinson, C. (2011b): Family history of nocturnal enuresis and urinary incontinence: Results from a large epidemiological study. *Journal of Urology, 185*: 2303-2307.

von Gontard, A. (2012): Does psychological stress affect LUT function in children? *Neurourology and Urodynamics, 31*: 344–348.

von Gontard, A. (2014): DSM-5 Kommentar Klassifikation der Enuresis/Enkopresis im DSM-5. *Zeitschrift für Kinder- und Jugendpsychiatrie und Psychotherapie, 42* (2): 109–113.

von Gontard, A., Niemczyk, J., Wagner, C. & Equit, M. (2016): Voiding postponement in children–a systematic review. *European Child & Adolescent Psychiatry, 25*: 809–820.

von Gontard, A., Cardozo, L., Rantell, A. & Djurhuus, J. C. (2017): Adolescents with nocturnal enuresis and daytime urinary incontinence - how can pediatric and adult care be improved - ICI-RS 2015? *Neurourology and Urodynamics, 36* (4): 843–849.

von Uexküll, Th. & Wesiack, W. (1990): Wissenschaftstheorie und psychosomatische Medizin. In: von Uexküll, Th., Adler, R., Herrmann, J. M., Köhle, K., Schönecke, O. W. & Wesiack, W. (Hrsg.): *Psychosomatische Medizin* (4. Auflage). München: Urban Schwarzenberg.

Vos, T., Flaxman, A. D., Naghavi, M., Lozano, R., Michaud, C., Ezzati, M. et al. (2012): Years lived with disability (YLDs) for 1160 sequelae of 289 diseases and injuries 1990–2010: A systematic analysis for the Global Burden of Disease Study 2010. *Lancet, 380*: 2163–2196.

Wager, J. & Zernikow, B. (2017): Kinder und Jugendliche mit chronischen Schmerzen: Aktuelle Konzepte der Diagnostik und Therapie. *Therapeutische Umschau, 74* (5): 215–221.

Wagner, C., Equit, M., Niemczyk, J. & von Gontard, A. (2015): Obesity, overweight, and eating problems in children with incontinence. *Journal of Pediatric Urology, 11*: 202–207.

Wang, X. D., Su, Y. A., Wagner, K. V., Avrabos, C., Scharf, S. H., Hartmann, J. et al. (2013): Nectin-3 links CRHR1 signaling to stress-induced memory deficits and spine loss. *Nature Neuroscience, 16* (6): 706–713.

Wang, Y., Raffeld, M. R., Slopen, N., Hale, L. & Dunn, E. C. (2016): Childhood adversity and insomnia in adolescence. *Sleep Medicine, 21*: 12–18.

Watzlawick, P., Beavin, J. & Jackson, D. D. (1969): *Menschliche Kommunikation. Formen, Störungen, Paradoxien*. Bern: Huber.

Weder, N. & Kaufman, J. (2011): Critical periods revisited: Implications for intervention with traumatized children. *Journal of the American Academy of Child & Adolescent Psychiatry, 50* (11): 1087–1089.

Weder, N., Zhang, H., Jense, K., Simen, A., Jackowski, A., Lipschitz, D. et al. (2014): Child abuse, depression, and methylation in genes involved with stress, neural plasticity, and brain circuitry. *Journal of the American Academy of Child & Adolescent Psychiatry, 53* (4): 417–24.

Weil, C. M., Wade, S. L., Bauman, L. J., Lynn, H., Mitchell, H. & Lavigne, J. (1999): The relationship between psychosocial factors and asthma morbidity in inner-city children with asthma. *Pediatrics, 104* (6): 1274–80.

Whittington, C., Pennant, M., Kendall, T., Glazebrook, C., Trayner, P., Groom, M. et al. (2016): Practitioner review: Treatments for Tourette syndrome in children and young people – a systematic review. *Journal of Child Psychology and Psychiatry, 57* (9): 988–1004.

Wille, A. (1984): *Die Enkopresis im Kindes- und Jugendalter*. Berlin: Springer-Verlag.

Willi, J. (1999): *Die Zweierbeziehung. Spannungsursachen, Störungsmuster, Klärungsprozesse, Lösungsmodelle*. Reinbek bei Hamburg: Rowohlt Verlag.

Williams, D. E. & McAdam, D. (2012): Assessment, behavioral treatment, and prevention of Pica: Clinical guidelines and recommendations for practitioners. *Research in Developmental Disabilities, 33*: 2050–2057.

Winnicott, D. W. (1953): Symptoms tolerance in paediatrics. *Proceedings of the Royal Society of Medicine, 46* (8): 675–684.

Winnicott, D. W. (1958/1976): *Von der Kinderheilkunde zur Psychoanalyse* (S. 189–199). München: Kindler.

Winnicott, D. W. (1973): *Die therapeutische Arbeit mit Kindern*. München: Kindler.

Winnicott, D. W. (1974): *Reifungsprozesse und fördernde Umwelt*. München: Kindler.

Winnicott, D. W. (1988 /1994): *Die menschliche Natur*. Stuttgart: Klett-Cotta.

Wölnerhanssen, B. K., Moran, A. W., Burdyga, G., Meyer-Gerspach, A. C., Peterli, R., Manz, M. et al. (2017): Deregulation of transcription factors controlling intestinal epithelial cell differentiation; a predisposing factor for reduced enteroendocrine cell number in morbidly obese individuals. *Scientific Reports, 7* (1): 8174, 1–13.

Wright, L. (1975): Outcome of a standardized program for treating psychogenic encopresis. *Professional Psychology, 6* (4): 453–456.

Young, A. (2001): Our traumatic neurosis and its brain. *Science in Context, 14* (4): 66, 1–83.

Zaidens, S. H. (1950): Three cases illustrative of emotional factors in dermatology: Psoriasis, infectious eczematoid dermatitis and chronic eczema of the hands. *Psychoanalytic Review, 37* (3): 221–234.

Zernikow, B. & Hermann, C. (2015): Chronische primäre Schmerzen bei Kindern und Jugendlichen. *Schmerz, 29*: 516–521.

Zero to three; National Center for Infants, Toddlers and Families (1999): *Diagnostische Klassifikation: 0-3*. Wien: Springer-Verlag.

Stichwortverzeichnis

A

Absenz 66
Acht-Monats-Angst 74
Acht-Monats-Angst bzw. das »Fremdeln« 73
Adipositas 74, 124
adoleszentäres Ruminationssyndrom 114
Affekt- (Schluchz-)Krämpfe 75
Affektives Deprivationssyndrom 119
Akne vulgaris 170
Alkoholabhängigkeit 144
Alkoholabusus 144
allergische Disposition 78
Alopecia areata/totalis 165
Alpha-Elemente 82
Ambitendenz 160
anaklitische Depression 71
Analerotik 194
Andersheit 77
anorektische Reaktion 138
Anorexia 130
Anorexien 72
Antidiuretisches Hormon 180
antisoziales Verhalten 203
Archaische Abwehrformen 83
Asthma beim Säugling oder Kleinkind 157
Asthma bronchiale 154
asthmoide Bronchitis 78
asthmoide Krise 78
Atmung 64, 158
Atmungsschwierigkeiten 159
Atmungsvorgang 158
Atopie 168
Atopiesyndrom 155
atopische Dermatitis 168
atopische Erkrankungen 168
atopisches Ekzem 168
Aufgabe der zentralen Betreuungspersonen 23
Aura-Symptome 174
Ausdrucksformen 21
Ausscheidungskontrolle 177
Ausscheidungsverhalten 195
Autoerotik 79
autoerotische Spiel 80
autoerotischer Spannungsanstieg 194

Automatisierung 74, 213
Autonomie 184, 221
Autonomie des Selbst 79
Autonomiekonflikte 185
Autoregulationsmechanismen 73

B

Bagatelltrauma 91
Beratung 78
besonderer Attraktor 65
Beta-Elemente 82
Bewältigung (Coping) 148
Bewältigungsstrategien 144
Bewegungsstörungen 87
Bewusstseinsverlust 76
Beziehungsmodell 26
bezogene Individuation 57
biopsychosoziale Perspektive 115
Binge Drinking 144
Binge-Eating 143
Blick 64
Blick erwiderndes Lächeln 20, 73
Body-Mass-Index 124
Bulimarexie 133
Bulimia nervosa 130
Bulimie 140
bulimischer Typ 133

C

chronische Krankheit 148, 154
Colitis ulcerosa 148
condition humaine 77
Containment 82
continuity of being 82
Cyanose 79

D

Darmbewegungen 80

Darmerkrankungen 148
Darmflora 126
das Demonstrative 76
Defäkation 80, 194–195, 199
Dehydrierung 74
Delegation 56
depressive Krisen 136
depressive Verstimmungen 181
Deprivationsposition 23
Dermatitis artefacta 166
Dermatitis atopica 155, 165
Desorganisation 73
diagnostisches Gespräch 55
direkte Beobachtungen 67
Durchfall 149
dysfunktionale Störung 24
Dyspnoe 76
Dystrophie 72

E

Echopraxie 205
»Einfrieren« (freezing) 90
Einkoten 191
Elternschaft 47, 67
embodied mind 41
emotionale Stresssituation 90
emotionale Deprivation 167
endokrine Erkrankungen 125
Enkopresis 176, 191
Entleerungsbefriedigung 184
Entwicklung 24
Entwicklungslinien 17
Entwicklungsprozesse 50
Entwicklungsrückstände 112
Entwicklungsverzögerung 182
Entwicklungszusammenbruch 137
Enuresis 176
Enuresis diurna 179
Enuresis nocturna 179
Epigenetik 26
epigenetische Mechanismen 25
epigenetische Modifikationen 151
Erbrechen 74
Ernährungsprobleme 123
erogene Zonen 22
Erschöpfungsschlaf 65
erster und zweiter Organisator 20, 66, 73, 79
Erstickungsangst 155
erzieherische Verunsicherung 75
Essstörung 130
existenzieller Bedrohung 160
Exkremente 195

F

Fähigkeit, nein zu sagen 75
»falsches Selbst« 52
Familie 47
Familiendynamik 47
Familiengeheimnis 51, 98, 99
Familienmodelle 48
Fast Food 128
fehlendes oder ungenügendes mütterliches »Holding« 82
Flucht- oder Kampf-Reaktionen 90
Flüssigkeitseinschränkung 187
Fremdeln 20, 79
Fremdenangst 66
Fressattacken 141
Fress-Brech-Protokolle 145
Fress-Brech-Sucht 141
frühes Trauma 71
frühkindliche Anorexie 72
frühzeitige Frustration 65
funktionale Störung 23
funktionales, bzw. idiopathisches oder psychogenes Megakolon 79, 193
funktionelle Enuresis 177
funktionelle Obstipation 191
funktionelle Störungen 21
Funktions- und Regulationsmechanismen 22
fusionärer Beziehungsmodus 66
Fütter- oder Essstörungen 146

G

Gangstörung 100
Geben und Nehmen 48
Geburt 63
Geheimnisse 58
gehemmte Wut 190
Gehen 17
Gehirn 39
Gehirnentwicklung 25
gemeinsame Haut 164
Gen-Epigenetik-Interaktionsstörung 135
Generationengrenzen 57
Genetik 26
genetische Ausstattung 22
Genexpression 25
Genogramm 58
Geräusche 64
Geschlechtsunterschied 65
Gestaltwandel 87
Gewichtszunahme 137
Greifen 18

H

Halluzination 77
halluzinatorische Wunscherfüllung 21
Handeln 77
Harninkontinenz 179
Hauterkrankungen 163
Haut-Ich 41, 65, 163
Hautkontakt 20
Hautsensorik 41
Hirnstamm 30
Hirntumor 134
Holding 82
Hören 18
Hyperkeratose 170
hypochondrische Beschwerden 224
Hypothalamus 30
Hypothalamus-Hypophysen-Nebenniere Achse (HHN) 85, 125
Hysterie 45

I

Ich-Regression 92
ideales Kind 77
Identifikation 225
Identifikationsprozesse 224
Identitätsbildung 165
Imitationsfigur 225
Imitieren 20
Individuation 79, 221
infantile Abhängigkeit 79
infantile Sexualität 80
innerpsychische Struktur 215
Integrität 221
Interaktionen 50
Intertemporalität 68
intrauterine Entwicklung 22
intrauterine Erfahrungen 22

J

Juckreiz 169

K

Kindsmisshandlung 26
Klingelhose oder -matratze 187
Klinikeintritt 137
kognitive Leistungsdefizite 118
Kohärenz 223
Komedonen 170

Kommunikation 48
Kommunikationsabläufe 68
Kommunikationspathologie 49
kompetenter Säugling 82
Konditionierung 187
Konflikte 59
Konfliktnässen 179, 181, 183
konstitutioneller Hintergrund 81
Kontinuität 223
Kontinuitätsgefühl 76
Konversion 24, 81, 84
konversionsneurotische Syndrome 87
Konversionsphänomene 46
Konversionsstörungen 84
Konversionssymptome 84
Konversionssyndrom 92
Konvulsionen 75
Kooperation 96
Kopfschmerzen 173
Koprolalie 206, 212
Kopropraxie 205
Körper 39
Körperbildstörungen 225
Körperdrehung 17
Körpergewicht 138
körperliches »Entgegenkommen« 45
Körpersymbolik 93
Kortikosteroide 152
Kotsäule 80
Kotschmieren 197
Kotsteine 193
Krämpfe 75
Krankheitsverarbeitung 148
Krankheitswert 213
Kriechen 17
Kritzelzeichnungen 98

L

Langzeitgedächtnis 42
Langzeitverlauf 139
Lebensqualität 173
Leistungsstreben 136
Ludeln 64

M

Magensondierung 138
Malabsorption 118
Masturbationsersatz 195
Medikamentengabe 222
Mehrgenerationenperspektive 51
Mekoniumileus 193
menschliches Gesicht 65

Menstruation 138
Metakommunikation 48
Migräne 173
Migräne-Äquivalente 174
Migration 52
Mikrobiom 150
Milchschorf 169
Minderung des Selbstwertgefühls 181
Minderwuchs 117
Missbrauch von Alkohol 142
Morbus Crohn 148
Motorik 63
Myelinisierung 25
Mystifikationen 51

N

Nahrungsaufnahme 72
Nahrungsverweigerung 72
narzisstische Identifikation 164
narzisstische Wunde 43
narzisstische Rage 75
Neigung zur Selbstschädigung 112
Neurodermitis 168
neuroendokrines Steuerungssystem 30
Neurogenese 34
Neuroleptika 126
Neurotransmittersysteme 25

O

Objektpermanenz 72
ökonomischer Stress 30
omnipotente Frühphantasmen 83
Omnipotenz 76
Onychophagie 167
Organisatoren 24

P

paradoxe Kommunikation 49
Parentifikation 122
Parese 102
Partialtriebe 42
pathogene Triangulierungen 52
pensée opératoire 63
Personalisierung 82
Persönlichkeitsauffälligkeiten 186
perverser Vorgang 193
pervertierende Mechanismen 146, 203
»pervertierte« Form einer zwangsneurotischen Struktur 194

Phantasie 79
phantasmatische Verarmung 195
Phonophobie 173
Photophobie 173
physiologisches Gleichgewicht 76
Pica 111
Plastizität 29
positiver Stress 33
prägenitale Phantasien 184
Präkonzeptionen 82
prämonitorische sensorische Phänomene 208
pränataler Stress 35
Präsenz 66
Prävalenz 30
präverbale Kommunikationsform 123
primäre Enuresis 179
primäre Verdrängung 66
primäre Bezugspersonen 159
primärer Krankheitsgewinn 92, 184
projektive Zuschreibungen 51
projektive Identifizierungen 23
projektive Identifikationen 137
Protorepräsentanzen 82
Pruritus 164
Psoriasis 171
Psychisierung 42
psychoanalytische Gruppentherapie 122
psychophysisches Gleichgewicht 21
psychosoziale Gedeihstörung 117
psychosozialer Kummer 188
psychotherapeutische Psychosomatik 60

Q

qualitative Essstörung 112
Quantifizierung 64

R

Rage 76
rätselhafte Botschaften 67
Reaktionsbildungen 196
Reaktionsmuster 215
reduzierte Stressreaktivität 32
Regression 185, 193
Regressionswünsche 224
Regulationsschwierigkeiten 70
Rehabilitation 102
Reifung 14, 24
Reifung und Entwicklung 14
Reifungsdefizit 179
Reifungsstörung 179
Reifungsverzögerung 189
Reinlichkeitserziehung 183–184, 186, 195

Reizschutz 23, 70
»rekonstruiertes« Kind 67
reparative Versuche 83
Repräsentanzenbildung 44
Resilienz 25–26
restriktiver Typ 133
Rhinitis vasomotorica 155
Rollenfunktionen 52
Rumination 71, 113
Ruminationsstörung 113

S

Sauberkeitserziehung 199
Saugen 64
Säuglings- und Kleinkind-Asthma 78
Säuglingsübergewichtigkeit 74
Schlafrhythmus 70
Schlafstörungen 30, 70, 171
Schmerz 37, 224
Schmerzerkrankungen 224
schmerzlichen Denkhemmung 175
Schmerzzustände 97
Schreien 63
Schreikinder 69
Seborrhoe 170
sekundäre Enuresis 179
sekundärer Krankheitsgewinn 78, 92
Selbst- und Objektrepräsentanzen 164
Selbstgefühl 141
Selbstregulierung 126
Selbstschädigungen 46
Selbstunsicherheit 181
Selbstunwertgefühle 136
Selbstverletzungen 166
Selbstzerstörungen 43
sensorische Modulations- oder Integrationsstörung 209
Signale 67
Signalisationssystem 67
Simulation 87, 96
Sitzen 17
Somatisation 40
somatisch erzwungener Schlaf 71
somatische Läsion 23
somatische Psychosomatik 60
somatisches Entgegenkommen 81, 93
soziale Phobien 128
Sozialentwicklung 20
Sphinktertraining und Blasenstretching 187
Spiegelung 19
Spieleifernässen 179, 181, 186
Spielverhalten 18
Sprachäußerungen 19
Sprachverständnis 19, 75

Sprechvermögen 75
stationäre Behandlung 138
Stehen 17
Stehlen 142
stereotype motorische Bewegungen 208
Steroidbehandlung 148
still-face-experiment 36
Stimulation 23
Störungen der Impulskontrolle 112
Stress 37, 116
Stresserfahrungen 32
Stressfaktoren 156
Stresshormone 30
Stressmodell 29
Stressreaktion 29, 33, 85
Stressreaktion und -störung 37
Stressreduzierung 144, 172
Stresssystem 30
stressvolle Ereignisse 125
Struktur- und Funktionsdefizite 29
Strukturbildung 29
Stuhlentleerung 197
Subjektivierung 42
Suchtverhalten 129
Suizid 142
Symbolbildung 82
Symbole 67
symbolische Gleichsetzung 82
Symptomverständnis 188
Symptomwahl 53
Synapsenbildung 25
Synkopen 86

T

taktile und auditive Wahrnehmungen 19
taktil-kinästhetische Empfindungen 64
Täuschung 96
Tetraplegie 102
T-Helferzellen 151
therapeutischer Dialog 93
Therapieplanung 188
Tic-Störungen 204
tolerierbarer Stress 33
Tourette-Syndrom 204
toxischer Stress 34
toxische Stressreaktionen 35
transgenerationale Vermächtnisse 51
Trauerarbeit 24, 224
traumatische Erfahrungen 42
Traumatisierung 42
Trennung 36, 121
Trennungsangst 20, 122
Trennungssituationen 36
Trichotillomanie 166–167

Triebimpulse 64
Tumornekrosefaktor 152

U

Übererregbarkeit 155
Übergang zur Elternschaft 77
Übergang zur Handlung 76
Übergangsraum 73
Übergewicht 124
Überlaufenkopresis 193
Überlaufinkontinenz 191
Überlebensstrategien 83
übermäßige Erregung 77
Übertragung 50
Umkehrung eines physiologischen Ablaufes 80
Umweltfaktoren 154
Umwelthaut 82
unbewusste Feindseligkeit 69
Unehrlichkeit 142
ungenügendes Holding 81
unreife Ich-Struktur 183
unsichtbare Loyalitäten 51, 56
Unterernährung 117
Urszene 76
Urtikaria 164

V

vagotone Synkopen in der Adoleszenz 76
Valsalva-Phänomen 75
Varianz 24
verfrühte Entwicklung 24
Verhalten 67
Verlaufsbeurteilungen 139
Verlust 38, 156
Vermächtnisse 56
Verschiebung 158
Verschlingen 141
Versteckspiel 20
verstecktes Handeln 142
verzögerte Blasenkontrolle 179
Vokalisationen 208
vorzeitige Triangulierung 66
Vulnerabilität 142

W

Wachstumsretardierung 117
wahres Selbst 146
Wechselwirkung 14, 25
Widersprüchlichkeit 68
Wiederholungsneigung 67
Wiederholungszwang 44

Z

Zahnschmelzdefekte 142
Zeichen 67
zentrifugale und zentripetale Strebungen 51
zerebrale Plastizität 25
Zusammenarbeit 46, 169
Zusammenbrüche 43
Zuwendung 22
zweiter Organisator 66, 73
Zytokine 152

Burkhard Gniewosz
Peter F. Titzmann (Hrsg.)

Handbuch Jugend

Psychologische Sichtweisen
auf Veränderungen
in der Adoleszenz

2018. 559 Seiten mit 22 Abb. und
18 Tab. Fester Einband
€ 54,–
ISBN 978-3-17-029859-0

Jugendliche sind mit diversen biologischen, psychologischen und sozialen Veränderungen konfrontiert – in einer Lebensphase, in der maßgeblich die Weichen für den weiteren Lebensweg gestellt werden.
Dieses Buch stellt den aktuellen Forschungsstand zum Jugendalter in verständlicher Weise vor und beleuchtet die Entwicklungen, die in diesem prägenden Lebensabschnitt stattfinden. Dabei gliedert sich das Werk in fünf große Themenbereiche, die einen umfassenden Überblick zu wichtigen wissenschaftlich diskutierten Aspekten liefern. Zu Beginn wird ein Blick auf die biologischen Grundlagen geworfen. Danach geht es um den Einfluss sozialer Umwelten (Familie, Freunde und Schule) sowie der Medien. Der dritte Teil beschäftigt sich mit wichtigen Zielen der Jugendentwicklung: dem Herausarbeiten einer Identität, der Entwicklung von Moralvorstellungen und dem Erlernen grundlegender Kompetenzen (Berufswahl). Die letzten beiden Abschnitte behandeln gesellschaftliche Themen wie Migration oder politische Sozialisation und wichtige Entwicklungsprobleme (u. a. Essstörungen, ADHS, Substanzmissbrauch) sowie Präventionsmöglichkeiten und Interventionsansätze.

Leseproben und weitere Informationen unter www.kohlhammer.de

W. Kohlhammer GmbH · 70549 Stuttgart
Fax 0711 7863-8430 · vertrieb@kohlhammer.de

Klaus Fröhlich-Gildhoff

Verhaltensauffälligkeiten bei Kindern und Jugendlichen

Ursachen, Erscheinungsformen und Antworten

3., erw. und aktual. Auflage 2018
335 Seiten mit 36 Abb. und 32 Tab. Kart.
€ 30,–
ISBN 978-3-17-032633-0

Auf der Grundlage eines allgemeinen bio-psycho-sozialen Modells und eines theorieübergreifenden Störungsverständnisses werden in diesem Lehrbuch Symptomatik, Epidemiologie und Ursachen der wichtigsten Verhaltensauffälligkeiten bei Kindern und Jugendlichen (Depressionen, Ängste, Essstörungen, Gewalt/Delinquenz, ADHS, Störungen der Persönlichkeitsentwicklung, Sucht, Posttraumatische Belastungsstörungen) dargestellt. Darüber hinaus gibt der Autor einen Überblick über Diagnostik und Indikationsstellung und stellt unterschiedliche Unterstützungs- und Hilfesysteme wie Pädagogische Frühförderung, Hilfen zur Erziehung im Rahmen der Jugendhilfe und Psychotherapie als eine Antwortmöglichkeit auf die Störungen vor. Die Darstellung wichtiger Präventionsprogramme und der Zusammenarbeit mit Bezugspersonen rundet das Werk ab.

Leseproben und weitere Informationen unter www.kohlhammer.de

W. Kohlhammer GmbH · 70549 Stuttgart
Fax 0711 7863-8430 · vertrieb@kohlhammer.de